Mehr Informationen
7h47jb

Auf einigen Seiten im Buch findest du Terra-**Codes**. Diese führen dich zu weiteren Informationen im Internet. Gib den Code einfach in das Suchfeld auf www.klett.de ein.

Aneignen, Orientieren, Auswählen

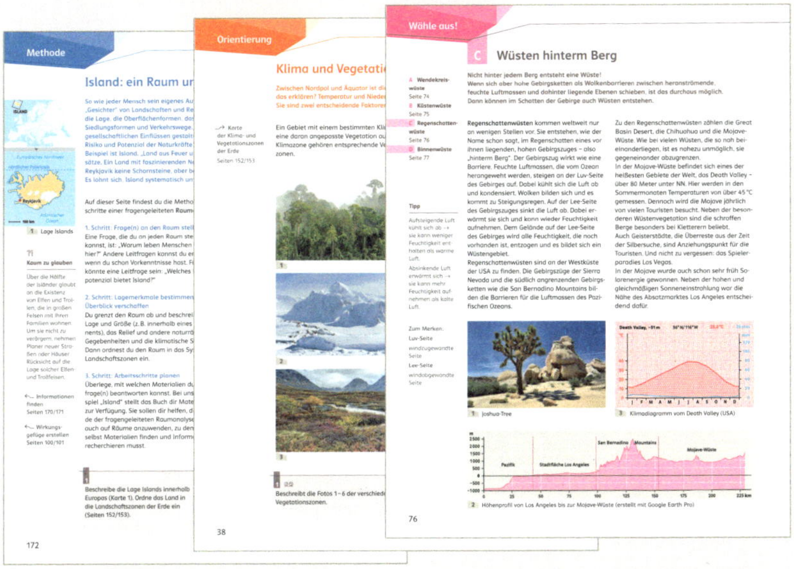

Auf den **Methoden**-Seiten lernst du Schritt für Schritt wichtige Methoden. Auf den Orientierungs-Seiten kannst du die Themen mit einem Raum verbinden.

Auf den **Wahl**-Seiten kannst du nach deinem Interesse zwischen Themen auswählen.

Üben

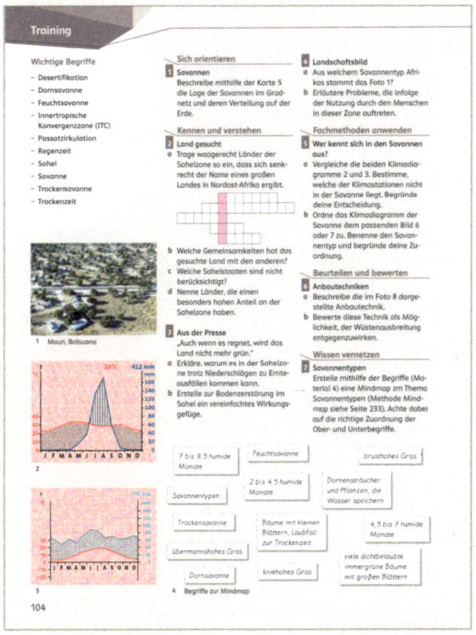

Mit den **Trainings**-Seiten kannst du deine neuen Kenntnisse und Fertigkeiten üben und anwenden.

Klett Erklärfilm

An einigen Stellen im Buch gelangst du über Terra-Codes zu Erklärfilmen, z. B. zum Thema anthropogener Treibhauseffekt auf den Seiten 202/203 oder zum Thema Nachhaltige Entwicklung auf den Seiten 14/15.

Symbole im Buch

○	leicht
◒	mittel
●	schwierig
	Partnerarbeit
	Gruppenarbeit
	Lösungshilfen ab S. 229

MK kennzeichnet Aufgaben und Seiten zum Thema Medienkompetenz

SP kennzeichnet Aufgaben und Seiten zur Sprachbildung

1. Auflage

1 5 4 3 2 1 | 24 23 22 21 20

Alle Drucke dieser Auflage sind unverändert und können im Unterricht nebeneinander verwendet werden.
Die letzte Zahl bezeichnet das Jahr des Druckes.

Autorinnen und Autoren: Sophia Bauer, Köln; Ulrich Bünstorf, Willich; Matthias Etterich, Haltern am See; Prof. Dr. Michael Hemmer, Münster; Robert Jansen, Aachen; Ruth Kersting, Bochum; Dr. Thomas Lamkemeyer, Soest; Barbara Smielowski, Bochum; Karina Vormittag, Bochum; Kai Zimmermann, Xanten
Mit Beiträgen von: Julian Bette, Arnsberg; Dr. Egbert Brodengeier, Lichtenberg; Meike Rahner, Bochum; Hans Joachim Salmen, Bochum; Dr. Petra Sauerborn, Bonn

Entstanden in Zusammenarbeit mit dem Projektteam des Verlages.

Gestaltung: normaldesign, Jens-Peter Becker, Schwäbisch Gmünd
Umschlaggestaltung: normaldesign, Jens-Peter Becker, Schwäbisch Gmünd
Karten: Artalis, Mühlhausen/Fechta

Satz: Satzkiste GmbH, Stuttgart
Reproduktion: Druckmedienzentrum Gotha GmbH, Gotha
Druck: Firmengruppe APPL, aprinta druck, Wemding

Printed in Germany
ISBN 978-3-12-105202-8

9 783121 052028

Terra 2

Erdkunde
Gymnasium

Sophia Bauer
Ulrich Bünstorf
Matthias Etterich
Prof. Dr. Michael Hemmer
Robert Jansen
Ruth Kersting
Dr. Thomas Lamkemeyer
Barbara Smielowski
Karina Vormittag
Kai Zimmermann

Ernst Klett Verlag
Stuttgart · Leipzig

Inhalt

● Über den Kernlehrplan hinausgehende Inhalte zur Gestaltung eines Schulcurriculums

Inhalt

● Über den Kernlehrplan hinausgehende Inhalte zur Gestaltung eines Schulcurriculums

1

Geographie – die Welt erforschen und gestalten

1 Russisch-amerikanisches Forschercamp am Vulkan Tolbatschik auf der Kamtschatka-Halbinsel im Osten Russlands

Noch vor 600 Jahren hatten die Europäer eine begrenzte Vorstellung von der Erde; weder Amerika noch Australien waren bekannt. Im Zuge der Entdeckungsreisen des 15. und 16. Jahrhunderts änderte sich unser Weltverständnis. Nach und nach erweiterten sich die Kenntnisse von der Vielfalt der Natur und des menschlichen Lebens auf unserem Planeten. Auch Geographen haben dazu beigetragen, unseren Planeten zu erforschen. Dazu erkunden sie oftmals entlegene Gebiete. Sie interessieren sich vor allem für die Zusammenhänge zwischen den natürlichen Grundlagen der Erde und dem menschlichen Leben in verschiedenen Räumen.

Die Welt wird entdeckt

Die europäischen Seefahrer trauten sich noch bis ins 15. Jahrhundert nicht weit auf das offene Meer hinaus. Einzelne dachten, die Erde sei eine Scheibe und man könne über ihren Rand hinausfahren und in die Tiefe stürzen. Doch gegen Ende des Mittelalters zweifelten bereits einige Menschen an dieser Behauptung. Einer von ihnen war Christoph Kolumbus.

1 Kolumbus landet auf Hispaniola (Kupferstich von 1594)

Christoph Kolumbus hatte gehört, dass schon in der Antike Gelehrte berechnet hatten, die Erde müsse eine Kugel sein. Er wollte für den spanischen König einen Seeweg nach Indien finden – und zwar, indem er nach Westen fuhr. Für viele Menschen der damaligen Zeit war dies eine verrückte Idee.
Mehr als einen Monat dauerte die Fahrt ins Ungewisse. Als man endlich Inseln erreichte, glaubte Kolumbus, in Indien zu sein. Er nannte die Menschen dort „los indios". Doch schon bald wurde deutlich, dass Kolumbus einem Irrtum erlegen war: Er hatte einen neuen Kontinent entdeckt.
Er war jedoch nicht der erste Europäer, der Amerika betrat. Bereits um das Jahr 1000 hatte der isländische Entdecker Leif Eriksson amerikanischen Boden betreten.

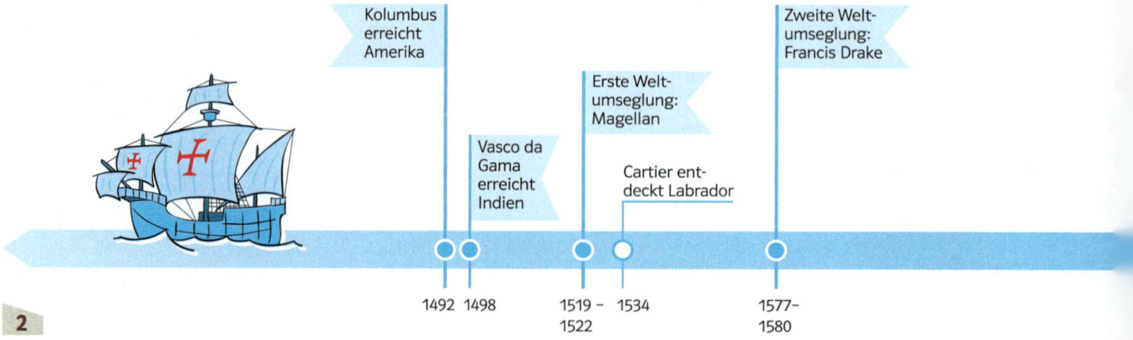

2

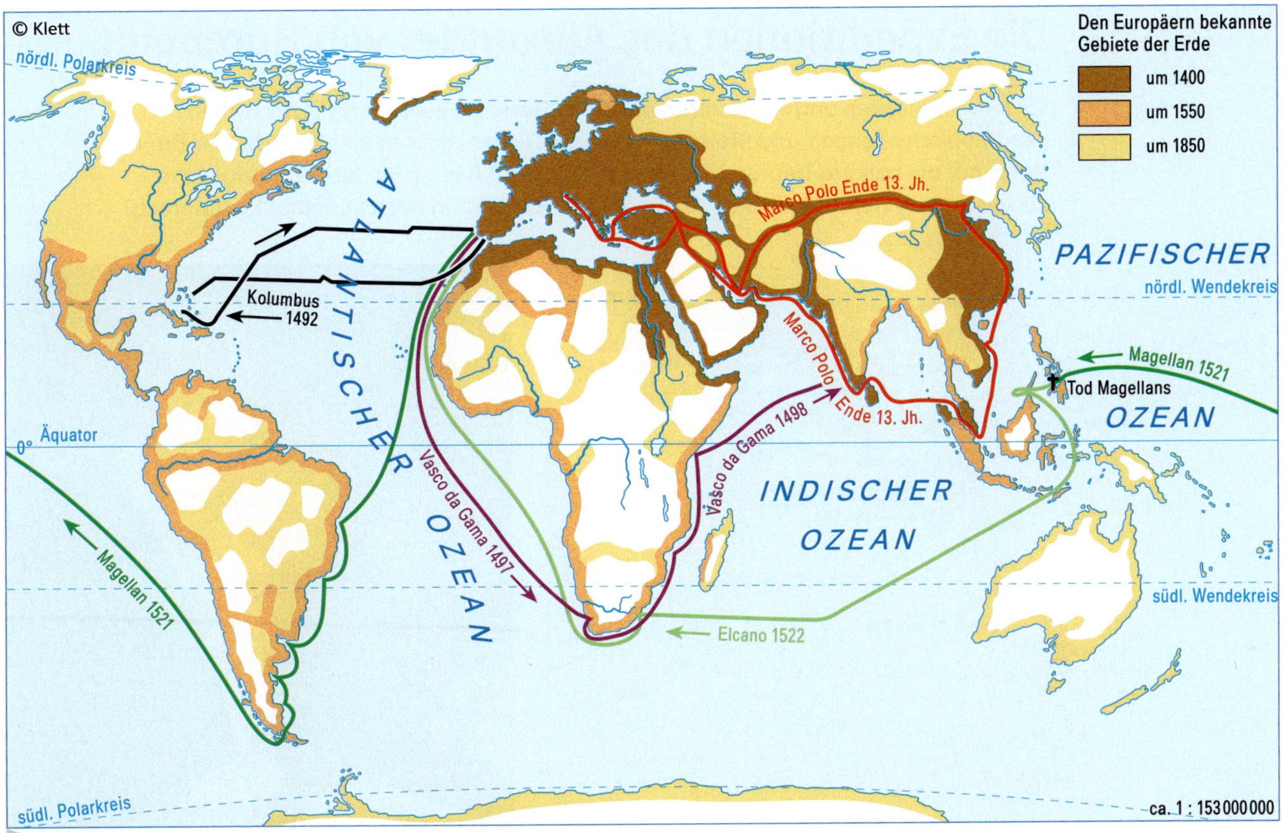

3 Entdeckungsfahrten und den Europäern bekannte Gebiete

Dennoch gilt Kolumbus als Entdecker Amerikas. Nach seiner Entdeckung begann die kontinuierliche Erkundung und die Erschließung des Kontinents durch die europäischen Nationen. Seine „Entdeckung“ markiert daher einen Wendepunkt in der Geschichte der Menschheit.

Entdecker, Händler, Eroberer

Auch andere europäische Entdecker machten sich auf in die „Neue Welt“. Den Entdeckern folgten Händler und Eroberer.

Neben den Spaniern beteiligten sich noch Portugiesen, bald auch Engländer und Franzosen an diesen Fahrten. Die neu entdeckten Länder wurden Kolonien. Vielfach gegen den Willen der Einheimischen übernahmen die Kolonialmächte die Verwaltung und versorgten sich mit Rohstoffen aus den Kolonien. Hier konnten sie auch später ihre eigenen Produkte absetzen. Wenn sich die Menschen gegen die fremde Regierung auflehnten, wurden sie meist brutal unterdrückt.

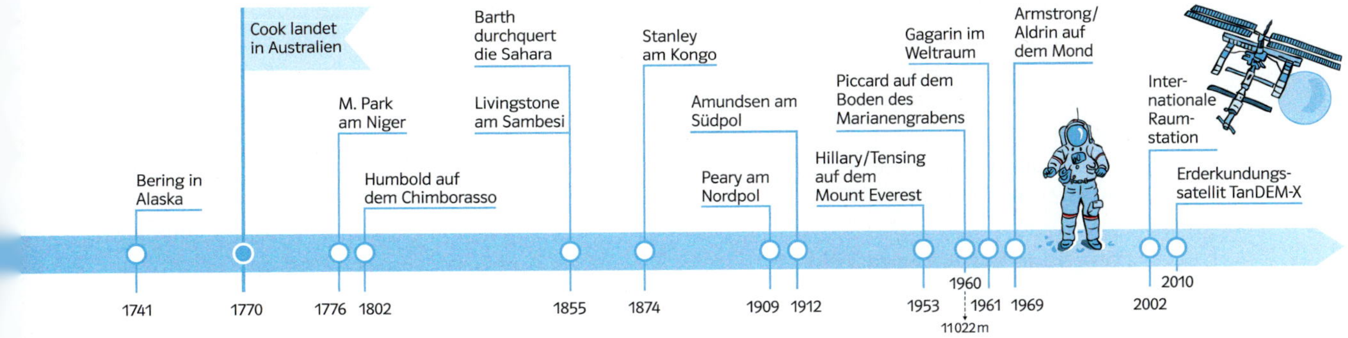

Die Expeditionen des Alexander von Humboldt

„Ich werde Pflanzen und Tiere sammeln, die Wärme, die Elektrizität untersuchen, geographische Längen und Breiten bestimmen, Berge messen, den Einfluss der toten Natur auf die belebte Tier- und Pflanzenschöpfung." Das waren die ehrgeizigen Ziele Alexander von Humboldts, als er 1799 zu einer Expedition nach Südamerika aufbrach.

1 Die Expeditionen des Alexander von Humboldt

2

Alexander von Humboldt (1769–1859)
Seine mehrjährigen Forschungsreisen führten ihn nach Amerika sowie nach Zentralasien. Er gilt als Gründervater der modernen Geographie.

Zwar hatten vor ihm schon andere Europäer die „Neue Welt" erreicht, doch mit anderen Absichten: Sie gehörten zu den spanischen und portugiesischen Kolonialmächten, die den Kontinent im Auftrag ihrer Könige ausbeuteten. Gold und Silber, aber auch landwirtschaftliche Produkte (z. B. Tabak, Zuckerrohr, Mais, Baumwolle) waren begehrte Waren in Europa. Wegen des Exports waren die meisten Kolonialmächte in Küstennähe geblieben, kaum ein Europäer hatte das Innere Südamerikas gesehen. Alexander von Humboldt wollte diese Gebiete nicht nur erreichen, er wollte sie auch gemeinsam mit dem französischen Botaniker Aime Bonpland erforschen.

Forschungen im Regenwald

Aus dem Norden des heutigen Venezuela brach er nach Süden auf: „Gegen Süden umgibt die Steppe eine schaudervolle Wildnis. Berge und Wälder hallen wider vom Donner der stürzenden Wasser, von dem Gebrülle des tigerartigen Jaguars, von dem dumpfen, regenverkündenden Geheule der bärtigen Affen. Wo der seichte Strom eine Sandbank übrig lässt, da liegen mit offenem Rachen die Krokodile." Humboldt und sein Begleiter studierten die Pflanzen- und Tierwelt und untersuchten Luft und Wasser. Sie stellten als erste Forscher die Zusammenhänge zwischen Temperatur, Niederschlag und Vegetation dar. Das von ihnen bereiste Gebiet wurde exakt vermessen. In einem Brief fasste er seine Erfahrungen zusammen: „Vier Monate schliefen wir in Wäldern, umgeben von Krokodilen, Boas und Jaguaren, nichts genießend als Reis, Ameisen, Maniok, Bananen, Orinocowasser und zuweilen Affen."

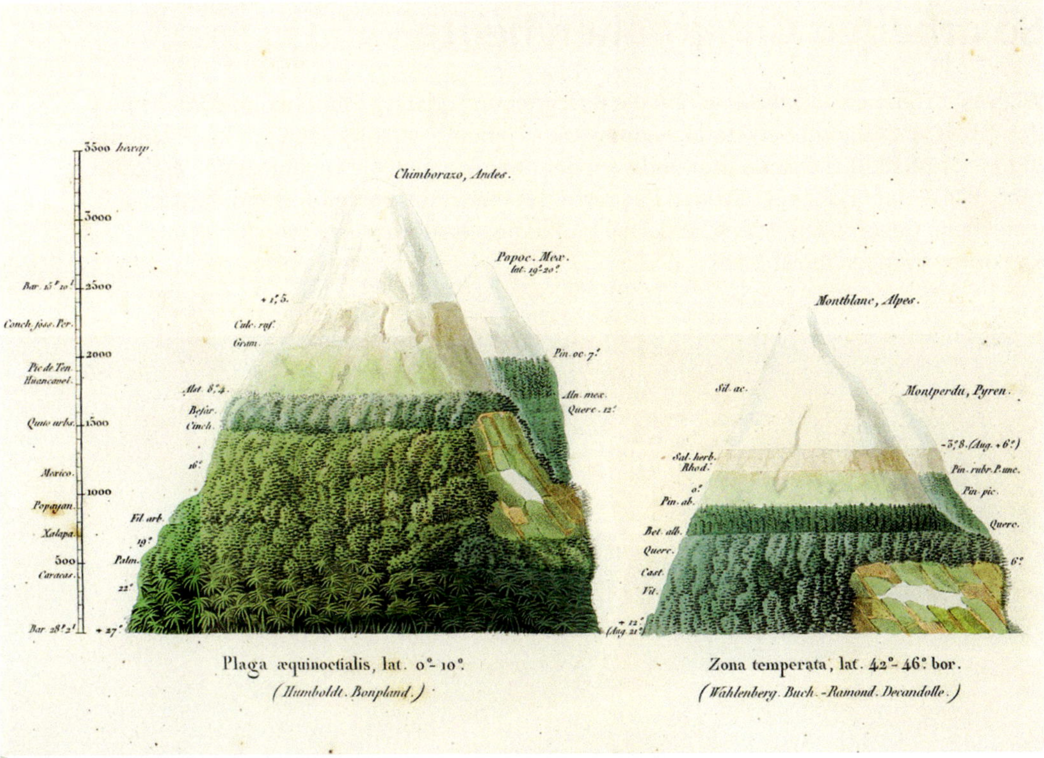

3 Handzeichnungen: die Höhenstufen der Vegetation in den Anden und den Alpen / Pyrenäen im Vergleich

Forschungen im Hochgebirge

1801 waren die Anden sein Ziel. Humboldt erahnte, dass in der Höhe andere natürliche Bedingungen herrschten. Darum wollte er die Veränderungen der Vegetation bei zunehmender Höhe untersuchen. Bei der Besteigung der Berge sammelte Humboldt daher Pflanzen und fertigte detailreiche Skizzen zur Verbreitung der Vegetation an (Abbildung 3). Indem er feststellte, dass bestimmte Pflanzen nur in bestimmten Höhen vorkommen, konnte er den gesetzmäßigen Zusammenhang zwischen Höhe und Ausprägung der Vegetation nachweisen.

Vor allem die Vulkane faszinierten ihn und bei ihrer Besteigung erreichten sie Höhen, die vor ihnen kein Mensch betreten hatte. Humboldt trug dabei keine angemessene Kleidung. Er bevorzugte seine preußische Offiziersuniform und trug darüber einen wollenen Poncho.

Beim Versuch, den Krater des Chimborazo (6 272 m) im heutigen Ecuador zu erreichen, machten sie Erfahrungen, wie der menschliche Körper auf solche Höhen reagiert: „Wir fingen nun nach und nach an, alle an großer Übelkeit zu leiden. Der Drang zum Erbrechen war mit etwas Schwindel verbunden und weit lästiger als die Schwierigkeit zu atmen. Wir bluteten aus dem Zahnfleisch und aus den Lippen. Die Bindehaut der Augen war bei allen blutunterlaufen." Obwohl sie den Kraterrand nicht erreichten und in etwa 5 400 m Höhe den Aufstieg abbrechen mussten, blieb dies bis zum Jahr 1880 die höchste Höhe, die ein Mensch nachweislich erreicht hatte.

An der Pazifikküste untersuchte Humboldt die Wassertemperaturen und stellte einen kalten Meeresstrom fest, der seither seinen Namen trägt.

Zurück in Europa

Als Humboldt 1804 wieder in Europa war, veröffentlichte er die Ergebnisse seiner Arbeiten in einem 30-bändigen Werk. Viele Jahre lang lebte er in Paris. Als er nach Berlin zurückkehrte, war der Forscher eine berühmte Persönlichkeit. Seine Vorlesungen an der Berliner Universität waren auch für das Berliner Bildungsbürgertum eine Sensation. Der südamerikanische Freiheitskämpfer Simon Bolivar, der Humboldt in Paris besucht hatte, fasste seine Leistung wie folgt zusammen: „Alexander von Humboldt hat Amerika mehr Wohltaten erwiesen als alle seine Eroberer. Er ist der wahre Entdecker Amerikas."

So arbeiten Geographen heute

Während früher die Entdeckung und die Beschreibung unseres Planeten im Vordergrund der Arbeit von Geographen stand, widmen sie sich heute verstärkt den großen Problemen der Menschheit. Diese sind unter anderem der Klimawandel, die zunehmende Verstädterung, der Wassermangel in einigen Regionen der Welt, die Ausbreitung von Wüsten und viele mehr. Geographen erforschen diese Probleme, versuchen sie zu verstehen und konkrete Lösungen anzubieten.

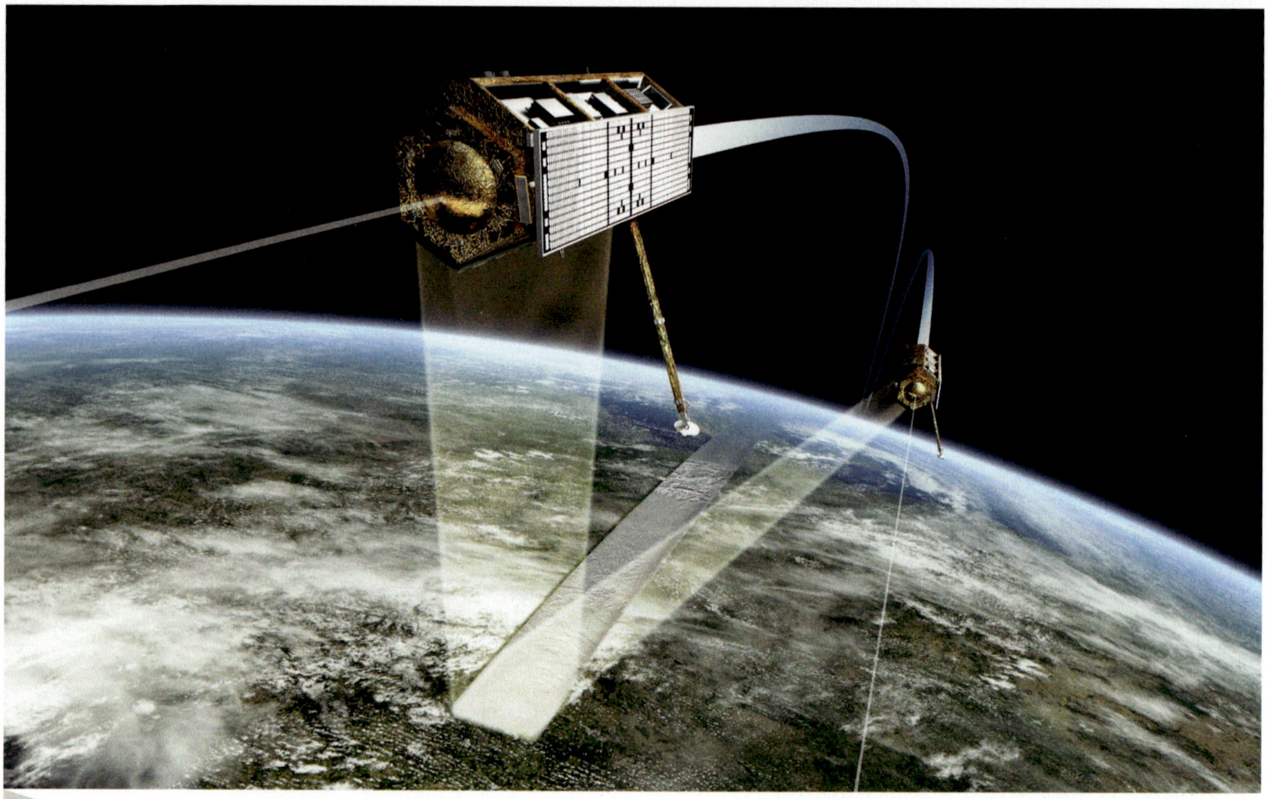

1 Erderkundungszwillingssatellit TerraSAR-X und TanDEM-X

Erkundung der Erde aus dem All

Mithilfe modernster Technik wie den Erderkundungszwillingssatelliten TerraSAR-X und TanDEM-X können Geographen aktuelle Prozesse auf unserem Planeten wie z. B. den Rückzug der Gletscher an den Polen und in den Hochgebirgen, die Abholzung der Regenwälder oder die Ausbreitung von Siedlungen differenziert erfassen und analysieren. Die Daten sind eine wichtige Voraussetzung, um Prognosen zu erstellen und nachhaltige Lösungen zu finden.

2 3D-Darstellung der Erdoberfläche (Ausschnitt)

3 Megacity Tokyo

Städte erforschen und gestalten

Die Metropolregion Tokyo ist mit 38 Mio. Einwohnern der größte Ballungsraum der Welt. Um einen möglichst reibungslosen Lebensalltag zu gewährleisten, sind vielfältige stadt- und raumplanerische Maßnahmen vonnöten. Allein für die Millionen Pendler, die täglich bis zu 2,5 Stunden für eine einfache Strecke zur Arbeit in Kauf nehmen müssen, bedarf es eines exzellent funktionierenden Verkehrssystems. Eine besondere Herausforderung stellt im Großraum Tokyo das Leben mit der permanenten Erdbebengefährdung dar. So gibt es z.B. in jedem Stadtteil Evakuierungszentren, Trinkwasser-Vorrichtungen und ausgewiesene Notfallschneisen für die Rettungsdienste.

Leitbild: nachhaltige Entwicklung

Unsere Gesellschaft steht vor besonderen Herausforderungen. Globale Umwelt- und Entwicklungsprobleme wie der Klimawandel, der Verlust der Regenwälder und der biologischen Vielfalt sowie die Armut, der Hunger und die Migration prägen nicht nur die gesellschaftlichen Diskussionen. Sie prägen auch den Lebensalltag des Einzelnen.

1

2

4

5

Im Jahr 1992 trafen sich in Rio de Janeiro Vertreter aus 178 Ländern zu einem Weltgipfel. Dort wurden die großen Probleme unserer Gegenwart und Zukunft angesprochen sowie mögliche Lösungen benannt.

Nachhaltige Entwicklung

bedeutet, die Bedürfnisse der gegenwärtig lebenden Generation so zu befriedigen, dass die Befriedigung der Bedürfnisse der zukünftigen Generationen dadurch nicht gefährdet wird. Hinter diesem Konzept steht die Erkenntnis, dass die Sicherung der natürlichen Lebensgrundlagen, die soziale Gerechtigkeit und die Wirtschaftlichkeit gleichwertige und überlebenswichtige Punkte sind.

3

Die Antwort auf die vielfältigen Herausforderungen wird in einem gesellschaftlichen Wandel gesehen, der zu einer nachhaltigen Entwicklung führen soll.

Diese Ziele sollen stets berücksichtigt werden. Daneben sind ein ausgeglichenes Verhältnis von Ökologie, Sozialem und Ökonomie, die globale Gerechtigkeit und die Generationengerechtigkeit zentrale Eckpunkte des Konzepts. Die letztere hat die Bedürfnisse zukünftiger Generationen im Blick. Die Forderung nach globaler Gerechtigkeit erfasst auch die heutige Situation auf der Erde. Alle Menschen sollen in Gerechtigkeit leben. Dies schließt eine gerechte Verteilung der Ressourcen und vergleichbare Chancen für alle Menschen ein.

Nachhaltig handeln – (k)ein Problem?

Eine gleichrangige Berücksichtigung der drei Eckpfeiler des Dreiecks der **Nachhaltigkeit** (Grafik 6) ist in der Realität weitaus schwieri-

6 Dreieck der Nachhaltigkeit

ger, als dies auf den ersten Blick erscheint. Will eine Stadt beispielsweise in einem stadtnahen Wohngebiet eine größere Grünfläche ausweisen, ist dies sowohl in ökologischer Hinsicht (z. B. für das Stadtklima und die Tierwelt) als auch in sozialer Hinsicht für die dort lebenden Menschen vorteilhaft. Aus ökonomischer Sicht geht mit dieser Grünfläche wertvoller Grund für den Bau von Häusern und Wohnungen verloren. Wirtschaftlich wird sich ein solcher Park nur dann lohnen, wenn man die Preise und Mieten der umliegenden Häuser und Wohnungen erhöht. Diese Maßnahme stände jedoch in einem Widerspruch zur geforderten Sozialverträglichkeit. In ähnlicher Weise lassen sich vielfältige Beispiele finden.

Zur Umsetzung einer nachhaltigen Entwicklung sind nicht nur die Regierenden, sondern auch jeder Einzelne verantwortlich. So kann jeder Mensch durch sein Verhalten, z. B. beim Reisen, beim Einkaufen und durch die politische Mitbestimmung, zu einer nachhaltigen Entwicklung beitragen.

Geographie und Nachhaltigkeit

Das Fach Geographie steht in einer besonderen Verantwortung, da nahezu alle großen Probleme der Menschheit raumbezogene und damit geographische Aspekte aufweisen. Betrachtet man typische geographische Themen, die auch in diesem Buch behandelt werden (z. B. die Abholzung des Regenwaldes, die Ausbreitung der Wüsten oder der Klimawandel), wird dies schnell deutlich.
Bei vielen Themen des Schulbuchs, aber auch darüber hinaus, kannst du daher das Dreieck der Nachhaltigkeit nutzen, wenn du
- geographische Sachverhalte und Räume analysieren willst (z. B. Warum breitet sich die Wüste aus? Gibt es dafür soziale, wirtschaftliche oder durch die Umwelt bedingte Gründe?);
- die Nachhaltigkeit von Maßnahmen und Entwicklungen beurteilen willst (z. B. Wurden bei dem Bau des Staudamms alle Dimensionen gleichrangig berücksichtigt, oder stand eine Dimension im Vordergrund?);
- und selber nachhaltig handeln willst (Wie wirkt sich unser Handeln in den drei Dimensionen aus?).

2

Auf das Klima kommt es an

Auf unserer Erde gäbe es ohne das Licht der Sonne keine Wärme und daher auch kein Leben. In jeder Sekunde strahlt die Sonne so viel Energie auf die Erde, wie die gesamte Menschheit in einem Jahr verbraucht. Die Sonne ist unser wichtigster Energielieferant und bestimmt so das Klimasystem der Erde. Doch diese Energie ist auf der Erde ungleich verteilt: Während am Äquator das ganze Jahr über hohe Temperaturen herrschen, sind die Pole ganzjährig mit Eis bedeckt. Wie lassen sich diese Unterschiede erklären? Wie prägt die unterschiedliche Erwärmung die Landschaften der Erde? Und wie nutzt der Mensch die unterschiedlichen Landschaften? Antworten darauf erhältst du in diesem und den folgenden Kapiteln.

Die Erde im Weltall

Der Astronom Galileo Galilei (1564–1642) vertrat die Meinung, dass die Erde sich um die Sonne dreht. Dies widersprach dem damaligen Weltbild, wonach die Erde im Mittelpunkt des Universums steht. Es war undenkbar, dass die Erde nur ein kleiner, unbedeutender Himmelskörper sein sollte, der mit anderen Planeten um die Sonne kreist. Galilei musste seine Aussagen widerrufen.

mythisch
aus der Märchen- und Sagenwelt

geozentrisch
die Erde im Mittelpunkt

heliozentrisch
die Sonne im Mittelpunkt

SP Tipp

Bilder vergleichen
→ Aufgabe 1

- Im Vergleich zu …
- Im Gegensatz zu …
- Anders als … dreht sich …

Seit Urzeiten stellten sich die Menschen vor, dass der Himmel der Raum der Götter ist und die Erde als Scheibe im Zentrum des Universums steht. Um die Erde kreisten die Himmelsgestirne wie Sonne und Planeten. Die am Himmel zu sehenden Sternbilder, Einzelsterne oder Planeten wurden oft mit Göttern, Fabelwesen oder anderen mythischen Figuren in Verbindung gebracht. Diese früheren Weltbilder haben sich aber als falsch erwiesen.

Im Mittelpunkt steht die Sonne

Heute ist bekannt, dass – wie Galilei es schon vor Jahrhunderten festgestellt hat – die Erde mit sieben anderen Planeten um unsere Sonne kreist. Die Sonne ist ein riesiger glühender Gasball, der mit ungeheurer Anziehungskraft diese Himmelskörper an sich zieht. Sie bilden unser Sonnensystem.

Die Erde dreht sich um die Sonne

Auf einer 940 Millionen Kilometer langen Bahn umkreist die Erde die Sonne mit einer Geschwindigkeit von 107 208 Kilometer pro Stunde. Diese Drehbewegung nennt man **Erdrevolution**. Für einen Sonnenumlauf benötigt sie 365 Tage und ungefähr sechs Stunden. Diese Zeitspanne nennen wir ein Jahr.

Die Erde dreht sich um ihre eigene Achse

Innerhalb von 24 Stunden dreht sich die Erde einmal um ihre eigene Achse. Diese Drehbewegung heißt **Erdrotation**. Die Achse, um die die Erde rotiert, durchzieht den Planeten vom Südpol zum Nordpol.
Die Erde dreht sich von Westen nach Osten. Wir bemerken diese Drehbewegung aber nicht, weil sich unsere Umgebung mitdreht. Dafür erleben wir die Folgen der Erdrotation jeden Tag. Die Rotation bewirkt nämlich die Entstehung von Tag und Nacht. Während der Drehung wird immer nur die Hälfte der Erde beleuchtet, die der Sonne zugewandt ist. Hier ist es Tag. Die andere Hälfte liegt dann im Dunkeln. Dort ist es Nacht (siehe auch das Foto der S. 16).

Der Mond dreht sich um die Erde

Der Mond der Erde benötigt für einen Erdumlauf rund 28 Tage. Auch er hat mit unserer Zeiteinteilung zu tun: Früher bezeichnete man die Zeitspanne von Vollmond zu Vollmond (Mondphasen) als Monat.

Das Weltall – unendliche Weiten

Es gibt unzählige solcher Sonnensysteme. Mehrere benachbarte Sonnensysteme werden als Galaxie bezeichnet. Eine dieser Galaxien

1 Vorstellung der Erde als Scheibe

2 Modell des geozentrischen Weltbildes des antiken Gelehrten Claudius Ptolemäus (84–160 n. Chr.)

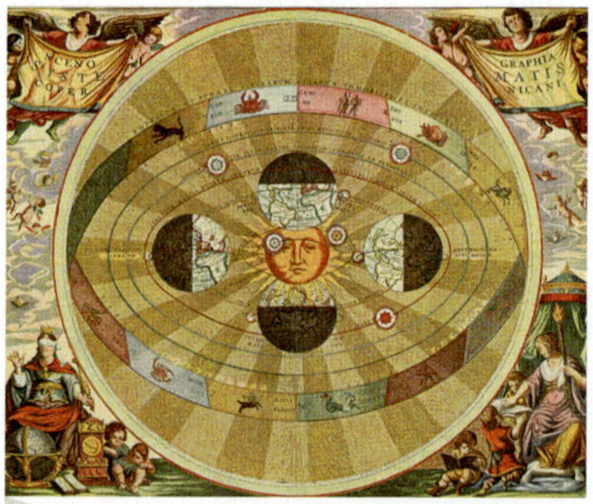

3 Modell des heliozentrischen Weltbildes des Astronomen Nikolaus Kopernikus (1473–1543)

4 Die Planeten unseres Sonnensystems kreisen auf einer Umlaufbahn um die Sonne.

Eselsbrücke
„Mein Vater erklärt mir jeden Sonntag unseren Nachthimmel."

kennst du sicher: unsere Milchstraße. In dunklen und klaren Nächten kannst du einige ihrer Milliarden Sterne sehen. Jeder Stern ist eine selbstleuchtende Sonne. Die Sterne der Milchstraße sind so weit von uns entfernt, dass sie uns nur wie ein milchiger Schleier aus schwachen Lichtpunkten erscheinen. Aber auch die Milchstraße ist nicht allein. Im gesamten Weltall gibt es unzählige solcher Galaxien, die sehr weit voneinander entfernt liegen.

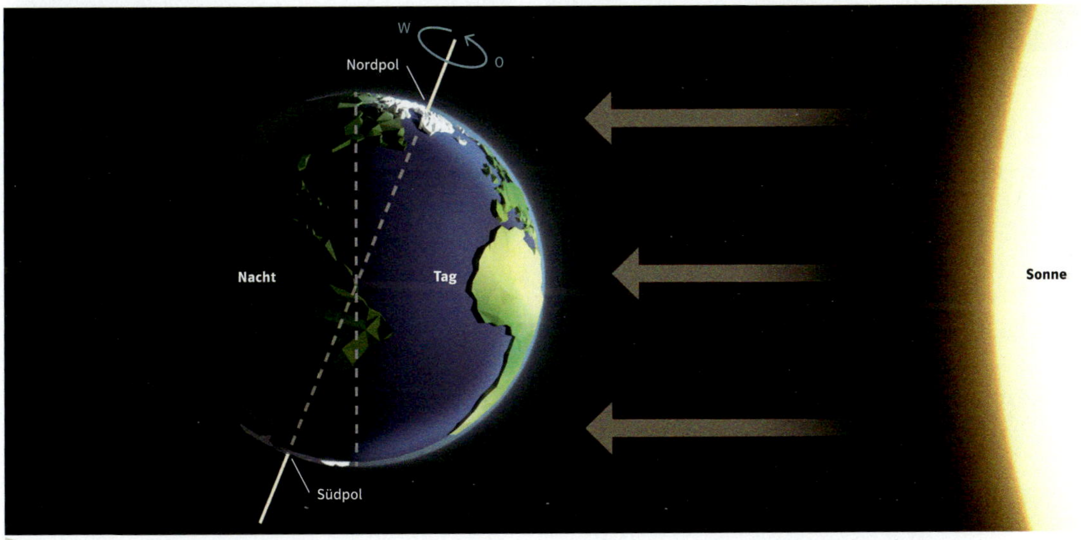

5 Tag und Nacht auf der Erde

1 SP
Arbeitet zu dritt.
Jeder beschreibt eines der Weltbilder:
A Erde als Scheibe,
B geozentrisches Weltbild,
C heliozentrisches Weltbild.
Vergleicht eure Beschreibungen.

2
Die Erde dreht sich:
a) Beschreibe die zwei unterschiedlichen Drehbewegungen der Erde.
b) MK Erkläre die Entstehung von Tag und Nacht mithilfe der Grafik 5 sowie des Erklärfilms (98zq6q).

3
Wir sagen: „Die Sonne geht auf, die Sonne geht unter." Die Aussage ist aus wissenschaftlicher Sicht nicht richtig. Formuliere eine sachgerechte Aussage.

4
Schon immer waren die Menschen von dem Ereignis einer totalen Sonnenfinsternis beeindruckt. Erkläre das Phänomen mithilfe einer Skizze.

Tageslängen und Jahreszeiten

Wir haben gelernt: Im Laufe eines Jahres bewegt sich die Erde einmal um die Sonne (Erdrevolution). Zudem dreht sich die Erde alle 24 Stunden einmal um sich selbst (Erdrotation).

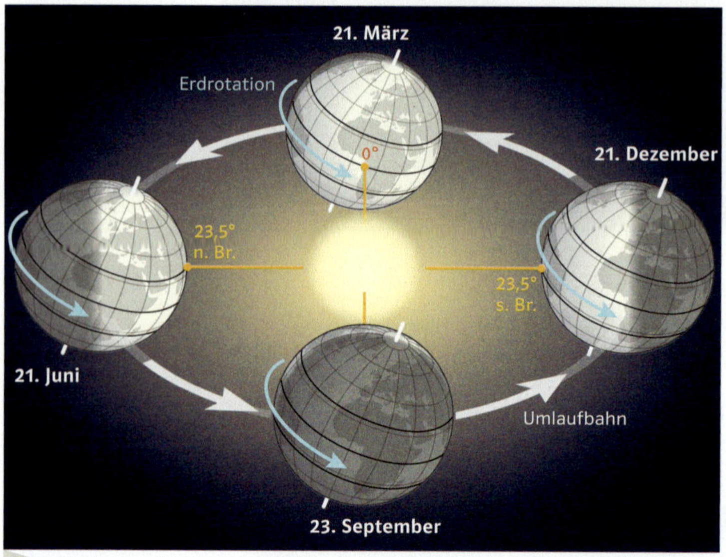

1 Die Bahn der Erde um die Sonne

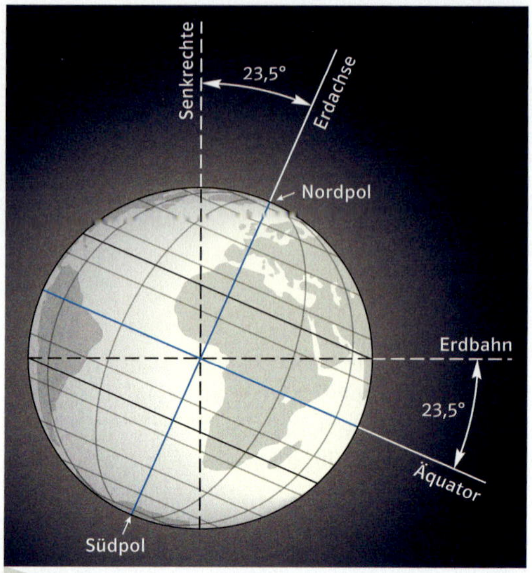

3 Die Neigung der Erdachse

→ Polartag, Polarnacht Seite 136

Die Erdachse ist dabei in einem Winkel von 23,5 Grad gegenüber der Bahn um die Sonne geneigt. Schau dir den Globus genauer an – hier kannst du die Neigung der Erdachse gut erkennen (Grafik 3). Diese Neigung bleibt während des Umlaufs um die Sonne immer gleich. Grundsätzlich wird immer nur die der Sonne zugewandte Hälfte der Erde beleuchtet (Tag), die andere liegt im Schatten (Nacht).

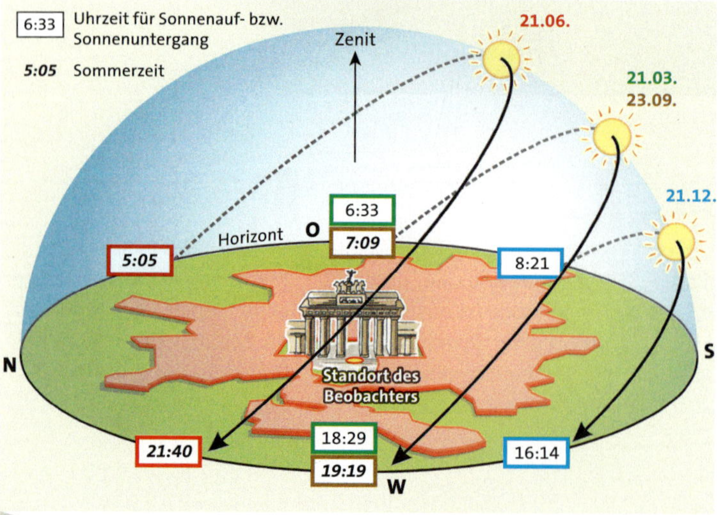

2 Der Tagesbogen der Sonne im Jahresverlauf

Im Laufe eines Jahres verändern sich jedoch die Winkel, mit denen die Sonnenstrahlen auf die Erde treffen. Ein halbes Jahr lang werden die nördliche, ein halbes Jahr die südliche Halbkugel stärker bestrahlt und dadurch stärker erwärmt. Es entstehen die **Jahreszeiten**. Am 21. Juni ist der Nordpol der Erde zur Sonne geneigt, der Südpol dagegen abgewandt. Die Schattengrenze verläuft an den **Polarkreisen**. An diesem Tag ist die Sonne nördlich des Polarkreises die ganze Zeit zu sehen, es herrscht **Polartag**. Wir in Deutschland merken das an den langen Tagen und den hohen Tagesbögen der Sonne im Sommer (siehe auch Grafiken 2 und 4).

1

Beschreibe mithilfe der Grafiken 1 und 3 in Stichpunkten die unterschiedliche Beleuchtung der Erde im Jahresverlauf.

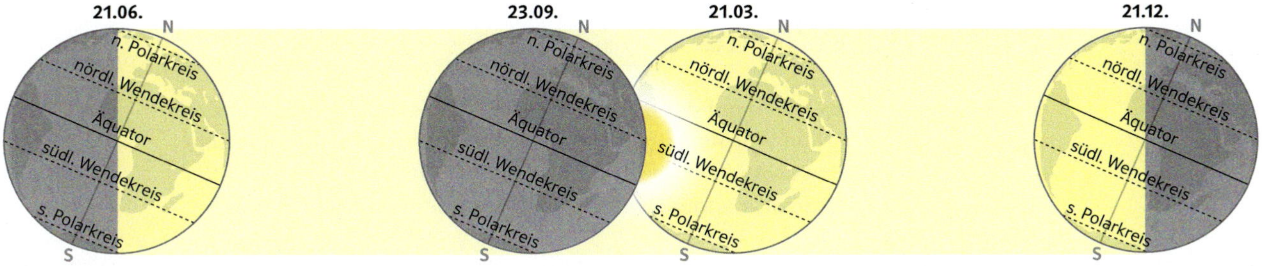

4 Tag und Nacht im Jahresverlauf

Beleuchtungszonen der Erde

Aus der Bewegung der Erde um die Sonne und aus der Neigung der Erdachse lassen sich drei **Beleuchtungszonen** ableiten:

Polarzonen zwischen den Polen und den Polarkreisen: Bereiche der Erde, in denen es Polartag und Polarnacht gibt. An den Polarkreisen dauert der Polartag 24 Stunden, an den Polen ein halbes Jahr. Der Sonnenstand im Sommerhalbjahr der jeweiligen Halbkugel ist niedrig.

Gemäßigte Zone und die Subtropen: Übergangszone zwischen den Polarkreisen und den Wendekreisen. Für die Gemäßigte Zone sind die vier Jahreszeiten mit unterschiedlich langen Tagen und Nächten charakteristisch. Je näher ein Ort an den Wendekreisen liegt, desto kleiner werden die Unterschiede in den Tageslängen zwischen Sommer und Winter.

Tropische Zone zwischen den Wendekreisen: Hier ist der Sonnenstand ganzjährig hoch, daher gibt es keine temperaturbedingten Jahreszeiten. Die Tage und Nächte sind das ganze Jahr fast gleich lang. Nur wenn bei uns Frühling und Herbst beginnen, am 21.3. und 23.9., sind überall auf der Erde zwölf Stunden Tag und zwölf Stunden Nacht. Diese Erscheinung wird als Tagundnachtgleiche bezeichnet. Nur in den Tropen kann die Sonne im Zenit stehen, also senkrecht über dem Beobachter auf der Erdoberfläche. Am 21.6. „erreicht" der Zenitstand seinen nördlichsten Punkt bei 23,5° Nord. Dann „wendet" sich der Sonnenhöchststand wieder nach Süden. Die Breitenkreise 23,5° Nord und Süd werden daher Wendekreise genannt. Weil diese Verlagerung des Zenitstandes eine Folge der geneigten Erdachse ist, spricht man von einer scheinbaren Wanderung zwischen den Wendekreisen.

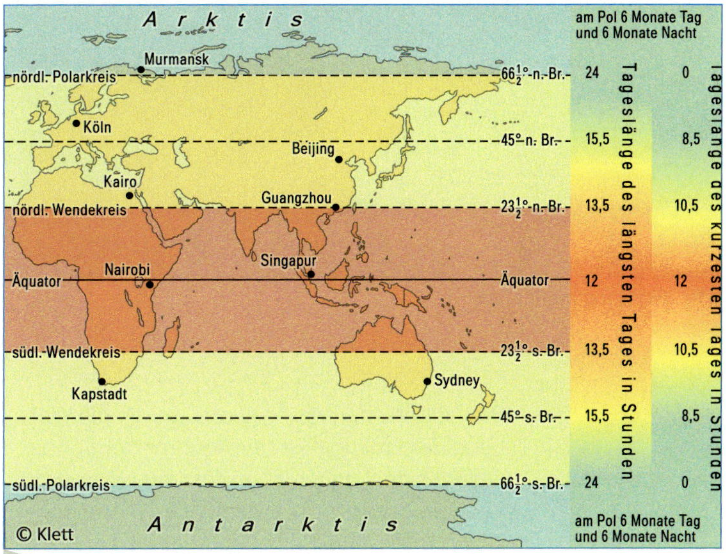

5 Die Beleuchtungszonen der Erde

2
Erstelle eine Tabelle zu den Jahreszeiten auf der Nord- und Südhalbkugel.

Datum	Nordhalbkugel	Südhalbkugel
21. März	Frühling	…
21. Juni	…	…
23. September	…	…
21. Dezember	…	…

3 MK
Erkläre die Entstehung der Jahreszeiten für die Nord- und Südhalbkugel. Nutze hierfür auch den Erklärfilm.

4
Erstelle zu den Beleuchtungszonen eine Tabelle: Lage, Jahreszeiten, Tageslängen.

5
Stell dir vor, dass die Erdachse senkrecht steht. Beschreibe die Folgen für:
A Tageslängen,
B Jahreszeiten,
C Zenitstand.
Vergleicht die Ergebnisse.

Licht und Wärme

Ohne Sonne wäre ein Leben auf der Erde nicht möglich. Die auf die Erde treffende Sonnenstrahlung wird in Wärme umgewandelt. Doch Licht und Wärme sind sehr ungleich verteilt. Offensichtlich erwärmt die Sonne die Erde nicht nur wegen der Schrägstellung der Erdachse ungleichmäßig. Welche anderen Gründe gibt es?

1 Ein Hang im Februar

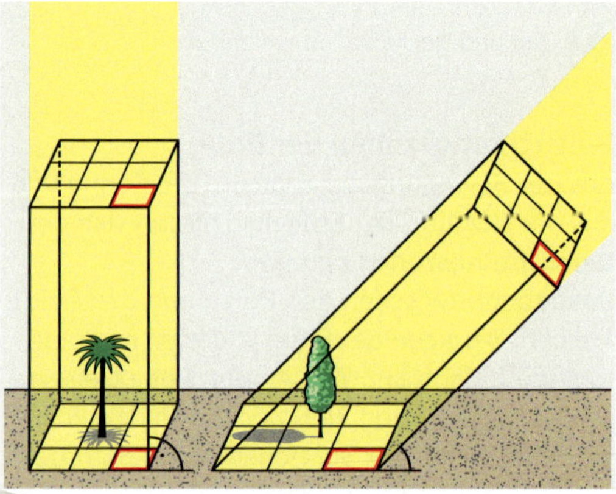

3 Der Zusammenhang von Einfallswinkel und erwärmter Fläche (z. B. Tropen und Gemäßigte Zone)

Luftmassen

Große Luftmengen mit einheitlicher Temperatur oder Feuchtigkeit. Bei ihrer Verlagerung in andere Gebiete behalten sie ihre Eigenschaften bei.

Häufig hört man als Antwort: „Durch die Wölbung der Erdkugel ist der Äquator der Sonne am nächsten, daher ist es dort am wärmsten." Aber die Sonne ist so weit entfernt, dass dieser kleine Unterschied nicht spürbar ist. Es muss eine andere Begründung für die Temperaturunterschiede geben.
Beim Auftreffen der Sonnenstrahlung auf die Erdoberfläche wird die Strahlung in Wärme umgewandelt (Grafik 4). Durch die Kugelgestalt der Erde treffen die Sonnenstrahlen am Äquator fast senkrecht auf die Erdoberfläche. In der **Polarzone** erreichen die Sonnenstrahlen in einem kleineren Einstrahlungswinkel die Erde. Die gleiche Menge eingestrahlter Sonnenenergie wird auf eine viel größere Fläche verteilt (Grafiken 2, 3). Durch die unterschiedliche Erwärmung entstehen auf der Erde entlang der Breitenkreise Zonen mit ähnlichen Jahresdurchschnittstemperaturen. Alle Orte, die auf demselben Breitenkreis liegen, erhalten also theoretisch die gleiche Menge an Sonnenstrahlung, werden aber trotzdem unterschiedlich stark erwärmt.
Ein Blick auf den Globus zeigt, wie sich die Oberfläche entlang eines Breitenkreises verändert. Meeresflächen und Landmassen mit ihren Gebirgen und anderen Landschaftsformen wechseln sich ab. Diese Unterschiede wirken sich auf Temperaturen und Niederschläge aus. So entstehen unterschiedlich erwärmte Luftmassen, die durch Winde verlagert werden.

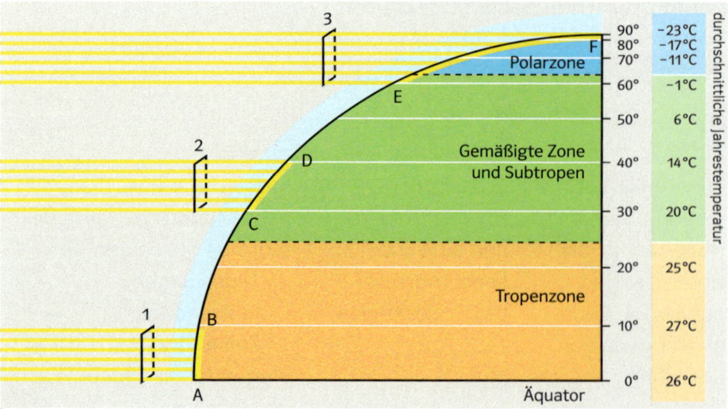

2 Sonneneinstrahlung und Beleuchtungszonen

Klima- und Vegetationszonen

Die weltweit unterschiedlichen Jahresdurchschnittstemperaturen und Niederschläge sind die bedeutendsten Faktoren, die unterschiedliche Klima- und Vegetationszonen entstehen lassen. Diese beiden Klimaelemente beeinflussen unter anderem das Pflanzenwachstum und das Ausbilden einer charakteristischen Vegetation und damit auch die Möglichkeiten der Raumnutzung durch den Menschen.

Die Erwärmung der Erdoberfläche

Nur etwa die Hälfte der Sonnenstrahlung erreicht die Erdoberfläche. Die anderen Anteile werden von der Atmosphäre, insbesondere den Wolken, aufgenommen oder in den Weltraum zurückgestrahlt. Die Luft über der Erdoberfläche wird nicht direkt durch die Sonnenstrahlen erwärmt. Erst beim Auftreffen der Sonnenstrahlen auf die Erdoberfläche werden diese in Wärme umgewandelt. Die Festlands- und Meeresflächen strahlen diese Wärme aus, sodass sich die darüberliegenden Luftschichten erwärmen.

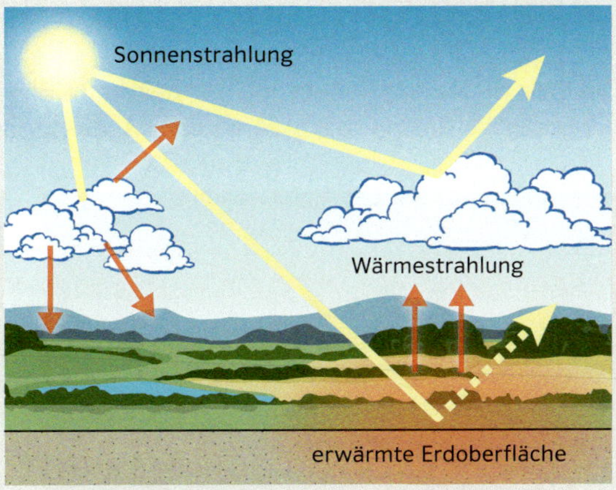

4

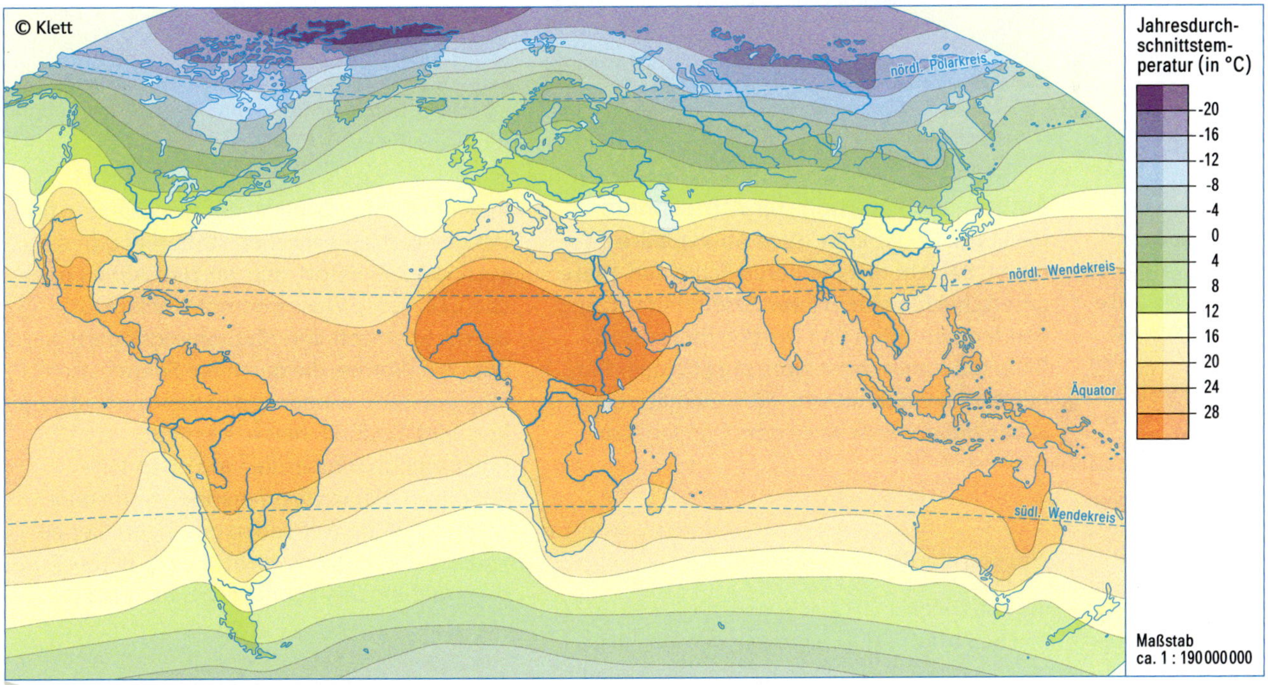

5 Jahresdurchschnittstemperaturen

1
Beschreibe die unterschiedliche Erwärmung der Erde mithilfe der Karte 5 in Stichpunkten.

2 SP
Erkläre mithilfe des Textes sowie der Grafiken 2 und 3, wie es zur unterschiedlichen Wärmeverteilung auf der Erde kommt.

A Formuliere eine Regel, in der die Begriffe „Einstrahlungswinkel", „erwärmte Fläche", „Jahresdurchschnittstemperatur" vorkommen.

B Erstelle einen Lexikoneintrag aus kurzem Erläuterungstext und Skizze.

3
Foto 1: Schon oft gesehen, aber auch verstanden? Beschreibe und erkläre die Verteilung des Schnees.

Lebensgrundlage Atmosphäre

Die Erde ist bislang der einzige uns bekannte Himmelskörper, der von einer Lufthülle umgeben ist. Diese Atmosphäre und das Wasser ermöglichen erst das Leben auf der Erde.

→ **Treibhauseffekt Seiten 200/201**

1 Sonnenaufgang auf der Erde – aus dem Weltall gesehen

3 Felix Baumgartner – Sprung aus 39 000 m Höhe

Meteoriten und Sternschnuppen
Festkörper aus dem All, die in die Atmosphäre eindringen und dabei meist verglühen

Polarlicht
Leuchterscheinung in der Atmosphäre der Polargebiete, die beim Auftreffen beschleunigter geladener Teilchen aus dem Erdmagnetfeld hervorgerufen wird

Aufbau und Funktion der Atmosphäre

Die Lufthülle der Erde, auch **Atmosphäre** genannt, besteht aus mehreren Schichten. Diese unterscheiden sich in ihrer Zusammensetzung, den Temperaturen und Druckverhältnissen. Ohne die Atmosphäre wäre unser blauer Planet mit durchschnittlich –18 °C ziemlich eisig. Leben auf der Erde wäre damit undenkbar.

In der untersten Schicht, der Troposphäre, findet das Wettergeschehen statt. Hier gibt es auch viel Sauerstoff, den wir zum Atmen brauchen. Die Gase Wasserdampf, Kohlenstoffdioxid, Stickstoff und Methan verhindern hier, dass die Wärme, die durch die Sonnenstrahlung entsteht, wieder in den Weltraum abgegeben wird. Dadurch herrscht auf der Erde eine Durchschnittstemperatur von etwa 15 °C.
Aber auch die darüberliegende Stratosphäre wirkt sich auf unser Leben aus. Denn hier befindet sich die Ozonschicht, die die gefährliche UV-Strahlung des Sonnenlichts herausfiltert.

Sprung aus der Stratosphäre

Am 14. Oktober 2012 ist es endlich soweit. In einer Kapsel wird Felix Baumgartner von einem Ballon in 39 000 m Höhe gebracht. Die Verhältnisse dort oben sind nicht gerade freundlich. Doch Felix Baumgartner hat ein Ziel: Er will der erste Mensch sein, der im freien Fall die Schallmauer durchbricht. Um 12:07 Uhr Ortszeit springt er ab. Die Erde zieht ihn an, als wolle sie ihn in den Arm nehmen. Doch da passiert es, er verliert für einen kurzen Augenblick die Kontrolle. Sein Körper dreht sich schnell, doch er kann sich wieder stabilisieren. In 1 585 m Höhe zieht er an der Reißleine. Sein Fallschirm öffnet sich. Nach 4 Minuten und 20 Sekunden landet er wieder sicher auf der Erde. Weltrekord!

2

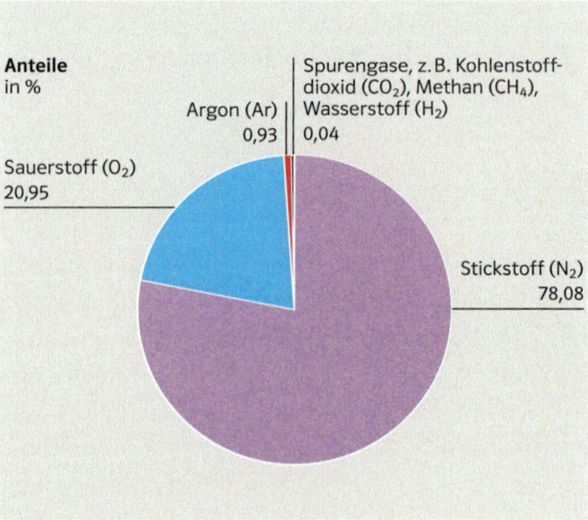

4 Zusammensetzung der Luft

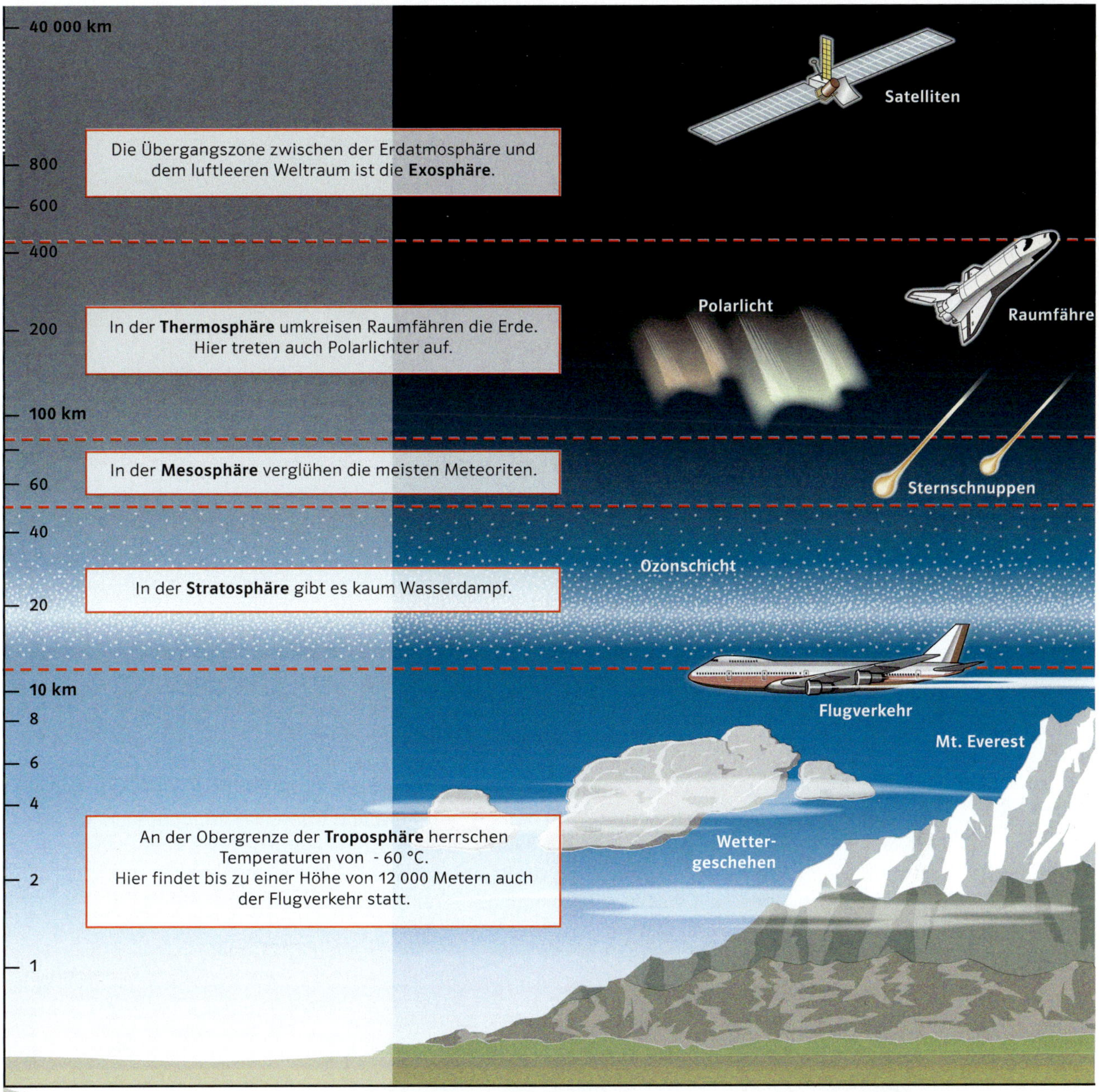

5 Der Aufbau der Atmosphäre (nicht maßstabsgetreu)

1 SP

Beschreibe den Sprung von Felix Baumgartner durch die Atmosphäre mit eigenen Worten.

2

Erläutere die Bedeutung der Atmosphäre für das Leben auf der Erde.

3

Ordne folgende Aussagen den Schichten der Atmosphäre zu:
a) Hier treten Polarlichter auf.
b) Dort verglühen Sternschnuppen.
c) Hier ist der Übergang in den Weltraum.
d) Hier befindet sich die Ozonschicht.
e) Hier ist Felix Baumgartner abgesprungen.
f) Hier findet das Wettergeschehen statt.

4 MK

Erkläre, warum Felix Baumgartner bei seinem Rekordsprung einen Spezialanzug ähnlich dem eines Astronauten tragen musste. Recherchiere hierzu auch im Internet.

1 Deutschland (Ettlingen) im Juli

3 Deutschland (Ettlingen) im Dezember

Wetter mal so und mal so

Mal Sonnenschein, mal Regen oder Schnee, mal Sturm – das Wetter ändert sich bei uns in Deutschland fast ständig. Aber wie ist das zu erklären und ist das überall auf der Erde so?

Wetterelemente

Temperatur, Strahlung, Luftdruck, Wind, Luftfeuchtigkeit, Bewölkung, Niederschlag

Das Wetter ist immer das Zusammenspiel aller Wetterelemente an einem konkreten Ort und zu einem bestimmten Zeitpunkt. Häufig wechselt das Wetter bei uns von Tag zu Tag, mal ist es sonnig, mal regnet oder stürmt es. Bleibt ein bestimmtes Wetter mehrere Tage über einem großen Gebiet gleich, dann spricht man von einer Großwetterlage. Das Wetter in Mitteleuropa wird überwiegend geprägt von Großwetterlagen. Dabei sind Westlagen am häufigsten. Der Wind weht dann überwiegend aus westlichen Richtungen und bringt als Hauptluftmasse feuchte Meeresluft mit sich.
Drei weitere Hauptluftmassen können weitestgehend unser Wetter in Mitteleuropa bestimmen: kalte Polarluft, die aus dem Norden strömt; warme Tropikluft, die aus dem Süden kommt und trockene Kontinentalluft, die aus dem Osten kommt. Je nach Jahreszeit unterscheiden sich diese Luftmassen hinsichtlich ihrer Temperatur und Feuchtigkeit.

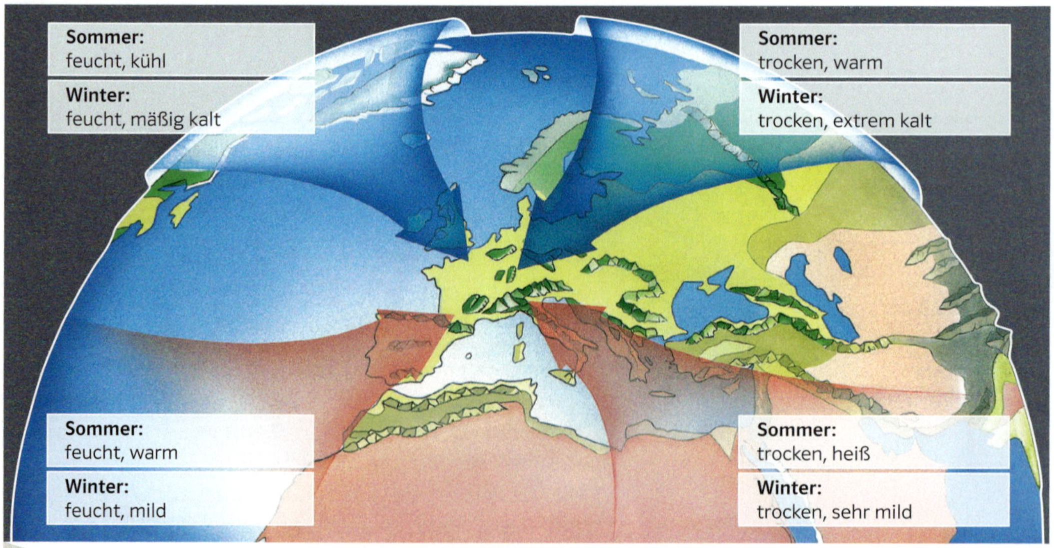

2 Hauptluftmassen, die das Wetter in Europa bestimmen

4 Guatemala (Tikal) im Juli

6 Guatemala (Tikal) im Dezember

In den Tropen

Anders als bei uns unterscheidet sich in den Tropen die Dauer von Tag und Nacht kaum. Auch der Einfallswinkel der Sonnenstrahlen bleibt in den Tropen ganzjährig sehr hoch. Deshalb gibt es keine temperaturbedingten Jahreszeiten wie bei uns.

Erst bei größerer Entfernung vom Äquator nehmen die Jahresschwankungen der Temperatur zu. Wenn diese größer sind als die täglichen Schwankungen der Temperatur, spricht man vom **Jahreszeitenklima**.

In Äquatornähe dagegen sind die täglichen Temperaturunterschiede größer als die zwischen Januar und Juli. Daher bezeichnet man ein solches Klima als **Tageszeitenklima**.

Aufgrund der hohen Temperaturen können die Pflanzen in den Tropen das ganze Jahr über wachsen. Das Pflanzenwachstum wird hier nicht durch den Mangel an Wärme unterbrochen, sondern nur durch fehlende Feuchtigkeit. Damit bestimmen auch nicht die Temperaturen, sondern die Höhe und Verteilung der Niederschläge die **Jahreszeiten**: Fällt für das Wachstum der Pflanzen genug Niederschlag, spricht man von einer **Regenzeit**, bei zu wenig Niederschlag von einer **Trockenzeit**.

Im Gebiet des Äqutors gibt es fast das ganze Jahr mehr Niederschlag, als durch die hohen Temperaturen verdunsten kann. Die Pflanzen können während des ganzen Jahres wachsen. Hier befindet sich die Vegetationszone des tropischen Regenwaldes.

→ Tropischer Regenwald Seite 42

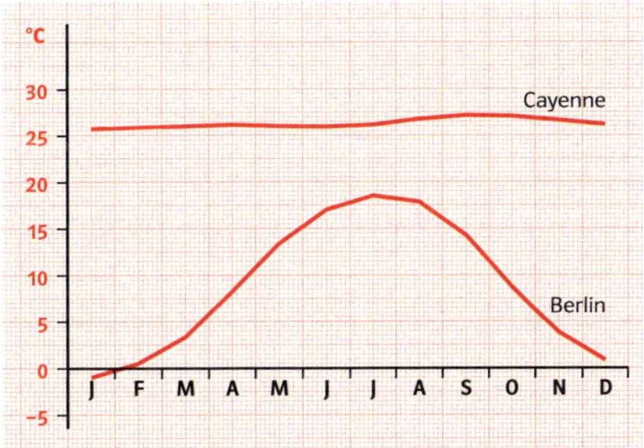

5 Temperaturverlauf in Berlin und Cayenne

1 Beschreibe die Wettersituation im Juli und Dezember für Mitteleuropa (Fotos 1 und 3) und für Amazonien (Fotos 4 und 6).

2 Beschreibe mithilfe der Grafik 2 die vier Hauptluftmassen, die das Wetter in Mitteleuropa bestimmen.

3 Vergleiche den jährlichen Temperaturverlauf von Berlin mit Cayenne in den Tropen (Diagramm 5).

4 MK Informiere dich im Internet z. B. bei Windy oder VentuSky über das aktuelle Wettergeschehen:
A in Deutschland,
B in Cayenne.
Schreibe eine kurze Wettermeldung.

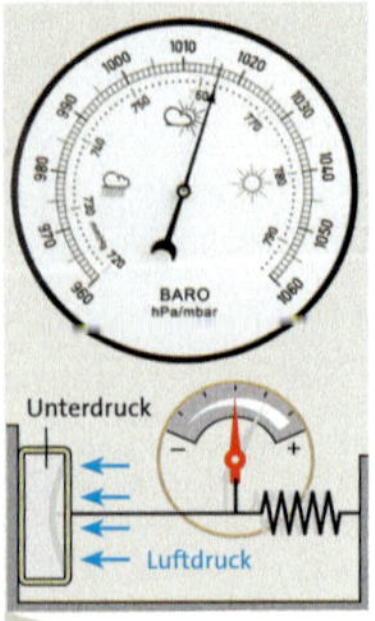

1 Barometer

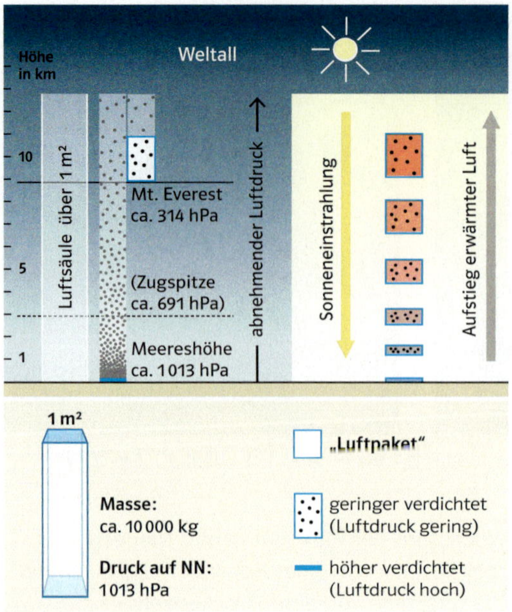

2 Luftdruck

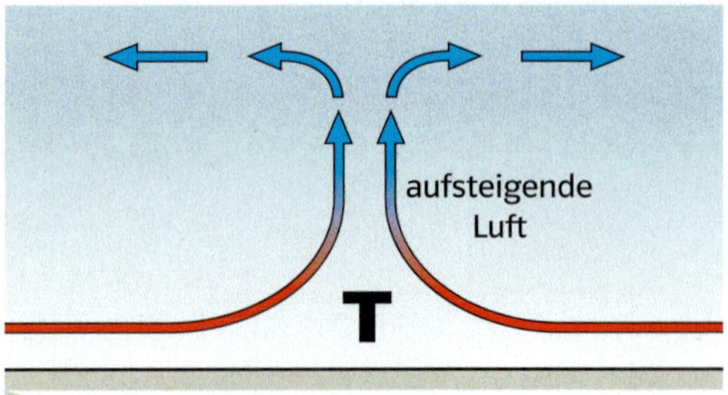

3 Bodentief

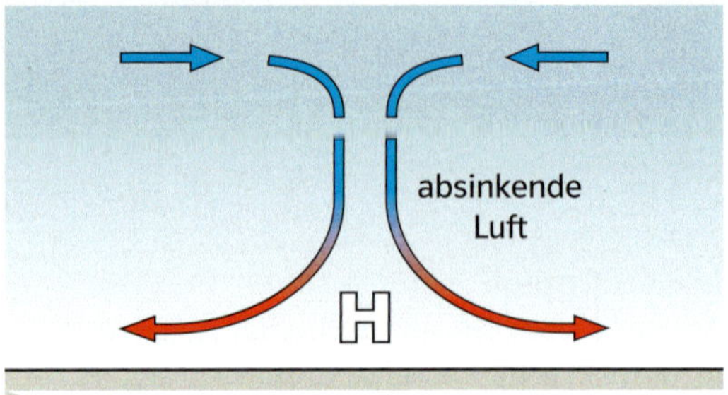

4 Bodenhoch

Was bewegt die Luft?

Wer mit dem Fahrrad gegen den Wind fährt, muss mehr Kraft aufwenden, um voranzukommen. Segelboote oder Windräder nutzen dagegen die Kraft des Windes. Bei Orkanen erfahren wir die zerstörerische Kraft, die Wind haben kann. Aber wie entstehen Winde überhaupt?

Luftdruck

Kraft, die die Masse der Erdatmosphäre unter der Wirkung der Erdanziehung auf eine Einheitsfläche ausübt.

Luft hat eine Masse

Es ist erstaunlich: Auf jedem Quadratmeter der Erdoberfläche lasten etwa 10 000 Kilogramm. An die unsichtbare Last der Luft haben wir uns gewöhnt. Nur schnelle und ausreichend starke Schwankungen des Luftdrucks, die bei Fahrten in Aufzügen, Seilbahnen, bei Tunneldurchfahrten oder bei Flugzeugstarts und -landungen auftreten, können wir als Druckgefühl im Ohr wahrnehmen. Probleme bereiten uns somit plötzliche Änderungen des Luftdrucks.
Die über uns lagernde Luftsäule drückt die darunter befindliche Luft zusammen. Die gleiche Luftportion hat zum Beispiel in Meereshöhe ein geringeres Volumen als in fünf Kilometer Höhe. Der Luftdruck wird mithilfe eines Barometers gemessen und in der Einheit Hektopascal (hPa) angegeben.

Luft bewegt sich

Wird die Erdoberfläche stark erwärmt, so heizt sich auch die darüberliegende Luft auf. Die Luft dehnt sich aus, wird leichter und steigt auf. In der Höhe fließt sie zur Seite ab. Als Folge sinkt am Boden der Luftdruck, ein **Tiefdruckgebiet** oder „Tief“ ist entstanden. Über kälterem Untergrund, wo Luft absinkt und zusätzlich Luft in der Höhe nachfließt, entsteht dagegen am Boden ein **Hochdruckgebiet** oder ein „Hoch“. Tief- und Hochdruckgebiete, die durch Erwärmung oder Abkühlung entstehen, werden als thermische Druckgebiete bezeichnet.

Ein Wind entsteht

Den Unterschied zwischen dem Gebiet mit hohem Druck und dem mit tiefem Druck gleicht die Luft aus. Anschaulich zeigt sich dies, wenn man das Ventil eines Fahrradschlauches löst: Luft strömt heraus. Sie bewegt sich vom Gebiet

1 SP

Erkläre mithilfe der Grafiken 3 – 5,
a) wie ein Tief und Hoch in Bodennähe entsteht,
b) wie Wind entsteht.

5 Entstehung von Hoch- und Tiefdruckgebieten

höheren Drucks zum Gebiet niedrigeren Drucks. Es weht ein Wind, um den Druckunterschied auszugleichen. Je größer der Druckunterschied ist, umso größer ist auch die Geschwindigkeit des Windes. Ein Wind wird danach benannt, aus welcher Richtung er weht. Ein Wind, der zum Beispiel von Westen nach Osten weht, wird als Westwind bezeichnet. Ein Wind strömt nicht auf direktem Weg von einem Hochdruckgebiet zu einem Tiefdruckgebiet, sondern er wird durch die Erddrehung abgelenkt.

Wie man Wind beobachtet und misst

Um den Wind zu beobachten und zu messen, wird seine Eigenschaft genutzt, eine Kraft auf Gegenstände auszuüben. Die Windstärke wurde früher nach der Beaufort-Skala mit Windstärken von 0 bis 12 angegeben. Da diese Skala nicht ausreicht, benutzt man heute folgende Maßeinheiten: Meter pro Sekunde (m/s) oder Kilometer pro Stunde (km/h).

Entstehung eines Tiefdruckgebietes

Material: 14 Teelichter oder Kerzen mit feuerfester Unterlage; Streichhölzer

Durchführung: Stelle die Kerzen im windstillen Klassenzimmer kreisförmig auf und beobachte die Flammen.

Auswertung: Zeigen alle Flammen nach innen, dann deuten sie ein thermisches Tief an.

6

7 Windwegmesser

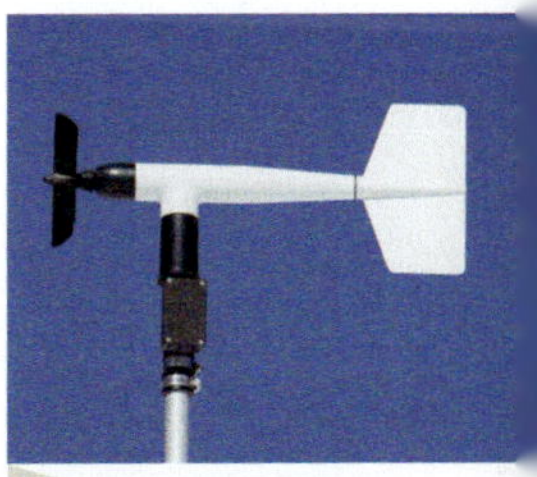

8 Windrichtungsmesser

2
Vergleiche mithilfe von Grafik 2 den mittleren Luftdruck auf Meereshöhe und auf dem Mt. Everest. Wie ist der Unterschied zu erklären?

3
Forscher lassen einen Wetterballon von der Erde aus in die oberen Schichten der Atmosphäre aufsteigen. Dabei befüllen sie den Ballon nur mit wenig Gas, weil er sonst platzen würde. Erkläre.

4
Führe den Versuch 6 durch:
a) Beschreibe deine Beobachtungen.
b) Vergleiche deine Beobachtungen mit Grafik 3.

Wolken – Gebilde auf Zeit

Wolken können einen Himmel stimmungsvoll gestalten, sie können aber auch bedrohlich wirken. Wolken zählen zu den grundlegenden Elementen des Wetters. Doch unter welchen Bedingungen bilden sich Wolken?

Wolkengattungen

Hohe Wolken:

Cirrus (Ci)
Cirrocumulus (Cc)
Cirrostratus (Cs)

Mittelhohe Wolken:

Altocumulus (Ac)
Altostratus (As)

Tiefe Wolken:

Stratocumulus (Sc)
Stratus (St)

Wolken mit großer vertikaler Ausdehnung:

Nimbostratus (Ns)
Cumulus (Cu)
Cumulonimbus (Cb)

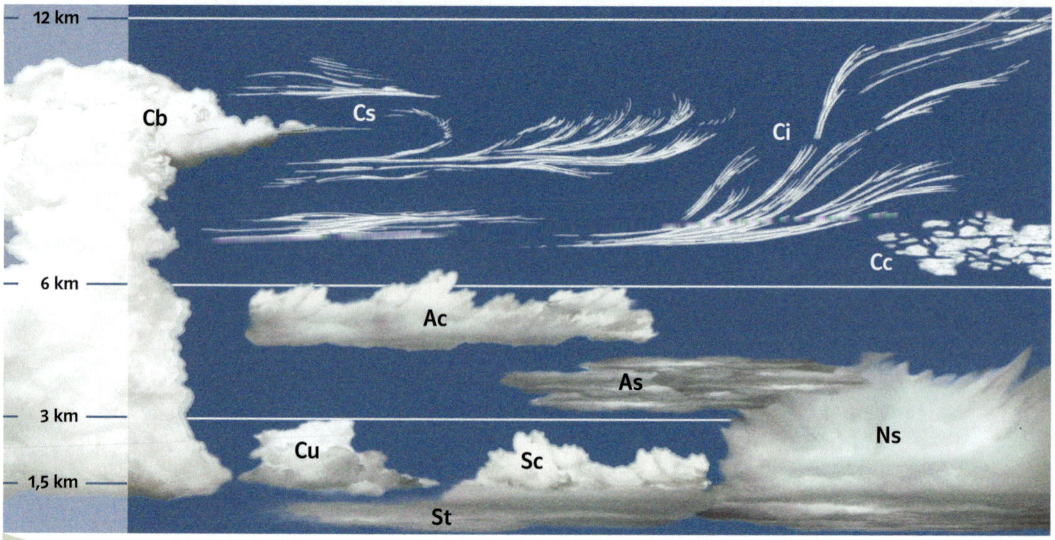

1 Wolkengattungen

Wasser in der Luft

Durch Verdunstung erhält die **Atmosphäre** ständig Wasser in Form des unsichtbaren Wasserdampfes. Je höher die Lufttemperatur ist, umso mehr Wasserdampf kann die Luft aufnehmen. Beim Föhnen von nassen Haaren nutzen wir diesen Effekt zum Trocknen.
Kalte Luft kann also weniger Wasserdampf aufnehmen als warme Luft. Es gibt auch eine Obergrenze, bis zu der Luft bei einer bestimmten Temperatur eine maximale Menge an Wasserdampf aufnehmen kann. Wenn die Luft kein Wasser mehr aufnehmen kann, ist der Taupunkt erreicht – es bilden sich Wolken.

Niederschlag entsteht

Damit Wolken entstehen können, müssen verschiedene Bedingungen erfüllt sein. Zunächst muss Luft abgekühlt werden. Wird der Tau-

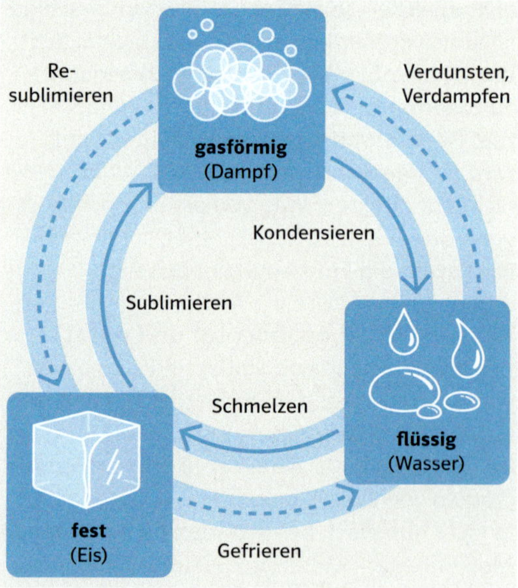

2 Wasser in der Luft und Wolkenbildung

1 SP
Erkläre an Beispielen aus dem Alltag in kurzen Texten das Phänomen
A Kondensation,
B Verdunstung.

2
Erkläre, wie Schnee entsteht.

3
Skizziere und erkläre mithilfe der Zeichnung 3 die Entstehung von Cumulonimbuswolken.

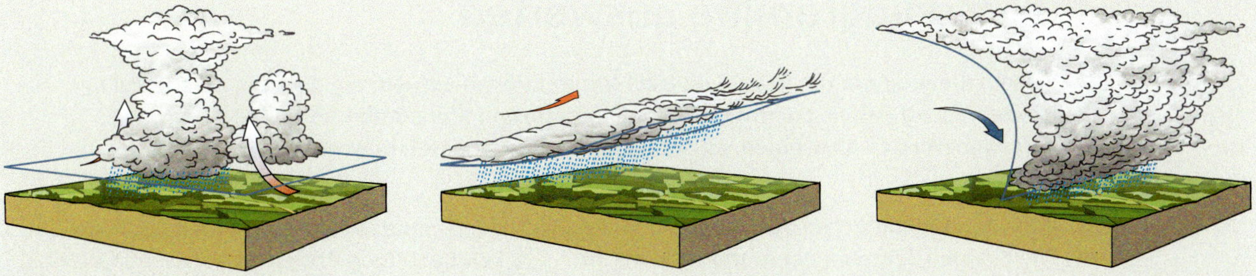

A
Die von Sonneneinstrahlung erhitzte Bodenoberfläche erwärmt die darüberliegende Luft, die aufsteigt. Mit der Höhe nimmt der Luftdruck ab und die Luft dehnt sich aus. Dabei kühlt sie sich ab. Wird die Luft bis zum Taupunkt abgekühlt, kondensiert der in ihr enthaltene Wasserdampf. Bei vertikaler Luftströmung entstehen Haufen- oder Cumuluswolken. Sie können heftige Niederschläge bringen.

B
Feuchte und wärmere Luftmassen werden vom Wind über ein Gebiet mit kälterer Luft geschoben. Beim Aufgleiten kondensiert das Wasser erst in großer Höhe. Dort bilden sich zunächst Cirren (Federwolken) und in der Folge sehr dichte Schichtwolken. Die Niederschläge sind ergiebig und lang anhaltend.

C
Kalte Luftmassen dringen vor und stoßen auf feuchte und wärmere Luft, die dadurch zum schnellen Aufstieg gezwungen wird. Es entsteht eine dichte Quellbewölkung in Form von hoch aufgetürmten Haufenwolken. Es kommt zu kräftigen Niederschlägen.

3 Wolken bilden sich

punkt erreicht, kondensiert der Wasserdampf bei weiterer Abkühlung. Um feinste schwebende Teilchen (Aerosole), die als Kondensationskerne wirken, lagern sich dann immer mehr kleinste Wassertropfen an. Erst viele kleine Wassertropfen bilden eine Wolke. Wachsen Millionen von Wassertröpfchen oder Eiskristallen zusammen, die nicht mehr schweben können, kommt es zum Niederschlag als Regen oder Schneefall.

Niederschlag	Art	Zustand	Größe in mm
Nieselregen	fallend	flüssig	0,1 bis 0,5
Regen	fallend	flüssig	0,5 bis 4
Nebel	fallend	flüssig	> 0,001
Schnee	fallend	fest	
Graupel	fallend	fest	> 0,5
Hagel	fallend	fest	4 bis 50
Tau	abgesetzt	flüssig	
Reif	abgesetzt	fest	

4 Niederschlagsarten

Versuche zur Wolkenentstehung

Material: hohes Becherglas, Kühlelement aus dem Tiefkühlschrank, heißes Wasser, Streichholz

Durchführung Versuch 1: Gieße vorsichtig heißes Wasser etwa 3 cm hoch in das Becherglas. Lege das Kühlelement oben darauf.

Auswertung: Notiere die Beobachtungen.

Durchführung Versuch 2: Wiederhole den Versuch 1. Bevor das Kühlelement aufgelegt wird, entzünde ein Streichholz und blase es im Becherglas aus, sodass der Rauch im Becherglas bleibt.

Auswertung: Notiere die Beobachtungen.

5

4 Erkläre, warum nicht aus jeder Wolke Niederschläge fallen.

5 Es gibt Tage, an denen keine einzige Wolke am Himmel zu erkennen ist. Finde eine Erklärung.

6 Beobachte die aktuelle Bewölkung. Bestimme mithilfe von Grafik 1, welche Wolkentypen zu sehen sind.

7 Erkläre den Unterschied der simulierten Wolkenentstehung bei den Versuchen 5.

Klimadiagramme auswerten

Einem Klimadiagramm kannst du viele Informationen entnehmen. Es kann dir z. B. bei der Reiseplanung helfen. Landwirte können mithilfe von Klimadaten Anbauprodukte oder Anbaumethoden auswählen, z. B. ob sie bewässern müssen oder nicht.

humidus (lat.): feucht, nass

aridus (lat.): trocken, dürr

Den durchschnittlichen Wetterverlauf über einen langen Zeitraum nennt man Klima. Um das Klima an einem Ort zu beschreiben, wurden Klimadiagramme entwickelt. Sie enthalten Informationen zu den zwei wichtigsten Klimaelementen: Niederschlag und Temperatur. Sie zeigen den durchschnittlichen Temperaturverlauf sowie die durchschnittliche Menge der Niederschläge und ihre Monatsverteilung innerhalb eines Jahres.
An Klimadiagrammen lassen sich die Wachstumsbedingungen für Pflanzen direkt ablesen: Verläuft die Niederschlagskurve über der Temperaturkurve, dann fällt mehr Niederschlag, als verdunsten kann. Das Klima wird als humid bezeichnet. In dieser Zeit verfügen die Pflanzen über genügend Wasser. Verläuft die Temperaturkurve oberhalb der Niederschlagskurve, dann ist das Klima arid. Neben der Feuchtigkeit benötigen Pflanzen ausreichend Wärme, um wachsen zu können. Die **Vegetationszeit** wird klimatisch definiert als die Anzahl der Tage mit Mitteltemperaturen über 5 °C. Liegt die Temperatur unter 5 °C, wachsen die Pflanzen nicht. Durch Trockenheit kann es zudem zu Einschränkungen kommen.

1

1. Schritt: Sich orientieren

Bestimme die Lage der Station. Lies den Namen und die Höhe ab.

2. Schritt: Ablesen und ermitteln

Lies die mittlere Jahrestemperatur ab und ermittle dann den kältesten und den wärmsten Monat.
Berechne die Jahresschwankung, also den Unterschied zwischen dem wärmsten und dem kältesten Monat.
Lies den Jahresniederschlag ab und ermittle die Monate mit dem höchsten und dem niedrigsten Niederschlag.

3. Schritt: Jahresverlauf beschreiben

Beschreibe den Temperaturverlauf und die Verteilung der Niederschläge über das Jahr. Bestimme die Zahl der ariden und humiden Monate.

4. Schritt: Einordnen

Du kannst die Station nun einer Landschaftszone zuordnen. Dabei hilft dir die Grafik auf S. 23 mit den dort angegebenen Jahresdurchschnittstemperaturen der einzelnen Zonen.

1 MK
Zeichne ein Klimadiagramm einer Klimastation aus deinem Heimatgebiet. Benutze dieses Klimadiagramm immer dann als Vergleich, wenn du das Klima einer anderen Region kennenlernst.

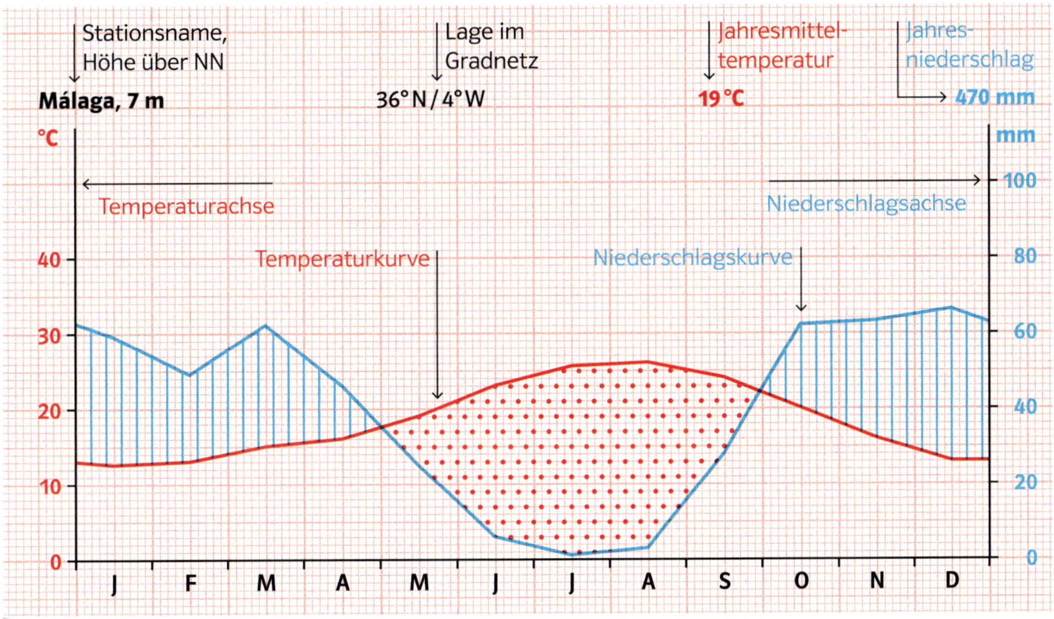

2 Klimadiagramm von Málaga

Wärmestufen der Monatsmitteltemperaturen:
heiß: über 25 °C
warm: 10 bis 25 °C
mild: 5 bis 10 °C
kühl: 0 bis 5 °C
kalt: 0 bis −15 °C
extrem kalt: unter −15 °C

Stufen des Jahresniederschlages:
sehr gering: <200 mm
gering: 200 – 400 mm
mittel: 400 – 800 mm
hoch: 800 – 1500 mm
sehr hoch: >1500 mm

Klimadiagramme beschreiben und auswerten

1. Sich orientieren
Name und Lage der Station:
Málaga, Spanien
Höhe: 7 m
Lage im Gradnetz: 36°N, 4°W

2. Ablesen und ermitteln
Jahresmitteltemperatur: 19 °C
Wärmster Monat: August, 26 °C
Kältester Monat: Dezember / Januar / Februar, 13 °C
Jahresschwankung: 13 °C
Durchschnittliche Höhe der Niederschläge im Jahr: 470 mm
Niederschlagsmaximum: Dezember, 66 mm
Niederschlagsminimum: Juli, 1 mm

3. Jahresverlauf beschreiben
Die Temperaturkurve zeigt eine einfache Jahreswelle mit einem Maximum von 26 °C im August des Nordsommers. Im Dezember, Januar und Februar fällt die Temperatur auf 13 °C, sodass sich eine relativ gemäßigte Jahresschwankung von 13 Grad ergibt.
Die Niederschläge weisen starke Schwankungen auf. Das Niederschlagsmaximum mit 66 mm liegt im Dezember. Das Minimum mit 1 mm Niederschlag liegt im Juli. Die Monate Oktober bis April sind humid, Mai bis September sind arid.

4. Einordnen
Aufgrund der Jahresdurchschnittstemperatur von 19 °C kann Málaga in die gemäßigte Zone zugeordnet werden, bei genauerem Hinsehen (Atlas: Wo liegt Málaga?) auch in die Zone der Subtropen.

3

SP Tipp

Klimadiagramme vergleichen
→ Aufgabe 2
Station x hat im Vergleich zu Station y deutlich höhere / niedrigere Temperaturen / Niederschläge

2 SP MK
Arbeitet zu dritt. Jeder von euch zeichnet ein Klimadiagramm (S. 216) und wertet es entsprechend der Schrittfolge aus:
A Djakarta,
B Kapstadt,
C Edmonton.
Vergleicht eure Ergebnisse.

3
Erläutere, woran man erkennt, ob eine Klimastation auf der Nordhalbkugel oder auf der Südhalbkugel liegt.

Aus der Wolke in das Glas?

Jeden Tag verbrauchen wir Wasser – ohne dieses kostbare Gut wäre das Leben auf der Erde nicht möglich. Doch woher kommt das Wasser, das wir so vielfältig nutzen? Und ist Wasser bei uns unbegrenzt verfügbar?

Der Kreislauf des Wassers

Zwei Drittel der Erdoberfläche sind von Wasser bedeckt. Die Wärme der Sonne sorgt dafür, dass ein Teil des Wassers verdunstet. Das bedeutet, dass die warme Luft kleinste Wasserteilchen aufnimmt. Die Luft steigt mit den Wasserteilchen auf und kühlt in der Höhe wieder ab. Die enthaltenen Wasserteilchen kondensieren und es bilden sich Wolken. Wenn immer mehr feuchte Luft dazukommt, werden die Wasserteilchen irgendwann zu schwer. Dann fallen sie als Tropfen wieder herunter und es regnet.

Ohne Wind würde es immer nur dort regnen, wo das Wasser verdunstet. Aber da es Wind gibt, wird die feuchte Luft transportiert. So gelangt sie auch über die trockenen Landoberflächen. Dort steigt die Luft an Bergen auf. Sie kühlt ab und es beginnt zu regnen. Dies wird als Steigungsregen bezeichnet.

Das Regenwasser sammelt sich in Seen und Flüssen. Ein Teil versickert und wird zu Grundwasser. Schließlich fließt ein Teil des Wassers vom Land wieder in das Meer. Durch Verdunstung, Kondensation und Niederschlag entsteht ein Kreislauf – der **Wasserkreislauf**.

Wasser zum Trinken

Pflanzen genügt Regenwasser zum Wachsen. Die Wasserspeicher des Menschen sind Seen, Flüsse und das Grundwasser. Daraus wird in einem Wasserwerk Trinkwasser erzeugt. Auch das Abwasser aus unseren Haushalten wird gründlich gereinigt und danach wieder in den Wasserkreislauf eingebracht.

Wasser aus der Natur ist meist nicht sauber. In ihm sind oft Keime, die uns krank machen können. Deshalb wird das Rohwasser gereinigt: Zuerst werden die Keime mithilfe von Chemikalien abgetötet. Anschließend wird

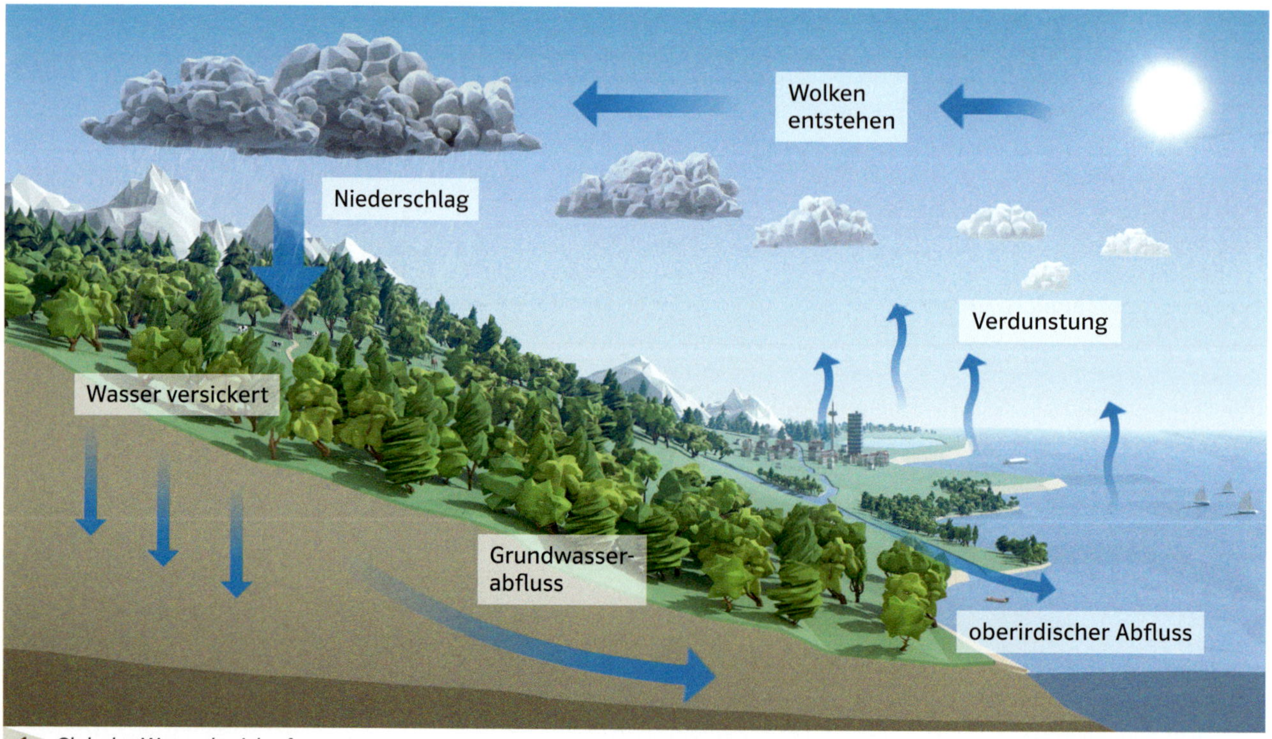

1 Globaler Wasserkreislauf

Kaum noch Regen. Dauerdürre trocknet Deutschland aus: Wird jetzt das Trinkwasser knapp?

„Das Jahr 2018 war das wärmste seit Beginn der Wetteraufzeichnungen. In Folge von Hitze und Dürren erreichte auch der Trinkwasserverbrauch neue Spitzenwerte. Sollte auch im Jahr 2019 ein Rekordsommer drohen, könnten vereinzelte Gebiete unter Wassermangel leiden. ... Naturgemäß stieg in der sommerlichen Bruthitze der Bedarf an Trink- und Brauchwasser stark an, was die Wasserversorgungsunternehmen ... vor große Herausforderungen stellte. In vielen Fällen wurden beim Trinkwasserverbrauch neue Spitzenwerte erreicht."

Michael Odenwald: FOCUS Online vom 24.4.2019 (12.11.2019)

2

das Wasser durch verschiedene Filter geleitet. Im Sandfilter und im Kiesfilter bleiben sichtbare Schwebstoffe hängen. Danach ist das Wasser klar. Aber es wird zusätzlich durch Aktivkohlefilter gepumpt. Hier bleiben giftige Stoffe zurück, die man mit bloßem Auge nicht sieht. Das Wasser ist jetzt sauber. Aus dem Rohwasser ist Trinkwasser geworden. Wir können es bedenkenlos genießen.

Wasser ist oft nicht direkt nutzbar. Mitarbeiter wie Herr Wegner stellen die Versorgung mit Trinkwasser sicher und kontrollieren im Wasserwerk ständig die Qualität des Wassers. Pumpstationen befördern schließlich das saubere Trinkwasser über Leitungen in unsere Haushalte.

3 In der Pumpstation des Wasserwerks

SP Tipp

Ablauf beschreiben

→ Aufgabe 2

- Zu Beginn verdunstet ...
- Danach steigt die Luft ...
  Als Nächstes ...
- Dadurch kühlen ... In der Folge ... Im weiteren Verlauf ...
- Schließlich ... Zuletzt ...

1 Zeichne eine Skizze des Wasserkreislaufs.

2 SP Beschreibe in einem kurzen Text den Weg eines Wassertropfens aus dem Meer, bis er aus dem Wasserhahn kommt.

3 SP Verfasst jeweils vier Fragen zum Thema Wasserkreislauf und haltet die Antworten in Stichpunkten fest. Stellt euch im Anschluss gegenseitig eure Fragen.

4 Erkläre, warum es in einigen Regionen Deutschlands 2018 zu Trinkwasserknappheit gekommen ist (Text 2).

5 Wie sollte man sich im Fall von Wasserknappheit verhalten?

A Erstelle eine Liste mit Verhaltensregeln.

B Zeichne ein Hinweisschild mit verschiedenen Verhaltensmaßnahmen.

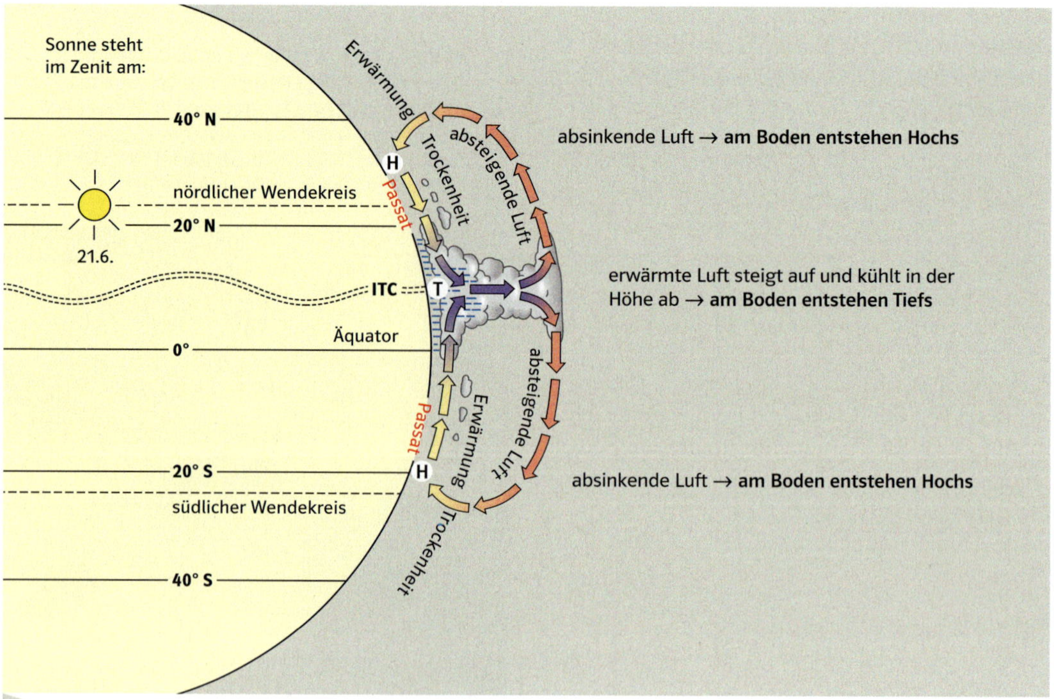

1 Luftbewegungen im Juli

Winde wehen mit System

Auf der Erde beeinflussen hauptsächlich Winde das Wettergeschehen. Manche Winde bringen Hitze und Trockenheit, andere Wolken mit ausgiebigen Regengüssen. Ist das Zufall oder wehen die Winde mit System?

Die Sonne treibt den Kreislauf an

Im Bereich des Äquators wird die Erdoberfläche durch die Einstrahlung der Sonne am stärksten erwärmt. Die erwärmte Luft steigt auf und am Boden entstehen **Tiefdruckgebiete.** Mit zunehmender Höhe nimmt die Temperatur der aufsteigenden Luft ab. Von dort fließt die Luft nach Norden und nach Süden vom Äquator ab. In der Nähe der Wendekreise sinkt die Luft ab, am Boden bildet sich hoher Luftdruck aus. Von diesen **Hochdruckgebieten** wehen dann Bodenwinde, **Passate** genannt, zum Tiefdruckgebiet am Äquator. Das müssten eigentlich Nord- bzw. Südwinde sein. Aber weil sich die Erde dreht, werden die Winde abgelenkt und kommen daher aus Nordosten oder Südosten. Sie heißen Nordostpassat auf der Nordhalbkugel und Südostpassat auf der Südhalbkugel.

↩ Wendekreis
Seite 21

In Äquatornähe treffen beide Passate aufeinander. Den Bereich, in dem Nordost- und Südostpassat zusammentreffen (konvergieren),

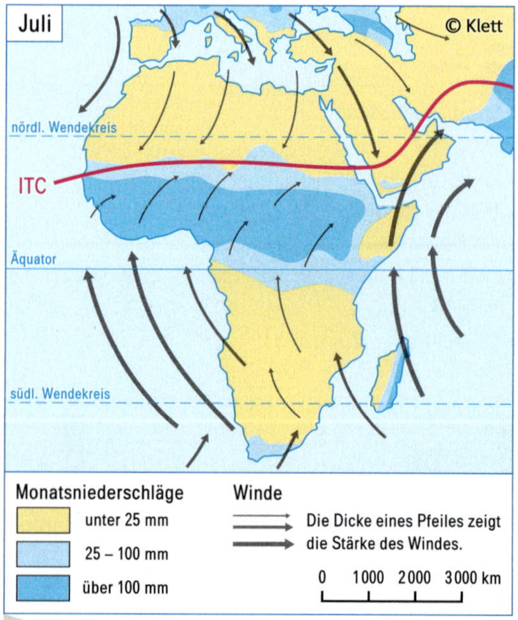

2 Niederschläge und Passate in Afrika im Juli

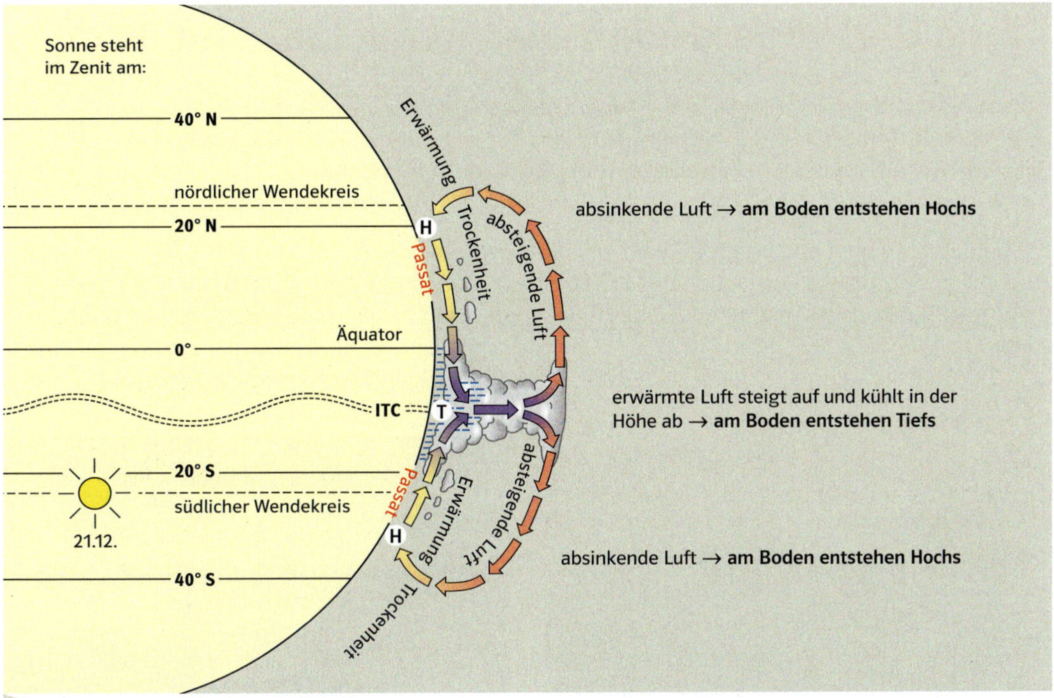

3 Luftbewegungen im Dezember

nennt man **Innertropische Konvergenzzone (ITC)**. Der Kreislauf ist geschlossen. Wir bezeichnen dies als Passatkreislauf oder **Passatzirkulation.**

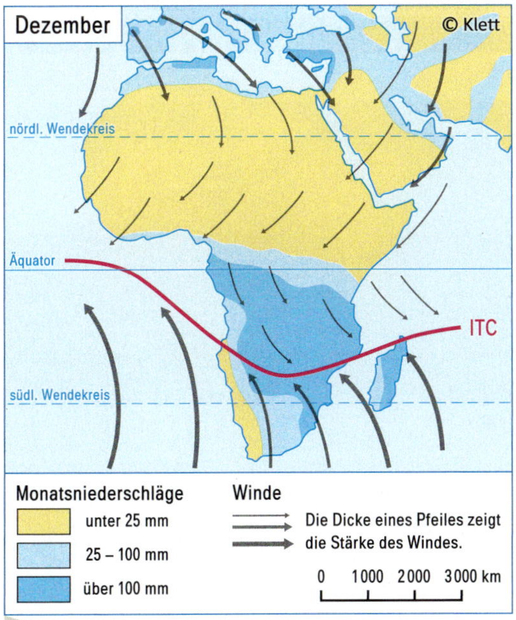

4 Niederschläge und Passate in Afrika im Dezember

Immer dem Stand der Sonne nach

Je nach Jahreszeit und dem damit verbundenen Sonnenstand wandert die Innertropische Konvergenzzone vom Äquator aus nach Norden oder nach Süden. Sie folgt dem Zenitstand der Sonne. Mit der ITC verlagern sich auch die Niederschläge, die als Zenitalregen bezeichnet werden. Für die Gebiete zwischen den Wendekreisen ergeben sich daraus auch die jahreszeitlichen Wechsel zwischen Trocken- und Regenzeiten.

ITC (engl.)
Intertropical Convergence Zone

Zenitalregen
zur Zeit des Sonnenhöchststandes fallender Niederschlag

1
Erläutere den Passatkreislauf
A im Juli (Text, Grafik 1),
B im Dezember (Text, Grafik 3).
Vergleicht eure Ergebnisse.

2
Begründet die Verteilung der Niederschläge im Januar und im Dezember in Afrika (Karten 2 und 4).

3
Erstelle mithilfe der Grafiken 1 und 3 eine Skizze der Luftbewegungen im März.

Klima und Vegetation zwischen Pol und Äquator

Zwischen Nordpol und Äquator ist die Vegetation sehr unterschiedlich. Wie lässt sich das erklären? Temperatur und Niederschlag sind die wichtigsten Elemente des Klimas. Sie sind zwei entscheidende Faktoren für das Wachstum der Pflanzen.

→ Karte der Klima- und Vegetationszonen der Erde
Seiten 152/153

Ein Gebiet mit einem bestimmten Klima weist eine daran angepasste Vegetation auf. Zu jeder Klimazone gehören entsprechende Vegetationszonen. Sie umspannen die Erde wie Bänder parallel zu den Breitenkreisen vom Nordpol zum Südpol. Ihre Ausprägung wird durch die unterschiedliche Sonneneinstrahlung und die davon abhängigen Windsysteme beeinflusst.

1

2

3

4

5

6

1 Beschreibt die Fotos 1–6 der verschiedenen Vegetationszonen.

2 SP Ordnet die Fotos den passenden Klimadiagrammen zu und erläutert die Zuordnung.

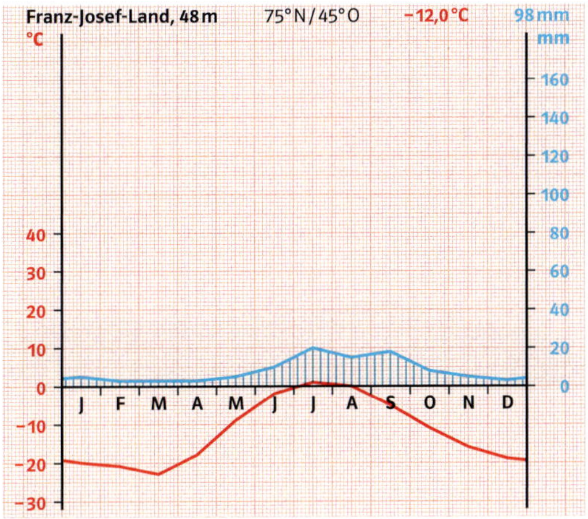

7

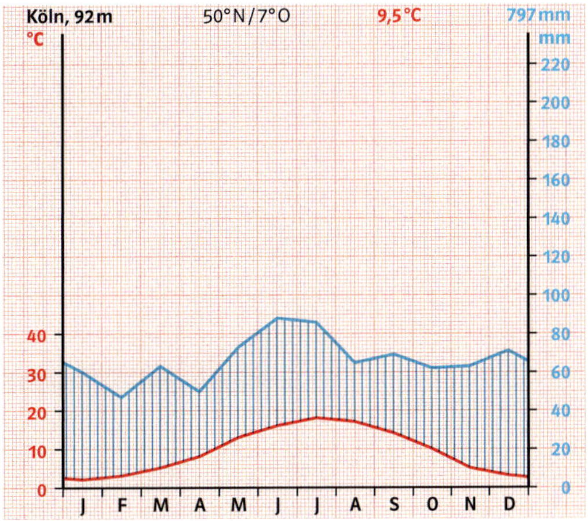

10

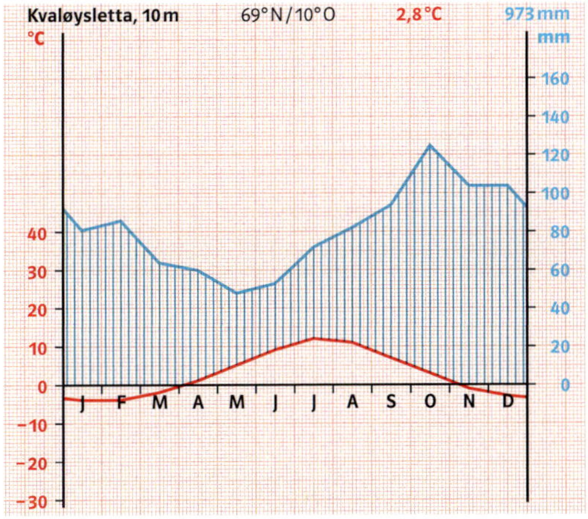

8

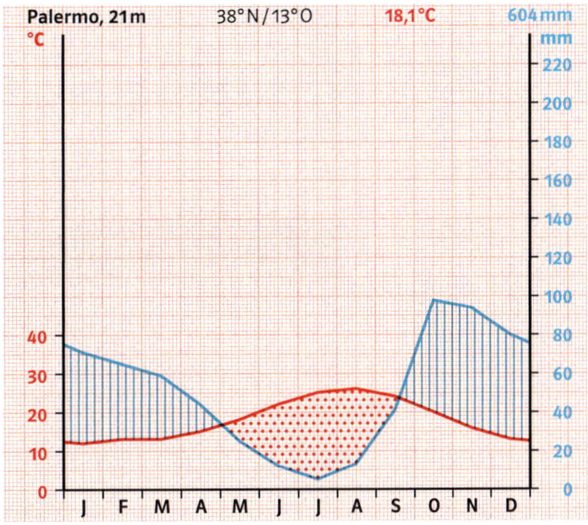

11

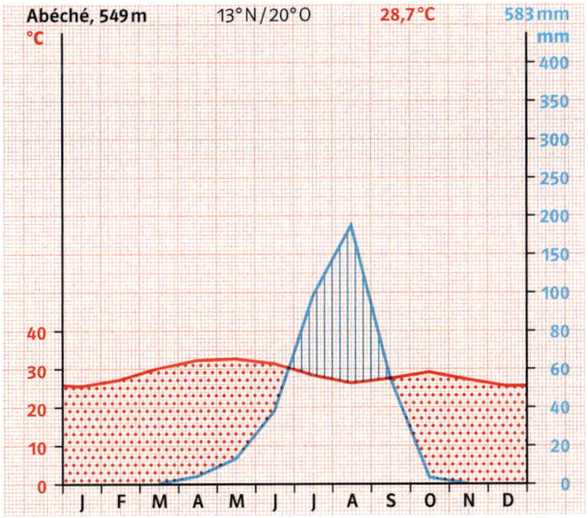

9

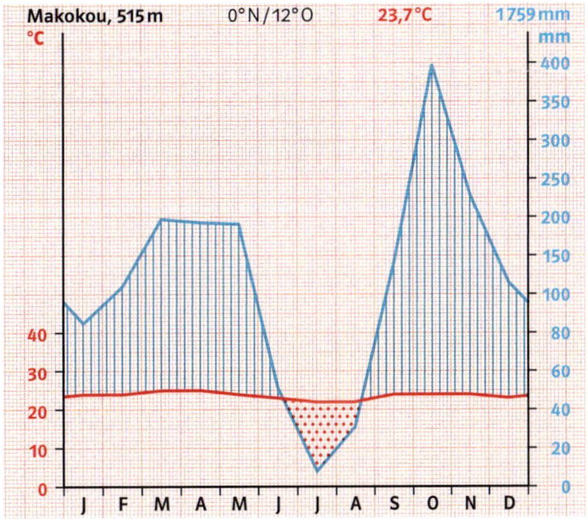

12

SP Tipp

Fotos und Klimadiagramme zuordnen

→ Aufgabe 2

Klimastation x weist extrem hohe / niedrige Temperaturen / Niederschläge auf. Das passt zu Foto y, das üppige / gar keine Vegetation zeigt.

3

Verortet die Klimastationen 7 – 12 auf der Karte Seite 152/153.

4

A Beschreibt den Zusammenhang zwischen Klima und Vegetation am Beispiel der Tropischen Zone und der Kalten Zone.

B Erläutert den Zusammenhang zwischen Klima und Vegetation.

Wichtige Begriffe

- Atmosphäre
- Beleuchtungszone
- Erdrevolution
- Erdrotation
- Gemäßigte Zone
- Hochdruckgebiet
- Innertropische Konvergenzzone (ITC)
- Jahreszeiten
- Jahreszeitenklima
- Passat
- Passatzirkulation
- Polarkreis
- Polarzone
- Regenzeit
- Tageszeitenklima
- Tiefdruckgebiet
- Trockenzeit
- Tropische Zone
- Vegetationszeit
- Wasserkreislauf

1

2

3

Kennen und verstehen

1 Richtig oder falsch?
Verbessere die falschen Aussagen und schreibe sie richtig auf.

a Die Energie der Sonne erwärmt den Erdboden und Wasser steigt auf.
b Die Temperatur von aufsteigender Luft steigt an.
c Warme Luft steigt auf und kalte Luft sinkt ab.
d Eine Abkühlung von feuchter Luft kann zur Kondensation führen.

2 Nenne die Begriffe

a Das Zusammenspiel aller Wetterelemente an einem konkreten Ort und zu einem bestimmten Zeitpunkt
b Lufthülle um die Erde

3 Entscheide dich
Welche Aussagen treffen zu?

a Die Lufttemperatur nimmt mit zunehmender Höhe ab.
b Der Luftdruck ist im Hochgebirge höher als im Tal.

4 Ergänze die Aussagen

a Steigt erwärmte Luft nach oben entsteht am Boden … .
b Luft bewegt sich vom … zum … .
c Ein Ostwind weht von … nach… .
d Cirruswolken und fallender Luftdruck sind Vorboten für eine … .

5 Dem Wasser auf der Spur
Skizziere den Wasserkreislauf. Verbinde hierzu die Begriffe in der richtigen Reihenfolge mit Pfeilen: Niederschlag, Verdunstung, Abfluss, Kondensation

6 Wolkenexperte
Fotos 1 und 2: Bezeichne die Wolkenformen und erkläre ihre Entstehung.

7 Nebelbildung
Foto 3: Erkläre, warum in manchen Nächten Nebel entsteht.

8 Geheimnisse der Luftdichte
Erkläre die Aussage der Grafik 4 und formuliere ganze Sätze.

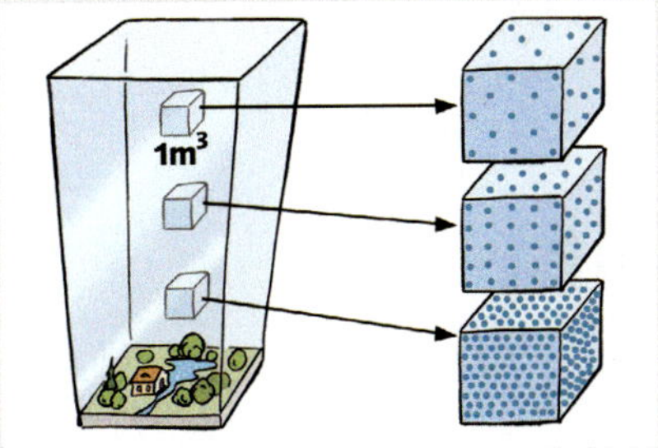

4

9 Bilderrätsel
a Löse das Bilderrätsel.
b Erkläre den Begriff.

Fachmethoden anwenden

10 Skizze erstellen
Übertrage die Zeichnungen 6 und 7 in das Heft und beschrifte jeweils die Abbildungen. Folgende Begriffe stehen zur Verfügung: Warmfront, Kaltfront, warme Luftströmung, kalte Luftströmung, Haufenwolken, Federwolken, Schichtwolken, Gewitterwolken.

11 Skizze erstellen
Zeichne die Skizze 5 in dein Heft und beschrifte die Skizze. Benutze auch die Farbe Rot für warme Luftmassen und Blau für kalte Luftmassen.

12 Klimadiagramm auswerten
a Beschreibe das Klimadiagramm.
b Werte es aus.

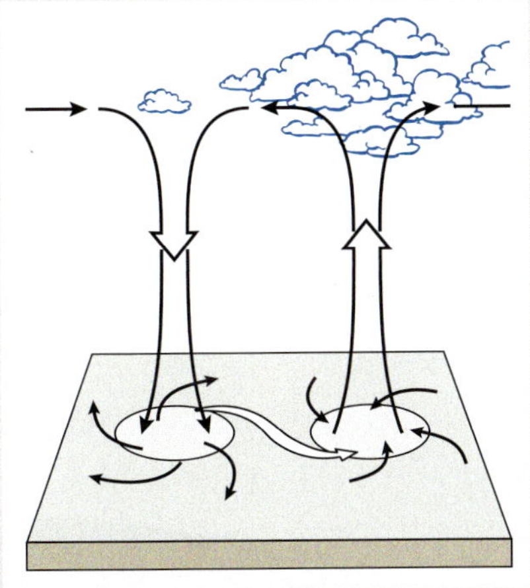
5

Beurteilen und bewerten

13 Zum Knobeln
Während der Polarnacht kann es nachts heller sein als tags. Warum?

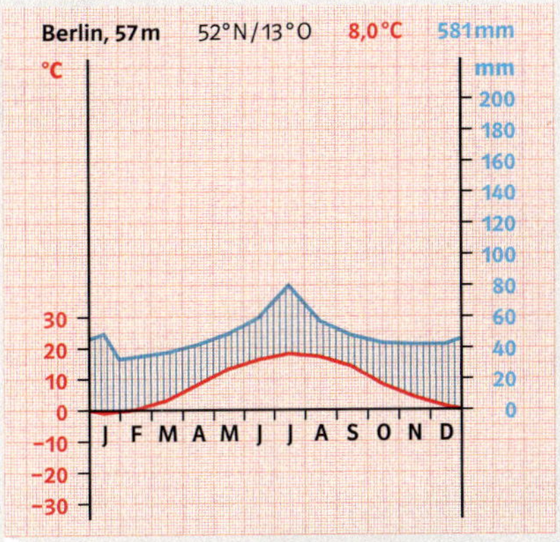

8

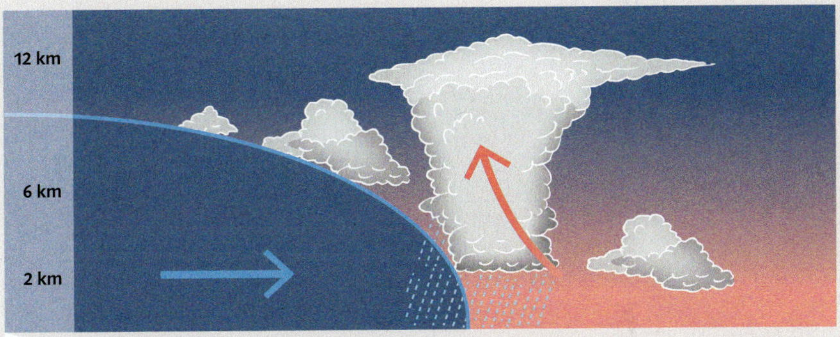

6

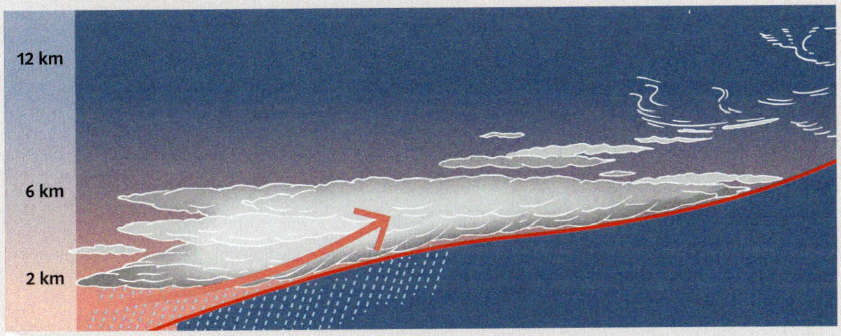

7

Jetzt kannst du ...
- die Bewegungen der Erde im Weltraum und deren Auswirkungen beschreiben,
- typische Wetterabläufe der inneren Tropen im Vergleich zu Mitteleuropa beschreiben;
- das Zusammenwirken der Wetterelemente erklären;
- Klimadiagramme auswerten;
- den Wasserkreislauf beschreiben;
- den Passatkreislauf beschreiben.

3

Tropischer Regenwald – ein besonderer Lebensraum in Gefahr

1 Am Amazonas

Unendlich viele Pflanzen und Tiere leben im tropischen Regenwald. Er ist ein ganz besonderer Lebensraum, in dem es für Menschen nicht einfach ist zu leben. Zwar liegt er weit entfernt von uns, dennoch ist er uns im Alltag ganz nah. Der tropische Regenwald wird auch als „grüne Lunge“ der Erde bezeichnet, weil er für das Klima von großer Bedeutung ist. Deshalb kann es uns nicht gleichgültig sein, wenn er gefährdet ist.

Was für ein Wald!

Wald ist nicht gleich Wald. Der tropische Regenwald ist ganz anders als die Wälder, die du von zu Hause kennst. Aber was macht ihn so besonders?

1 Blauer Pfeilgiftfrosch

3 Totenkopfäffchen

4 Ara

6 Termiten

Früh morgens kurz nach Sonnenaufgang erreichen wir mit dem Boot den Ausgangspunkt unserer Wanderung. Wie eine undurchdringliche Mauer erscheint uns der tropische Regenwald am Flussufer. Der Himmel ist wolkenlos und bei ca. 20 °C ist es in den frühen Morgenstunden noch angenehm kühl. Doch die Sonne steigt rasch höher. Der Dunst lichtet sich und wir brechen mit unserem einheimischen Führer auf in den Wald. Je weiter wir uns vom Ufer entfernen, desto düsterer wird es. Dämmerlicht umfängt uns. Kein Wind regt sich. Die Luft ist stickig und schwül. Überall tropft es. Da nur wenig Licht bis zum Waldboden dringt, ist der Unterwuchs sehr spärlich; wenige Sträucher und Kräuter, dafür aber unzählige Pilze, Moose und Farne. Mächtige Baumstämme und armdicke Lianen lenken unseren Blick in das Kronendach. Hier, wo Blüten, Früchte und Blätter in Fülle vorhanden sind, leben die meisten Tiere: Vögel, Affen, Schlangen, leuchtend bunte Pfeilgiftfrösche sowie unzählige Insektenarten.
Im Laufe unserer Wanderung beobachten wir erste weiße Wolken am Himmel. Nach und nach türmen sich diese immer höher auf, sodass am frühen Nachmittag der gesamte Himmel von einer schwarzen Wolkenmasse bedeckt ist. Es ist mittlerweile über 30 °C und die Schwüle ist unerträglich. Wir fühlen uns erschöpft und lustlos. Zudem machen uns die zahlreichen Stechmücken zu schaffen. Gegen 14 Uhr bricht ein Unwetter herein. Kräftige Blitze erleuchten den dunklen Himmel, Donner zerreißt die Luft und es setzt sintflutartig ein heftiger Regen ein. Es ist, als ob die Wassermassen aus Fässern über uns geschüttet würden. Im Nu sind wir bis auf die Haut durchnässt. Doch genauso plötzlich wie das Unwetter begonnen hat, endet es auch. Erneut scheint die Sonne. Alles trieft vor Nässe.
Wir setzen unseren Weg fort und erreichen kurz vor Sonnenuntergang gegen 18 Uhr den Ausgangspunkt unserer Wanderung. Es geht flussabwärts zurück zu unseren Quartieren. Fast ohne Übergang bricht die Dunkelheit herein. Von ferne hören wir zahlreiche Tierlaute. Nun erwacht der Wald.

2

5 Am Fluss Tembeling in Malaysia

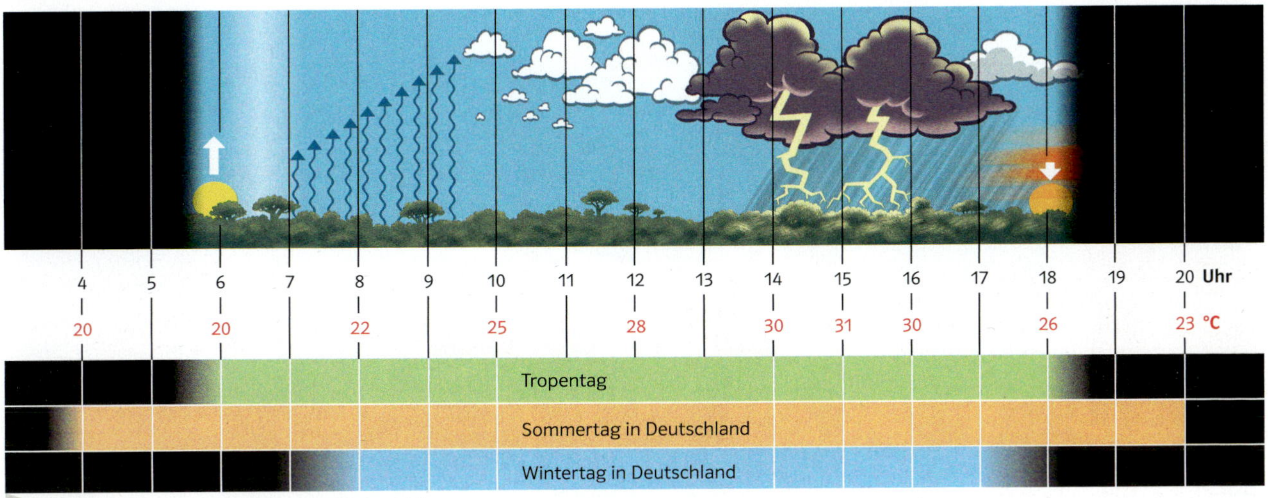

7 Tagesablauf im tropischen Regenwald

Das Klima der immerfeuchten Tropen

Wenn wir vom tropischen Regenwald sprechen, meinen wir in der Regel die Tieflandsregenwälder der inneren Tropen.
Hier gleicht nahezu jeder Tag dem anderen. Die Durchschnittstemperaturen liegen das ganze Jahr hindurch zwischen 25 und 27 °C. Unterschiede zwischen den einzelnen Monaten und Jahreszeiten wie bei uns gibt es nicht. Es herrscht **Tageszeitenklima.**
Ein weiteres Merkmal der immerfeuchten Tropen sind die hohen Niederschläge von mindestens 1500 Millimeter pro Jahr, auch wenn es längst nicht jeden Tag regnet. Die Intensität der Regenfälle verändert sich von Jahr zu Jahr. Sowohl die gleichbleibend hohen Temperaturen als auch die ständige Feuchtigkeit sind die Voraussetzung für das üppige Pflanzenwachstum in dieser Zone.

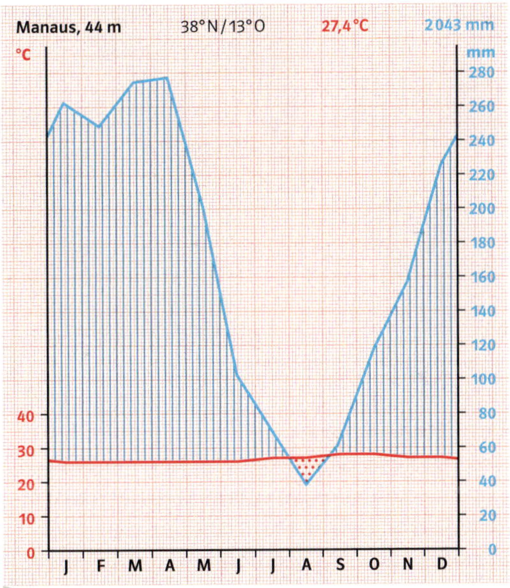

9 Klimadiagramm von Manaus

8 Tiger-Passionsblumenfalter

10 Koboldmaki

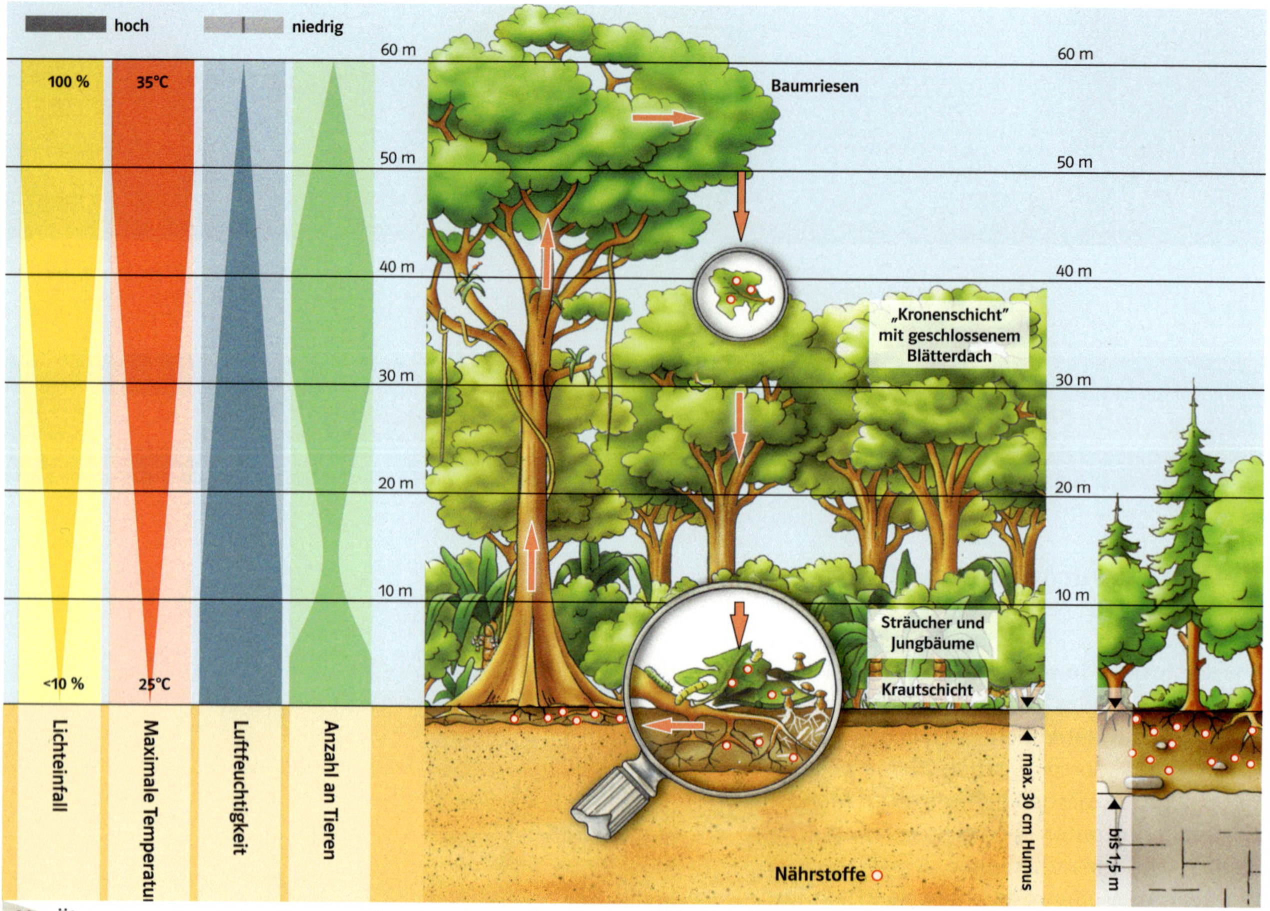

11 Ökosysteme tropischer Regenwald und sommergrüner Laubwald im Vergleich

Der Stockwerkbau

Der tropische Regenwald gleicht einer Wohnung mit mehreren Stockwerken. Das Dachgeschoss bilden die Urwaldriesen, die bis zu 60 Meter hoch werden und vereinzelt wie Inseln aus dem Kronendach herausragen. Das eigentliche Dach des Regenwaldes bildet die **Kronenschicht** in 30 bis 40 Metern Höhe. Hier leben etwa zwei Drittel aller Tier- und Pflanzenarten. In den Ästen der Baumkronen wachsen Aufsitzerpflanzen wie Orchideen und Bromelien. Auch die Tierwelt ist an das Leben in der Höhe angepasst; so helfen Krallen, Greifschwänze und Saugnäpfe beim Klettern. Bei einigen Tieren wie den Gleithörnchen und Flugechsen dienen verschiedene Körperteile als Tragflächen für den Gleitflug.
Aufgrund des nahezu geschlossenen Blätterdachs der Kronenschicht dringt nur wenig Licht in die darunter liegenden Bereiche des tropischen Regenwaldes. In der untersten **Strauch- und Krautschicht** kommen je nach Dichte des Kronendachs stellenweise weniger als zehn Prozent des Lichtes an. Hier gedeihen Farne

2 Erläutere anhand des Klimadiagramms 9 von Manaus die wesentlichen Klimamerkmale der immerfeuchten Tropen.

3 Erkläre den Begriff Tageszeitenklima. Nutze dazu Grafik 7 auf Seite 45. Beachte die Unterschiede zu dem bei uns vorherrschenden Jahreszeitenklima.

4 Arbeite mit Grafik 11:
a) Erläutere die Lebensbedingungen in den einzelnen Stockwerken des tropischen Regenwaldes.
b) Vergleiche den Aufbau des tropischen Regenwaldes und eines sommergrünen Laubwaldes bei uns.

12 Orchidee im Regenwald

13 Bromelie

und Pilze. Junge Bäume wachsen nur sehr langsam. Wenn jedoch durch einen Sturm ein Baum aus der Kronenschicht umgeworfen wird, nutzen die jungen Bäume die Chance, zum Licht emporzuschießen und die entstandene Lücke schnell wieder zu schließen.

Kurz geschlossen – der Nährstoffkreislauf

Beim mitteleuropäischen Wald sind große Teile der zirkulierenden Nährstoffe (man spricht auch von Mineralstoffen) im Boden enthalten. Im tropischen Regenwald hingegen sind sie nahezu ausschließlich in den Pflanzen gespeichert. Abgestorbene und zu Boden fallende Pflanzenteile und Tiere werden im feuchten und heißen Klima sehr schnell von Kleinstlebewesen und Pilzen zersetzt. Die freigesetzten Nährstoffe dringen lediglich in die oberste, etwa 15 bis 30 Zentimeter dünne Schicht des Bodens ein. Dort werden sie über die flachen Feinwurzeln der Bäume sofort wieder aufgenommen und in den Kreislauf zurückgegeben. Da die tiefgründigen nährstoffarmen Böden der Tropen hier nur eine untergeordnete Rolle spielen, sprechen wir von einem kurz geschlossenen **Nährstoffkreislauf**.

Vielfalt so weit das Auge reicht

Mehr als ein Drittel aller Pflanzenarten gehört zur Flora der tropischen Regenwälder. Wachsen in einem Wald in Deutschland etwa fünf verschiedene Baumarten auf einem Hektar, so sind es im Regenwald weit mehr als 100 Arten. Bezüglich der Fauna registrierte ein Forscher auf nur zehn Bäumen in Borneo mehr als 3 000 Insektenarten mit insgesamt 24 000 Individuen. Ständig werden neue Tier- und Pflanzenarten entdeckt. Insgesamt ist der Regenwald ein hochkomplexes **Ökosystem**. Entnimmt man daraus nur eine einzige Baum- oder Tierart, so könnte dies den Zusammenbruch einer ganzen Lebensgemeinschaft bewirken.

?!
Kaum zu glauben

Das Gift eines einzigen Pfeilgiftfrosches kann 20 000 Mäuse töten. Auch für den Menschen ist es tödlich.

Jahreszeitenklima
Klima, das sich im Verlauf eines Jahres ändert, d.h. unterschiedliche Temperaturen oder Niederschläge im Sommer und Winter aufweist

?!
Kaum zu glauben

In Amazonien (Brasilien) gibt es mindestens 50 000 verschiedene Blütenpflanzen, in ganz Westeuropa dagegen nur etwa 3 000.

1
a) Ermittle mithilfe des Atlas die Staaten, die Anteil am tropischen Regenwald haben. Ordne diese in einer Tabelle nach Kontinenten.
b) Was stellst du fest, wenn du die Lage dieser Staaten miteinander vergleichst?

5
a) Erkläre den kurzgeschlossenen Nährstoffkreislauf.
b) Erkläre den Satz: „Der tropische Regenwald wächst im Gegensatz zum Laubwald in Mitteleuropa nicht aus dem Boden, sondern lebt auf diesem."

6 MK
Werde kreativ!
A Gestalte ein Diorama (Schaukasten) zum tropischen Regenwald. Nutze dazu einen leeren Schuhkarton und verwende Materialien aus dem Haushalt (z.B. Stoff, Pappe, Farben).
B Erstelle ein Erklärvideo zu einem der folgenden Begriffe: kurzgeschlossener Nährstoffkreislauf, Stockwerkbau, Tageszeitenklima.

Wanderfeldbau war gestern ...

1 Brandrodungsinsel

Die tropischen Regenwälder, z. B. im afrikanischen Kongobecken, werden seit Jahrtausenden von Menschen besiedelt und genutzt. Diese Ureinwohner, auch **indigene Völker** genannt, haben sich im Laufe vieler Generationen an das Leben im Wald angepasst. Neben dem Sammeln von Früchten und der Jagd betreiben sie auch Ackerbau. Sie legen mitten im Regenwald Felder an, auf denen sie Grundnahrungsmittel, aber auch Nutzpflanzen wie Baumwolle oder Heilpflanzen anbauen.
Dabei wird zunächst in der Nähe des Dorfes ein Waldstück gerodet, zumeist mit einfachen Hilfsmitteln wie Beilen. Die abgeschlagenen Äste, aber auch die gefällten Bäume oder die noch stehenden Baumstümpfe werden nach einer gewissen Trocknungszeit verbrannt. Die in den Pflanzen gespeicherten Nährstoffe werden so dem Boden als Dünger zugeführt. Auf dem durch diese Brandrodung entstandenen Feld werden zu Beginn der Regenzeit Bohnen, Erbsen, Hirse, Mais, Bananen und andere Produkte in **Mischkultur** angebaut. Die Feldarbeit übernehmen überwiegend die Frauen.
Sind nach wenigen Jahren die Nährstoffe im Boden verbraucht, geben die Menschen das Feld auf und roden eine neue Fläche. Auf der Brache des verlassenen Feldes siedelt sich im Laufe der Zeit selbstständig ein neuer Wald an, der **Sekundärwald**. Er ist meist lichter und artenärmer als der **Primärwald**.
Wenn in der Nähe des Dorfes keine Flächen mehr vorhanden sind, zieht das gesamte Volk weiter und baut neue Hütten an einer anderen Stelle. Diese traditionelle Form der Landnutzung wird **Wanderfeldbau** oder auch **Shifting Cultivation** genannt. Da die Erträge gering sind, dient diese Wirtschaftsform nur der Selbstversorgung.

Indigene Völker
Nachkommen der ursprünglichen Bewohner eines Gebietes. Sie haben dieses als erste besiedelt und sind an die dortigen Lebensbedingungen angepasst.

2 Während der Brandrodung

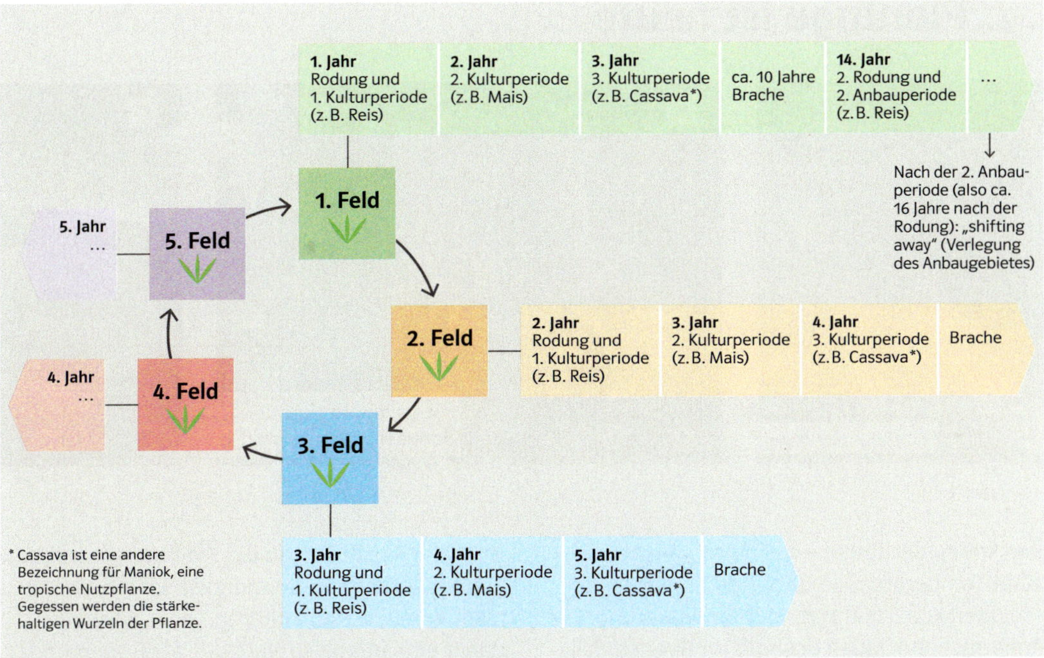

3 Schema des Wanderfeldbaus mit Brandrodung

4 Bestellung eines Maniokfeldes

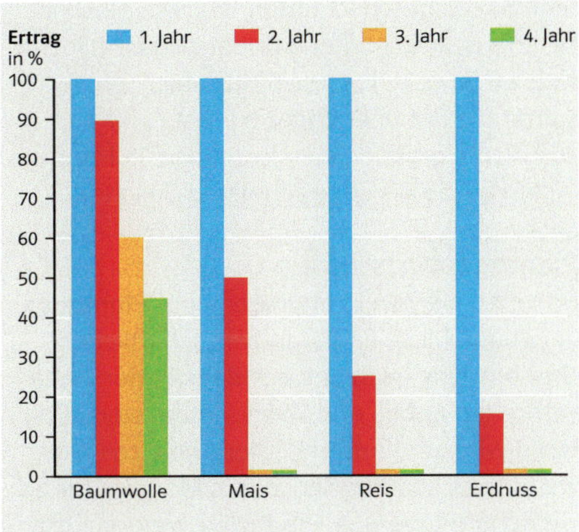

5 Ertrag und Nutzungsdauer beim Wanderfeldbau mit Brandrodung

Diese auf den ersten Blick behutsame und ökologisch angepasste Nutzung des Waldes ist heute kaum noch möglich. Wegen seines hohen Flächenbedarfs kann der Wanderfeldbau nur wenige Menschen ernähren. Durch das starke Bevölkerungswachstum und das zunehmende Eindringen von Ausländern und ausländischen Firmen in die Regenwälder sind zahlreiche indigene Völker gezwungen, ihre traditionelle Wirtschaftsform aufzugeben.

Die Siedlungen werden nicht mehr verlegt und die Felder in kürzerem Wechsel genutzt, sodass sich der Boden kaum noch erholen kann. Damit sinken aber auch die Erträge. Zudem wird die Brandrodung zunehmend kritisiert, weil riesige Mengen organisch gebundener Energie verfeuert werden und damit Kohlenstoffdioxid (CO_2) freigesetzt wird.

... Plantage ist heute

Bananenplantage

ein Schlepper zieht die Bananenbüschel zur Halle

1

Der Anbau der Banane gelingt am besten bei einer Temperatur von 27 °C und hohen Niederschlägen von 2 500 mm oder Bewässerung. Die Anbaugebiete liegen deshalb im Bereich des tropischen Regenwaldes. Die Bananenstaude wird bis zu fünf Meter hoch und bildet einen Stamm aus geschachtelten Blättern. Nach sieben bis neun Monaten schiebt sich eine rotviolette Blüte durch das Blätterdach, an der später die Bananenfinger wachsen. Bis zu 20 Früchte ergeben eine Hand und 15 Hände bilden die 35 bis 50 kg schweren Büschel.

Banane

Das Wort Banane kommt aus dem Arabischen. Dort heißt „banan" Finger. Die Blüten der Bananenstaude hängen nach unten. Erst nach dem Blühen erstrecken sich die Bananenfinger und wachsen dem Licht entgegen. So erhalten sie ihre leicht gebogene Form.

Plantagenwirtschaft

Bananen werden überwiegend auf **Plantagen** angebaut. Diese Form landwirtschaftlicher Großbetriebe ist in Entwicklungsländern weit verbreitet. Anbau und Vermarktung sind in der Hand weniger Konzerne. Diese besitzen weltweit große Landflächen, die in **Monokultur** bewirtschaftet werden. Produziert werden Cash Crops. Das sind Agrarprodukte, die nur für den Export und nicht für den Eigenverbrauch erzeugt werden. Zu den **Cash Crops** zählen Bananen, Kaffee, Kakao, Tee oder Palmöl. Die Anzahl der Plantagen in kleinbäuerlichem Besitz ist stetig gesunken, da die Kleinbauern mit den kapitalstarken multinationalen Unternehmen nicht konkurrieren konnten. Diese können durch eine intensive Nutzung der Böden und niedrigen Löhnen mit sehr geringen Herstellungskosten arbeiten.

Von der Staude zum Supermarkt

Die Plantage „Valle de la Estrella" liegt in Costa Rica. 1600 Arbeiter und ihre Familien wohnen auf der Plantage, in der es auch Schulen und Geschäfte gibt. Es wachsen auf 2 400 Hektar Land Bananen in Monokultur. Damit sich die Pflanzen gut entwickeln und der Boden nicht auslaugt, muss viel gedüngt werden. Gegen Pflanzenkrankheiten und Schädlinge werden bis zu 40-mal im Jahr große Mengen Gift gespritzt. Dies ist eine starke gesundheitliche Belastung für die Arbeiter und führt auf Dauer zur Verseuchung von Boden und Grundwasser.
Oft reicht der Verdienst der auf der Plantage arbeitetenden Eltern nicht aus, um den Lebensunterhalt der Familie zu verdienen. Dann müssen die Kinder ab dem Alter von zehn Jahren mithelfen und ab 14 Jahren wie Erwachsene zehn bis zwölf Stunden am Tag arbeiten.

1 Beschreibe das Foto 1 auf Seite 48 und ordne den Buchstaben A–E folgende Begriffe zu: tropischer Regenwald, frisch gerodetes Feld, bebautes Feld, Sekundärwald, vor Kurzem aufgegebenes Feld.

2 Erkläre auch mithilfe der vorherigen Seiten die Zusammenhänge zwischen Ertrag und Nutzungsdauer (Diagramm 5, Seite 49).

3 Überlegt euch jeweils Vorteile und Nachteile des Wanderfeldbaus. Berichtet euch gegenseitig.

4 Beschreibe die Produktionskette der Bananenproduktion.

Frauen waschen die Bananen am Fließband

Etikettieren und Verpacken

Verladen

Die Bananenbüschel werden grün geerntet. In der Packstation werden sie desinfiziert, gewaschen, sortiert und in Kartons verpackt. In Kühlcontainern bei einer Temperatur von 13 °C legen sie ihre zwölf Tage lange Reise per Schiff nach Deutschland zurück. Hier kommen sie zum Nachreifen in eine Reifestation und von dort zum Verkauf in den Supermarkt.

Bananenproduktion weltweit 2017 (in Mio. t)	
Indien	30,5
China	11,4
Indonesien	7,2
Brasilien	6,7
Ecuador	6,3
Philippinen	6,0
Angola	4,3
Guatemala	3,9
Kolumbien	3,8
Tansania	3,5

Nach www.factfish.com

2

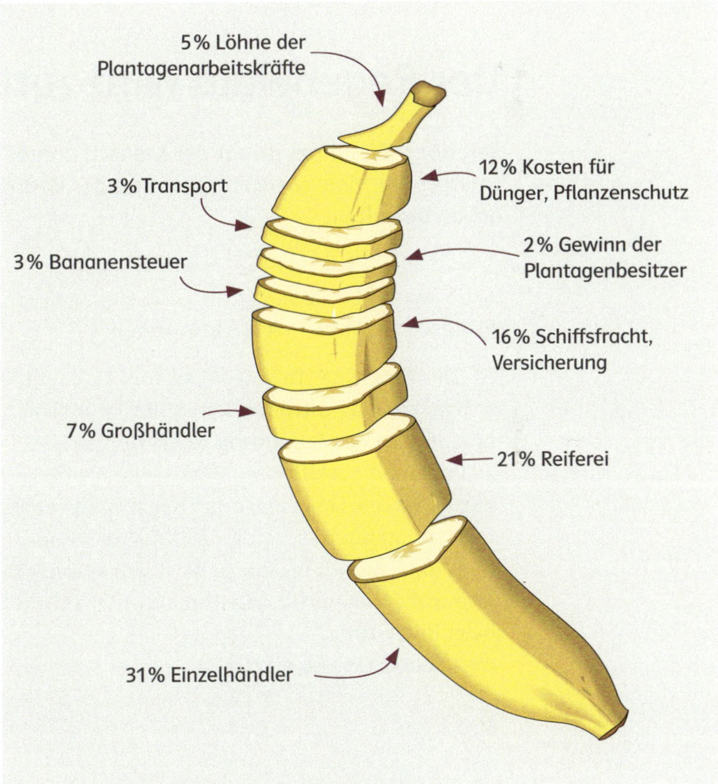

3 Zusammensetzung des Bananenpreises

5
Erörtere den Anbau in Monokultur.

6 MK
a) Recherchiere die Entwicklung der weltweiten Bananenproduktion.
b) Vor einigen Jahren führte eine weltweit steigende Bananenproduktion zu sinkenden Weltmarktpreisen. Um den Verlust auszugleichen, werden die Anbauflächen ausgeweitet. Stelle die Folgen dar, die sich daraus ergeben.

7
Vergleiche Wanderfeldbau und Plantagenanbau nach Größe, Vielfalt der Anbauprodukte, Dauer der Nutzung, Nutzungszweck, …

○ 1, 4 ◒ 2, 3, 6a ● 5, 6b, 7

1

3

Der Regenwald wird zurückgedrängt

Seit über 100 Jahren dringt der Mensch immer tiefer in den Regenwald ein, nutzt und zerstört ihn. Viele Menschen sind an der Bedrohung der Natur beteiligt, aber auch davon betroffen.

Ein großer Wald – viele Meinungen?!

A „Der Amazonas ist sowohl im Hinblick auf die Artenvielfalt als auch für den Klimaschutz von herausragender Bedeutung. Schätzungsweise 10 Prozent der weltweiten Biodiversität sind hier zu finden. Der Amazonas-Regenwald beeinflusst nicht nur das regionale Klima in Latein- und Nordamerika bis hin zu Westafrika, sondern ist darüber hinaus für den Klimaschutz von globaler Bedeutung."
WWF Waldbericht 2018, S. 57

B „Erst Mitte April hatte [Brasiliens Präsident] Bolsonaro die Öffnung eines riesigen Naturreservats im Amazonas-Regenwald für den Bergbau ins Gespräch gebracht. ‚Lasst uns die Reichtümer, die Gott uns gegeben hat, zum Wohle unserer Bevölkerung nutzen.'"
Brasilien: Der Regenwald ist für Bolsonaro eher Rohstoff als Lebensraum. In: Die Presse vom 24.04.2019

2

Der WWF hat 2018 seinen Waldbericht vorgestellt. Darin geht man davon aus, dass sich das Amazonas-Tiefland in den nächsten Jahrzehnten als Schauplatz der größten Entwaldung der Erde präsentieren wird. Warum passiert das?

Erst die Straßen – und dann?

Ein Grund für die Vernichtung der tropischen Regenwälder ist das starke Bevölkerungswachstum in den Ländern des Tropengürtels. Mit dem Anstieg der Einwohnerzahl eines Landes steigt auch das Bedürfnis nach Nahrung, Arbeit und vor allem Platz. Deswegen folgten viele Menschen den Straßen in den Regenwald, der zunehmend zur Heimat für zahlreiche Neusiedler wurde. Die von Staaten geförderte Besiedlung des Regenwaldes führte jedoch oft zu mäßigem oder keinem Erfolg. Die erschwerten Lebens- und Arbeitsbedingungen zwangen die Siedler nach kurzer Zeit zur Aufgabe.
Es muss also noch weitere Gründe geben, die die aktuelle Regenwaldzerstörung verursachen.

4

6

Biosprit, Fleisch und Eier statt Regenwald

Früher wurden im Regenwald Palmöl und Eukalyptus für den Eigenbedarf angebaut. Heute werden die tropischen Regenwälder in großem Stil gerodet, um Palmöl, Bananen, Sojabohnen und Orangen auf riesigen **Plantagen** anzubauen. Zehn Prozent der Sojaproduktion werden zu Biokraftstoffen verarbeitet. Achtzig Prozent landen als eiweißreiches Mastfutter in den Massentierhaltungen von Nordamerika und der EU. Letztendlich sind wir im Begriff, den Regenwald quasi zu verfrühstücken.

Unter dem Wald gibt es noch mehr

Nicht nur für Tropenholz, sondern auch für die Gewinnung von Rohstoffen wie Eisenerz, Bauxit, Erdöl, Edelsteine und Gold muss Tropenwald weichen. Hinzu kommen noch gigantische Staudammprojekte, die der Energieerzeugung dienen und den Lebensraum von Menschen, Tieren und Pflanzen gefährden.

Staat	Absoluter Waldverlust in Mio. ha	Relativer Waldverlust in %
Südamerika		
Argentinien	7,7	22,1
Bolivien	8,0	12,8
Brasilien	53,2	9,7
Kolumbien	5,9	9,2
Afrika		
Dem. Rep. Kongo	7,8	4,8
Nigeria	10,2	59,4
Simbabwe	8,1	36,5
Tansania	9,9	17,6

Nach WWF Waldbericht 2018

5 Waldverluste ausgewählter Länder zwischen 1990 und 2015

SP Tipp

Beurteile:
→ Aufgabe 3b
- Den Fakten nach zu urteilen ...
- Den Tatsachen zufolge ...
- Vor dem Hintergrund der ...
- Abschließend lässt sich sagen, dass ...

1
Betrachte die Fotos.
a) Nenne die hier gezeigten Ursachen der Regenwaldzerstörung und weitere Gründe, die im Text beschrieben werden.
b) Begründe, warum die genannten Ursachen weiterhin zur Zerstörung des Regenwaldes beitragen.

2
Arbeite mit Tabelle 5 und dem Atlas.
a) Beschreibe die Lage der angegebenen Staaten.
b) Vergleiche das Ausmaß der Regenwaldzerstörung in zwei Ländern deiner Wahl und erkläre Gemeinsamkeiten oder Unterschiede.

3
Arbeite mit Text 2.
a) Nenne die beiden Meinungen, die hier in Bezug auf die Regenwaldzerstörung in Brasilien sichtbar werden.
b) SP Beurteile beide Positionen.

Abgeholzt ist schnell, aber dann ...

Auf den vorherigen Seiten hast du gesehen, dass der Tropenwald ein komplexes und sensibles Ökosystem ist. Wird der Wald nun gerodet, bleibt das nicht ohne Folgen.

1 Durch Erosion zerstörte Weideflächen

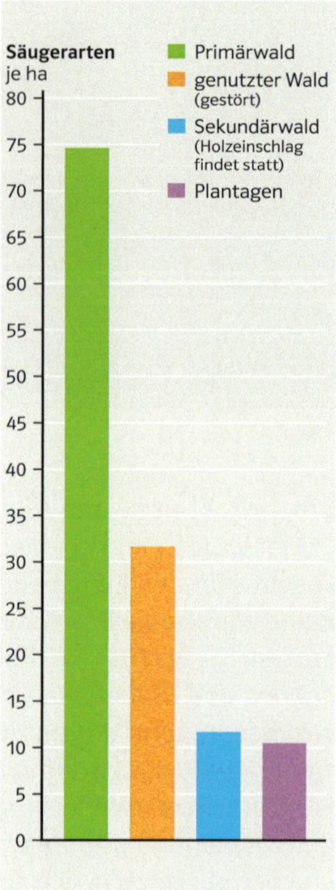

2 Säugerarten in einzelnen Vegetationstypen

Rodet der wirtschaftende Mensch größere zusammenhängende Flächen, hat das Auswirkungen auf den Boden, den Wasserhaushalt, das Klima, die Tier- und Pflanzenwelt und somit auf die Bewohner, die **indigenen Völker**.

Ökologische Auswirkungen

Reliefenergie

Beschreibung des Höhenunterschiedes zwischen dem höchsten und niedrigsten Punkt eines Gebietes. Sie dient gleichzeitig als Maß für das Erosionspotenzial des Gebietes.

Der **Stockwerkbau** schützt den Boden vor der Wucht des Regens und gibt ihm durch seine Wurzeln den nötigen Halt. Großflächige Rodungen nehmen dem Boden den Schutz und Halt und es kommt rasch zur **Erosion**. Besonders betroffen sind Flächen mit Reliefenergie. Hier werden Rinnsale schnell zu Bächen oder kleineren Flüssen, die den wertvollen Boden unwiederbringlich abtransportieren.
Die Abholzung der Wälder hat auch Auswirkungen auf das globale Klima. Der tropische Regenwald wird von vielen Wissenschaftlern als der linke Lungenflügel der Erde bezeichnet. Seine Baumriesen sind Dampf-Geysire aus Holz und befeuchten mit der üppigen Vegetation die Luftströme hoch über dem Regenwalddach und fördern damit die Regenbildung. Forscher haben berechnet, dass der brasilianische Regenwald mehr Wasser in die Atmosphäre „ausschwitzt", als der Amazonas täglich in den Atlantik transportiert. Die Brandrodung durchbricht nicht nur diesen Kreislauf, sondern verstärkt durch das freigesetzte Kohlenstoffdioxid (CO_2) die weltweite Erwärmung der Erde. Die fehlenden Wälder verändern auch lokal das Klima. Tagsüber sind Temperaturen von 50 °C auf den gerodeten Flächen keine Seltenheit mehr. Da vor dem Kahlschlag die Temperaturen in Bodennähe 26 °C betrugen, stellt diese Veränderung eine extrem hohe Belastung für Tiere, Pflanzen und den Menschen dar.

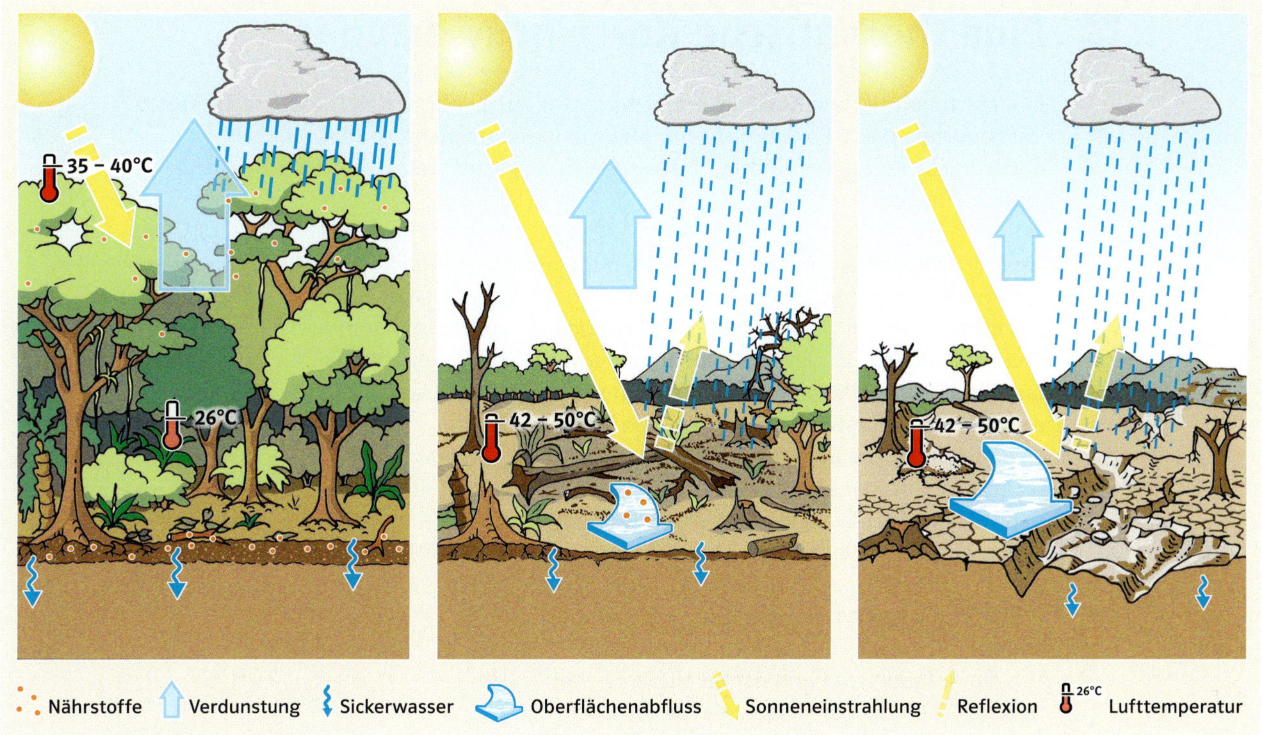

3 Folgen der Regenwaldrodung

Wirtschaftliche und soziale Auswirkungen

Ökonomisch gesehen haben die Rodungen viele positive Auswirkungen: Es wird Siedlungs- und Ackerfläche gewonnen, man schafft Arbeitsplätze und die verkauften Rohstoffe bringen Gelder ins Land.
Die Zerstörung des Regenwaldes verursacht jedoch besonders bei den Ureinwohnern der Tropenwälder enorme soziale Auswirkungen. Der tropische Regenwald ist die Lebensgrundlage vieler indigener Völker in Südamerika, Afrika und Asien. Ein Beispiel dafür sind die Penan, eine 10 000 Mitglieder starke Volksgruppe, die auf der Insel Borneo lebt. Traditionelle Lebensgrundlage der Penan ist das Jagen, Fischen und das Sammeln von über 300 verschiedenen Wildfrüchten, Wurzeln und Pflanzen, die zur Ernährung und als Medizin verwendet werden. Die meisten Penan sind Analphabeten. Ihre Kenntnisse über die biologischen Zusammenhänge der von ihnen bewohnten Region sind dagegen sehr groß. Nach einer Studie kennen sie über 100 verschiedene Fruchtpflanzen und über 50 verschiedene Heilpflanzen.
Die an den Tropenwald angepasste Nutzung der Penan wird aktuell durch das starke Eindringen von Holzfirmen in ihr Gebiet bedroht. Mit der Abholzung des Regenwaldes verschwinden auch die Penan. Auf diesem Weg gehen dem Volk und der Menschheit viele Kenntnisse verloren.

SP Tipp

Erläutere:
- Die Folge von … ist …
- Das ist deswegen, weil …
- Die Ursache von … ist …

1
Arbeite mit Abbildung 3:
a) Beschreibe die linke Grafik. Verwende dabei alle Symbole der Legende.
b) Betrachte die anderen beiden Grafiken und beschreibe die Veränderungen.
c) SP Erläutere die Auswirkungen der Regenwaldabholzungen auf Boden und Vegetation.

2
Auswirkungen der Rodungen
a) Stelle die ökonomischen, ökologischen und sozialen Folgen in einer Tabelle zusammen.
b) Welche ist für dich die wichtigste? Begründe.

3 MK
Informiere dich im Internet.
A Welche weiteren indigenen Völker leben im Regenwald? Informiere deine Klasse über Lebensraum, Traditionen und deren aktuellen Lage.
B Nenne heimische Frucht- und Heilpflanzen.

MK

Eine thematische Karte auswerten

In einer thematischen Karte ist ein bestimmter Sachverhalt, das Thema, dargestellt. Wir brauchen diese Karten nicht nur im Erdkundeunterricht, sondern auch in anderen Fächern und im Alltag. Deswegen ist es wichtig, eine thematische Karte lesen zu können.

Thematische Karten sind anders aufgebaut als topografische Karten. Oftmals wird der betrachtete Raum nur mit Umrissen, z. B. Landesgrenzen, dargestellt. Die verschiedenen Farben und Signaturen sollen mehrere Eigenschaften eines Raumes darstellen. Ziel ist es, den Raum zu analysieren. Bei der Auswertung muss nie die ganze Karte entschlüsselt und wiedergegeben werden. Hier ist es wichtig, die Aufgabenstellung genau zu lesen.

1. Schritt: Aufgabenstellung lesen und verstehen

Um die Aufgabenstellung richtig zu bearbeiten, musst du den Operator beachten. Jeder Operator hat seine eigene Bedeutung (siehe Arbeitsanhang). Die Aufgabenstellung sagt dir, welche Aussagen der thematischen Karte du beachten musst und welche du weglassen kannst.

Beispiel:
Die Aufgabenstellung lautet: „Erläutere den Rodungsprozess im Raum Marabá / Carajás seit 1990."
Du solltest deine Antwort so formulieren, dass der Leser deine Aussagen ohne die Karte verstehen kann.

2. Schritt: Einführung in die Karte

Deine Ausführungen erfordern eine Einleitung. In dieser gibst du einen Überblick über das, was auf der Karte dargestellt ist, z. B. Titel, Legende usw.

Beispiel:
Die Karte zeigt die Rodungen in der Region Marabá / Carajás. Es werden vier Gebiete ausgewiesen:
Gebiete, die bis bzw. seit 1990 gerodet wurden und als Rinderweide genutzt werden, Gebiete die aktuell von starker Rodung betroffen sind und der bestehende tropische Regenwald.

3. Schritt: Räumliche Verteilung darstellen

Beschreibe zunächst, welche Besonderheiten du wo im Raum findest. Prüfe anschließend, ob du Regelmäßigkeiten bei der Verteilung feststellen kannst.

Beispiel:
Im Nordwesten von Marabá befinden sich die Gebiete, die stark von Rodung betroffen sind. Gebiete mit ursprünglicher Vegetation sind Naturschutzgebiete oder Indianerreservate. Fast 80 Prozent des Kartenausschnittes werden heute als Rinderweide genutzt und wurden seit 1990 gerodet.

4. Schritt: Karteninhalte erklären

Finde Ursachen für die von dir erkannten Besonderheiten und deren Verteilung. Dazu musst du zusätzliche Informationen aus dem Unterricht oder andere Quellen hinzuziehen.

Beispiel:
Der tropische Regenwald wird aufgrund von wirtschaftlichen Interessen gerodet. In der Region Marabá wurde der Regenwald wegen Rinderzucht, Abbau von Bodenschätzen und zur Energiegewinnung gerodet. Illegale Rodungen findet man ebenfalls in der Region.

5. Schritt: Schlussfolgerungen ziehen und Karteninhalt beurteilen

Beende deine Ausführungen mit einer kurzen Zusammenfassung der wesentlichen Inhalte. Im Anschluss daran kannst du Kritik z. B. an der Kartendarstellung und der Aktualität der Karte üben.

Beispiel:
Die Karte zeigt sehr eindrucksvoll das Ausmaß der Zerstörung des Regenwaldes. Eine Fläche von 200 000 km² wurde aufgrund von wirtschaftlichen Interessen zerstört. Einen kleinen Lichtblick stellen die Indianerreservate und das Naturschutzgebiet dar.

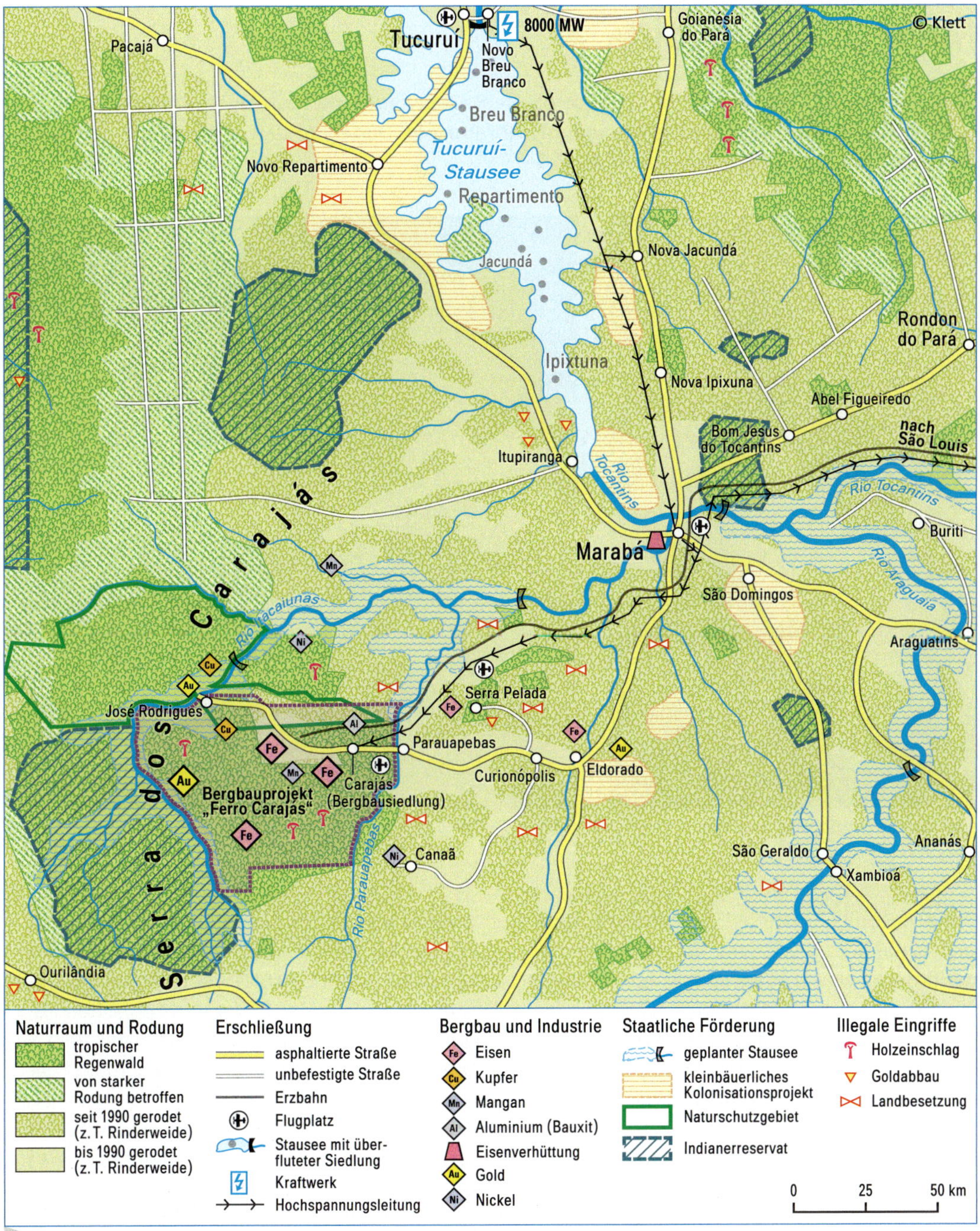

1 Rodung des Regenwaldes in der Region Marabá / Carajás in Brasilien

SP Tipp

Erläutere:

- Infolge von … kommt es zu …
- Aufgrund von … wird …
- Die Ausdehnung von … ist begründet durch …

1 Werte die Karte 1 mithilfe der angegebenen Schritte aus.

2 SP Erläutere die Bedeutung der Rohstoffe für den Rodungsprozess.

3 Beurteile das Ausmaß und die Ursachen
A illegaler Eingriffe,
B der staatlich geförderten Prozesse.

4 MK Nutze den Onlinecode (2c9d7v): Beschreibe die Raumwirksamkeit menschlichen Handelns im Satellitenbild-Ausschnitt.

Mehr als nur Wald

Noch vor ein paar Tausend Jahren bedeckten die Regenwälder mehr als zwölf Prozent der Erdoberfläche. Heute sind es weniger als vier Prozent. Dabei handelt es sich um den artenreichsten Lebensraum unserer Erde.

1 Die Kletterpflanze Aristolochia trilobata wird zur Behandlung von Grippe und Fieber genutzt

3 Auf „Duftjagd“

2 Croton lechleri: Zapfstelle am Stamm

SP Tipp

Beurteile:

- Aufgrund von …
- Aus ökologischer, ökonomischer oder sozialer Sicht ist …
- Letztendlich lässt sich sagen, dass …

Das Amazonas-Becken ist das größte zusammenhängende verbliebene Regenwaldgebiet der Erde. Es erstreckt sich über neun Staaten Südamerikas. Den größten Anteil hat Brasilien mit einer Landfläche größer als Westeuropa. Viele bezeichnen die Amazonas-Regenwälder mit ihrer überwältigenden **Artenvielfalt** als Schatzkammer der Weltnatur. So konnten hier bisher z.B. über 40 000 Pflanzenarten, 427 Säugetierarten, 1294 Vogelarten sowie über 3 000 verschiedene Fischarten identifiziert werden. Schon seit Langem haben sich die Menschen in der Natur bedient, um Beschwerden zu lindern und Kranke zu heilen. Gerade der Regenwald ist eine riesige Naturapotheke mit noch sehr vielen unerforschten Heilpflanzen. Er beherbergt drei Viertel aller weltweit vorkommenden Arten und jede davon enthält zahlreiche Inhaltsstoffe: Stoffe, die Wunden heilen, Schmerzen lindern, aber auch gefährliche Wirkung haben oder sogar töten können. So finden Forscher immer wieder bisher unentdeckte Substanzen, die sie in ihren Labors niemals entwickeln könnten. Wird darunter auch mal ein Mittel gegen bislang unheilbare Krankheiten sein? Ja, ein Beispiel ist Croton lechleri, ein schnell wachsender Baum der tropischen Regenwälder in Kolumbien, Ecuador und Peru. Das Harz des Baumes wird „Drachenblut“ genannt und ist in ganz Europa seit dem 16. Jahrhundert bekannt. Der Saft wird heute unter anderem als Flüssigpflaster mit entzündungshemmender Wirkung eingesetzt.

Auch die Kosmetikbranche folgt dem Trend „Zurück zur Natur“ und entdeckt die Tropen. Inhaltsstoffe aus Ingwer, Süßholz, Mangos, Papayas oder Ananas finden sich in Gesichts- und Körpercremes. Angeblich schützen sie vor Hautalterung. Öle aus der Kokosnuss sollen helfen, Feuchtigkeitsverluste der Haut zu vermeiden. Was liegt näher, als diesen Artenreichtum zu schützen? Aber wie?

Nachhaltige Waldnutzung

Das weltweit anerkannte Leitbild der **Nachhaltigkeit** strebt einen Konsens (Einigkeit) unter-

Beispiel Baumschwebebahn

Malaysia ist der größte Exporteur von Tropenholz. Damit dies so bleiben kann, bemüht sich das Land um eine nachhaltige Nutzung seiner tropischen Wälder. Neben zahlreichen anderen Projekten hat man eine sogenannte „Baumschwebebahn" entwickelt, welche die selektiv geschlagenen Baumstämme zu einem Sammelplatz schafft. Dadurch müssen keine breiten Schneisen für Transportfahrzeuge in den Wald geschlagen werden. Nach dem Prinzip eines Skilifts wird lediglich eine schmale Trasse durch den Wald gelegt, in der auf Stützpfeilern ein etwa 1 000 Meter langes Stahlband gespannt wird. An diesem Stahlband wird eine Seilwinde befestigt, mit der täglich rund 30 Baumstämme vom Boden gehoben und zu einem Sammelplatz abtransportiert werden können.

Durch die Baumschwebebahn werden die Waldschäden auf ein Minimum reduziert. Das Prinzip lässt sich überall anwenden und der Aufbau dauert nur zehn Tage. Damit sich dies jedoch rechnet, bedarf es in den Importländern einer ausreichend großen Anzahl von Konsumenten, die bereit sind, einen etwas höheren Preis für das umweltschonend gewonnene Tropenholz zu zahlen.

4

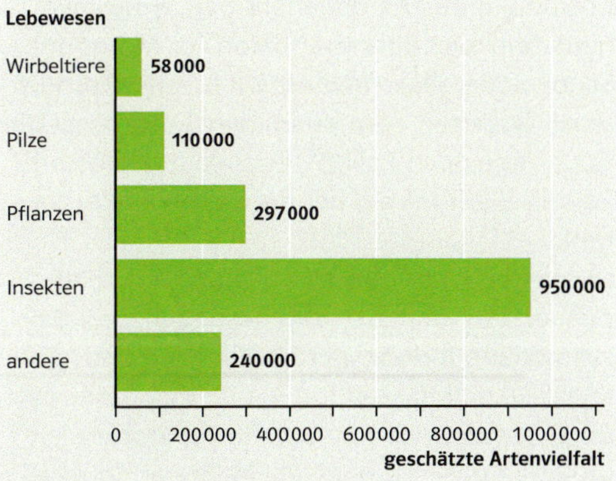

5 Artenvielfalt auf der Erde

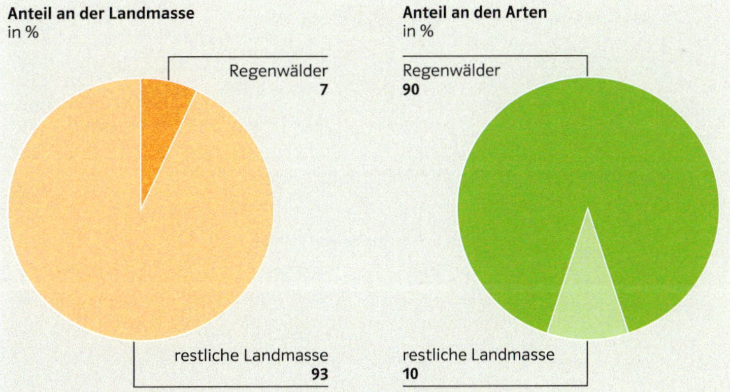

6 Artenvielfalt in tropischen Regenwäldern

schiedlicher Interessen an. Ziel ist es, die tropischen Regenwälder unter Berücksichtigung ökonomischer, sozialer und ökologischer Aspekte so zu nutzen und zu bewirtschaften, dass nachfolgende Generationen hierdurch keinen Schaden erleiden.

Trotz zahlreicher Initiativen ist man insgesamt aber noch weit von einer **nachhaltigen Waldnutzung** und Bewirtschaftung der Regenwälder entfernt. Neben zahlreichen Interessenkonflikten vor Ort sind vor allem das starke Bevölkerungswachstum, der Kapitalmangel und das fehlende Know-how entwicklungshemmende Rahmenbedingungen.

1

A Bearbeite ein Beispiel für die Nutzung des Regenwaldes:
a) Beschreibe die Funktionsweise der Baumschwebebahn.
b) Prüfe, inwiefern dieses Projekt ein Beispiel für nachhaltige Waldnutzung darstellt.

B Finde Gründe für die Bewahrung des natürlichen Waldes:
a) Beschreibe mithilfe der Abbildungen 5 und 6 die Artenvielfalt im tropischen Regenwald.
b) SP Beurteile in diesem Zusammenhang die Einrichtung von Nationalparks zur Rettung des tropischen Regenwaldes.

Palmöl – Fluch und Segen des grünen Erdöls

Palmöl ist das Pflanzenöl, das weltweit am meisten verarbeitet wird. Palmöl steckt in mehr als 50 Prozent unserer Supermarktprodukte. Hier erfährst du, warum es so weit verbreitet ist und die Ausweitung für den Regenwald eine große Bedrohung darstellt.

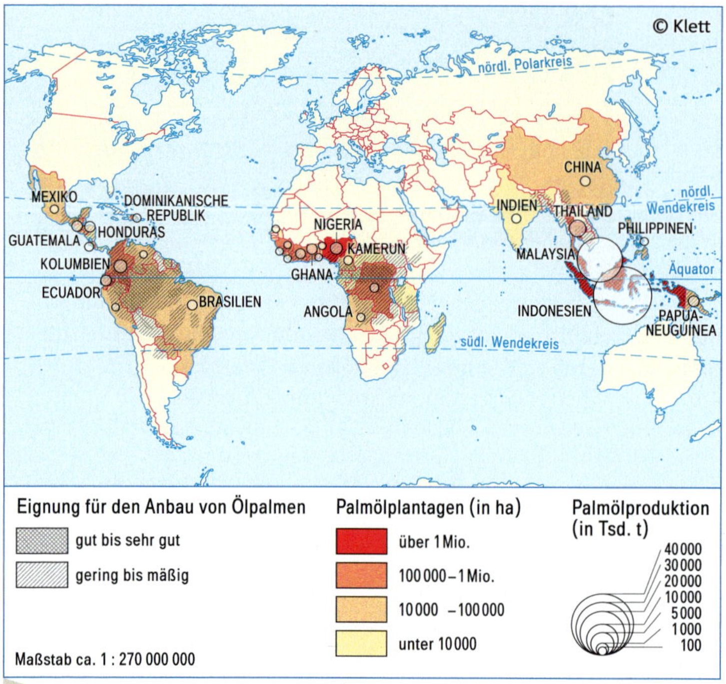

1 Weltweite Verbreitung der Palmölplantagen

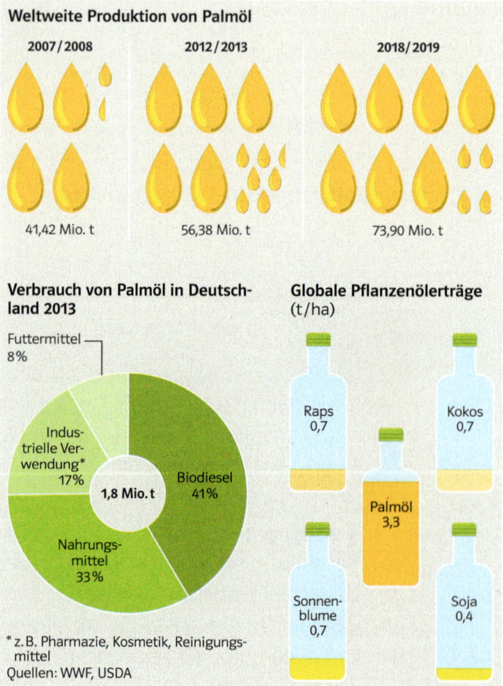

2 Der Palmöl-Boom

Die Ölpalme stammt ursprünglich aus Afrika und ist mit der Kokospalme verwandt. Die Früchte der Ölpalme sind orange, so groß wie unsere Walnuss und bestehen aus Fruchtfleisch und einem Samenkern. Aus dem Fruchtfleisch gewinnt man Rohpalmöl, aus dem Kern Palmkernöl. Die Produktionsabfälle werden zu Tierfutter verarbeitet.

Wieso ist Palmöl so begehrt?

Hersteller benutzen Palmöl gerne, weil Ölpalmen ertragreicher sind als andere ölhaltige Pflanzen (Raps oder Soja). Auch gibt es kein billigeres Pflanzenöl auf dem Weltmarkt. Bis in die 1990er-Jahre wurde das Öl der Ölpalmen noch hauptsächlich von der Lebensmittel- und Kosmetikindustrie abgenommen, wo es bis heute ein wichtiger Grundstoff für Margarine, Schokolade, Waschmittel und Kosmetikprodukte ist. Doch seit dem Boom des Biosprits ist die Nachfrage nach Palmöl regelrecht explodiert. Palmöl fließt immer häufiger in unsere Autotanks.
Deswegen ist die Nachfrage nach Palmöl in den letzten Jahren enorm gestiegen. Im Jahr 2015 haben Indonesien 33 Millionen und Malaysia 20,5 Millionen Tonnen Palmöl produziert. Doch Südamerika holt auf. Hinter Indonesien, Malaysia und Thailand (2,2 Millionen Tonnen) steht Kolumbien bereits auf Rang vier der Palmöl produzierenden Länder.

Was macht Palmöl zu einer Bedrohung?

Ölpalmen brauchen zum Wachsen tropisches Klima, also gleichmäßig feuchtwarme Bedin-

Weltweite Nutzung von Palmöl (in Prozent)	
Nahrungsmittel (z. B. Margarine, Brotaufstrich, …)	70
Industrie (z. B. Seifen, Kerzen, …)	25
Energetische Nutzung (z. B. Strom, Kraftstoff, …)	5

Nach www.forumpalmoel.org/de

3

4 Flug über eine Palmölplantage in Indonesien

5 Frucht der Ölpalme

gungen, und viel Platz. Sie fühlen sich dort wohl, wo der Regenwald wächst. Deswegen muss der Regenwald oft auch illegal weichen. Das Umweltprogramm der Vereinten Nationen (UNEP) hat 2007 einen Bericht veröffentlicht, in dem steht, dass Ölpalmen-**Plantagen** der Hauptgrund für Regenwaldzerstörung in Malaysia und Indonesien sind. Diese Länder sind die größten Palmölhersteller der Welt. Zusammen lieferten sie 2011 rund 90 Prozent des gehandelten Palmöls. Allein in Indonesien wuchsen die Ölpalm-Plantagen 2014 auf zehn Millionen Hektar, das ist ein Viertel der Fläche Deutschlands. Bis 2025 sollen es 26 Millionen Hektar werden – eine unvorstellbar große Fläche mit erheblichen Folgen für die Umwelt: Die Neuanlage von Palmölplantagen setzt extrem viel Kohlenstoffdioxid (CO_2) frei. Für die neuen Plantagen wird die Vegetation mit Bulldozern zusammengeschoben und verbrannt. Außerdem steht in Indonesien sehr viel Wald auf Torfmooren, die besonders viel CO_2 speichern. Wenn diese für das Anlegen der Plantagen entwässert werden, entweichen bei der Umwandlung eines einzigen Hektars Torfmoorregenwaldes bis zu 6 000 Tonnen CO_2. Indonesien ist nach Brasilien das Land mit der größten **Artenvielfalt**. Hier leben zahlreiche bereits vom Aussterben bedrohte Tier- und Pflanzenarten wie Orang-Utans, Sumatra-Tiger und Borneo-Nashörner. Orang-Utans brauchen zum Leben große zusammenhängende Waldflächen. Jedes Jahr, so schätzt man, sterben bis zu 2 000 dieser Menschenaffen, weil ihr Lebensraum zerstört ist. Inzwischen finden wir in Freiheit lebende Orang-Utans nur noch auf den Inseln Borneo und Sumatra – insgesamt zwischen 50 000 bis 60 000 Tiere.

Eine Plantage ist kein Wald

Auf **Monokulturen** wie Ölpalm-Plantagen können nur sehr wenige Arten leben. Unliebsame Pflanzen werden beseitigt und totgespritzt, Tiere wie Affen, Tiger, Elefanten finden dort weder Schutz noch Nahrung. Die sehr geringe Artenvielfalt ist nicht annähernd mit der eines Regenwaldes zu vergleichen. Auch gleichen Ölpalmen das freigesetzte Treibhausgas (CO_2) nicht wieder aus.

1 MK
Grundwissen Palmöl:
a) Recherchiert im Internet die Wachstumsbedingungen der Ölpalme.
b) Arbeitet mit der Karte 1 und beschreibe die Verbreitung der Palmölplantagen in der Welt.

2
Verwendung von Palmöl:
A Erstelle ein Schaubild: Wofür wird Palmöl heute genutzt?
B MK Recherchiere im Internet:
a) Welche Länder sind die größten Palmölnutzer?
b) Wie hoch ist der Verbrauch in Deutschland?

3
Gefahren durch Palmöl:
a) Beschreibe die Gefahren, die von dem Anbau von Palmöl ausgehen.
b) Untersuche die Einkäufe zu Hause. In welchen Produkten ist Palmöl/Palmfett enthalten?

4 MK
Gibt es eine Alternative? Recherchiere im Internet über den „Runden Tisch für nachhaltiges Palmöl". Berichte deiner Klasse über deine Ergebnisse und beantworte die Frage.

Der Regenwald und ich

Rindfleisch, Soja, Kosmetik und Palmöl – der Regenwald liefert viele Rohstoffe, die wir alle täglich brauchen. Aber können wir mehr tun, als nur verbrauchen? Wähle ein Thema aus, das dich besonders interessiert. Erste Ideen für eine Präsentation findest du im gegebenen Material, recherchiere aber auch selber im Internet. Achte darauf, dass jedes Beispiel mindestens einmal vorkommt.

1 MK

Erstelle eine Präsentation. Nutze folgende Anregungen und recherchiere ergänzend im Internet.

A Coltan aus dem Regenwald:
a) Unter welchen Bedingungen wird Coltan abgebaut?
b) Welche Staaten sind die größten Produzenten und welche die größten Konsumenten?
c) Wie funktioniert das Recycling von IT-Geräten konkret?
d) Stelle ein Projekt vor, das Handys sammelt. Vielleicht könnt ihr es unterstützen?

B Kakao aus dem Regenwald:
a) Wieso kann man Kakao nicht in Deutschland anbauen?
b) Wo wird der meiste Kakao angebaut?
c) Wie wird Kakao produziert?
d) Welche Siegel garantieren einen nachhaltigen Kakaoanbau?
e) Gibt es Regenwaldschutzprojekte, die nachhaltigen Kakaoanbau fördern und die du unterstützen kannst?

C Papier aus dem Regenwald:
a) Wofür wird das meiste Papier verarbeitet und genutzt?
b) Wie entwickelte sich der Papierverbrauch in Deutschland ab 2000?
c) Wie kannst du zu Hause und in der Schule den Papierverbrauch reduzieren?
d) Informiere dich über den Wettbewerb „Paper Angels – Schüler für Recyclingpapier".

D Samen aus dem Regenwald:
a) Informiere dich über die aktuelle Artenvielfalt auf der Erde.
b) Berichte über die „Svalbard Global Seed Vault" und die „Frozen Ark".
c) Vergleiche die Ziele der Genbanken mit denen verschiedener Artenschutzprogramme (z.B: Junior Ranger, Traffic, LANUV).

○ Ab, Bb, Bd, Cb, Cc ◒ Aa, Ad, Ba, Bc, Be, Ca, Cd, Db ● Ac, Da, Dc

A Coltan aus dem Regenwald

Was gibt der Regenwald mir?
Aus Coltanerz wird Tantal gewonnen, welches in Handys, Computern und Spielekonsolen verarbeitet wird. Die Abbauregionen des Erzes liegen in unzugänglichen Regenwaldgebieten Zentralafrikas, Ruanda, Brasilien und Australien. 2015 lagen etwa 100 Millionen ungebrauchter Handys in deutschen Schubladen. In jedem Handy steckt das wertvolle Metall, das man durch Recycling für neue Geräte wiederverwenden kann.

Das mache ich für den Regenwald!
Ich kann die Nachfrage nach Coltan beeinflussen, indem ich mein Gerät (z.B. Handy, Laptop oder Fernseher) länger benutze. Gebrauchte Geräte kann ich weiterverkaufen und defekte Handys kann ich an Regenwaldprojekte spenden.

1

B Kakao aus dem Regenwald

Was gibt der Regenwald mir?
Der Kakaobaum ist im tropischen Regenwald beheimatet und benötigt ein warmes und feuchtes Klima. Er wächst daher in der unteren Baumschicht unter sogenannten Schattenpflanzen. Für die Schaffung von Kakaoanbauflächen wurde und wird viel Regenwald abgeholzt. 90 Prozent der weltweiten Produktion wird von Kleinbauern produziert und von fünf Großunternehmen gekauft.

Das mache ich für den Regenwald!
Jeder Deutsche verzehrte 2015 fast zehn Kilogramm Schokoladenwaren. Durch verantwortungsvollen Konsum von Schokoladenprodukten kann ich den Regenwald schützen. Ich kann z. B. zertifizierte Schokolade aus biologischem Anbau kaufen oder Projekte unterstützen, die nachhaltigen Kakaoanbau fördern.

2

C Papier aus dem Regenwald

Was gibt der Regenwald mir?
Papier besteht aus Zellstoff, der aus Holzfasern gewonnen wird. Brasilien ist der größte Lieferant von Zellstoff für uns. Der Regenwald wird gerodet, um Zellstoff zu bekommen und um Eukalyptusplantagen anzulegen, da diese Pflanze besonders schnell viel Zellstoff liefert. Der Regenwald wird genutzt, um Papier zu produzieren.

Das mache ich für den Regenwald!
Einschränkung beim eigenen Verbrauch und Recycling können helfen, den Regenwald und die Wälder weltweit zu schützen. Ich kann z. B. Schulhefte und Toilettenpapier aus Recyclingpapier nutzen. Papier gehört in den Papiermüll, damit es recycelt werden kann.

3

D Samen aus dem Regenwald

Artenvielfalt in Konserven?!
Von 1970 bis 2000 hat die Welt 40 Prozent der Artenvielfalt verloren. Deswegen sammeln Wissenschaftler auf der ganzen Welt heute systematisch Proben von lebenden Pflanzen und Tieren, um sie für eine ungewisse Zukunft in Genbanken zu konservieren. Von Pflanzen werden vor allem Samen, Zellen und Gewebe gesammelt. Der Samen wird nach 20 Jahren ausgesät, um frischen Samen für die Bank zu erzeugen.
Die sehr sensiblen Zellen eines Tieres können nicht so einfach eingefroren werden. Sie müssen später intakt zeitlich unbegrenzt haltbar sein. Man kann sie nach dem Auftauen nicht ohne Weiteres vermehren. Deswegen dienen Genbanken dem Erhalt von Informationen. Können diese Genbanken die restlichen 60 Prozent der Artenvielfalt schützen?

4

Ein Dilemma bearbeiten: Palmöl – braucht die Welt ein neues Öl?

Was haben Nuss-Nougat-Creme, Kekse, Fertigsuppen, Speiseeis oder Tiefkühlpizzen gemeinsam? Sie enthalten Palmöl. Aber nicht nur dort findest du die Frucht der Ölpalme. Man verwendet sie in Waschmitteln, Seife, Cremes und sogar in Biosprit ist Palmöl. Palmöl wird auf großen Plantagen in Indonesien und Malaysia angebaut, wofür intakter Regenwald weichen muss.

Ein Dilemma beschreibt die Situation, in der du dich zwischen zwei Möglichkeiten entscheiden musst, die gleichermaßen schwierig und unangenehm sind. Du befindest dich in einer sogenannten Zwickmühle. Der Anbau und Nutzen von Palmöl ist ein aktuelles Beispiel dafür: Palmöl ist das auf der Welt am meisten produzierte pflanzliche Fett. Es wird sehr gerne eingesetzt, weil es gute Produkteigenschaften hat und besonders preiswert ist. Man findet Palmöl in jedem Haushalt in Deutschland – in der Küche, im Badezimmer oder im Autotank.
Die Ölpalme wächst nur in den Tropen. Damit neue Palmölplantagen entstehen können, muss man intakten Regenwald roden, Ureinwohner vertreiben und bedrohte Tierarten wie den Orang-Utan seinem Schicksal überlassen. Deswegen ist folgende Frage erlaubt: Wie beurteile ich den Konsum von Palmöl?

1. Schritt: Dilemma erkennen

Zunächst müsst ihr den Sachverhalt klären. Wertet die zur Verfügung gestellten Materialien aus und klärt gegebenenfalls offene Sachfragen. Abschließend formuliert ihr die Fragestellung, die geklärt werden muss.

Beispiel:
Wie soll es weitergehen? Sollen wir beim Einkauf Produkte, die Palmöl enthalten, im Regal stehen lassen oder nicht?

2. Schritt: Ein Meinungsbild erstellen

Jeder hat eine spontane Meinung. Ermittelt diese in einer ersten Abstimmung und notiert das Ergebnis an der Tafel.

3. Schritt: Diskussion in der Gruppe

Teilt die zwei entstandenen Gruppen in Kleingruppen auf. Analysiert das gegebene Material noch einmal genau und formuliert maximal vier Aussagen, die eure Meinung begründen. Sortiert diese nach deren Bedeutung und Überzeugungskraft.

- *Ja, wir müssen Produkte ohne Palmöl kaufen. Regenwaldschutz beginnt im Supermarkt. …*
- *Nein, ohne Palmöl geht es nicht. Die alternativen Produkte sind z. B. zu teuer. …*

4. Schritt: Argumente vortragen

Tragt die Argumente im Plenum vor. Befürworter und Gegner wechseln sich ab. Achtet darauf, dass ihr mit dem wichtigsten beginnt und genannte Argumente nicht wiederholt werden. Alle Argumente werden stichwortartig an der Tafel gesammelt. Verständnisfragen sind möglich, eine Diskussion jedoch nicht.

5. Schritt: Offene Diskussion

Diskutiert alle Argumente bezüglich ihres Inhalts, ihrer Bedeutsamkeit und Überzeugungskraft.

6. Schritt: Eigene Meinung reflektieren

Vereinbart eine kurze Bedenkzeit. In dieser Zeit sollte jeder die genannten Argumente überdenken und sich ein fundiertes Urteil bilden. Führt nun eine zweite Abstimmung durch und vergleicht diese mit der ersten.

7. Schritt: Abschlussdiskussion führen

Beantwortet gemeinsam die Frage, warum für alle eine befriedigende Entscheidung nicht möglich ist. Überlegt euch, welche Bedeutung Emotionen in solchen breit geführten Diskussionen haben.

Für alle Schülerinnen und Schüler war es nicht einfach, sich für eine Antwort zu entscheiden. Manche hatten das Gefühl, sich zwischen zwei unangenehmen Dingen entscheiden zu müssen. Wir denken, dass der nachhaltige Anbau von Palmöl ein Weg aus dem Dilemma sein könnte.

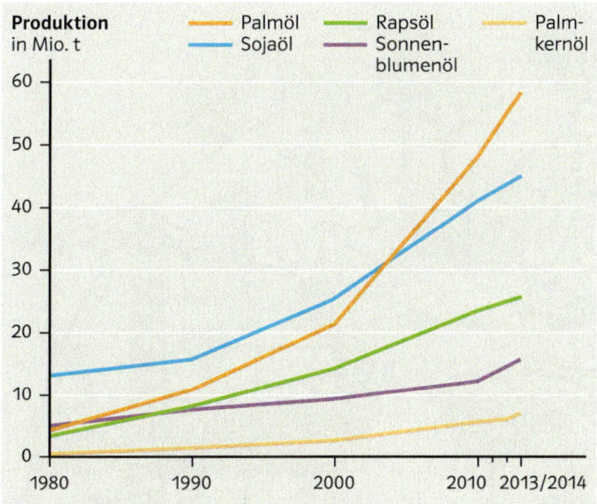

1 Pflanzliche Öle im Vergleich

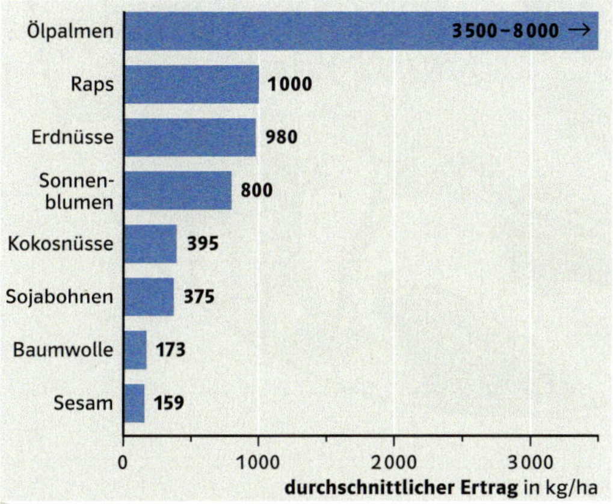

2 Ertragswunder Ölpalme

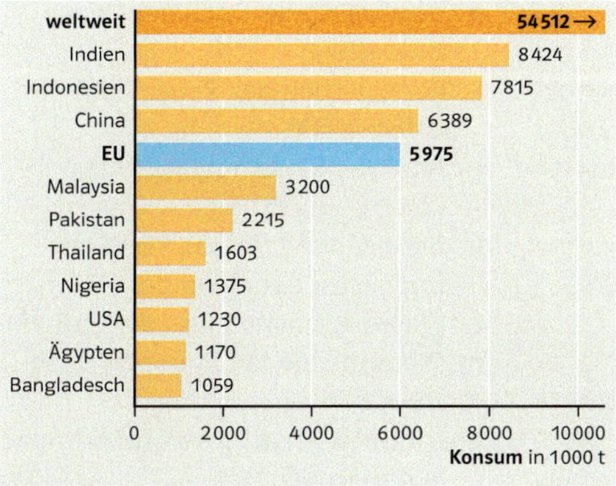

3 Die größten Verbraucher

Standpunkte zur Palmölproduktion

- Indonesien und Malaysia liefern 86 % der weltweiten Palmölproduktion. Die Flächen werden rar. Auf Borneo wurden bereits – je nach Studie – 78 bis 90 % der artenreichen Regenwälder zerstört.
- Vom Pflanzen der Setzlinge bis zur Ernte der ersten Früchte vergehen drei bis vier Jahre. Die höchsten Erträge haben die Ölpalmen nach 18 Jahren.
- Die Ölpalme ist eine der effizientesten Pflanzen überhaupt. Sie könnte erhebliche Einkommenschancen für die einheimische Bevölkerung bieten.
- Die Ölpalme hat deutlich höhere Hektarerträge als Soja oder Raps.
- Die Nachfrage nach Palmöl wächst weiter. Hauptabnehmer sind China, Indonesien und Indien. Dort wird Palmöl als Speiseöl verwendet. Mit steigender Bevölkerung steigt die Nachfrage nach preiswerten Speiseölen.
- Bei uns senkt Palmöl den Preis von Fertigsuppen, Speiseeis, Keksen und Tiefkühlpizzen. Es dient als Weichmacher in Seifen, Shampoos und Kosmetika und hat die Eigenschaft, auf der Zunge zu zerschmelzen, aber bei Zimmertemperatur fest zu bleiben.
- Die Suche nach neuen Anbauflächen ist in vollem Gang. Im Fokus der Palmölproduzenten steht Afrika, der Kontinent, aus dem die Ölpalme ursprünglich stammt.
- Durch den Verkauf des gerodeten Holzes können die hohen Investitionskosten für die Anlage der Plantage bezahlt werden.
- Es gibt einen Runden Tisch für nachhaltige Produktion von Palmöl (RSPO). Mitglieder sind Produzenten von Palmöl, Händler und Industriebetriebe, die Palmöl verarbeiten.
- Produkte erhalten das RSPO-Siegel, wenn 30 % des verwendeten Palmöls aus nachhaltigem Anbau stammen.
- Seit dem 13. Dezember 2014 müssen alle Lebensmittel gekennzeichnet werden, in denen Palmöl oder Palmfett verarbeitet wurde.

4

1

Bearbeitet das Dilemma in Text 4.

2

Zeige ein Dilemma eines anderen Themas im Schulbuch auf.

a) Formuliere dazu die übergeordnete Fragestellung.

b) MK Stelle dazu geeignetes Material und wichtige Informationen aus dem Buch und mithilfe des Internets zusammen.

c) Bearbeite das Dilemma und bilde dir eine fundierte Meinung.

Material
Selbsteinschätzung
2c9d7v

Wichtige Begriffe

- Artenvielfalt
- Cash Crops
- Erosion
- indigene Völker
- Kronenschicht
- Mischkultur
- Monokultur
- nachhaltige Waldnutzung
- Nährstoffkreislauf
- Ökosystem
- Plantage
- Primärwald
- Sekundärwald
- Shifting Cultivation
- Stockwerkbau
- Strauch- und Krautschicht
- Wanderfeldbau

1 Eingriffe in den tropischen Regenwald

Sich orientieren

1 Wer kennt sich aus?

a Wähle diejenigen Staaten aus, die noch großflächige Regenwaldgebiete aufweisen: USA, Myanmar, Argentinien, Pakistan, Malaysia, Demokratische Republik Kongo, Venezuela, Kolumbien, Iran, Kongo, Gabun, Brasilien, Kamerun, Ukraine, Peru, Tansania, Namibia, Papua-Neuguinea, Chile, Indonesien.

b Ordne die Regenwaldstaaten nach Kontinenten und lege dazu eine Tabelle an.

c Welche drei Staaten besitzen die größten Regenwaldflächen?

Kennen und verstehen

2 Eingriffe finden

Welche Arten von Eingriffen in den tropischen Regenwald zeigt die Grafik 1?

3 Richtig oder falsch?

Verbessere die falschen Aussagen.

a Im tropischen Regenwald regnet es jeden Tag mindestens einmal.

b Die Böden der tropischen Regenwälder sind sehr fruchtbar.

c Der Sekundär- und der Primärwald unterscheiden sich kaum.

4 Finde die richtigen Begriffe

Die x-ten Buchstaben (in Klammern) ergeben das Lösungswort:

a Land mit dem größten zusammenhängenden Regenwaldgebiet (1)

b Kennzeichen der tropischen Tier- und Pflanzenwelt (2)

c Preiswertes Pflanzenöl (2)

d Wichtiger Rohstoff für IT-Geräte (6)

e Waldform nach der Brache (6)

f Voraussetzung für Pflanzenwachstum (11)

g Großflächiger Anbau nur einer Kulturpflanze (4)

h Geschlossenes Dach des Regenwaldes (7)

i Kennzeichen des Regenwaldaufbaus (12)

j Pflanze mit dem schnellsten Wachstum (3)

k Bezeichnung für das Klima des tropischen Regenwaldes (3)

l Wasserreichster Fluss der Erde (8)

m Pflanzen, die auf Pflanzen wachsen (13)

n Landwirtschaftlicher Großbetrieb in den Tropen (8)

o Schlingpflanze (1)

p Nachkommen der ursprünglichen, vorkolonialen Bewohner (3)

q Name für die höchsten Regenwaldbäume (2)

r Zukunftsfähiges Wirtschaftsprinzip (6)

s Südostasiatische Menschenaffenart (6)

2 Erschließung Amazoniens

Fachmethoden anwenden

5 Eine thematische Karte auswerten. Werte die Karte 2 zum Thema „Erschließung Amazoniens“ aus.

Beurteilen und bewerten

6 Indigene, Regierung, landlose Bauern, Wissenschaftler, Holzfäller und andere Gruppen haben ein Interesse am Regenwald. Sammle Argumente für und gegen eine Nutzung.

Wissen vernetzen

7 Arbeitet zu zweit.

a Zeichnet die rechts stehende Tabelle in das Heft und füllt sie aus.

b Vergleicht eure Ergebnisse mit einer anderen Gruppe und tauscht euch dazu aus.

	Klima	Tierwelt	Produkte	Bemerkungen
Kalte Zone				
Gemäßigte Zone				
Wüste				
Savanne				
trop. Regenwald				

Jetzt kannst du ...

- Ursachen für die Rodung des tropischen Regenwaldes nennen und das Ausmaß der Zerstörung beschreiben;
- die ökologischen, sozialen und wirtschaftlichen Folgen seiner Zerstörung nennen und erklären;
- die besondere Bedeutung des Regenwaldes für die Menschheit erläutern;
- die aktuelle Bedrohung des tropischen Regenwaldes durch das Palmöl erläutern;
- seine Verbreitung beschreiben;
- eine thematische Karte auswerten und ein Dilemma bearbeiten;
- den an den Naturraum angepassten traditionellen Brandrodungswanderfeldbaus erklären;
- in Abgrenzung dazu die Merkmale der Plantagenwirtschaft erfassen.

4

Trockenheit – ein Problem? In der Wüste

Wüsten üben auf uns eine große Faszination aus. Sie bedecken riesige Flächen der Erde und sind auf fast allen Kontinenten verbreitet.
Auf den ersten Blick erscheinen sie durch ihre Vegetationslosigkeit oder Vegetationsarmut als lebensfeindliche Gebiete. Doch Wüsten stecken voller Leben, da sich Natur und Menschen auf vielfältige Weise auf die dort herrschenden Bedingungen eingestellt haben.
Wie leben Menschen in diesen Extremräumen? Wie haben sie sich der Hitze und der Wasserarmut angepasst?

Unser Bild von der Wüste

Auch wenn wir noch nicht da gewesen sind – wir machen uns häufig ein Bild von einer Landschaft, einer Stadt oder einem Feriengebiet.
Merkmale oder Besonderheiten, von denen wir gelesen bzw. gehört haben, von denen wir Fotos oder Filme gesehen haben, setzen wir zu „unserem Bild“ einer Landschaft oder eines Ortes zusammen.
Welches Bild hast du von der Wüste? Unterscheidet es sich von dem deiner Mitschüler?

1 Foto aus der Wüste? Ja oder Nein?

Wie sieht es deiner Meinung nach in einer Wüste aus? Wie fühlt es sich an, wenn du mitten in einer Wüste stehst? Welche Geräusche hörst du?

Schau dir die Bilder auf dieser und den vorigen Seiten noch einmal an. Welches davon ist deinem Bild von einer Wüste besonders ähnlich? Welches ist deiner Meinung nach gar nicht in einer Wüste aufgenommen?

Vielleicht helfen auch die folgenden Aufgaben euer Bild von der Wüste zu erkunden und miteinander zu vergleichen.
- Schreibt je fünf Begriffe auf, die eurer Meinung nach bei der Beschreibung des Begriffs „Wüste“ nicht fehlen dürfen.
- Vergleicht eure Begriffe mit denen eures Nachbarn.
- Einigt euch gemeinsam auf fünf Begriffe, die wichtig für die Beschreibung einer Wüste sind.
- Sammelt die Begriffe an der Tafel.

Stellt Fragen!
Was möchtet ihr noch wissen, um euer Bild von der Wüste zu vervollständigen?
Schreibt die Fragen auf.

Bittet eure Lehrerin / euren Lehrer von den Begriffen und Fragen an der Tafel ein Foto zu machen. Vielleicht kommt ihr am Ende des Wüstenkapitels noch einmal darauf zurück.

2 Unser Bild von der Wüste

Zahlen, Daten, Fakten

Etwa 20 Prozent der Landfläche unserer Erde sind mit Trockenwüsten bedeckt. Die größte davon ist die Sahara in Nordafrika. Mehr als zehn Staaten haben Anteil an dieser bekanntesten **Wüste** der Welt. Im Gegensatz zu Eiswüsten werden Trockenwüsten nicht durch fehlende Wärme, sondern durch mangelnde Niederschläge bestimmt. Fallen durchschnittlich weniger als 250 mm Niederschlag im Jahr, spricht man von einer Wüste. In den Kernwüsten werden oft auch deutlich unter 150 mm Niederschlag gemessen (zum Vergleich: Köln = ca. 800 mm Niederschlag im Jahr). Die Temperaturen können in manchen Wüsten bis über 50 °C erreichen. Die höchste Temperatur wurde im Death Valley in der Mojavewüste in Nordamerika mit 56,7 °C gemessen. Hohe Temperaturen und Wassermangel führen in den Trockenwüsten dazu, dass keine oder nur spärliche Vegetation vorhanden ist.

Wüsten sind kein Meer aus Sand

Wüsten sind abwechslungsreiche Landschaften und hohe Gebirge sind hier keine Seltenheit. Der höchste Berg in der Sahara ist fast 3 500 m hoch und damit 500 m höher als der höchste Berg Deutschlands.

Der Anteil der **Sandwüsten** – auch Ergs genannt – beträgt in den Wüsten weltweit nicht mehr als 20 Prozent. Die Sandkörner der oft mehrere Hundert Meter hohen Dünen sind unter 2 mm groß – meist sogar noch viel kleiner. Der weitaus größte Teil der Wüstengebiete wird von **Stein- und Felswüsten**, den Hamadas, gebildet. Sie bestehen meist aus grobem scharfkantigem Gesteinsschutt und nehmen fast drei Viertel der Wüstenflächen ein. Für Fahrzeuge ist es unmöglich, die Hamada zu durchqueren.

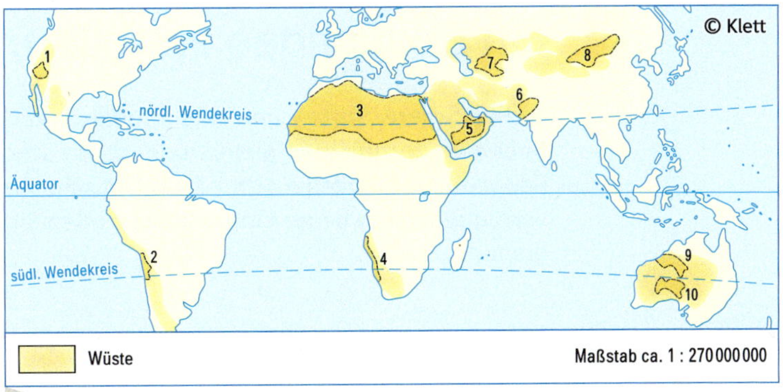

3 Trockenwüsten der Erde

- a) Große Arabische Wüste (Rub al-Chali)
- b) Wüste Tharr
- c) Mojavewüste
- d) Sahara
- e) Große Victoriawüste
- f) Atacama
- g) Gobi
- h) Namib
- i) Große Sandwüste
- j) Karakum / Kysylkum

4 Infobox Trockenwüsten

5 Oberflächenformen der Wüste und deren weltweiten Anteile

Den kleinsten Anteil an den Wüsten haben die **Kieswüsten** (= Serire). Sie bestehen überwiegend aus Kiesen, die zwischen 6 cm und etwa 2 mm groß sind.

1
Arbeite mit der Karte 3, dem Atlas oder dem Haack-Kartenteil im Schulbuch:

A Erstelle eine Liste. Ordne den Zahlen auf der Karte 3 die Buchstaben bzw. Namen der aufgeführten Wüsten in der Infobox 4 zu.
1 = c – Mojavewüste 2 = …

B Wähle vier Wüsten aus und beschreibe:
- deren Lage im Gradnetz,
- deren Entfernung zur Küste.

2
Arbeite mit Grafik 5:

a) Ordne den Farben der Leiste (dunkelbraun, mittelbraun, hellbraun) die im Text angeführten Oberflächenformen der Wüsten zu.

b) Nenne drei Begriffe, die bei der Beschreibung der jeweiligen Oberflächenformen vorkommen müssen.

3 SP
Überlege und notiere.
Hat sich dein Bild von der Wüste verändert?

MK Ein Erklärvideo erstellen: Schüsse in der Wüste

Papier, Schere, Stifte – und eine interessante Geschichte! Neben der technischen Ausrüstung ist das schon alles, was ihr braucht, um ein Erklärvideo zu erstellen. Und die technische Ausrüstung steht fast überall zur Verfügung. Denn heute kann man mit allen Smartphones oder Tablets Videofilme drehen.

Besonders einfach und anschaulich lassen sich Erklärvideos mit der Lege-Trick-Technik herstellen. Dabei wird der im Video gesprochene Text mithilfe von Papierfiguren oder -formen veranschaulicht. Diese können bei der Aufnahme wie bei einem Trickfilm verschoben, entfernt und wieder aufgelegt werden.

Insolationsverwitterung

„Es hört sich an wie Pistolenschüsse". So beschreiben Reisende die Geräusche, die am Abend in Wüstengebieten zu hören sind. Was ist die Ursache dafür? In Wüstengebieten können die Bodentemperaturen am Tag auf über 80 °C ansteigen, auf dunklen Gesteinen sogar bis zu 100 °C. Die Nachttemperaturen sinken dagegen oft auf 20 °C und darunter. Bei starker Sonneneinstrahlung am Tage dehnt sich das Gestein aus (Expansion), bei Abkühlung in der Nacht zieht es sich wieder zusammen (Kontraktion). Bei einem Gestein von ca. 2 m Länge, das um 50 °C erwärmt wird, betragen Expansion und Kontraktion zwischen 0,5 bis 2,5 mm. Bei häufiger Wiederholung von Expansion und Kontraktion werden die Bindungen zwischen den Kristallen, aus denen sich das Gestein zusammensetzt, geschwächt. Eine ungleichmäßige Erwärmung von besonnten und beschatteten Teilen der Gesteinsoberflächen verstärkt die Spannungen innerhalb des Verbandes. Durch die ständige Wiederholung wird der Gesteinsverband zerrüttet und allmählich gelockert. Das führt dazu, dass sich äußere Teile des Gesteins wie große Schuppen lösen und auf den Boden fallen. Dieser Prozess wird Insolations- bzw. Temperaturverwitterung genannt. Der Begriff „Insolation" setzt sich aus den lateinischen Wörtern „in" – hinein und „sol" – Sonne zusammen. Manchmal entladen sich die Spannungen im Gestein auch schlagartig und die Steine zerspringen mit einem lauten pistolenartigen Knallgeräusch.

1

Zum Filmteam gehören mindestens drei Personen: Sprecher/in, Kamerafrau/-mann sowie ein Teammitglied, das die Figuren bzw. Formen während der Aufnahme bewegt.

1. Schritt: Informationen zum Thema recherchieren und zusammenstellen

Eine wichtige Voraussetzung für ein gutes Erklärvideo ist, dass ihr euch intensiv mit dem Thema beschäftigt. Schulbücher, Lexika und auch das Internet sind geeignete Informationsquellen. Zusammenhänge und Schlüsselbegriffe müssen in einem Informationstext zusammengefasst, auf das Wesentliche reduziert und in eine sinnvolle Reihenfolge gebracht werden.

2. Schritt: Drehbuch erstellen

Ein Drehbuch umfasst alle Hinweise für Umfang, Dauer und Ablauf des Drehs. Hier legt ihr schriftlich fest, wie die gesammelten Informationen interessant, spannend und anschaulich vermittelt werden. Das könnt ihr erreichen durch:
- die Vorgabe einer zeitlichen Begrenzung des Erklärvideos (drei bis höchstens fünf Minuten)
- klar formulierte, kurze Sätze
- eine logische Abfolge der Informationen
- verständliche Erklärungen von Fachbegriffen
- eine Überschrift, die neugierig macht
- eine Fragestellung, die die Zuschauer direkt betrifft.

Auch eine Storyline kann das Interesse der Zuschauer wecken. Ihr könnt dabei die Sachinformationen in eine Geschichte einbinden, in der Personen nach der Lösung eines Problems oder einer Frage suchen.

3. Schritt: Anschauungsmaterial anfertigen

Überlegt gemeinsam, welche Bilder, Symbole, Pfeile oder Figuren ihr benötigt, um das Thema anschaulich darzustellen. Zeichnet alles auf Papier oder Pappe und schneidet es aus. Ihr könnt auch vorgefertigte Bilder oder Symbole aus Zeitungen, Zeitschriften oder dem Internet nutzen. Die Bilder können mit Buntstiften farbig gestaltet werden. Beachtet dabei aber, dass sehr bunte oder detaillierte Bilder leicht vom Wesentlichen ablenken.

4. Schritt: Storyboard ausarbeiten

Ein Storyboard stellt die Informationen, die in den einzelnen Szenen vermittelt werden, bildlich dar.
Es zeigt Drehbuchtext = Sprechertext und Bilder im Zusammenhang und macht so die einzelnen Schritte im Ablauf der Dreharbeiten deutlich (Abbildung 2). Das Storyboard gibt für alle Mitglieder des Teams genaue Hinweise dazu:
- welches Bild/Material zum jeweiligen Textabschnitt eingesetzt wird;
- in welcher Reihenfolge die Bilder eingefügt werden;
- wann welches Bild wohin geschoben wird.

5. Schritt: Technik und Drehort vorbereiten

Für einen kurzen Videoclip reichen ein Smartphone oder Tablet. Soll das gedrehte Material im Nachhinein bearbeitet werden, sind im Internet eine Vielzahl an Apps oder einfachen Videoschneideprogrammen zu finden.
Als Drehort eignen sich ein ruhiger Raum und eine gut ausgeleuchtete Tischfläche. Auch ein Kamerastativ kann hilfreich sein. Wenn ihr zusätzlich eine Schreibtischlampe benutzt, achtet auf den Schattenwurf.

6. Schritt: Video drehen

Hier ist die Zusammenarbeit des Filmteams besonders wichtig. Achtet beim Drehen darauf:
- dass die Kamera in einer ruhigen Position gehalten wird. Haltet sie während der Aufnahme waagerecht und verzichtet auf das Zoomen;
- dass die Bilder und das gesprochene Wort zueinander passen, sich aufeinander beziehen und sich bei der Erklärung des Sachverhaltes unterstützen.

Zum Schieben der Bilder können die Hände benutzt werden – und sie dürfen auch zu sehen sein.

3 Material

2 Storyboard

1 Überlege dir eine andere Storyline für das Erklärvideo als die in Abbildung 2 angeführte.

2 Erweitert das Storyboard (Abbildung 2) um wenigstens drei Schritte (Text und Zeichnung).

3 Auf den folgenden Seiten des Kapitels werden Ursachen für die Entstehung einer Wüste vorgestellt. Dabei spielen immer mehrere Ursachen eine Rolle. Eine davon wird jeweils als bestimmend angesehen und der Wüstentyp danach benannt. Unterschieden werden dabei Wendekreiswüste, Küstenwüste, Binnenwüste und Regenschattenwüste.
Arbeitet in Dreiergruppen zusammen. Erstellt ein Erklärvideo das:
- nicht länger als 3 Minuten dauert,
- eine spannende Storyline aufweist.

Wählt einen Wüstentyp für das Erklärvideo aus:
A Wendekreiswüste,
B Küstenwüste,
C Binnenwüste,
D Regenschattenwüste.

A Wüsten bei dreiundzwanzigfünf

A Wendekreiswüste
Seite 74
B Küstenwüste
Seite 75
C Regenschattenwüste
Seite 76
D Binnenwüste
Seite 77

Die Sahara in Nordafrika, die Tharr zwischen Pakistan und Indien, die Gibson in Australien – außer, dass sie zu den Wüsten zählen, haben die genannten Beispiele auf den ersten Blick nichts gemeinsam. Betrachtet man jedoch ihre Lage im Gradnetz der Erde, fällt auf, dass sie alle im Bereich der Wendekreise zu finden sind. Aber was haben Wendekreise und Wüstenbildung miteinander zu tun?

Um die Ursache dafür zu finden, müssen wir zunächst in Richtung Äquator schauen. Hier steht die Sonne zweimal im Jahr im Zenit. Das bedeutet, dass dann die Sonneneinstrahlung besonders hoch ist. Die Erdoberfläche wird stark aufgeheizt und die Luft darüber erwärmt. Die Luft nimmt Feuchtigkeit auf und dehnt sich nach oben aus. Der Luftdruck am Boden verringert sich und es entsteht ein **Tiefdruckgebiet**. In der Höhe kühlt die Luft ab und es kommt dort zu Kondensation, Wolkenbildung und Niederschlägen.

↩ Entstehung von Hoch- und Tiefdruckgebieten Seiten 28/29

Die abgekühlten trockenen Luftmassen strömen in der Höhe in Richtung der Pole und sinken im Bereich der Wendekreise wieder nach unten. Es entsteht ein **Hochdruckgebiet**. Die absteigende Luft erwärmt sich und nimmt die letzte Feuchtigkeit aus der Umgebung auf. Es herrscht extreme Trockenheit und es kommt zur Wüstenbildung.
In Bodennähe strömt die heiße und trockene Luft wieder zum Tiefdruckgebiet zurück und der Kreislauf beginnt von vorne.

Tipp

Aufsteigende Luft kühlt sich ab → sie kann weniger Feuchtigkeit enthalten als warme Luft.

Absinkende Luft erwärmt sich → sie kann mehr Feuchtigkeit aufnehmen als kalte Luft.

Die bodennahen Ausgleichswinde zwischen Hoch- und Tiefdruckgebiet wehen nicht in direkter Nord- bzw. Südrichtung. Sie werden durch die Erdrotation zum Nord-Ost-Passat (Nordhalbkugel) und Süd-Ost-Passat (Südhalbkugel) abgelenkt.
Dadurch, dass die Erdachse geneigt ist, treffen die Sonnenstrahlen nicht das ganze Jahr über senkrecht auf den Äquatorbereich. Der Zenitstand verschiebt sich bis zu den Wendekreisen, die bei 23,5 Grad nördlich und südlich des Äquators liegen. Im Juni steht die Sonne im nördlichen, im Dezember im südlichen Wendekreis im Zenit.

Mit etwa 9 Mio. Quadratkilometern ist die Sahara die größte **Wendekreiswüste** der Erde – und sie ist wohl auch die bekannteste. Vom Atlantik im Westen bis zum Roten Meer erstreckt sie sich über mehr als 5 000 km. Das heißt: einmal Köln bis Nowosibirsk. Ihre Nord-Süd-Ausdehnung von den Mittelmeerküsten in Richtung Süden entspricht mit etwa 2 000 km der Stecke von Helgoland nach Sizilien.
Die Sonne kann hier ungehindert einstrahlen und eine schützende Wolkendecke fehlt. Mit 58 °C wurde die höchste Lufttemperatur in der Sahara in der libyschen Wüste gemessen. Nachts kann es extrem kalt werden und in den Gebirgen kann die Temperatur dann auf minus 10 °C und weniger sinken.

1 Fels- und Geröllwüste (Algerien)

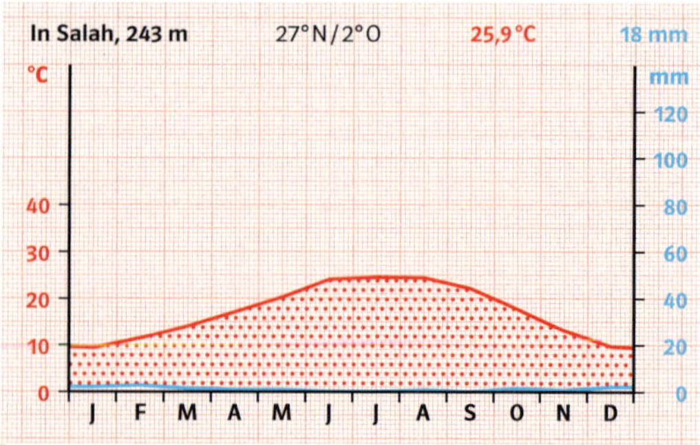

2 Klimadiagramm von In Salah (Algerien)

B Wüsten am Wasser

Wüsten entstehen durch heißen Wind und kaltes Wasser. Wie soll das gehen? Und doch sind gerade die trockensten Wüstengebiete der Erde durch das Zusammenwirken dieser beiden Faktoren entstanden.

Dass beides zusammentrifft, kommt ausschließlich an den Westküsten der Kontinente vor. Ein Beispiel dafür ist die Namib, die älteste Wüste der Welt. Aufgrund ihrer oft mehrere Jahrzehnte dauernden Trockenperioden gehört sie zu den lebensfeindlichsten Regionen der Erde.

2 000 km lang, aber nur ca. 150 km breit, erstreckt sie sich an der Atlantikküste im Süden Afrikas. Die sich östlich anschließenden knapp 2 000 Meter hohen Gebirgsschwellen schirmen die Namib von den anströmenden Winden des Süd-Ost-Passats ab. Bei der Überquerung der Gebirgsschwellen haben die Passatwinde auch den letzten Rest an Feuchtigkeit verloren und sich durch das Absinken weiter erwärmt.

Vor der Küste verläuft der aus der Antarktis kommende kalte Benguelastrom. Die ablandigen Winde drängen das an der Wasseroberfläche erwärmte Wasser seewärts, sodass ständig kaltes Auftriebswasser aus der Tiefe des kalten Stroms nach oben kommt. Die über das Wasser streifende warme Luft überlagert die kalten über dem Meer liegenden Luftmassen. Die Luft kühlt ab und kondensiert. Es bildet sich Nebel. Dieser Nebel kann besonders in den frühen Morgenstunden vom Wind ins Land getragen werden.

Über Nacht hat sich auch das Land abgekühlt und es entstehen auflandige Winde.

Nimmt die Sonneneinstrahlung zu, erwärmt sich das Festland und die Nebel lösen sich auf.

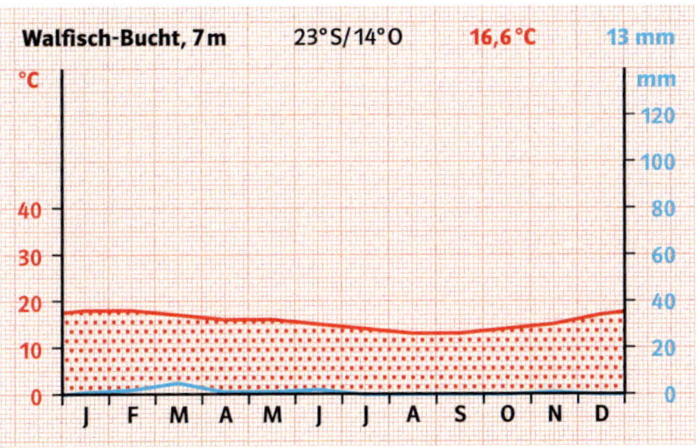

1 Klimadiagramm von der Walfisch-Bucht (Namibia)

Der nördliche Teil der an die Namib grenzenden Atlantikküste wird auch Skelettküste genannt. Der Name kommt zum einen von den zahlreichen Skeletten der Wale, die wegen der unberechenbaren Strömung des Benguelastroms hier gestrandet sind. Zum anderen war die Küste auch von Seefahrern sehr gefürchtet. Aufgrund der häufigen und dichten Nebenbänke verloren Seeleute, aber auch Piloten die Orientierung. Wer einmal hier gestrandet war, hatte keine Chance zu überleben.

Heute ist der Namib-Skelettküste-Nationalpark für Touristen zugänglich – kann aber in einigen Teilen nur mit Führungen besucht werden.

Die bekannteste **Küstenwüste** neben der Namib ist die Atacama an der Westküste Südamerikas. Hier ist der Humboldtstrom an der Wüstenentstehung beteiligt. Auch ein an der Westküste gelegene Teil der Sahara weist deutliche Merkmale einer Küstenwüste auf.

Und wenn man genau hinschaut – alle Küstenwüsten liegen auch im Bereich der Wendekreise.

↼ **Passatzirkulation Seiten 36/37**

ablandiger Wind
Luftmassen, die vom Land zum Meer strömen

auflandiger Wind
Luftmassen, die vom Meer zum Land strömen

Tipp

Aufsteigende Luft kühlt sich ab → sie kann weniger Feuchtigkeit enthalten als warme Luft.

Absinkende Luft erwärmt sich → sie kann mehr Feuchtigkeit aufnehmen als kalte Luft.

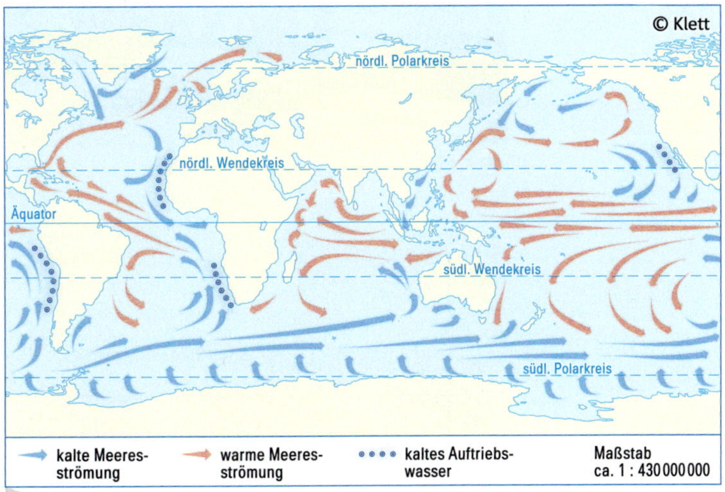

2 Meeresströmungen

C Wüsten hinterm Berg

A Wendekreiswüste
Seite 74
B Küstenwüste
Seite 75
C Regenschattenwüste
Seite 76
D Binnenwüste
Seite 77

Nicht hinter jedem Berg entsteht eine Wüste!
Wenn sich aber hohe Gebirgsketten als Wolkenbarrieren zwischen heranströmende, feuchte Luftmassen und dahinter liegende Ebenen schieben, ist das durchaus möglich. Dann können im Schatten der Gebirge auch Wüsten entstehen.

Regenschattenwüsten kommen weltweit nur an wenigen Stellen vor. Sie entstehen, wie der Name schon sagt, im Regenschatten eines vor ihnen liegenden, hohen Gebirgszuges – also „hinterm Berg“. Der Gebirgszug wirkt wie eine Barriere. Feuchte Luftmassen, die vom Ozean herangeweht werden, steigen an der Luv-Seite des Gebirges auf. Dabei kühlt sich die Luft ab und kondensiert. Wolken bilden sich und es kommt zu Steigungsregen. Auf der Lee-Seite des Gebirgszuges sinkt die Luft ab. Dabei erwärmt sie sich und kann wieder Feuchtigkeit aufnehmen. Dem Gelände auf der Lee-Seite des Gebirges wird alle Feuchtigkeit, die noch vorhanden ist, entzogen und es bildet sich ein Wüstengebiet.
Regenschattenwüsten sind an der Westküste der USA zu finden. Die Gebirgszüge der Sierra Nevada und die südlich angrenzenden Gebirgsketten wie die San Bernadino Mountains bilden die Barrieren für die Luftmassen des Pazifischen Ozeans.

Zu den Regenschattenwüsten zählen die Great Basin Desert, die Chihuahua und die Mojave-Wüste. Wie bei vielen Wüsten, die so nah beieinanderliegen, ist es nahezu unmöglich, sie gegeneinander abzugrenzen.
In der Mojave-Wüste befindet sich eines der heißesten Gebiete der Welt, das Death Valley – über 80 Meter unter NN. Hier werden in den Sommermonaten Temperaturen von über 45 °C gemessen. Dennoch wird die Mojave jährlich von vielen Touristen besucht. Neben der besonderen Wüstenvegetation sind die schroffen Berge besonders bei Kletterern beliebt.
Auch Geisterstädte, die Überreste aus der Zeit der Silbersuche, sind Anziehungspunkt für die Touristen. Und nicht zu vergessen: das Spielerparadies Las Vegas.
In der Mojave wurde auch schon sehr früh Solarenergie gewonnen. Neben der hohen und gleichmäßigen Sonneneinstrahlung war die Nähe des Absatzmarktes Los Angeles entscheidend dafür.

Tipp

Aufsteigende Luft kühlt sich ab → sie kann weniger Feuchtigkeit enthalten als warme Luft.
Absinkende Luft erwärmt sich → sie kann mehr Feuchtigkeit aufnehmen als kalte Luft.

Zum Merken:
Luv-Seite
windzugewandte Seite
Lee-Seite
windabgewandte Seite

1 Joshua-Tree

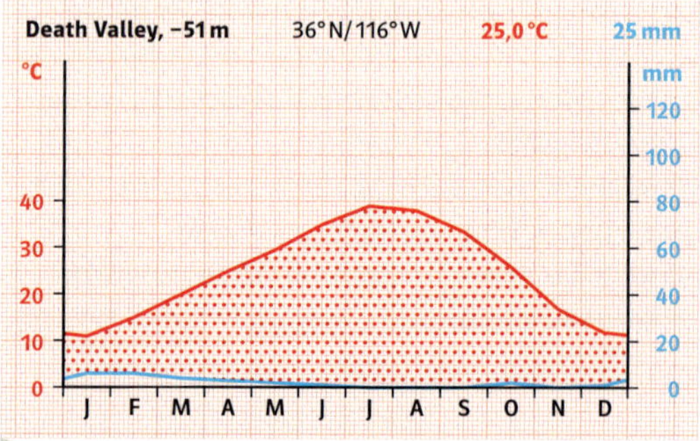

3 Klimadiagramm vom Death Valley (USA)

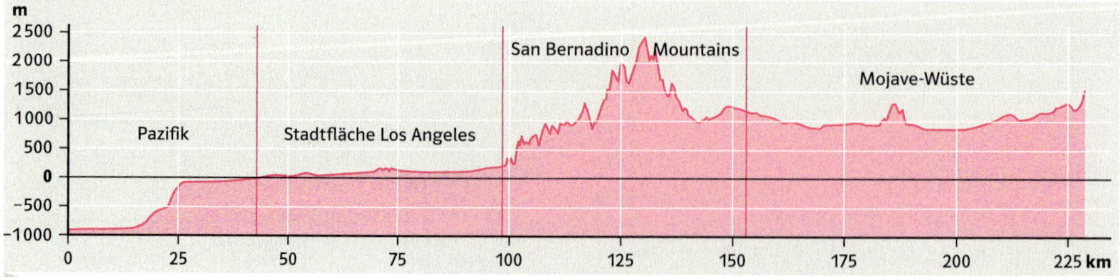

2 Höhenprofil von Los Angeles bis zur Mojave-Wüste (erstellt mit Google Earth Pro)

D Wüsten mittendrin

Sie sind schon etwas Besonderes!
Und es ist nicht nur die Lage, die die Binnenwüsten so interessant und ungewöhnlich macht. Riesige Sanddünen und felsige Hochflächen, extreme Temperaturen und bis 5 000 Meter hohe Gebirgszüge sind Merkmale der Wüsten mittendrin.

Die **Binnenwüsten** dieser Erde finden sich vor allem im Inneren Asiens. Niederschlagsbringende Wolken erreichen diese Gebiete kaum. Sie haben sich auf dem Weg über den Kontinent bereits abgeregnet. Denn die vom Meer kommenden, feuchten Luftmassen überqueren auf ihrem weiten Weg immer wieder Gebirgszüge. Dabei müssen sie aufsteigen und kühlen ab. Steigungsregen ist die Folge. Beim Absinken erwärmen sie sich wieder und können Feuchtigkeit aufnehmen.
Die Landflächen sind jedoch bereits sehr trocken und geben kaum noch Feuchtigkeit ab. Die Folgen sind bekannt: im Inneren des Kontinents herrscht Trockenheit und es entstehen ausgedehnte Steppen- und Wüstengebiete. Neben riesigen Stein- und Kiesflächen und hohen Sanddünen sind auch Flächen mit spärlicher Vegetation zu finden, denn manchmal fällt doch etwas Regen.
Binnenwüsten sind nicht nur extrem trocken, sondern haben auch deutlich ausgeprägte Jahreszeiten. Ursache dafür ist das Klima im Innern der Kontinente. Es kommt regelmäßig vor, dass die Temperaturen im Winter unter den Gefrierpunkt sinken. Die Sommertemperaturen können über 50 °C erreichen
Neben der bekanntesten – der Wüste Gobi – gehört die Taklamakan ebenso zu den Binnenwüsten wie die Wüsten Karakum und Kysylkum. Die Gobi wird zu den größten Wüsten der Welt gezählt. Eine genaue Flächenangabe ist – wie bei allen anderen Wüsten – nicht bzw. nur schwer möglich. Auch, wenn Angaben dazu besonders im Internet häufig zu finden sind. Durch Satellitenaufnahmen kann jedoch festgestellt werden, dass die Größe der Fläche variiert – je nach klimatischen Bedingungen oder Einflüssen durch die dort lebenden Menschen.
Die Wüstengebiete der Gobi können kaum wirtschaftlich genutzt werden. In den letzten Jahren hat das Tourismusangebot jedoch zugenommen und auch Extremsportler haben die Binnenwüste für sich entdeckt.
Außerdem werden die Randgebiete der Gobi durch Viehhaltung genutzt. Die Grenzen zwischen Wüste und **Steppe** / Weideflächen verschieben sich hier je nach Niederschlagsmenge. Besonders die Beweidung der Fläche durch Ziegen stellt ein großes Problem dar. Ziegen liefern zwar wertvolle Kaschmirwolle, reißen aber im Gegensatz zu Schafen das Steppengras mit der Wurzel aus. Dadurch wird die Bodenoberfläche zerstört.

Tipp

Aufsteigende Luft kühlt sich ab → sie kann weniger Feuchtigkeit enthalten als warme Luft.

Absinkende Luft erwärmt sich → sie kann mehr Feuchtigkeit aufnehmen als kalte Luft.

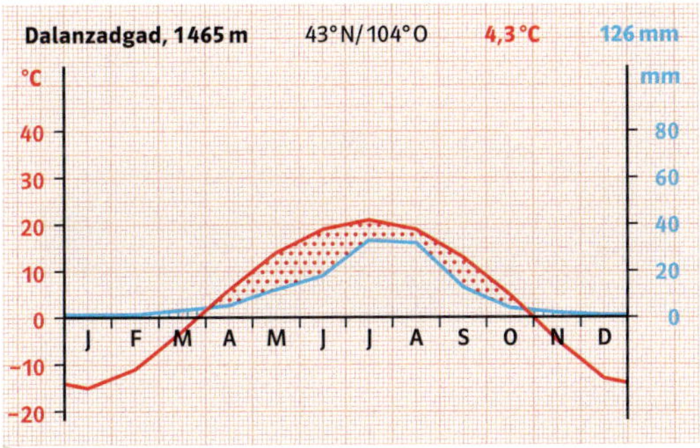

1 Klimadiagramm von Dalanzadgad (Mongolei)

2 Ziegenherde am Rande der Gobi

Ohne Wasser läuft nichts

Nur wenn Wasser vorhanden ist, ist Leben auch in der Wüste möglich. Dann können Oasensiedlungen entstehen, von denen es allein in der Sahara noch viele Hundert gibt. Doch wie gelangt das Wasser überhaupt in die Oasen? Wie wird es gefördert?

1 Grundwasseroase mit Brunnen

?!

Kaum zu glauben

Nicht nur in der Wüste

Vor fast 200 Jahren wurde in **Dresden**, in der Nähe des heutigen Albertsplatzes, ein **artesischer Brunnen** erbohrt. Bis heute tritt das Wasser aus dem fast 250 Meter tiefen Brunnen durch natürlichen Druck zutage.

Vegetation als Wasserzeiger

Meist waren es Senken oder kleine Täler, in denen Dattelpalmen mit ihren bis zu 25 m langen Pfahlwurzeln anzeigten, dass Wasser im Untergrund vorhanden war. Weniger tief wurzelnde Pflanzen konnten das Wasser nicht erreichen. Um diese Orte landwirtschaftlich zu nutzen, wurden Brunnen gegraben und das Grundwasser mit Schöpfwerken und Ziehbrunnen gefördert. Über ein Labyrinth kleiner Kanäle wurde das Wasser auf die Felder und Gärten der Oase geleitet. Im Schatten der bis zu 30 m hohen Dattelpalmen konnten weitere Nutzpflanzen angebaut werden. Die Oasen waren meist klein und die mühsame Wassergewinnung ermöglichte nur die Selbstversorgung der dort lebenden Menschen.

Heute werden – auch in den alten **Oasen** – meist leistungsstarke Motorpumpen eingesetzt. So konnte die Landwirtschaft intensiviert und ausgeweitet werden.

Immer tiefer – immer mehr

Als in den 1960er Jahren in Nordafrika Bohrungen nach Erdöl stattfanden, entdeckte man in Tiefen bis zu 2000 m **fossiles Wasser**. Diese Wasservorkommen sind vor mehreren Tausend Jahren entstanden. Die damals gefallenen Niederschläge sind versickert und haben sich in großen Tiefen auf wasserundurchlässigen Schichten angelagert. Durch moderne Technik ist es heute möglich, das Wasser an die Oberfläche zu pumpen. Es wird vermutet, dass es in Nordafrika in 200 bis 350 Jahren erschöpft sein könnte. Da es nicht in den Wasserkreislauf einbezogen ist, wird es auch nicht erneuert.
Durch die Förderung des fossilen Wassers enstanden „High-Tech-Oasen“ mit einer außergewöhnlichen Bewässerungstechnik, der Karussellbewässerung. Hier wird von einem festen Mittelpunkt aus das Wasser kreisförmig versprüht. Dem Wasser können Dünger und Pflanzenschutzmittel zugesetzt werden. Die größten dieser Kreisflächen sind über 20 Hektar. Die Anlagen sind aber sehr windempfindlich, das Sprühwasser verdunstet in der Hitze schnell und die Förderpumpen sind sehr teuer.
Die landwirtschaftliche Produktion ist heute stark auf den Markt ausgerichtet.

2 In einem Oasengarten

3 Karussellbewässerung

Wenn das Wasser drückt

Eine Besonderheit des Wasservorkommens sind die artesischen Brunnen. Zwischen zwei schräg abfallenden, wasserundurchlässigen Schichten, in denen das Wasser zur Mitte abfließt, baut sich in einer wasserführenden Schicht hoher Wasserdruck auf. Bohrt man die wasserführende Schicht an, so steigt das Wasser von selbst nach oben und sprudelt heraus. Wenn der Druck nachlässt, wird das noch vorhandene Wasser mit Pumpen gefördert.

4 Oase mit artesischem Brunnen

Flüsse fließen auch in Wüsten

Eine Flussoase entsteht entlang eines Flusses, aus dem sie ihr Wasser bezieht. Die wohl bekannteste Flussoase ist die des Nils in Ägypten. Ein regelmäßiger Zufluss aus dem Quellgebiet ist dabei jedoch nicht garantiert. Hochwasser und Dürreperioden können sich abwechseln.

5 Flussoase

Aus Wasser Wasser machen

Durch die Erdölförderung haben auch die Staaten der arabischen Halbinsel die finanziellen Möglichkeiten erhalten, ihr Wasserproblem zu lösen. Einnahmen aus dem Ölexport ermöglichen es, in einem bisher noch sehr kostenaufwendigen Verfahren Salzwasser aus dem Meer in Trinkwasser umzuwandeln.

Da die Entnahme von Meerwasser fast unbegrenzt möglich ist, ist auch die Menge des aufbereiteten Trinkwassers fast unbegrenzt. Neben den hohen Kosten entstehen bei den Meerwasserentsalzungsanlagen jedoch hochkonzentrierte, salzhaltige Rückstände, die wieder ins Meer geleitet werden.

Neue Technologien sollen diese Probleme beseitigen und eine kosten- und umweltfreundliche Entsalzung von Meerwasser ermöglichen.

6 Meerwasserentsalzungsanlage

1 Erkläre den Begriff „fossiles Wasser“.

2 Beschreibe den Unterschied zwischen der traditionellen Oasenbewässerung und der Karussellbewässerung.

3 Nimm Stellung zu der Aussage: „Die landwirtschaftlichen Anbauflächen in Oasen sind beliebig erweiterbar.“

4 Oasenraten – testet euch gegenseitig.
Entscheidet euch für einen Oasentyp. Behaltet jeweils die Entscheidungen für euch. Wählt eine von den folgenden Aufgaben aus:

- **A** Schreibt einen kurzen Bericht eines Besuchers, der diese Oase besucht. Was sieht er? Was ist besonders?
- **B** Stellt fünf Begriffe zusammen, die den Oasentyp beschreiben, ohne ihn zu nennen.
- **C** Zeichnet drei markante Merkmale des Oasentyps.

Großstadtoasen

Die meisten Oasen weltweit haben nur einige Hundert, manche wenige Tausend Einwohner. Neben diesen vielen kleinen Siedlungen gibt es auch Oasenstädte, teilweise mit über 100 000 Einwohnern.
Warum bleiben einige Oasen klein, warum entwickeln sich andere zu großen Städten?

Als Großstadt werden in Deutschland erst Städte mit mehr als 100 000 Einwohnern bezeichnet.
Städte dieser Größe gibt es in den Wüsten der Erde sicherlich nicht viele. Aber auch hier entwickeln sich aus kleinen Oasensiedlungen große Städte – und ehemals große Siedlungen verlieren an Bedeutung.

Wasser

Die wichtigste Voraussetzung für die Entwicklung von Oasenstädten ist Wasser. Es muss in ausreichender Menge vorhanden sein, um eine wachsende Bevölkerung mit Trinkwasser zu versorgen. Und auch für die Bewässerung der landwirtschaftlich genutzten Flächen muss es genügend Wasser geben.

Handel

Oasen waren und sind seit jeher Knotenpunkte für den Handel. Die angebauten Produkte wurden auf dem Markt verkauft oder gegen Fleisch, Wolle und andere Handelsgüter mit Nomaden getauscht. Schon vor mehr als tausend Jahren blühte der Handel entlang der Karawanenrouten durch die Wüstenregionen im Nahen Osten und Nordafrika. Die Namen Seidenstraße und Weihrauchstraße lassen auf wichtige Handelsgüter schließen, auch wenn diese Handelsrouten erst viel später ihre Namen bekamen. Sie waren wichtig für den Austausch von Gewürzen, Stoffen, Weihrauch. Hinzu kam auf den Transsahararouten der Handel mit Salz, Gold und Sklaven. Neben dem Warenaustausch spielten in den Oasensiedlungen auch der Austausch von Informationen und die Weitergabe von Wissen und Erfindungen eine große Rolle.
Mit der Entwicklung neuer Verkehrsmittel und dem Ausbau moderner Verkehrswege verloren alte Handelswege an Bedeutung und mit ihnen auch die an ihnen liegenden Oasenstädte. Dagegen entwickelten sich die **Oasen** an den neuen, modernen Schnellstraßen.
Das Warenangebot veränderte sich und große Märkte mit neuen, attraktiven Angeboten standen der wachsende Bevölkerungszahl zur Verfügung.

Bodenschätze

Als in den 1960er-Jahren in den nordafrikanischen Staaten Erdöl entdeckt und gefördert wurde, waren die finanzielle Möglichkeiten gegeben, die Oasenstädte auszubauen und zu entwickeln. Nur selten entstanden ganz neue Oasensiedlungen. Und auch von den vorhandenen Oasenstädten wurden nur wenige zu Ankerpunkten für die wirtschaftliche Entwicklung. Oft war die bereits vorhandene Infrastruktur ein wichtiger Grund für den Ausbau einer Siedlung. Vorhandene Einrichtungen wie Verkehrswege, Flugplätze, Bildung- und Freizeiteinrichtungen wurden großzügig modernisiert und erweitert. Neue Universitäten, Gewerbe- und Industriebetriebe wurden errichtet und damit Arbeitsplätze geschaffen. Diese Städte wuchsen und wachsen bis heute. Die Einnahmen aus dem Erdölgeschäft machten es möglich. Die kleinen Oasensiedlungen dagegen verlieren an Bedeutung und die Bevölkerung wandert ab – in die Großstadtoasen.

Und noch einmal: Wasser

Die Entdeckung von **fossilem Wasser** bei den Bohrungen nach Erdöl und Erdgas ermöglicht das Wachstum großer Oasenstädte, auch ohne dass der Wasservorrat vor Ort gesichert sein muss. So bezieht die algerische Oasenstadt Tamanrasset mit ca. 100 000 Einwohnern seit 2011 über eine neu gebaute Leitung fossiles Wasser aus einem mehrere Hundert Kilometer entfernten gelegenen Brunnen.
Und Dubai – eine Oasenstadt mit mehr als drei Millionen Einwohnern – sichert die Wasserversorgung ihrer Bevölkerung durch den Bau von riesigen Meerwasserentsalzungsanlagen.

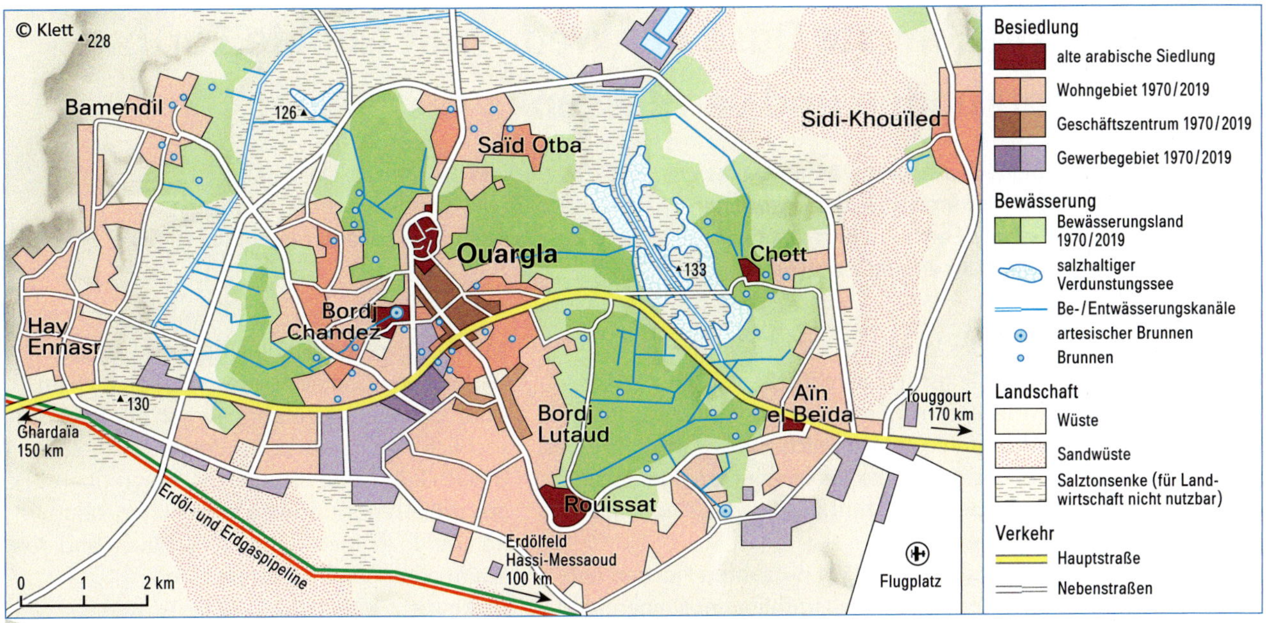

1 Oase Ouargla

Ouargla

Die heutige Universitätsstadt Ouargla liegt im Nordosten der algerischen Sahara, etwa 800 km südlich von Algier. Viele Hundert Jahre war Ouargla eine Station für die Karawanen im Transsaharahandel. Gehandelt wurden Salz, Gold und Sklaven. Auch die in der Umgebung lebenden Nomaden nutzten die Oase als Marktort.

Erst im 20. Jahrhundert wurde die Stadt deutlich ausgebaut. Grund dafür war die Entdeckung großer Erdölvorkommen in der Nähe von Ouargla. Die Stadt wurde zu einem Zentrum der Ölindustrie. In den wachsenden Gewerbegebieten sind heute viele Unternehmen zu finden, die auf die Ölindustrie ausgerichtet sind. Weitere Arbeitsmöglichkeiten bietet die Landwirtschaft. Neben riesigen Dattelpalmplantagen werden vor allem Melonen angebaut. Das Wasser für deren Bewässerung wird Brunnen entnommen, die aus einem nur ca. 2 m tiefen Wasserhorizont gespeist werden. Das Trinkwasser für die heute über 130 000 Einwohner kommt aus artesischen Brunnen aus etwa 60 m Tiefe. Dieses Wasser wird nicht für die Bewässerung in der Landwirtschaft verwendet.

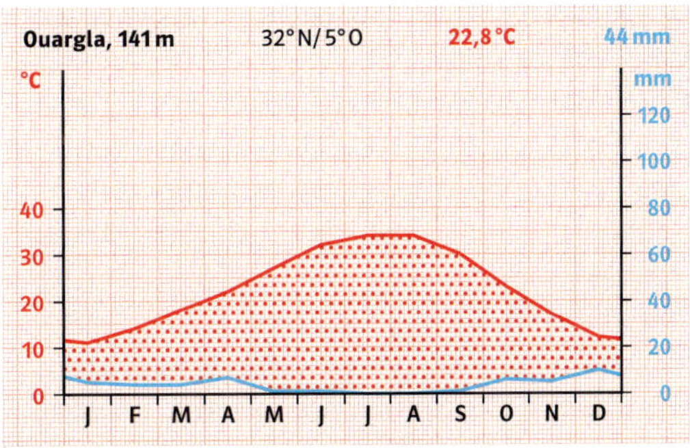

2 Klimadiagramm von Ouargla

3 Erste Straßenbahn in Ouargla (Streckenlänge ca. 10 km, Eröffnung am 20.03.2018)

1
Für die Entwicklung von Oasenstädten werden drei Ursachen aufgeführt (Seite 80).
a) Wähle die Ursache aus, die deiner Meinung nach die Entwicklung – nicht die Entstehung – einer Oasenstadt am meisten beeinflusst.
b) Begründe deine Auswahl mit drei Argumenten.

2
Stellt den Zusammenhang der im Text aufgeführten Ursachen für die Oasenentwicklung in einer Skizze bzw. einem Wirkungsgefüge dar.
„Wie hängt was, warum und womit zusammen?"

3 MK
Erstellt einen Radiobeitrag zum Thema „Ouargla – eine moderne Großstadtoase in der algerischen Wüste!". Der Beitrag soll nicht länger als drei Minuten sein.

MK Die längste Oase der Welt – mit Google Earth erkunden und vermessen

Der Nil – der wohl längste Fluss der Welt – bewässert die längste Oase der Welt. Nur dadurch ist in der arabischen Wüste eine intensive Landwirtschaft möglich. Google Earth Pro gibt uns die Möglichkeit, uns dort genauer umzuschauen, die Niloase zu erkunden und zu vermessen.

Fremdlingsfluss
Fluss, der sein Wasser aus einem niederschlagsreichen Gebiet bezieht und ein Gebiet durchfließt, in dem er nicht entspringen könnte

Ohne das Wasser des Nils, der Ägypten als **Fremdlingsfluss** durchfließt, wäre die Oasenwirtschaft nicht möglich – und Ägypten nicht lebensfähig. Im Vergleich zur Gesamtfläche des Landes macht die Niloase nur wenige Prozent aus. Über 90 Prozent des Landes sind Wüstenregionen.
Die landwirtschaftlich nutzbaren Flächen entlang des Nils werden mithilfe unzähliger Kanäle und Pumpstationen regelmäßig bewässert. Dass dies in großem Umfang geschehen kann, ist erst seit dem Bau des Assuan-Staudamms (1960 – 1971) möglich. Vorher waren die Oasenbauern darauf angewiesen, dass das abfließende Wasser des Blauen Nils aus dem viele Hundert Kilometer entfernten Äthiopien das Niltal überschwemmte. Der mittransportierte, mineralhaltige Nilschlamm düngte zudem die Felder. Wenn das Wasser aufgrund fehlender Niederschläge ausblieb, drohten Missernten und Hungersnöte.
Durch den Staudammbau sind heute bis zu drei Ernten im Jahr, regelmäßige Schifffahrt und Energiegewinnung möglich. Aber der Schlamm muss nun durch künstlichen Dünger ersetzt werden.
Und die Bevölkerung Ägyptens wächst. Die **Oasen** des Niltals können schon lange nicht mehr deren Versorgung garantieren. Ägypten importiert etwa 60 Prozent der notwendigen Lebensmittel aus dem Ausland.

1 Niltal in Ägypten

Mit Google Earth das Niltal erkunden

Mithilfe von Google Earth kannst du dich im Niltal genauer umzuschauen – so als ob du tatsächlich vor Ort wärst. Bei deinem virtuellen Besuch kannst du dir zunächst einen Überblick aus größerer Entfernung verschaffen, dann nah heranzoomen, genau hinschauen und den Raum erkunden bzw. erforschen.
Du kannst:
- Markierungen setzen (z. B. Orte, Siedlungen),
- Strecken vermessen (z. B. Breite des Nils),
- Messungen miteinander vergleichen.

Bevor du zu arbeiten beginnst, solltest du dir die bekannten Tools in Erinnerung rufen (Terra Band 1, Seite 32 – 35 oder Methodenüberblick im Anhang) und neue Tools kennenlernen.
Um ein Tal wie das Niltal sinnvoll zu beschreiben, müssen neben Informationen zur Breite auch Informationen zur Höhe vorhanden sein. Ist der Talboden eng oder breit? Sind die Talwände steil oder steigen sie sanft an?
Um diese Fragen zu beantworten, kannst du mithilfe von Google Earth **Höhenprofile** erstellen.
Dabei wird die Höhe des Geländes über dem jeweiligen Punkt einer Strecke angegeben und in Form eines Diagramms dargestellt.

2 Ausschnitt des Niltals – erstellt mit Google Earth

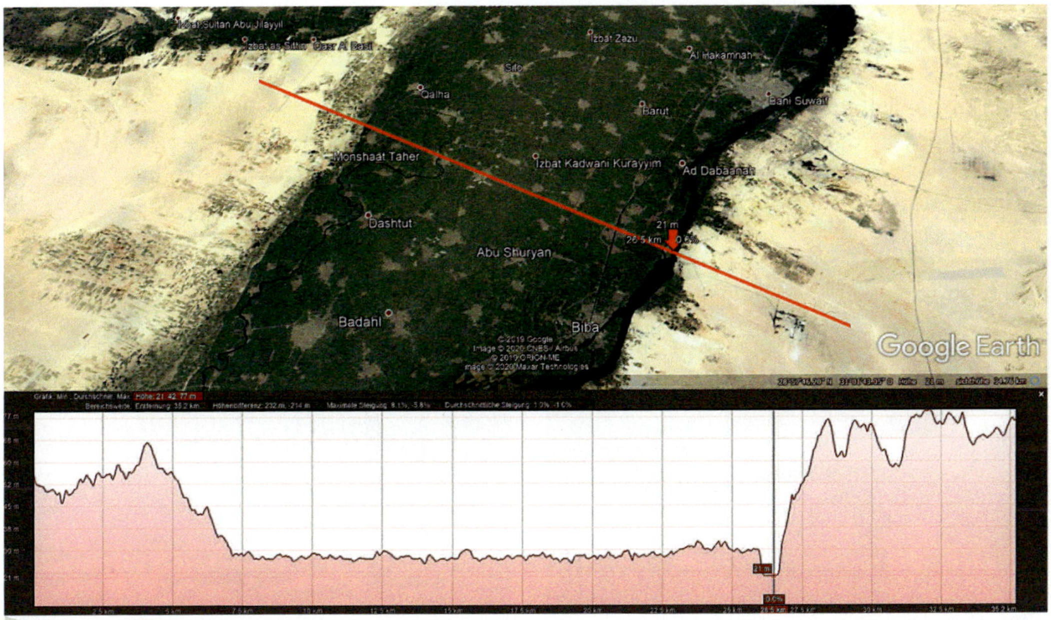

3 Höhenprofil durch das Niltal – erstellt mit Google Earth Pro

Mit Google Earth Pro ein Höhenprofil erstellen und auswerten

1. Schritt: Messtrecke festlegen

Lege mithilfe des Lineals die Strecke fest, für die du ein Höhenprofil erstellen willst. Lege ihren Namen fest und speichere sie.

2. Schritt: Höhenprofil erstellen

Markiere die festgelegte Strecke mit der rechten Maustaste. Wähle von den angeführten Möglichkeiten „Höhenprofil anzeigen" aus. Unterhalb des Bildausschnittes erscheint das Höhenprofil. Wenn du den Mauszeiger über die obere rote Begrenzungslinie des Profils bewegst, taucht entlang der Linealstrecke im Bild ein roter Pfeil auf, der dir anzeigt, an welcher Stelle des Höhenprofils du dich auf der Strecke befindest.

3. Schritt: Höhenprofil auswerten

Lies die Informationen zum Höhenprofil ab:
- höchster und tiefster Punkt des Profils (linke Diagrammseite),
- Gesamtlänge (untere Diagrammbegrenzung),
- mindeste / durchschnittliche / maximale Höhe sowie maximale / durchschnittliche Steigung (obere Diagrammbegrenzung),
- besondere Auffälligkeiten im Diagrammverlauf (z.B. Lages eines Flusses).

4. Schritt: Höhenprofil beschreiben

Stelle die bei der Auswertung gewonnenen Angaben sprachlich sinnvoll im Zusammenhang dar. Dabei soll auch der Bezug zum dazugehörigen Bildausschnitt hergestellt werden.

Ein **Höhenprofil** ist ein Diagramm, das die Höhe in Abhängigkeit von der Distanz anzeigt.

→ **Grundlagen Google Earth Seite 233**

Häufig ist die **Keynote** eine kurze Eröffnungsrede einer Tagung oder Diskussion.

1

Arbeite mit Google Earth.
Unternimm einen virtuellen Erkundungsflug über das Niltal zwischen Luxor und Assiut.

a) Beobachte dabei:
   - den Lauf des Nils,
   - die Größe der landwirtschaftlich genutzten Felder,
   - die Anzahl und Größe der Siedlungen,
   - erkennbare Bewässerungsanlagen.

b) SP Schreibe anhand der Beobachtungen einen kurzen Bericht.

2

Erstelle wenigstens zwei Höhenprofile des Niltals zwischen den Städten Assiut und Bani Suwaif.

a) Speichere sie ab, werte sie aus und vergleiche sie miteinander.

b) SP Erstelle auf der Grundlage der Auswertung eine Keynote zu einer Tagung mit dem Thema: „Mehr Wasser = mehr Land = mehr Ernte. Kann die Agrarfläche des Niltals erweitert werden?"

○ 1a, 2a ◒ 1b ● 2b → Lösungshilfen ab S.229

Bewässern – aber wie?!

In den Trockenklimaten der Erde sind Bewässerungsverfahren meist die einzige Methode, um ertragreiche Ernten auch in niederschlagsarmen oder -freien Zeiten zu erzielen. Die Bewässerung hat aber nicht nur Vorteile, sondern birgt auch Risiken für die landwirtschaftlich genutzten Böden.

1

3 Pistazienplantage auf einer bewässerten Fläche im Iran

4 Bodenversalzung nach Bewässerung

Pistazien aus dem Iran

Mani aus einem Dorf in der Nähe von Ahwaz (Iran) unterhält sich mit seinem Vater. „Papa, hier sind riesige Flächen mit Pistazien bepflanzt worden. Warum werden eigentlich immer mehr Pistazien angebaut?“ „Die meisten werden exportiert. Nach Erdöl und Teppichen sind sie das wichtigste Ausfuhrprodukt unseres Landes. Früher war das anders. Wir haben nur die Produkte angebaut, die wir selber brauchten.“ „Wurde wegen der Pistazien auch der riesige Staudamm Karun 4 gebaut?“ „Ja, die Pistazien brauchen viel Wasser. Mehr als die Pflanzen, die wir zuvor angebaut haben. Ihre Wurzeln reichen 15 Meter tief und das Wasser in unserer Region wird immer knapper. Durch den Staudamm kann das gewonnene Wasser auch zur Bewässerung der Pistazien genutzt werden. Vor dem Bau waren wir dazu gezwungen, Brunnen bis in 100 Meter Tiefe zu bohren, um an Wasser zu gelangen, damit wir unsere Tiere tränken konnten.“

2

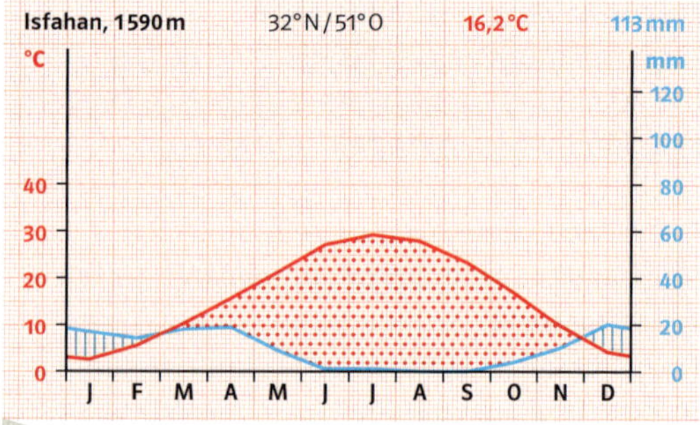

5 Klimadiagramm von Isfahan (Iran)

↼ Klimadiagramme auswerten Seiten 32/33

Weltweit steigt der Wasserbedarf. Etwa 10 Prozent fließen heute in private Haushalte, 20 Prozent braucht die Industrie und fast 70 Prozent die Landwirtschaft. Dabei gibt es regionale Unterschiede. In Europa entfällt mehr als die Hälfte der Wasserentnahme auf die Industrie.
In Asien und Afrika werden über 85 Prozent des Wassers für die Landwirtschaft gebraucht; im Iran sind es sogar über 95 Prozent. In den Trockenräumen der Erde greift der Mensch auf Bewässerung zurück, um die Landwirtschaft ausreichend mit Wasser zu versorgen. Einige Flüsse werden dafür umgelenkt oder gestaut, Grundwasser und Seen werden angezapft. Vor allem für die Nahrungsproduktion wird immer mehr Wasser gebraucht.
In der Mitte des 21. Jahrhunderts könnte bereits ein globaler Wassermangel zu verzeichnen sein. In ariden Gebieten führt die unsachgemäße Bewässerung von Anbauflächen oftmals zur **Bodenversalzung** (Modell 6). Salzkrusten auf der Bodenoberfläche und hohe Salzkonzentrationen im Boden führen zu langfristigen Ernteausfällen. Bereits heute sind etwa 20 Prozent der bewässerten landwirtschaftlichen Fläche weltweit betroffen, unter anderem in den USA, Australien, dem Iran und Ägypten.

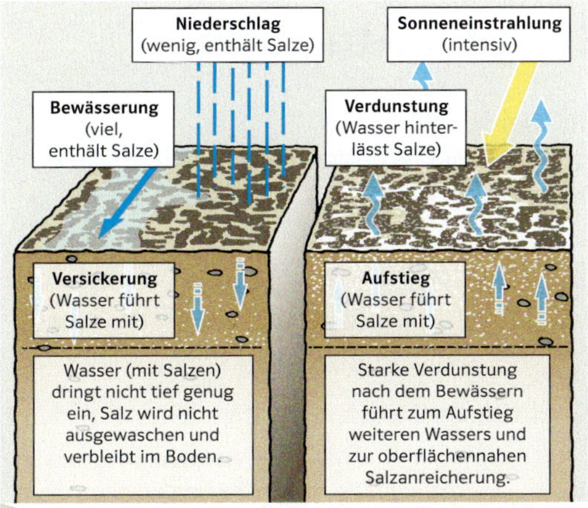

6 Wasserhaushalt in Bewässerungsgebieten

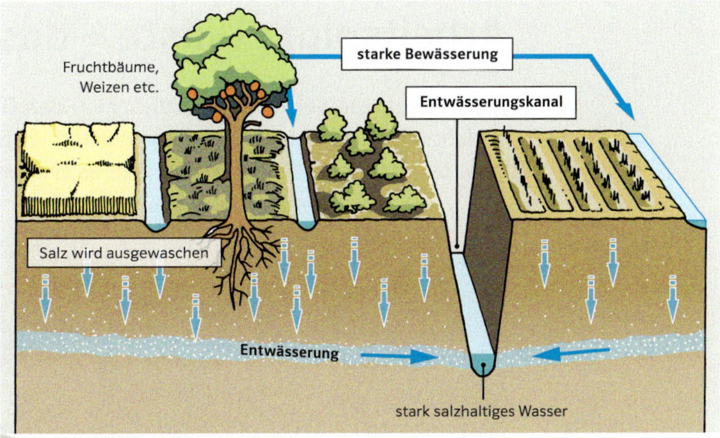

8 Eine Maßnahme gegen die Versalzung bei Grabenbewässerung

7 Tröpfchenbewässerung

Gegenmaßnahmen

- Bewässerungstechnik: Die Tröpfchenbewässerung spart den größten Teil des eingesetzten Wassers. Über eine Vielzahl von Schläuchen wird das Wasser direkt zur Pflanze geleitet (Foto 7). Über kleine Düsen geben sie das Wasser an den Wurzelbereich ab.
- Entwässerung: Um übermäßiges Verdunsten und Salzablagerung zu verhindern, muss das Wasser ablaufen können und gleichzeitig eine starke Bewässerung erfolgen (Grafik 8).
- Pflanzenzucht: Durch gezielte Züchtung können Pflanzen entstehen, die gegenüber einer erhöhten Salzkonzentration toleranter sind.

Wie wirkt sich Salz auf Pflanzen aus?

Material:
vier kleine, gleich große Blumentöpfe mit Untersetzern, Kressesamen, Wasser, Blumenerde, Kochsalz

Durchführung:
Die Töpfe mit der gleichen Menge Boden befüllen und gleich viele Kressesamen hineinsetzen (möglichst vorquellen lassen). Folgende Mengen Salz hinzugeben:

1. Ansatz: eine Messerspitze — 2. Ansatz: ½ Teelöffel
3. Ansatz: 2 Teelöffel — 4. Ansatz: kein Salz.

Alle Ansätze gleichmäßig eine Woche lang bewässern.

Auswertung:
Beschreibt und erklärt die Befunde des Experiments. Warum enthielt Ansatz 4 kein Salz?
Ist das Ergebnis auf die Wirklichkeit übertragbar?

9

1
Klima untersuchen:
a) Werte das Klimadiagramm 5 aus.
b) Vergleiche die klimatischen Bedingungen mit denjenigen in Mitteleuropa.

2
Erläutere anhand der Grafik 6 und des Textes, wie es zur Bodenversalzung durch Bewässerung kommt.

3
Erklärt die Auswirkungen der Bodenversalzung auf die Vegetation, indem ihr das Experiment 9 durchführt.

4
Gegenmaßnahmen:
a) Erläutere, wie die Maßnahmen gegen die Versalzung wirken.
b) Ermittle Vorteile und Nachteile der einzelnen Maßnahmen.

5 SP
Diskutiert, inwiefern auch ihr zur Zunahme der Bodenversalzung in fernen Ländern beitragt.

Arbeitsplatz Wüste – das Beispiel Atacama

**Arbeitsplätze in der Wüste? Natürlich, in den Oasen. Aber sonst?
Welche Möglichkeiten gibt es, um Wüsten wirtschaftlich zu nutzen? Werden sie genutzt, obwohl es Wüsten oder weil es Wüsten sind?**

1 Ausgewählte Standorte für Arbeitsplätze in der Atacama-Wüste

Die Atacama erstreckt sich über mehr als 1000 Kilometer an der Westküste Südamerikas. Entlang der wenigen Flüsse, die von den Anden durch die Atacama führen, wird auch heute noch Landwirtschaft in den kleinen Flussoasen betrieben.

↩ Küstenwüsten Seite 75

Obwohl die **Küstenwüste** zu den trockensten und heißesten Gebieten der Welt zählt, sind in der Atacama Städte mit über 100 000 Einwohnern zu finden. Eine davon ist Calama. Die Stadt liegt auf einer Höhe von ca. 2300 m am Rio Loa, dem längsten Fluss Chiles, und ist mit fast 160 000 Einwohnern die Hauptstadt der Provinz El Loa. Ihre Entwicklung war und ist von den 3 nördlich gelegenen Kupferminen abhängig. Die größte Kupfermine in Chuquicamata ist nur eine von vielen, die in der Atacama zu finden sind. Das erklärt auch die gut ausgebauten Verkehrswege in diesem Gebiet.

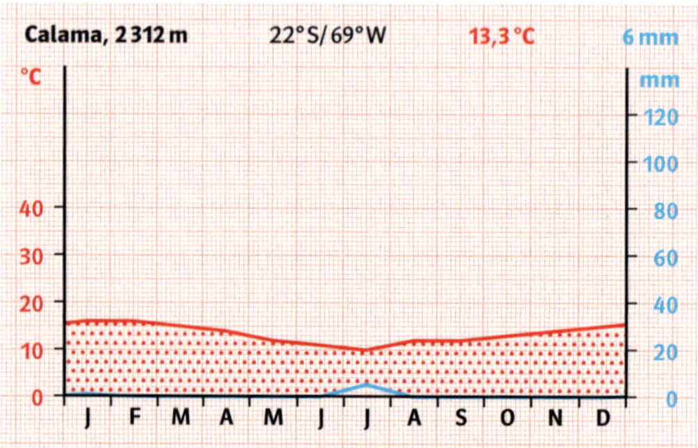

2 Klimadiagramm von Calama (Chile)

Etwa 90 km südöstlich von Calama liegt San Pedro de Atacama. 1992 lebten in dieser Siedlung knapp 1000 Einwohner, 2017 waren es schon über 5500. In nur 25 Jahren hat sich San Pedro zum Zentrum des Tourismus in der Atacama entwickelt. In der Umgebung von San Pedro befindet sich eine Vielzahl von touristischen Attraktionen, die als besondere landschaftliche Höhepunkte der **Wüste** Atacama gelten.

Im Jahr 2013 wurde in der Nähe von San Pedro de Atacama ein Radioteleskop-Observatorium in Betrieb genommen. Gerade die Atacama eignet sich mit der klaren, trockenen Luft als Standort für diese Teleskope. Hinzu kommt, dass die Wüste nur sehr gering besiedelt ist und die Messungen nicht durch „Lichtverschmutzung" beeinträchtigt werden.

1

a) Erläutere die Merkmale einer Küstenwüste.

b) Begründe die Aussage: Die Atacama ist eine Küstenwüste.

2

Erstellt eine Liste der Berufe bzw. Beschäftigungsmöglichkeiten, die ihr aus den Texten 3 bis 6 ableiten könnt.

3

a) Ordnet den Aussagen der Texte 3 bis 6 jeweils eine der folgenden Aussagen zu:
- „Das geht hier, obwohl es sich um eine Wüste handelt!"
- „Das geht hier nur, weil es sich um eine Wüste handelt!"

b) Begründet eure Zuordnung.

Raul *(Bauer in Chiuchiu/Flussoase am Rio Loa)*

Es hat sich vieles verändert in den letzten Jahren. Sonst haben wir nicht nur uns selbst versorgt, sondern konnten gut an die Stadtbewohner verkaufen. Jetzt sind es oft Touristen, die unser Gemüse kaufen. Einige aus dem Dorf haben ihre Felder aufgegeben und bieten etwas für die Touristen an. Wir liegen an einem historischen Inka-Pfad und deshalb kommen immer mehr vorbei. Ein Dorfbewohner bietet seine Feldern als Stellplatz für Campingwagen mit Wasser- und Stromanschluss an. Ist zwar alles nicht ganz einfach, wird aber gut angenommen.

3

Agustin *(Tourismusmanager in San Pedro de Atacama)*

Seit 2 Jahren organisiere ich im Hotel Ausflüge für die Gäste, wie geführte Wanderungen auf den Inka Trail, Radtouren, Nachtwanderungen, Fahrten zu den Geysiren oder zum Salar de Atacama. Vorher hab ich im Service gearbeitet, jetzt macht das ein Mädchen aus dem Dorf. Die Touristen kommen das ganze Jahr über. Es sollen über 50 000 im Jahr werden. Sie kommen aus der ganzen Welt. Manche fahren mit dem Mietwagen und bleiben eine ganze Woche, andere sind nur einen Tag hier. Unser Hotel ist eigentlich immer ausgebucht. Die Touristen sind ganz verrückt auf die Wüste. Meine Eltern bieten jetzt auch 2 Zimmer von ihrem Haus für Touristen über das Internet an. Es gibt eigentlich keine besondere Saison in San Pedro. Es regnet sowieso fast nie. Aber leider staunen viele immer wieder darüber, dass es hier oft sehr kalt ist. San Pedro liegt immerhin über 2 500 m. Manche Touren, wie die Vulkantour, gehen bis auf 4 000 m.

4

Emilia *(Betriebsleiterin in der Kupfermine Chuquicamata)*

Ich arbeite schon seit einigen Jahren für die Kupfermine in der Verwaltung. Sie ist die größte in Chile. Auch mein Mann arbeitet hier. Wir werden sehr gut bezahlt und verdienen deutlich mehr als der Durchschnitt. Mit unseren Töchtern wohnen wir in Calama. Die Schulen sind gut und alles, was wir brauchen, wenn einer von uns krank wird, bekommen wir in Calama – kostenlos. Die Minengesellschaft zahlt. Bei den Freizeitmöglichkeiten hat sich viel getan. Kinos und Malls, alles vorhanden. Alle paar Wochen fahren wir nach Antofagasta zu meiner Schwester. Oder wir fliegen nach Santiago. Das geht vom Flughafen in Calama schneller als mit dem Auto. Wir werden wirklich gut bezahlt und unser Haus ist auch schön, aber wir überlegen nach der Schulzeit unserer Töchter wegzuziehen. Immer nur Hitze und Wüste!

5

Laura *(Praktikantin beim Radioteleskop-Observatorium)*

Wir sind ein internationales Team mit über 50 Leuten und machen Untersuchungen zur Entstehung von Sternen und Planeten. Das Teleskop steht in einer Höhe von über 5 000 m. Keine Städte und Häuser, keine Lichtverschmutzung. Dazu die trockene und klare Luft. Also nichts, was die Messungen beeinflusst. Aber hier oben in der dünnen Luft kann man nicht arbeiten. Deshalb haben wir eine Forschungsstation in der Nähe von San Pedro. Von dort wird das Teleskop gesteuert und die Daten ausgewertet. Außer den Büros gibt es eine Kantine und Aufenthaltsräume, wo wir unsere Freizeit verbringen können. Manchmal fahren mit dem Bus nach Calama. Oder wir haben die Kupfermine in Chuquicamata besichtigt.

6

4 SP

Das Beste kommt zum Schluss! Du hast in den letzten Stunden viele unterschiedliche Wüsten kennengelernt.

a) Liste die Wüsten auf, an die du dich besonders erinnerst. Nenne die Namen dieser Wüsten oder den Wüstentyp.

b) Bei welcher Wüste würdest du den ersten Satz beginnen mit den Worten: „Ich hätte nicht gedacht, dass ...!"

c) Welche dieser Wüsten würdest du gerne einmal besuchen? Welche nicht? Begründe deine Entscheidung.

Wichtige Begriffe

- Binnenwüste
- Bodenversalzung
- fossiles Wasser
- Fremdlingsfluss
- Höhenprofil
- Kieswüste
- Küstenwüste
- Oase
- Regenschattenwüste
- Sandwüste
- Stein- und Felswüste
- Wendekreiswüste
- Wüste

Sich orientieren

1 Staaten gesucht

a Nenne fünf Staaten auf fünf verschiedenen Kontinenten, die Anteil an einer Trockenwüste haben.
b Nenne die südlichste Trockenwüste der Erde und beschreibe ihre Lage.

Kennen und verstehen

2 Wüstenarten

Foto 1 zeigt eine Wüstenart.
a Nenne den arabischen und den deutschen Namen dieser Wüstenart.
b Erläutere, wie diese Wüstenart entstanden ist. Verwende dabei die passenden Fachbegriffe.

3 Außenseiter gesucht

Ein Begriff gehört jeweils nicht in die Begriffsreihe. Welcher ist es? Begründe.
a Regenzeit, Felsen, Wüste, Frost
b Handel, Wasser, Straßenbahn, Bodenschätze
c Bewässerungslandwirtschaft, Bodenversalzung, humid, Dürre

4 Begriffe zuordnen

Ordne die zusammengehörenden Begriffe einander zu: Atacama, Benguelastrom, Humboldtstrom, Küstenwüste, Namib, Südamerika, Südafrika.

5 Erklärung gesucht

a Was haben Erdöl, Tourismus und Hightech gemeinsam?
b Was passiert, wenn sich ein „Karussell“ in der Wüste dreht?
c Weshalb gilt das Niltal als die längste Oase der Welt?
d Warum kann man nur an bestimmten Standorten für Großstadtoasen „Aus Wasser Wasser machen“?
e Warum werden Küstenwüsten auch Nebelwüsten genannt?

6 Richtig oder falsch?

Verbessere die falschen Aussagen und schreibe sie richtig auf.
a Wüsten bestehen überwiegend aus Sand und Dünen.
b Bewässerungslandwirtschaft kann in ariden Regionen das Überleben der Bevölkerung sichern.
c Die Verdunstung von Wasser ist in Wüsten besonders gering.
d In der Wüste ist es nachts besonders hell.

7 Wort-Puzzle

Füge die Wortteile zusammen und erkläre die Begriffe:

1

Abéché (14 °N / 20 °O), 549 m; Land: **Tschad**; Kontinent: **Afrika**

Monat	Jan.	Feb.	März	April	Mai	Juni	Juli	Aug.	Sep.	Okt.	Nov.	Dez.
Temperatur in °C	26,6	27,7	30,7	32,9	33	32,4	29,4	26,9	28,4	29,7	28,7	26,7
Niederschlag in mm	0	0	0	1	25	25	130	220	70	13	0	0

2

Fachmethoden anwenden

8 Klimadiagramme zeichnen und auswerten

a Zeichne das Klimadiagramm von Abéché (Tabelle 2).

b Lokalisiere die Klimastation und werte das Klimadiagramm aus.

9 Ein Erklärvideo erstellen

Erstelle ein Erklärvideo zum Thema „Bewässerung" und zeige dabei, wie unsachgemäße Bewässerung zur Bodenversalzung führt.

Beurteilen und bewerten

10 Wüstentourismus

Untersuche das Angebot aus dem Reiseprospekt 3 kritisch:

a Analysiere, welches Wüstenbild vermittelt wird und beurteile dessen Richtigkeit.

b Nimm Stellung zur Rolle der „Wüstenvölker" in diesem Angebot.

c Entwirf einen eigenen Reisevorschlag zum Thema „Wüsten – mehr als nur Sand" und begründe das Programm.

11 Wasser im Überfluss?

„Es ist ein Glück, dass neue Technologien heute die Nutzung des fossilen Grundwassers oder aus Meerwasserentsalzungsanlagen ermöglichen." Nimm Stellung zu dieser Aussage.

Das Angebot einer Abenteuerreise
Tagsüber Trekking, abends mit einem Astronomen die Gestirne beobachten: Das ist das Wesen der Reise „Sand und Sterne". Angehörige von Wüstenvölkern begleiten die Gruppe, übernachtet wird im Zelt oder im Freien. Es geht durch Sanddünen und felsige Felsabschnitte, durch Wadis und Oasen. Reisedauer 15 Tage, Preis ohne Anreise ab 1500 Euro.

3 Aus einem Reiseprospekt

Jetzt kannst du ...

- die Verbreitung der Trockenwüsten auf der Erde und ihre Lage auf den Kontinenten beschreiben;
- die verschiedenen Wüstenarten benennen, beschreiben und ihre Entstehung erklären;
- den Wandel der Oasenwirtschaft und des Lebens der Nomaden erläutern;
- verschiedene Bewässerungstechniken beschreiben und bezogen auf Aufwand, Nutzen und Auswirkungen bewerten;
- ein Erklärvideo zu einem bestimmten Sachverhalt erstellen;
- ein Höhenprofil mit Google Earth erstellen.

5

Trockenheit – ein Problem? In den Savannen

1 Savannenlandschaft im Okavangodelta (Botsuana) zur Trockenzeit …

Als Savannen bezeichnet man die mit Bäumen durchsetzten Graslandschaften der Tropen, die ein Fünftel der Landoberfläche der Erde bedecken. Etwa ein Drittel der Weltbevölkerung lebt hier. Die Savannen Afrikas gelten als die Wiege der Menschheit und sind ein wichtiger Lebens- und Wirtschaftsraum.
In den afrikanischen Savannen liegt die Sahelzone. Hier gehen Schätzungen zufolge jedes Jahr etwa 15 000 Quadratkilometer landwirtschaftlich nutzbarer Fläche durch Bodenzerstörung verloren. Wüsten breiten sich aus. Wie kommt es dazu? Gibt es Möglichkeiten, diese Entwicklung aufzuhalten?

2 ... und zur Regenzeit

Savanne ist nicht gleich Savanne

Eine Safari durch die Savannen Afrikas: Für immer mehr Reisende wird dieser Traum Wirklichkeit. Dabei beeindrucken nicht nur die wilden Tiere, sondern auch die Vielfalt der Pflanzenwelt.

1 Affenbrotbaum (Baobab)

SP **Tipp**

Erläutern
→ Aufgabe 3c
- Aufgrund von …
- Deshalb …
- Infolge von …, sodass …

Savanne ist die Sammelbezeichnung für die wechselfeuchten Landschaften der Tropischen Zone zwischen Regenwald und Wüste. Unterschiedliche Savannentypen entstehen vor allem, weil sich die Dauer der **Regenzeit** und die Höhe der Niederschläge mit zunehmender Entfernung vom Äquator verändern. Die Anzahl arider Monate nimmt zu, die Anzahl humider Monate ab. Dafür verantwortlich ist die **Passatzirkulation**. Mit der Verlagerung des Zenitstands der Sonne verschiebt sich auch die **Innertropische Konvergenzzone (ITC)**, im Juni auf die Nordhalbkugel und im Dezember auf die Südhalbkugel. Dadurch verlagern sich die Niederschläge und die Bereiche mit trockener Luft.
Bedingt durch die verschieden langen **Regen- und Trockenzeiten** unterscheiden sich Art und Wuchshöhe der Vegetation zwischen verschiedenen Savannen erheblich. Man untergliedert die Savannen in **Feuchtsavannen**, **Trockensavannen** und **Dornsavannen**.

← Klimadiagramme auswerten Seiten 32/33

← Passatkreislauf Seiten 36/37

1
Vergleiche mithilfe der Materialien 2–10 sowie der Karte 5 auf Seite 105 die drei verschiedenen Savannentypen in einer Tabelle (Lage, Dauer der Regenzeit / Trockenzeit, Jahresniederschlag in mm, Art und Höhe der Vegetation).

2
A Benenne Gemeinsamkeiten der drei Savannentypen.
B Erläutere die Überschrift „Savanne ist nicht gleich Savanne“.

3 SP
Auf den Niederschlag kommt es an:
a) Erkläre die Entstehung von Regen- und Trockenzeiten (siehe hierzu auch Seiten 36/37 Passatkreislauf).
b) Begründe die unterschiedlichen Niederschlagsmengen in Save, Ouagadougou und Zinder.
c) Erläutere die Auswirkungen der unterschiedlichen Niederschlagsmengen auf die Vegetation.

○ 1, 2A ◒ 2B, 3a ● 3b, c → Lösungshilfen ab S. 229

2 Feuchtsavanne

5 Trockensavanne

8 Dornsavanne

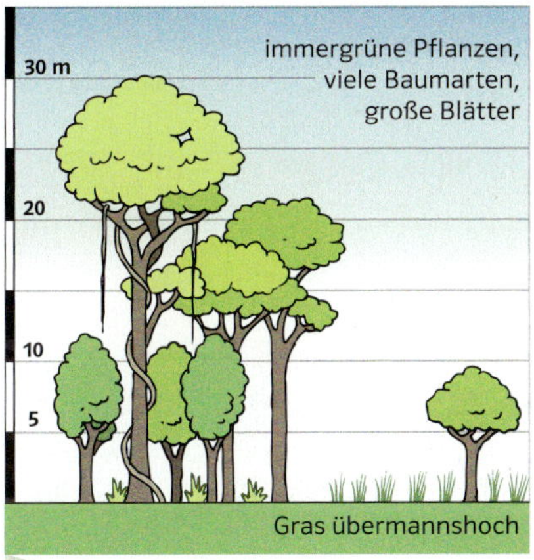

3 Feuchtsavanne

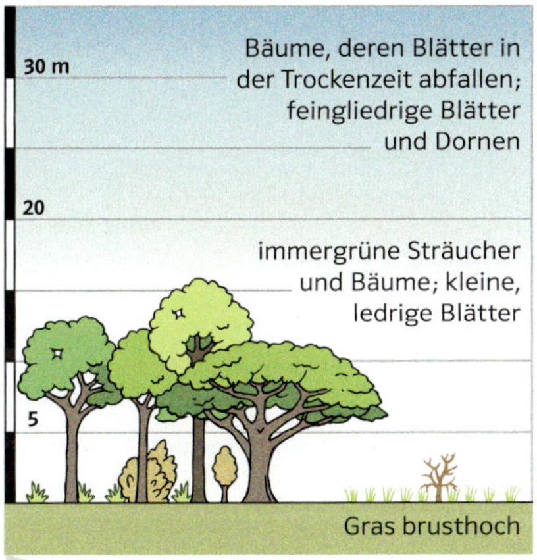

6 Trockensavanne

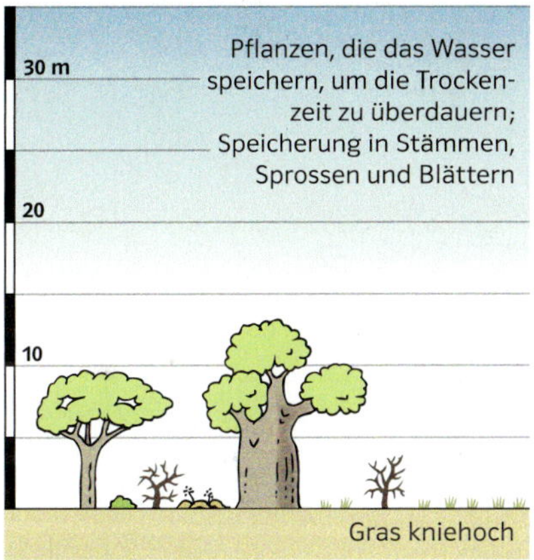

9 Dornsavanne

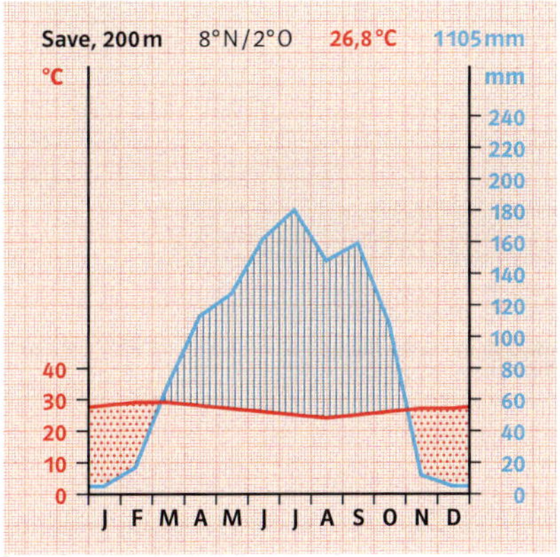

4 Feuchtsavanne
7 – 9½ Monate feucht
Niederschlag 1000 – 2000 mm

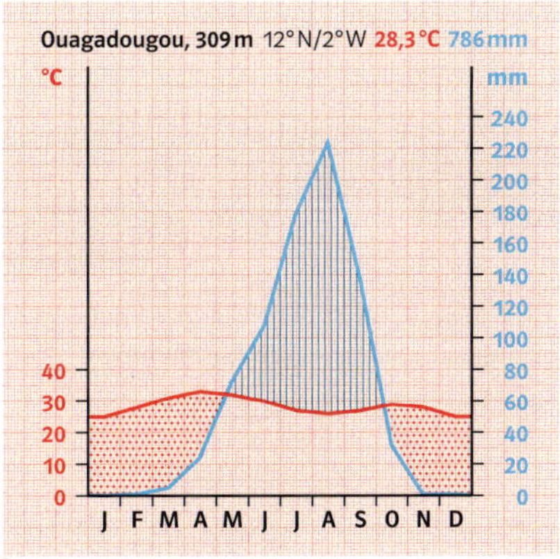

7 Trockensavanne
4½ – 7 Monate feucht
Niederschlag 500 – 1000 mm

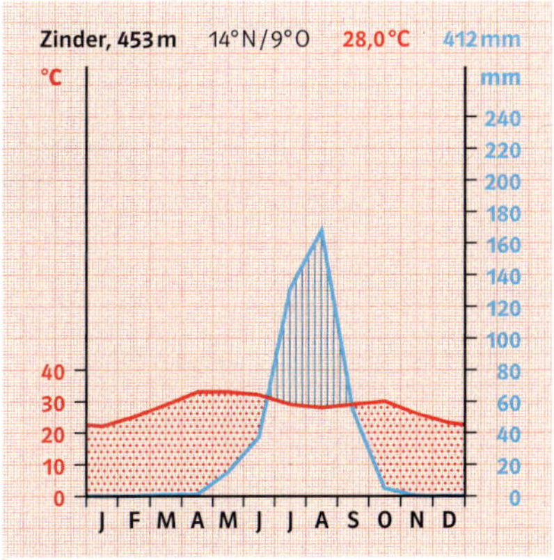

10 Dornsavanne
2 – 4½ Monate feucht
Niederschlag 200 – 500 mm

Gruppenpuzzle

A Niederschlag Seite 96
B Tiere Seite 97
C Holzverbrauch Seite 98
D Ackerbau Seite 99

Im Sahel wächst die Wüste

Die Nomaden, die Karawanenhandel durch die Wüste betrieben, bezeichneten das sich südlich an die Sahara anschließende Gebiet als Sahel (arab.: As-Sahil = Ufer / Küste). Hier konnten sich Tiere und Menschen mit Wasser und Nahrung versorgen. Doch heute ist die Sahelzone gefährdet. Die Wüste breitet sich immer mehr aus.

1 Lokalisiere das Land Niger und die Sahelzone mithilfe von Karte 1.

2 MK Führt ein Gruppenpuzzle durch:
Bearbeitet dazu zunächst in Expertengruppen die Aufgaben zu eurem Expertenthema. Tauscht euch dann in Stammgruppen über eure Arbeitsergebnisse aus und erstellt ein Wirkungsgefüge zu den Ursachen und Folgen der Desertifikation in der Sahelzone. Präsentiert und diskutiert anschließend eure Ergebnisse in der Klasse.
Material für die Expertengruppen:
- A Niederschlag (Seite 96),
- B Tiere (Seite 97),
- C Holzverbrauch (Seite 98),
- D Ackerbau (Seite 99).

○ 1 ◒ 2 → Lösungshilfen ab S. 229

→ Ein Wirkungsgefüge erstellen Seiten 100/101

→ Gruppenpuzzle Seite 234

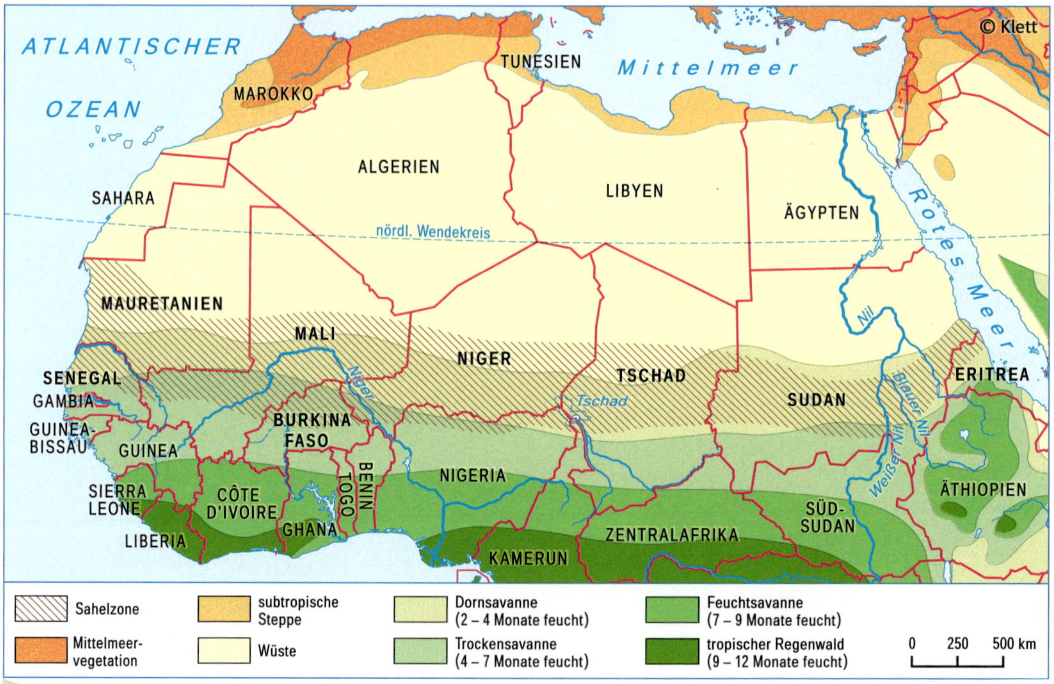

1 Sahelzone

Der **Sahel** war früher das kulturelle und wirtschaftliche Zentrum zwischen Nordafrika und Südafrika. Bis heute gibt es hier bedeutende Städte, wie z. B. Niamey in Niger.
Eine genaue Abgrenzung der Region ist jedoch schwierig. Denn in der Sahelzone kommt es immer wieder zu Dürreperioden und zur Ausbreitung von Wüsten in Gebiete hinein, in denen allein aufgrund der natürlichen klimatischen Verhältnisse keine Wüsten sein dürften. Dieser Prozess der Wüstenausbreitung wird als **Desertifikation** bezeichnet.

In den letzten Jahrzehnten ist die Wüste allein an ihrer 5 000 Kilometer langen Südgrenze etwa 200 Kilometer weit vorgedrungen und hat große Teile der **Dornsavanne** verdrängt. Rund eine Million Quadratkilomter Weide- und Ackerland konnten nicht mehr landwirtschaftlich genutzt werden. Hunger in der Bevölkerung war die Folge.
Das Dorf von Musa (siehe Material 4) liegt in der Sahelzone. So wie ihm und seiner Familie erging es dort vielen Menschen in den vergangenen Jahren.
Aber wie konnte es zu der Wüstenausbreitung in der Sahelzone kommen? Und welche Folgen hat ein solcher Prozess?
Diesen Fragen wirst du zusammen mit deinen Mitschülern anhand der Materialien der nächsten Seiten nachgehen. Nachdem ihr euch einen Überblick über die Lage Nigers und der Sahelzone verschafft habt, werdet ihr ein Wirkungsgefüge zu den Ursachen und Folgen der Desertifikation erstellen.

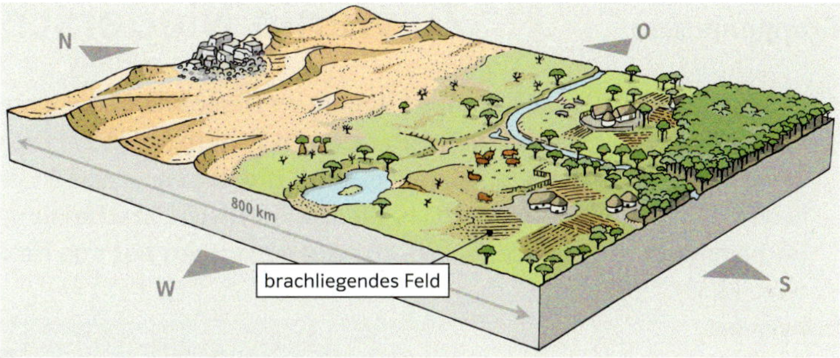

2 Vor der Wüstenausbreitung

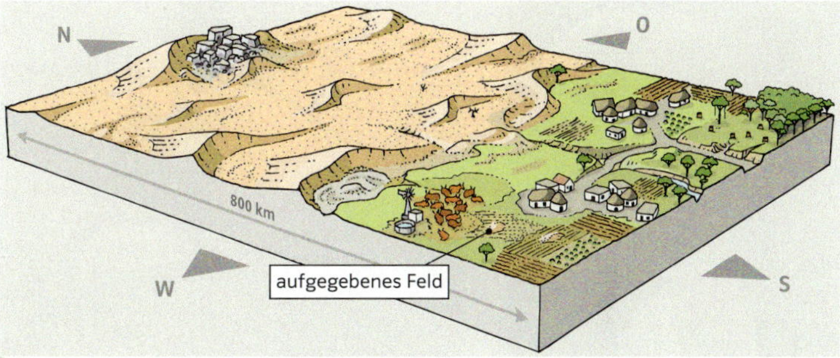

3 Nach der Wüstenausbreitung

Musas Geschichte

Musa und seine Familie sind Halbnomaden. Ihre Heimat ist die Dornsavanne in Niger, wo einige Halbnomaden in kleinen Dörfern leben. Schon immer waren sie der Bedrohung durch die Dürre ausgesetzt, aber meist war es noch möglich, Kolbenhirse und manchmal sogar Melonen anzubauen. Musas Vater hatte eine große Schafherde, einige Ziegen und Kamele. In der Trockenzeit zog er mit seinen Tieren in den Süden, wo die Regenzeit länger andauerte. Die Familie bewirtschaftete währenddessen die Felder in Dorfnähe. Als wir vor wenigen Jahren einmal wieder in Musas Dorf kamen, bot sich uns ein erschreckendes Bild. Wo die Frauen versucht hatten, etwas zu pflanzen, ragten verdorrte Hirsestrünke aus dem Boden, die nicht größer waren als die Finger eines Kindes. Wenn der Wind heftig wehte, trug er den lockeren Boden vom Acker fort und begrub die Strohdachhütten der Familien halb unter sich.
Musas Vater blieben von seinen Tieren nur noch zwei Esel, drei Ziegen und zwei Schafe übrig. Alle anderen waren verhungert, verdurstet oder notgeschlachtet.

4 Musa holt Wasser für seine Familie

Gruppenpuzzle

A Niederschlag
Seite 96
B Tiere
Seite 97
C Holzverbrauch
Seite 98
D Ackerbau
Seite 99

A Zu wenig Niederschlag?

Die Trockenzeit dauert im Niger wie in der gesamten Sahelzone fast das ganze Jahr. Sie wird von einer kurzen Regenzeit unterbrochen, in der es teilweise zu starken Niederschlägen kommt. Die Regenmenge ist jedoch von Ort zu Ort und von Jahr zu Jahr unterschiedlich. Diese klimatische Erscheinung wird als Niederschlagsvariabilität bezeichnet. Welche Auswirkungen hat das für Mensch und Tier?

1 Feldarbeit während der Regenzeit (A) und zur Trockenzeit (B)

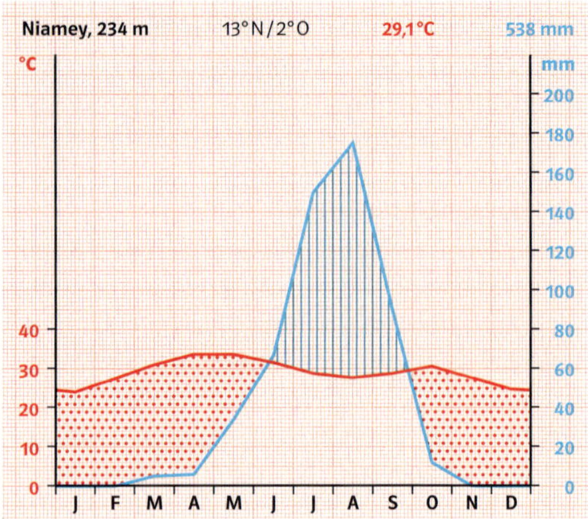

3 Klimadiagramm von Niamey (Niger)

SP Tipp

Auswirkungen erläutern
→ Aufgabe 2
- hat seine Ursache in …
- … führt zu …
- hat zur Folge, dass …

Aufgrund der geringen Niederschlagsmengen und der **Niederschlagsvariabilität** kommt es im **Sahel** oft zu längeren Dürreperioden.

Pflanzenwachstum und Boden

Durch die hohen Temperaturen verdunstet ein Teil des Niederschlags, bevor ihn die Pflanzen aufnehmen können. So wächst nur eine spärliche Vegetation. Gehen die Niederschläge in Dürrejahren zurück, nimmt die Pflanzenbedeckung ab.

Wegen der kräftigen Niederschläge in der kurzen **Regenzeit** fließt das meiste Wasser an der Oberfläche ab. Dadurch wird fruchtbarer Ackerboden weggespült (**Erosion**). Grundwasser kann sich kaum bilden und die Brunnen versiegen. Während der Trockenzeit kann der Boden auch durch den Wind abgetragen werden (Deflation). Viele Felder werden mit Sand und Staub überdeckt und sind damit nicht mehr nutzbar. Einige Wissenschaftler befürchten, dass die **Dürren** künftig heftiger ausfallen könnten.

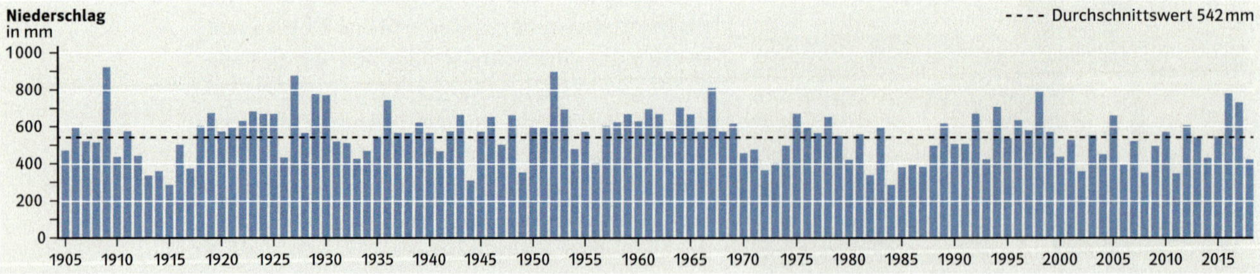

2 Entwicklung der Jahresniederschläge der Station Niamey (Niger)

1 Beschreibt die Niederschlagsvariabilität im Sahel anhand der Diagramme 2 und 3.

2 SP Stellt die Ursachen für die voranschreitende Wasserknappheit dar und erläutert die damit einhergehenden Auswirkungen.

◒ 1 ● 2 → Lösungshilfen ab S.229

B Zu viele Tiere?

In der Antike waren Nordafrika und auch der Sahel tierreiche Regionen: Elefanten, Löwen, Geparden, Gazellen, Antilopen und Strauße waren häufig anzutreffen. Der inzwischen geringen Zahl an frei lebenden Tieren steht heute eine viel größere Zahl an Nutztieren gegenüber. Wie ist dieser Wandel zu erklären und welche Folgen hat er für die Sahelzone?

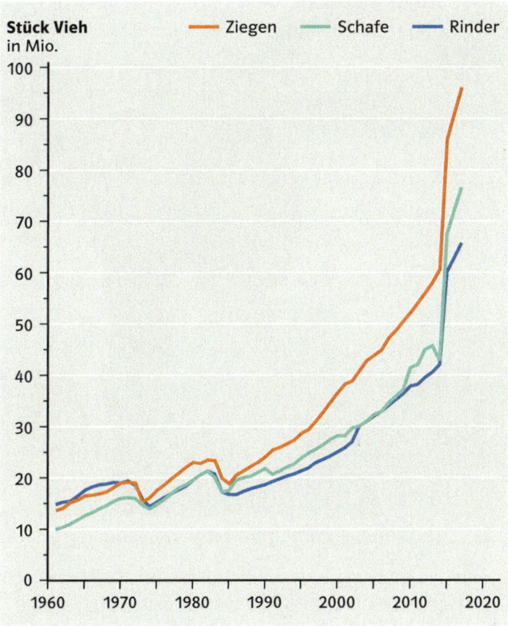

1 Entwicklung der Tierbestände in Senegal, Mali, Burkina Faso, Niger und Tschad

2 Weidewirtschaft im Sahel

Bis vor wenigen Jahrzehnten lebten die meisten Menschen der Region am Südrand der Sahara als Nomaden. Sie wechselten mit ihren Kamel-, Rinder- und Ziegenherden regelmäßig die Weideplätze (Nomadismus). Mit dem Beginn der Trockenzeit zogen sie in den feuchteren Süden. Das Vieh war die Lebensgrundlage der Nomaden.

Die Herden werden größer …

Aufgrund der starken Bevölkerungszunahme im Sahel wächst auch die Zahl und Größe der Herden. Hinzu kommt, dass die Nomaden für Hirse und andere lebensnotwendige Dinge Geld benötigen, das sie hauptsächlich durch den Verkauf von Vieh verdienen. Die Preise dafür schwanken allerdings stark. Um in den Dürrezeiten zu überleben, sind die Nomaden daher gezwungen, ihre Herden zu vergrößern.

… und die Vegetation leidet

Zu hoher Viehbestand führt zu Überweidung. Die spärliche Vegetation hat kaum Zeit zum Nachwachsen. Viele Tiere sind auf Futtersuche und fressen alles Essbare ab. Vor allem Ziegen reißen beim Fressen oft ganze Grasbüschel mit Wurzeln aus. Da sie klettern können, erreichen sie auch die hohen Teile der Bäume. Es dauert also nicht lange, bis die Weideflächen Wüstencharakter annehmen.

SP Tipp

Auswirkungen erläutern
→ Aufgabe 2
- … hat seine Ursache in …
- … führt zu …
- hat zur Folge, dass …

1 Beschreibt anhand von Diagramm 1 die Entwicklung der Tierbestände in den Sahelstaaten.

2 SP Stellt die Ursachen für die Veränderung der Viehbestände dar und erläutert die damit einhergehenden Auswirkungen.

C Zu hoher Holzverbrauch?

Überall auf den Straßen und Pisten im Sahel werden Holz und Holzkohle transportiert. Zu allen Tages- und Nachtzeiten erreichen die Händler mit Eseln, Kamelen, Karren und Lastkraftwagen die Städte. In Niamey wird jährlich Holz im Wert von vier bis fünf Millionen Euro verbraucht. Die Folgen für die Umwelt sind verheerend.

1 Holztransporter in Niamey

2 Brennholz sammelnde Frau mit Kind

Das meiste Holz und die Holzkohle werden als Brennmaterial benötigt. Immerhin nutzen noch rund 98 Prozent der ländlichen und 90 Prozent der städtischen Bevölkerung Holz als Energiequelle. Täglich verbraucht jeder Bewohner im **Sahel** zwischen 1,1 und 2,5 Kilogramm Holz. Aber man braucht es auch als Baumaterial für Hütten, Dächer, Türen und Fenster, zum Bau von Viehtränken und für die künstlerische Bearbeitung. Mit wachsender Bevölkerung steigt auch der Holzbedarf.

Handel mit Brennholz

Für viele Menschen im Sahel ist der Verkauf von Holz oder Holzkohle auf dem Markt eine wichtige oder gar die einzige Einnahmequelle. In Dürrejahren wird noch mehr Holz für den Verkauf benötigt, da die Preise für Grundnahrungsmittel und Gebrauchsgüter steigen.

Der Holzeinschlag sowie der Brennholzhandel sind vor allem Tätigkeiten der Frauen. Bei der hohen Nachfrage kann man damit leicht Geld verdienen. Jedoch werden die Transportwege immer länger.
Durch die Vergrößerung der Tierbestände reicht das Weideland als Holzquelle oft nicht aus. Besonders Ziegen fressen die Blätter der Bäume, die oft nicht weiterwachsen oder absterben. Vor allem um die Siedlungen kommt es häufig zum Kahlschlag. Wenn stets mehr Vegetation durch Abholzung verloren geht als nachwachsen kann, trägt das entscheidend zur Wüstenausbreitung bei. Hinzu kommt, dass der Boden aufgrund der fehlenden Pflanzendecke der Einwirkung von Regen und Wind schutzlos ausgeliefert ist. So wird der Boden schnell abgetragen (**Erosion** und Deflation) und der Grundwasserspiegel sinkt, weil das Regenwasser größtenteils abfließt.

SP Tipp

Auswirkungen erläutern
→ Aufgabe 2
- … hat seine Ursache in …
- … führt zu …
- hat zur Folge, dass …

1 Nennt die vielfältigen Verwendungsmöglichkeiten für Holz durch die Menschen im Sahel.

2 SP Stellt die Ursachen für den hohen Holzverbrauch dar und erläutert die damit einhergehenden Auswirkungen.

◒1 ●2

D Zu viel Ackerbau?

Die Bevölkerung im Sahel nimmt jährlich um etwa drei Prozent zu. Mit dem Wachstum der Bevölkerung wird die Nahrungsmittelversorgung zwangsläufig immer schwieriger. Die intensive Bewirtschaftung bleibt jedoch nicht ohne Folgen für die Sahelzone.

1 Ackerbau in der Sahelzone

Niger	Bevölkerung in 1000	Ackerland in 1000 ha	Ackerland in ha / Einwohner
1990	8027	11047	1,38
2000	11332	14000	1,24
2010	16464	15200	0,92
2017	21602	17818	0,82

Nach United Nations: World Population Prospects 2019 und Food and Agriculture Organization of the United Nations (FAO): Land Use 2019

2 Entwicklung von Bevölkerung und Ackerflächen in Niger

Um eine Versorgung der wachsenden Bevölkerung im Sahel zu ermöglichen, müssen die Felder im Laufe der Zeit immer intensiver genutzt werden. Auch die zur Erholung der Böden notwendigen Brachezeiten können kaum eingehalten werden. Schon nach wenigen Jahren gehen die Erträge zurück, weil die Nährstoffe im Boden verbraucht sind. Als Folge dieser Übernutzung können viele Flächen inzwischen nicht mehr bewirtschaftet werden.
Die Bauern müssen sich neue Flächen suchen. Sie dringen in Gebiete vor, die aufgrund der zu geringen und unregelmäßigen Niederschläge für eine landwirtschaftliche Nutzung kaum geeignet sind. Dadurch verringert sich wiederum die Weidefläche für die vergrößerten Viehherden.

Künstliche Bewässerung erschien der Ausweg aus der problematischen Situation zu sein. Aber dies führt wiederum zum Rückgang lebenswichtiger Wasserreserven. Die Brunnen versiegen schnell und der Grundwasserspiegel sinkt. Die Böden trocknen aus und verwüsten.

Anbau von Exportkulturen

In den letzten Jahren hat auch im Sahel der Anbau von Exportkulturen deutlich zugenommen, beispielsweise von Baumwolle und Erdnüssen. Schließlich bringt ihr Verkauf im Ausland wesentlich mehr Geld ein. Doch auch in diesen Anbaugebieten schreitet die **Desertifikation** voran.

SP Tipp

Auswirkungen erläutern
→ Aufgabe 2
- … hat seine Ursache in …
- … führt zu …
- hat zur Folge, dass …

1 Erläutert anhand von Tabelle 2 die Entwicklung der Bevölkerung sowie der Anbauflächen im Niger seit 1990.

2 SP Stellt die Ursachen für die Ausweitung des Ackerbaus dar und erläutert die damit einhergehenden Auswirkungen.

MK Ein Wirkungsgefüge erstellen

Der Zusammenhang von Ursache und Wirkung ist häufig nicht so einfach auszudrücken, da zahlreiche Faktoren ineinandergreifen. Es ist nicht einfach, im Text das Zusammenspiel von Abhängigkeit und Bedingung zu erklären. Um das anschaulich zu machen, hilft ein Wirkungsgefüge. Es veranschaulicht die Zusammenhänge zwischen den Faktoren in all ihren Beziehungen.

1

Desertifikation

Die Desertifikation stellt eine Extremform der Veränderung der Bodeneigenschaften dar. Es handelt es sich um die Verwüstung von Landstrichen. Das führt häufig dazu, dass das Land dauerhaft nicht mehr für die landwirtschaftliche Nutzung gebraucht werden kann. Das Wort stammt aus dem lateinischen „desertus facere“ (wüst machen) und stellt so den Menschen als Urheber der Desertifikation in den Vordergrund. Die Ursache der Desertifikation ist die Überbeanspruchung des Gebietes durch Land- und Weidewirtschaft. Das große Bevölkerungswachstum verstärkt das Problem. Die Überweidung von großen Flächen stellt ein gravierendes Problem dar. Diese wird durch zu große Viehherden hervorgerufen. Um die Nutzpflanzen und -tiere mit ausreichend Wasser zu versorgen, bedient man sich mittlerweile moderner Tiefbrunnen. Diese Brunnensysteme verursachen zusammen mit dem Einsatz von Pumpen ein starkes Absinken des Grundwasserspiegels.
Weiterhin ist die Brennholzbeschaffung ein großes Problem, sodass es in Afrika Städte gibt, deren umgebende Flächen in einem Umkreis von mehr als 100 Kilometer komplett gerodet sind. Die Folge davon ist eine flächenhafte Zerstörung der Vegetationsdecke. Da das Wurzelwerk der Pflanzen den fruchtbaren Bodenschichten keinen Halt mehr gibt, können diese leicht abgespült oder verweht werden (Erosion und Deflation). Wanderdünen können nun entstehen, die Weidegründe, Anbauflächen und Siedlungen bedrohen.

2

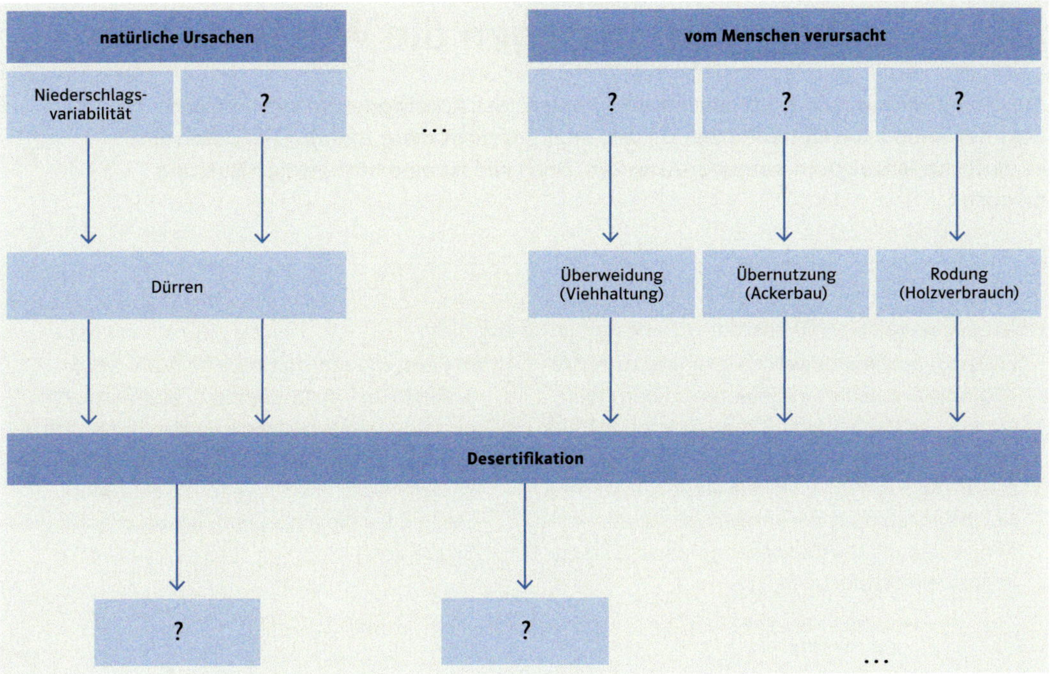

3 Wirkungsgefüge zur Desertifikation

Ein Wirkungsgefüge erstellen

1. Schritt: Problem formulieren

Oft hat man nur ein ungefähres Themengebiet, hier z.B. die Desertifikation. Dann muss man zunächst genauere Festlegungen treffen und ein Problem formulieren: Geht es um die Auswirkungen des Tourismus auf den Naturraum, um die Artenvielfalt und ihre Gefährdung oder um die Zerstörung des Natur- oder Kulturraums insgesamt? Hier soll es um die Ursachen und Folgen der Desertifikation gehen.

2. Schritt: Stichworte sammeln

Notiere dir Stichworte, die dir zu diesem Problem einfallen oder die du recherchiert hast. Als Beispiele seien genannt: „Überweidung“, „Übernutzung“ und „Rodung“. Notiere alle gesammelten Stichworte auf Karteikarten.

3. Schritt: Gedankenkarte erstellen

Überlege, welche der Begriffe in einem Zusammenhang stehen. Stelle dir dazu folgende Fragen:

- Ist das eine vielleicht eine Ursache von etwas anderem?
- Ist ein Aspekt die Folge eines anderen Aspekts?
- Lassen sich aus Einzelaspekten Gruppen mit einem gemeinsamen Oberbegriff bilden?
- Lässt sich ein Aspekt in weitere Unterbegriffe zerlegen?

Wenn du alle Aspekte geordnet hast, zeichnest du Pfeile ein, um Beziehungen und Abhängigkeiten deutlich zu machen.

4. Schritt: Ergebnisse präsentieren

Das Ergebnis ist immer eine Vereinfachung der Wirklichkeit. Deshalb ist es für einen Außenstehenden oft schwer, alle Überlegungen, die sich im Wirkungsgefüge finden, nachzuvollziehen.

- Präsentiert euch deshalb gegenseitig eure Entwürfe.
- Findet Unklarheiten oder Fehler.
- Diskutiert die Ergebnisse und macht Verbesserungsvorschläge.
- Nehmt gegebenenfalls noch Verbesserungen an dem Wirkungsgefüge vor.

Material für die Expertengruppen

Niederschlag Seite 96

Tiere Seite 97

Holzverbrauch Seite 98

Ackerbau Seite 99

1

Erstellt in den Stammgruppen ein Wirkungsgefüge zu den Ursachen und Folgen der Desertifikation in der Sahelzone bzw. in Niger. Nutzt hierzu die Informationen der vier Expertengruppen (Seite 96–99):

a) Bearbeitet die methodischen Schritte 1–3.

b) Präsentiert und diskutiert euer Wirkungsgefüge in der Klasse (Schritt 4).

Mit einfachen Mitteln gegen die Wüste

Auf dem afrikanischen Kontinent sind 65 Prozent der Ackerböden so sehr zerstört, dass der Anbau von Nutzpflanzen schwer oder gar nicht mehr möglich ist. Dabei gibt es einfache Mittel, dem entgegenzuwirken. Doch wie ist eine nachhaltige Nutzung möglich?

1

Wähle ein Beispiel (A – D) aus, das dich besonders interessiert.

A Erkläre, wie die Steinwälle (Text 1) dazu beitragen, Landwirtschaft in Gebieten zu betreiben, wo sich die Wüste verstärkt ausbreitet. Erstelle dazu eine einfache Skizze.

B Erkläre, wie die Zai-Methode (Text 2) hilft, dass Nutzpflanzen auch dort angebaut werden können, wohin die Wüste vorgedrungen ist. Erstelle dazu eine einfache Skizze.

C Erkläre, wie das dargestellte Aufforstungsprojekt (Text 3) funktioniert. Stelle dazu die einzelnen Phasen in Form einer Skizze dar.

D Erkläre, wie Rinaudos Methode (Text 4) hilft, karge Landschaften wieder zu begrünen. Stelle dazu die einzelnen Phasen in Form einer Skizze dar.

◒ 1

A Mit Steinwällen gegen die Wüste

Dem Bau von Steinwällen hat es Emile Bineye zu verdanken, dass er auf seinen Feldern wieder Hirse ernten kann. Da der Transport der Steine und die Errichtung der Wälle nur in Gemeinschaftsarbeit zu realisieren sind, haben sich Dorfgemeinschaften zusammengeschlossen. Internationale Hilfsorganisationen haben geholfen. Ihr Tipp: In die bereits vorhandenen Erosionsrinnen mit Kieselsteinen gefüllte Drahtkörbe stellen. Hier sammeln sich nach den Regenfällen die ausgewaschenen Bodenbestandteile. Darauf können die Bauern jetzt Futterpflanzen anbauen. Da Emile und seine Nachbarn den Draht häufig nicht bezahlen können, helfen sie sich mit kleinen Steinbarrieren in den Wasserrinnen. Durch die Steinwälle konnte Emiles Dorf das Wasserproblem lösen. Da der Grundwasserspiegel gestiegen ist, können alle ganzjährig Wasser dem Brunnen entnehmen. Sie sollten aber sparsam damit umgehen.
Alternativ können kleine Hecken oder Grünstreifen quer zum Hang oder zum Wind angelegt werden. Die Bauern müssen darauf achten, dass sie Pflanzen wählen, die vom Vieh nicht gefressen werden. Obwohl die Methode schnellen Erfolg verspricht, ist Saatgut für viele Bauern hier zu teuer.

1

B Burkina Faso: mit Zai gegen die Wüste

Ein Erfolg versprechender Ansatz für bereits völlig vegetationslose und verkrustete Böden ist die Zai-Methode. Sie wurde von Bauern in Burkina Faso entwickelt und gelangte von dort in die Nachbarländer. Das Zai ist ein Loch im Boden mit einem Durchmesser von etwa 30 Zentimeter und einer Tiefe von 20 Zentimeter. Die Zai werden versetzt in Reihen gegraben. An Hängen wird der Aushub auf der talwärts gerichteten Seite aufgehäuft. Auf den Boden der Vertiefung legen die Bauern etwas Mist oder Kompost und füllen sie mit dem Aushub auf. Sobald es regnet, werden die Zai mit Hirse bepflanzt. Obwohl Anlage von Zai im harten Boden sehr anstrengend und arbeitsintensiv ist, ist sie sehr erfolgreich, weil Kompost und kostbares Wasser gezielt an die Pflanzen gebracht werden.

2

C Aufforstungsprojekt im Sahel

Viele Böden in Niger sind mittlerweile so stark geschädigt, dass Gräser oder Bäume kaum noch wachsen können. Meist handelt es sich um Weiden mit einer dornigen Strauchschicht, auf denen die Grasnarbe verschwunden ist und die Bäume abgeholzt sind. Hier setzt das Aufforstungsprojekt an. Die lokale Bevölkerung spielt dabei eine zentrale Rolle. Denn sie entscheidet, welche Böden wiederhergestellt und welche Baumarten gesät werden. Dabei handelt es sich meist um lokale Baumarten.
Zunächst werden die Böden mithilfe eines mechanisierten Pflugs gelockert. Danach werden Halbmonde angelegt, d. h. kleine halbmondförmige Aufwerfungen im Boden, die als Windschutz dienen und gleichzeitig Regenwasser zurückhalten. So kann sich die Grasschicht wieder erholen und die neu gepflanzten Bäume können ungestört wachsen.

Nach etwa fünf bis zehn Jahren entsteht wieder eine dichte Baumschicht (ca. 350 Bäume pro Hektar).

3

D Rinaudos Methode

Bereits in den 1980er-Jahren hat der Australier Tony Rinaudo per Zufall eine verblüffend einfache Methode gefunden, wie karge Landschaften wieder begrünt werden können. Als er im Süden Nigers gerade vor seinem Fahrzeug hockte, schaute er auf einen scheinbar abgestorbenen Baumstumpf. Er sah genauer hin und entdeckte kleine grüne Triebe, die aus dem Stamm ausschlugen. Das war der Beweis dafür, dass der Baum keineswegs tot war. Diese Erkenntnis wollte Rinaudo nutzen, um die Wüstenausbreitung in der Sahelzone zu stoppen. Zuvor musste er aber erst einmal Überzeugungsarbeit bei den Bauern leisten. Für sie war es nahezu unvorstellbar, ihre Ackerflächen nach der Ernte nicht mehr abzubrennen, kein Brennholz mehr einzuschlagen und die Bäume nicht mehr vom Vieh abweiden zu lassen.
Doch die ersten Versuche sprachen für sich: Die Flächen, die nach Rinaudos Methode (Farmer Managed Natural Regeneration) gepflegt wurden, erlitten deutlich geringere Ernteverluste durch Dürren.
Aber worin genau liegt sein Erfolgsrezept? Von den Baumstümpfen werden bis auf die vier oder fünf stärksten

junge Triebe alle Zweige entfernt. Das abgeschnittene Blattwerk wird als natürlicher Dünger liegen gelassen und nach einigen Wochen eingesammelt. Im Staat Niger wird mittlerweile eine Fläche von beinahe sechs Millionen Hektar auf diese Weise bearbeitet. Die neu begrünte Landschaft lockt bereits viele Tiere an. Auch für die Agrarwirtschaft ist das Land wieder nutzbar.

4

Training

Wichtige Begriffe

- Desertifikation
- Dornsavanne
- Feuchtsavanne
- Innertropische Konvergenzzone (ITC)
- Passatzirkulation
- Regenzeit
- Sahel
- Savanne
- Trockensavanne
- Trockenzeit

1 Maun, Botsuana

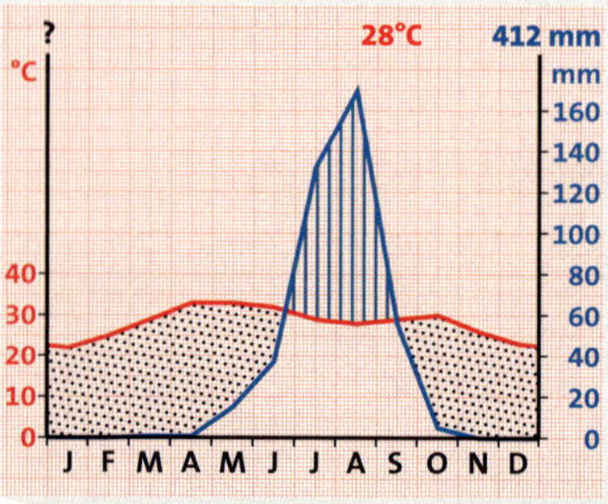

2

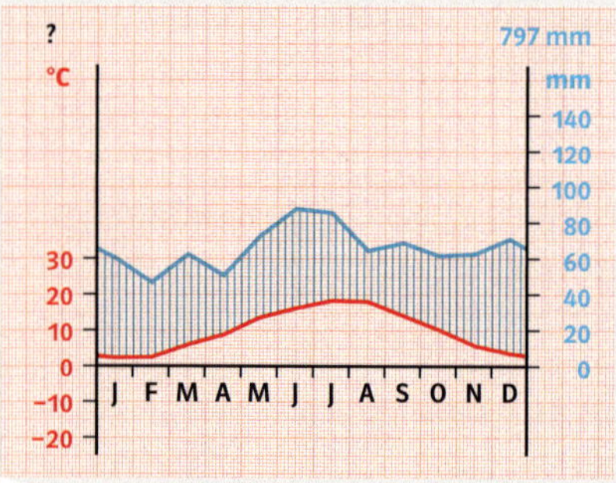

3

Sich orientieren

1 Savannen

Beschreibe mithilfe der Karte 5 die Lage der Savannen im Gradnetz und deren Verteilung auf der Erde.

Kennen und verstehen

2 Land gesucht

a Trage waagerecht Länder der Sahelzone so ein, dass sich senkrecht der Name eines großen Landes in Nordost-Afrika ergibt.

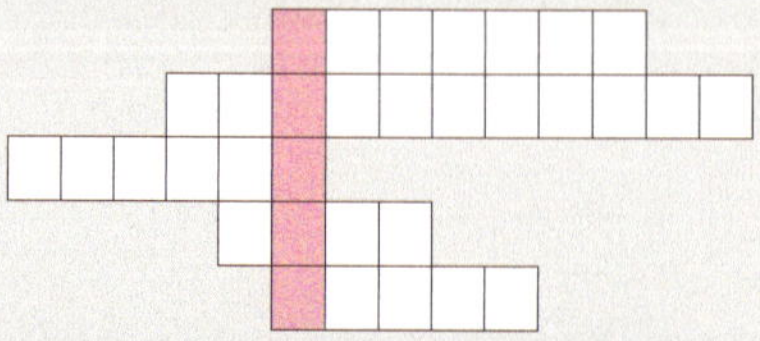

b Welche Gemeinsamkeiten hat das gesuchte Land mit den anderen?

c Welche Sahelstaaten sind nicht berücksichtigt?

d Nenne Länder, die einen besonders hohen Anteil an der Sahelzone haben.

3 Aus der Presse

„Auch wenn es regnet, wird das Land nicht mehr grün."

a Erkläre, warum es in der Sahelzone trotz Niederschlägen zu Ernteausfällen kommen kann.

b Erstelle zur Bodenzerstörung im Sahel ein vereinfachtes Wirkungsgefüge.

4 Landschaftsbild

a Aus welchem Savannentyp Afrikas stammt das Foto 1?

b Erläutere Probleme, die infolge der Nutzung durch den Menschen in dieser Zone auftreten.

Fachmethoden anwenden

5 Wer kennt sich in den Savannen aus?

a Vergleiche die beiden Klimadiagramme 2 und 3. Bestimme, welche der Klimastationen nicht in der Savanne liegt. Begründe deine Entscheidung.

b Ordne das Klimadiagramm der Savanne dem passenden Bild 6 oder 7 zu. Benenne den Savannentyp und begründe deine Zuordnung.

Beurteilen und bewerten

6 Anbautechniken

a Beschreibe die im Foto 8 dargestellte Anbautechnik.

b Bewerte diese Technik als Möglichkeit, der Wüstenausbreitung entgegenzuwirken.

Wissen vernetzen

7 Savannentypen

Erstelle mithilfe der Begriffe (Material 4) eine Mindmap zm Thema Savannentypen (Methode Mindmap siehe Seite 233). Achte dabei auf die richtige Zuordnung der Ober- und Unterbegriffe.

7 bis 9,5 humide Monate

Feuchtsavanne

brusthohes Gras

Savannentypen

2 bis 4,5 humide Monate

Dornensträucher und Pflanzen, die Wasser speichern

Trockensavanne

Bäume mit kleinen Blättern, Laubfall zur Trockenzeit

4,5 bis 7 humide Monate

übermannshohes Gras

viele dichtbelaubte immergrüne Bäume mit großen Blättern

Dornsavanne

kniehohes Gras

4 Begriffe zur Mindmap

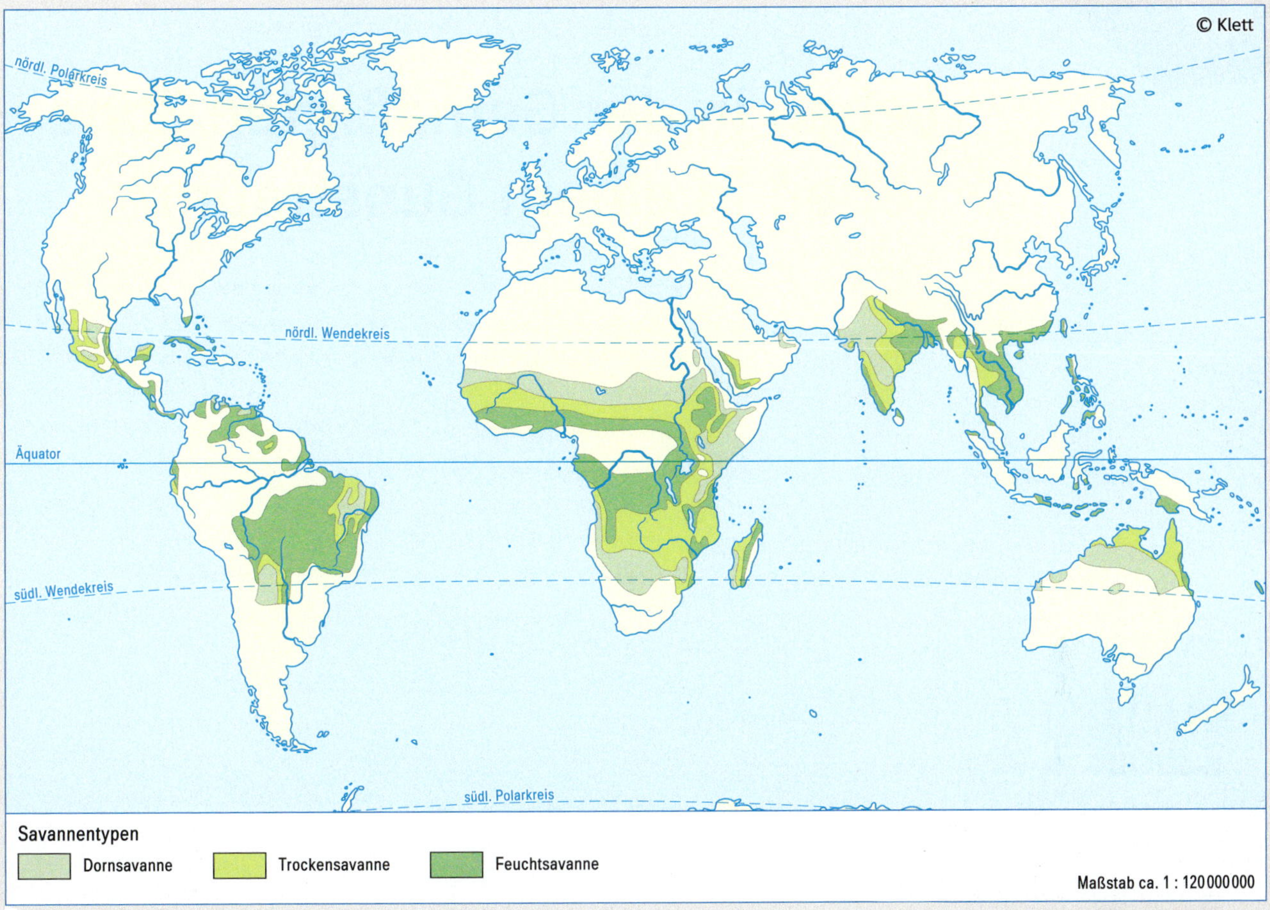

5

6

7

8

Jetzt kannst du ...

- in Gruppenarbeit eigenständig neues Wissen erarbeiten;
- ein Wirkungsgefüge erstellen;
- die verschiedenen Savannenarten beschreiben und die Unterschiede begründen;
- die Wüstenausbreitung in den Savannen erklären und Maßnahmen dagegen erläutern.

6

Leben in der Gemäßigten Zone – Leben in einem Gunstraum?

1 Landschaft in der Gemäßigten Zone im Sommer …

Die Gemäßigte Zone, in der wir leben, ist geprägt von den Jahreszeiten. Trotz des jährlichen Wechsels von warmen Sommermonaten zu teilweise frostigen Wintermonaten ist keine Zone für den Anbau zahlreicher landwirtschaftlicher Produkte so gut geeignet wie die Gemäßigte Zone. Ein genauer Blick zeigt aber, dass es innerhalb dieser landwirtschaftlichen Gunstzone große Unterschiede hinsichtlich des Klimas, der Böden und der Vegetation gibt.
Doch wieso bieten die natürlichen Voraussetzungen gerade in dieser Zone so günstige Lebensbedingungen für einen großen Teil der Weltbevölkerung? Wie verändert der Mensch diesen Raum und welche Folgen hat dies für die Natur und den Menschen?

2 … und im Winter

In der Gemäßigten Zone

Knapp die Hälfte der Weltbevölkerung lebt aktuell in der Gemäßigten Zone. Ein Grund dafür sind die natürlichen Bedingungen, die in diesem Teil der Erde herrschen. Doch wie beeinflussen diese Bedingungen das Leben und Wirtschaften in der Zone? Und gibt es Unterschiede innerhalb der Gemäßigten Zone?

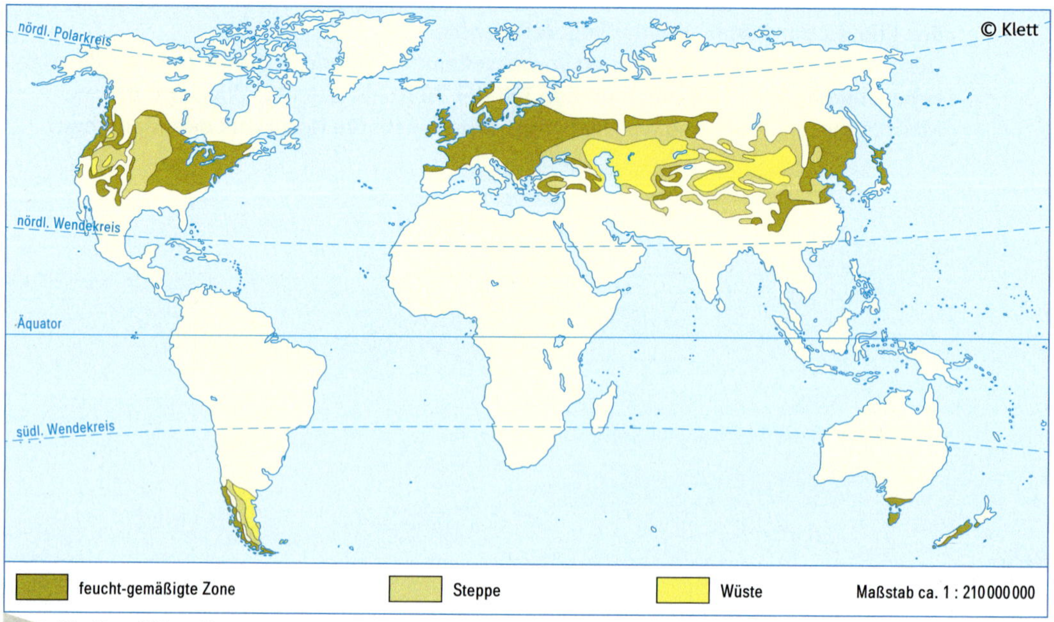

1 Die Gemäßigte Zone

Eine besondere Rolle für das Leben und Wirtschaften in der **Gemäßigten Zone** spielt das Klima. Im Gegensatz zu den Wüsten, den Tropen oder den Polarregionen ist es in der Gemäßigten Zone weder extrem trocken oder feucht noch extrem kalt oder heiß. Die klimatischen Bedingungen sind über das ganze Jahr gesehen gemäßigter – wie der Name der Zone es schon verrät.
Ebenfalls wichtig sind die Böden. Große Teile der Gemäßigten Zone verfügen über eine gute Bodenqualität. So finden sich z. B. in Börden Lössböden oder in Steppenregionen **Schwarzerden**, die sehr nährstoffreich sind und viel Wasser speichern können.
Klima und Boden bieten für die Vegetation damit besonders günstige Voraussetzungen. So waren ursprünglich Laub-, Misch- und Nadelwälder in der Gemäßigten Zone weit verbreitet. Auch für die Landwirtschaft ist die Gemäßigte Zone besonders gut nutzbar. Innerhalb dieser Zone gibt es aber auch große Unterschiede hinsichtlich Klima, Bodenqualität und Vegetation.

↜ Verdunstung Seite 30

Gemäßigt ist nicht gleich gemäßigt

Neben den Jahreszeiten beeinflusst der Atlantik das Klima in den gemäßigten Breiten Europas besonders stark. Durch den Golfstrom, eine warme Meeresströmung im Atlantik, sowie die vorherrschenden Westwinde, die vom Atlantik kommen und über Europa ziehen, ist das Wetter hier sehr wechselhaft. Je nachdem, wie groß die Distanz zum Atlantik ist, unterscheidet sich auch das Klima des Kontinentes in der Gemäßigten Zone: Man spricht von **maritimem** oder **kontinentalem Klima**.

Maritimes (ozeanisches) Klima

Wasser erwärmt sich viel langsamer als Landoberflächen, weil dazu eine erheblich höhere Menge an Wärme erforderlich ist. Gleichzeitig speichert Wasser einmal aufgenommene Wärme aber besser als das Festland. Die Meere wirken also klimatisch ausgleichend auf küstennahe Gebiete.
So sind die Temperaturunterschiede zwischen den Jahreszeiten nur gering. Durch die ständige Verdunstung des Meerwassers herrscht oft star-

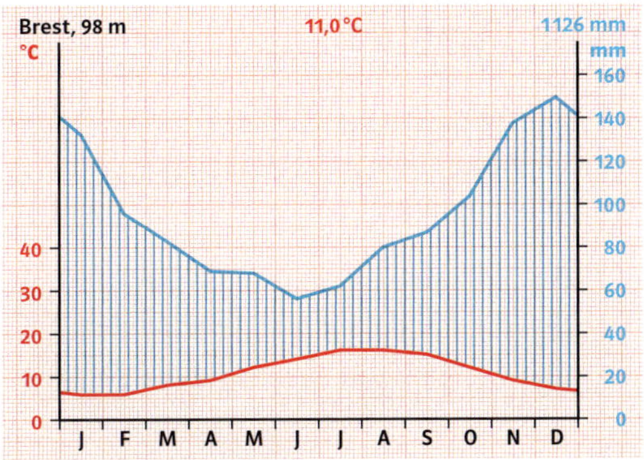

2 Klimadiagramm Brest

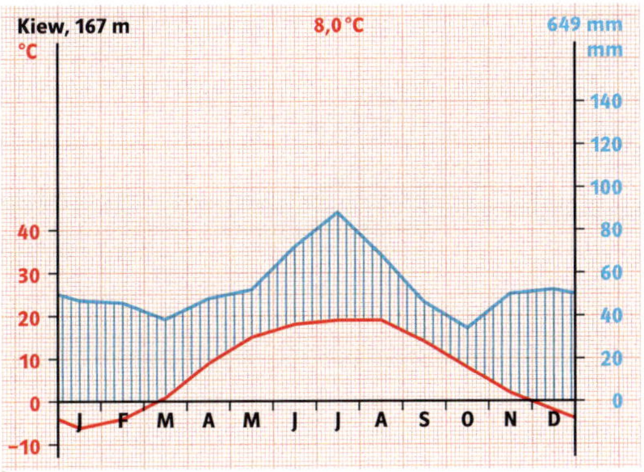

3 Klimadiagramm Kiew

ke Bewölkung. Das führt zu recht gleichmäßigen, über das Jahr verteilten Niederschlägen.

Kontinentales Klima

Der Einfluss des Meeres nimmt zum Inneren der Kontinente ab. Große Festlandsmassen können sich zwar schnell erwärmen, sie kühlen aber auch schnell wieder ab. In Gebieten mit kontinentalem Klima kommt es zu langen, kalten Wintern und kurzen, teils recht heißen Sommern. Aufgrund der trockenen Luft gibt es nur wenig Bewölkung und geringe Niederschläge.

Anna B. Folgen

#typischer_Wintertag

So wie jedes Jahr hier in #Brest … 8 °C, Nieselregen und stürmisch ;-)

15.2.2019

Igor F. Folgen

#typischer_Wintertag

Heute war es wieder sehr kalt, so wie eigentlich immer bei uns im Winter. Trockene Kälte bei −12 °C. Viele Grüße aus #Kiew

15.2.2019

4 Fiktive Twitter-Nachrichten

SP Tipp

Begründen
→ Aufgabe 2

- Weil in der Gemäßigten Zone das Klima …
- Da zudem auch die Böden …
- Dadurch sind die Bedingungen für die …
- Das kommt schließlich …

↖ Vegetationszeit Seite 32

1 Beschreibe in Stichpunkten die Lage der Gemäßigten Zone auf der Erde (Karte 1, Atlas).

2 SP Warum gilt die Gemäßigte Zone als Gunstraum für den Menschen? Begründe.

3 Das Wachstum der meisten Pflanzen findet in der sogenannten Vegetationsperiode statt, wenn Temperaturen über 5 °C und ausreichende Wasserversorgung gegeben sind.

A Ermittle die Vegetationsperiode in Brest und in Kiew (Diagramme 2 und 3).

B Erläutere anhand der Diagramme 2 und 3, inwieweit die Gemäßigte Zone ein Gunstraum ist.

4 Erkläre folgende Aussage: „Der Atlantik wirkt auf Europa im Winter wie eine Wärmflasche und im Sommer wie ein Kühlakku.“

5 Erkläre, warum die Twitter-Nachrichten von Anna und Igor zu einem typischen Wintertag so unterschiedlich sind.

Tiefdruckgebiete prägen unser Wetter

Zyklone
Eine Zyklone ist ein durchziehendes oder „wanderndes“ Tiefdruckgebiet.

↜ Wolken Seiten 30/31

Die Tiefdruckgebiete (Zyklonen), die vom Atlantik aus dem Westen auf den europäischen Kontinent ziehen, bestimmen oftmals unser Wetter. Wie macht sich der Durchzug eines solchen Tiefdruckgebietes typischerweise bemerkbar?

1 Eine Front im Anmarsch

Der Atlantik als „Wetterküche“

Der Geburtsort der **Tiefdruckgebiete**, die über Mitteleuropa hinwegziehen, liegt meist über dem Nordatlantik. Mit dem Westwind ziehen diese Tiefdruckgebiete normalerweise über den europäischen Kontinent hinweg. Überquert ein solches Tief Mitteleuropa, zeigt der Wetterablauf eine charakteristische Abfolge, die mit den Wettervorgängen an der **Warmfront** und **Kaltfront** erklärt werden kann.
An der Vorderseite des Tiefs gleitet warme Luft auf die vor ihr liegende kältere, schwerere Luft auf und wird dadurch angehoben. Die warme Luft kühlt dabei ab, Kondensation setzt ein und es bilden sich zunächst hakenförmig aufgebogene Federwolken (Cirrus) als erste Zeichen einer nahenden Warmfront. Dann entstehen Schichtwolken (Stratus, Nimbostratus), aus denen es anhaltend regnen kann.
Nach dem Durchzug der Warmfront kann es zum Auflösen der Wolkendecke kommen. Warmluft aus südlicher Richtung fließt in den warmen Bereich ein und steigt in große Höhen auf, sodass es wieder zur Wolkenbildung und eventuell zu örtlich schauerartigem Niederschlag kommen kann.
Mit der folgenden Kaltfront wird rasch die Warmluft nach oben verdrängt. Hoch reichende Haufenwolken (Cumulus) entstehen. Starke Schauerregen mit großen Tropfen und teilweise Hagelbildung sind die Folge. Auch Gewitter gehören dazu. Nach dem Durchzug der Kaltfront hat man oft eine hervorragende Fernsicht aufgrund der klaren Luft.

SP Tipp

Wetterlage beschreiben
→ Aufgabe 3
- Das Tiefdruckgebiet liegt über …
- Das Wolkenband der Warmfront …
- Die Kaltfront befindet sich …
- Demnach beeinflusst die Warmluft …
- Unter Kaltlufteinfluss befinden sich dagegen …

1 SP
Übertrage die Grafik 4 in dein Heft und ergänze an den passenden Stellen die Informationen zur Abfolge des Wetterverlaufs aus dem Text.

2 ⚿
An einer Kaltfront fällt häufig Starkregen. Erkläre.

3 SP ⚿
Vergleiche das Satellitenbild 2 vom 07.05.2019 und die Grafik 3 einer Zyklone.
A Verfasse einen Wetterbericht für Europa am 07.05.2019.
B Beschreibe mithilfe des Textes die Wetterlage in Europa am 07.05.2019.

2 Satellitenbild einer Zyklone

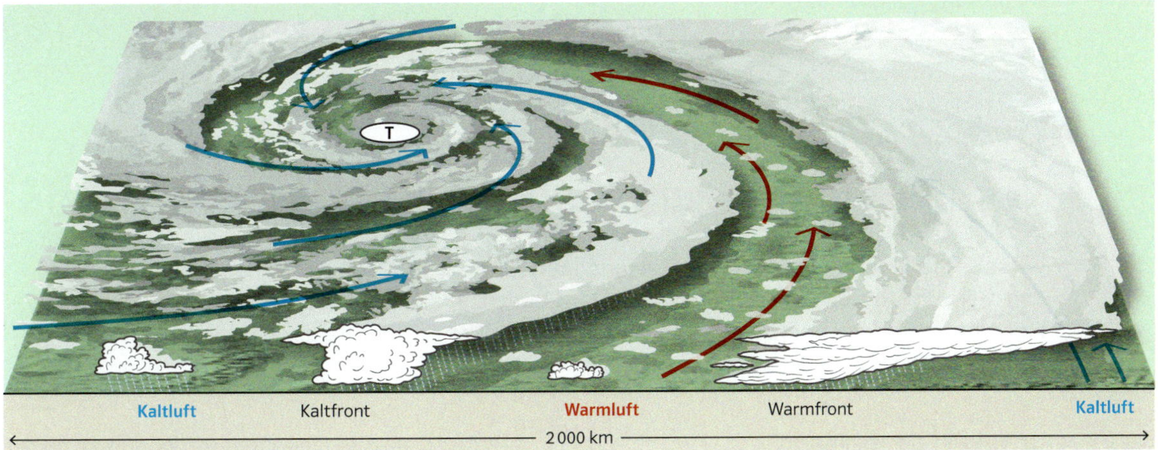

3 Grafik einer Zyklone

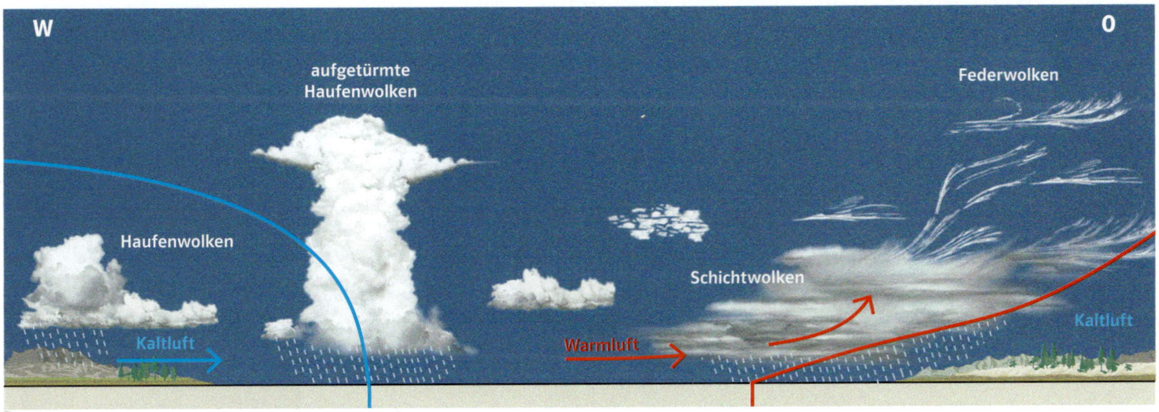

4 Luft und Wolkenformen einer Zyklone

4

Erstelle eine Wetterprognose für Deutschland für den 07.05.2019.

5 MK

Beobachte die aktuelle Bewölkung am Himmel.

a) Bestimme mithilfe der Grafik 4, welche Wolkentypen zu sehen sind.

b) Stelle Vermutungen zum aktuellen Wettergeschehen an. Berücksichtige hierzu auch andere Wetterinformationen, wie Temperatur, Wind, Windrichtung oder Niederschlag.

c) Überprüfe deine Vermutungen: Informiere dich mithilfe des Internets über die aktuelle Wetterlage. Nutze hierzu auch Satellitenbilder.

1 Ursprüngliche Landschaft

Von der Wildnis zum Kulturland

Wildnis, Urwälder, ungezähmte Flüsse und unberührte Natur – diese Begriffe fallen den meisten Menschen nicht ein, wenn sie an Deutschland denken. Doch so sah es hier, wie im übrigen Europa, tatsächlich früher aus. Wie veränderte der Eingriff des Menschen diesen Teil der Erde?

Urwald in Deutschland?

Vor etwa 6000 Jahren war Deutschland nur dünn besiedelt. Dichte Laubwälder bedeckten das Land und wurden von Flüssen und Bächen durchzogen. Die Flüsse flossen abhängig vom Gefälle und den natürlichen Gegebenheiten wild verzweigt.

Bis zu dieser Zeit waren die Menschen noch Jäger und Sammler. Dann änderten sie ihren Lebensstil: Sie wurden sesshaft, gründeten Siedlungen und begannen, die Flächen am Rande ihrer Siedlungsgebiete und in den Mittelgebirgen zu roden und Waldland in Ackerland umzuwandeln.

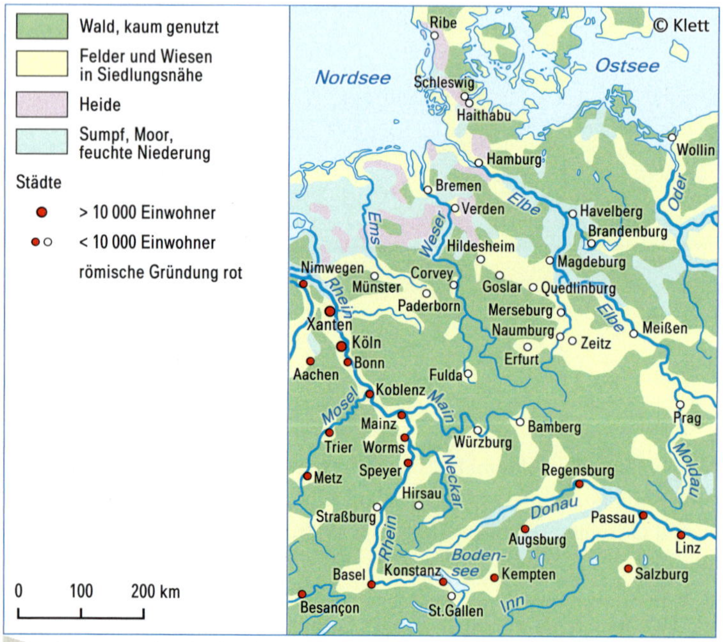

2 Natur- und Kulturlandschaft um 1000

1
Notiere in Stichpunkten, wie sich die Landschaft verändert hat.

2
Erstelle mithilfe deiner Stichpunkte eine Mindmap zu den Veränderungen der ursprünglichen Landschaft und den Folgen der Landschaftsveränderungen.

3 Vom Menschen geprägte Landschaft

Forste

Ende des 18. Jahrhunderts erkannten einige Förster, dass man die Wälder nur durch eine nachhaltige Bewirtschaftung wieder aufbauen konnte.
Nachhaltigkeit bedeutet in diesem Fall, dass nur so viel Holz geschlagen werden darf, wie auch wieder nachwächst. Zu Beginn des 19. Jahrhunderts begannen großflächige Aufforstungen. So konnten kahle Flächen schnell wieder begrünt werden – die meisten unserer heutigen Wälder entstanden.

Veränderungen im Industriezeitalter

Als im 19. Jahrhundert in Deutschland das Industriezeitalter begann, wuchsen die Städte und Verkehrswege. Der Mensch griff auch in den Abfluss der Flüsse ein, um die Schifffahrt zu vereinfachen. Von der ursprünglichen Natur war jetzt kaum etwas übrig geblieben.

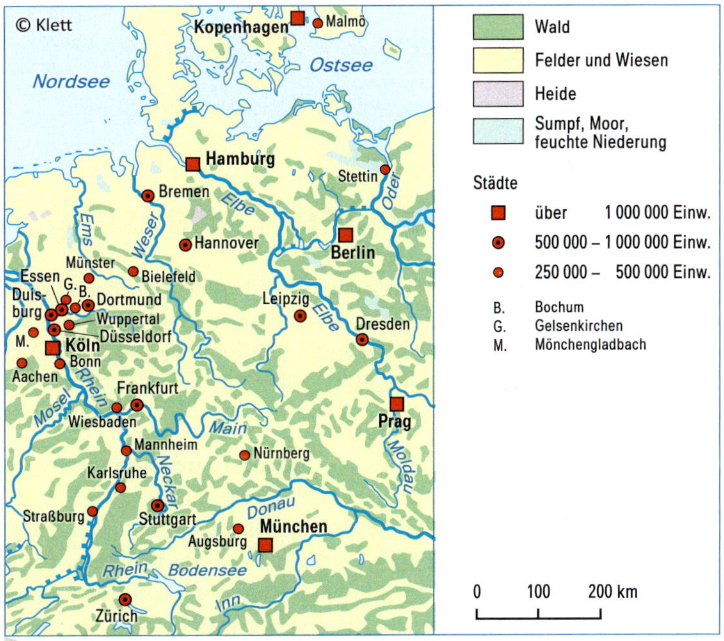

4 Natur- und Kulturlandschaft heute

3
Die Veränderung der Landschaft ist nicht folgenlos geblieben:
A SP Schreibe einen Bericht über die Folgen der Veränderung für eine Schülerzeitung.
B MK Recherchiere im Internet zu einst in Deutschland heimischen Tierarten, die heute ausgestorben sind. Erstelle eine Liste.

4
Mit Nationalparks wird versucht, besonders schützenswerte Regionen großflächig zu bewahren. Der Mensch greift hier nicht in die Natur ein und versucht dadurch die ursprünglichen Bedingungen wiederherzustellen.
a) Benenne mithilfe des Atlas die Nationalparks in Deutschland und beschreibe deren Lage.
b) Vergleiche die Fläche der Nationalparks mit der Gesamtfläche Deutschlands.
c) Benenne Argumente für und gegen eine Vergrößerung der Nationalparks in Deutschland.
d) Bewerte die Bemühungen zum Schutz der ursprünglichen Landschaft in Deutschland.

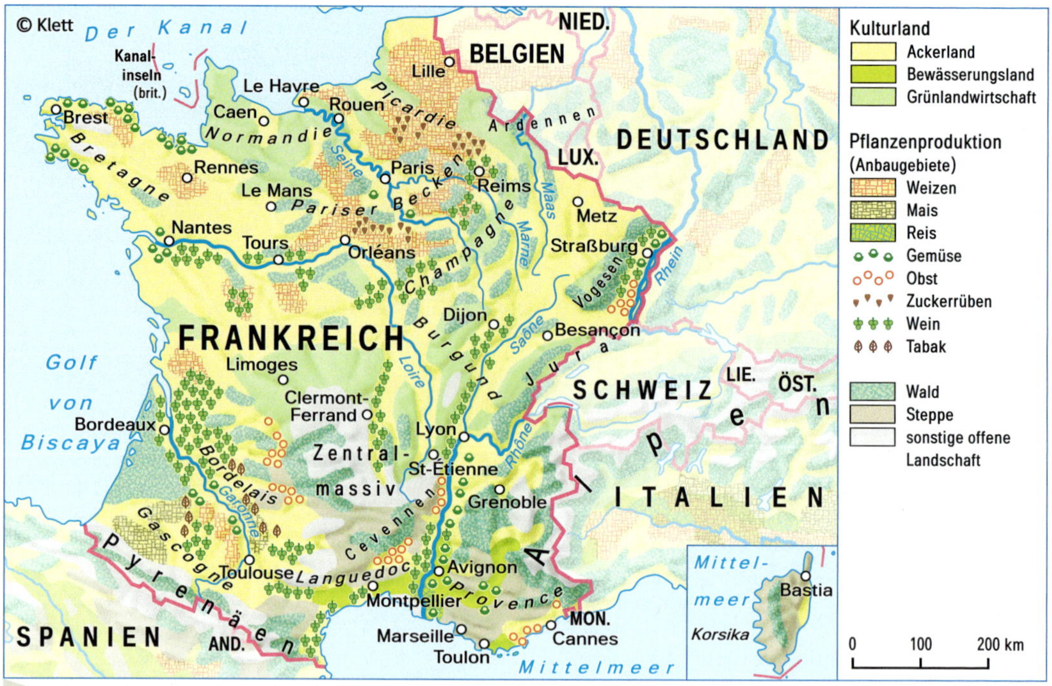

1 Frankreich – landwirtschaftliche Nutzung

Kulturland – intensiv genutzt

Von Frankreich bis zur Ukraine – aufgrund der günstigen Bedingungen ist es in großen Teilen der Gemäßigten Zone möglich, intensive Landwirtschaft zu betreiben. Doch gibt es von Region zu Region auch Unterschiede hinsichtlich der Anbauweise und der Anbauprodukte.

Frankreich – vielfältige Landwirtschaft

Käse, Wein, Baguette – wer an Frankreich denkt, verbindet unser Nachbarland häufig mit gutem Essen. Tatsächlich werden 53 Prozent der Fläche Frankreichs landwirtschaftlich genutzt. Hier werden je nach natürlichen Bedingungen wie Klima und Bodenqualität verschiedene Produkte erzeugt. Frankreich hat damit den größten Anteil an der landwirtschaftlich genutzten Gesamtfläche der EU. Weltweit ist Frankreich außerdem einer der größten Exporteure von landwirtschaftlichen Produkten.

An das Klima angepasst

Dass große Teile Frankreichs landwirtschaftlich genutzt werden können, liegt in erster Linie an den günstigen klimatischen Bedingungen. Mit Ausnahme der Mittelmeerregion und der Gebirge herrscht ein vorwiegend gemäßigtes **maritimes Klima**. Auch das maritime Mittelmeerklima ermöglicht es, landwirtschaftliche Produkte anzubauen. Je nach natürlichen Bedingungen können so verschiedene **Kulturpflanzen** wie Obst und Gemüse, Weizen, Kartoffeln oder Wein in großen Mengen angebaut werden oder es wird Vieh- und Weidewirtschaft betrieben.
Diese vielfältige und intensive Nutzung der Landschaft hat dafür gesorgt, dass große Teile des Landes heute vom Menschen geprägtes Kulturland sind.

Ukraine – die Steppe als Kornkammer

Die meeresfernen Gebiete der Gemäßigten Zone sind von **Steppen** geprägt. Das sind baumlose, meist ebene Graslandschaften. Das Klima hat zur Entstehung der Steppen entscheidend beigetragen. Je kontinentaler das Klima und je kürzer die Vegetationsperiode, desto schlechter können Bäume wachsen. Stattdessen behaupten sich Gräser. Sie sind besser an Kälte und Trockenheit angepasst.

2 Ukraine – landwirtschaftliche Nutzung

Gräser benötigen nur wenig Wasser, das sie mit ihrem dichten und tiefen Wurzelgeflecht selbst in der Trockenzeit erreichen.

Böden der Steppe

Die für die Steppe typischen Böden sind die **Schwarzerden** (Tschermoseme). Sie zählen zu den fruchtbarsten Böden der Welt. Schwarzerden bilden sich, weil die oberflächlichen Teile der Gräser im Sommer fast vollständig vertrocknen und viel organisches Material anfällt. Dieses zersetzt sich nur langsam, sodass sich immer mehr fruchtbarer Humus anreichert, der sehr locker ist und viel Feuchtigkeit speichern kann. In der Ukraine sind etwa drei Viertel der Böden Schwarzerden – kein anderes Land der Erde hat einen größeren Anteil. Diese günstigen Bedingungen ermöglichen hier, intensiven Ackerbau zu betreiben.

Weizenanbau in der Ukraine

Das Hauptanbauprodukt in der Ukraine ist Weizen. Dieser braucht neben nährstoffreichen Böden viel Niederschlag in der Wachstumszeit und Trockenheit in der Reifephase. Im Vergleich zu anderen landwirtschaftlichen Anbauprodukten kann eine besondere Weizenform, der Winterweizen, längere trockene Phasen sowie kalte Winter besser überstehen.

1 ♀♀

Bearbeitet arbeitsteilig die Aufgaben a und b zu beiden Ländern:

A Frankreich,
B Ukraine.

a) Benenne Gründe, die es erlauben, die Gemäßigte Zone intensiv und vielfältig landwirtschaftlich zu nutzen.
b) Werte die Karte 1 oder 2 aus: Beschreibe die natürlichen Voraussetzungen und die landwirtschaftliche Nutzung. Nutze hierzu auch die Informationen auf Seite 108/109 und deinem Atlas.
c) Vergleicht gemeinsam eure Ergebnisse.

2

Beurteile, inwieweit die intensive landwirtschaftliche Nutzung in Europa nachhaltig ist. Nutze hierzu auch die Informationen auf Seite 112/113.

Lernen an Stationen: Probleme und Möglichkeiten der Nutzung der Gemäßigten Zone

Wenn komplizierte Sachverhalte untersucht werden, z. B. die Frage nach den Problemen und Möglichkeiten der nachhaltigen Nutzung der Gemäßigten Zone, sind viele Aspekte zu beachten. Mithilfe der Methode „Lernen an Stationen“ können verschiedene Themen zunächst einzeln betrachtet und im Anschluss miteinander verknüpft werden. Die Arbeitsschritte zeigen euch, wie ihr dabei am besten vorgeht.

Die Gemäßigte Zone ist ein vielfältiger Lebensraum. In den vorherigen Stunden hast du hierzu Grundlagen kennengelernt. Doch welche Besonderheiten der intensiven Nutzung lassen sich erkennen, welche Probleme sind damit verbunden und welche Möglichkeiten der nachhaltigen Nutzung gibt es? Um dies zu untersuchen, bietet es sich an, die nachfolgenden Themen an verschiedenen Stationen im Klassenraum zu bearbeiten.

1

Material
Laufzettel
7574ch

Zu den Stationen

Die Stationen A–D sind Pflichtstationen und behandeln die folgenden Themen:

A Landwirtschaftliche Nutzung – Probleme und Alternativen
B Im Glashaus: natürliche Grenzen überwinden?
C Gefährdung durch Extremereignisse
D Hochwasservorsorge

Die Stationen E und F sind Zusatzstationen, die je nach Möglichkeit in der Klasse bearbeitet werden können:

E Die Gemäßigte Zone im Labor
F Die Gemäßigte Zone digital erkunden

2

Tipps zum Vorgehen

– Notiert, wenn einzelne Stationen miteinander verknüpft sind.

– Legt Schülerteams fest, die für den Aufbau und Abbau der Stationen zuständig sind.

– Nutzt nach Absprache weitere Hilfsmittel (z. B. Atlas, Smartphones), um zusätzliche Informationen zu den Themen zu erhalten.

– Nutzt einen Laufzettel, in dem ihr abhakt, welche Stationen ihr bereits bearbeitet habt.

– Nutzt euer Grundlagenwissen zur Gemäßigten Zone, um die Fragen zu beantworten.

3

1. Schritt: Arbeitsregeln festlegen

Bevor ihr beginnt, solltet ihr gemeinsame Regeln für die Arbeit an den Stationen festlegen, z. B.:

- Aufgabenstellung sorgfältig beachten.
- Einmal begonnene Arbeiten an einer Station nicht abbrechen, sondern zu Ende führen. Angefangene Stationen in der nächsten Stunde zuerst beenden.
- Andere nicht beim Arbeiten stören.
- Nach Beenden einer Station den Laufzettel ausfüllen.

2. Schritt: Stationen aufbauen

- Im Klassenraum werden Tische und Stühle so aufgestellt, dass Gruppenarbeit möglich ist.
- Legt an jeder Station mehrere Erdkundebücher aus. Die aufgeschlagene Doppelseite zeigt das jeweilige Thema an.
- Achtet darauf, dass die Materialien bereit liegen, die ihr benötigt, um die Aufgaben zu bearbeiten.

3. Schritt: An den Stationen arbeiten

- Es kann mit jeder Station begonnen werden. Die Reihenfolge könnt ihr selbst bestimmen.
- Bearbeitet die Aufgaben, die auf den Doppelseiten aufgeführt sind.
- Markiert auf eurem Laufzettel die Stationen, die ihr bearbeitet habt.

4. Schritt: Stationen verknüpfen

- Verbindet die Ergebnisse der einzelnen Stationen miteinander (z. B. mithilfe eines Wirkungsgefüges).
- Beantwortet abschließend die Leitfragen.

↩ Wirkungsgefüge erstellen Seiten 100/101

5. Schritt: Ergebnisse präsentieren und gemeinsam besprechen

- Stellt eure Arbeiten den anderen vor und erörtert die Ergebnisse.

4

Lernen an Stationen

A Landwirtschaftliche Nutzung – Probleme und Alternativen

Flächenverbrauch, Überdüngung, Pestizide, Erosion – die intensive Nutzung der Gemäßigten Zone bringt viele Probleme für Mensch und Umwelt mit sich. In den vergangenen Jahren wurden daher vermehrt Alternativen zur konventionellen Landwirtschaft gesucht. Doch ist eine Abkehr von der bisherigen intensiven Nutzung überhaupt möglich? Und wie nachhaltig sind die Alternativen?

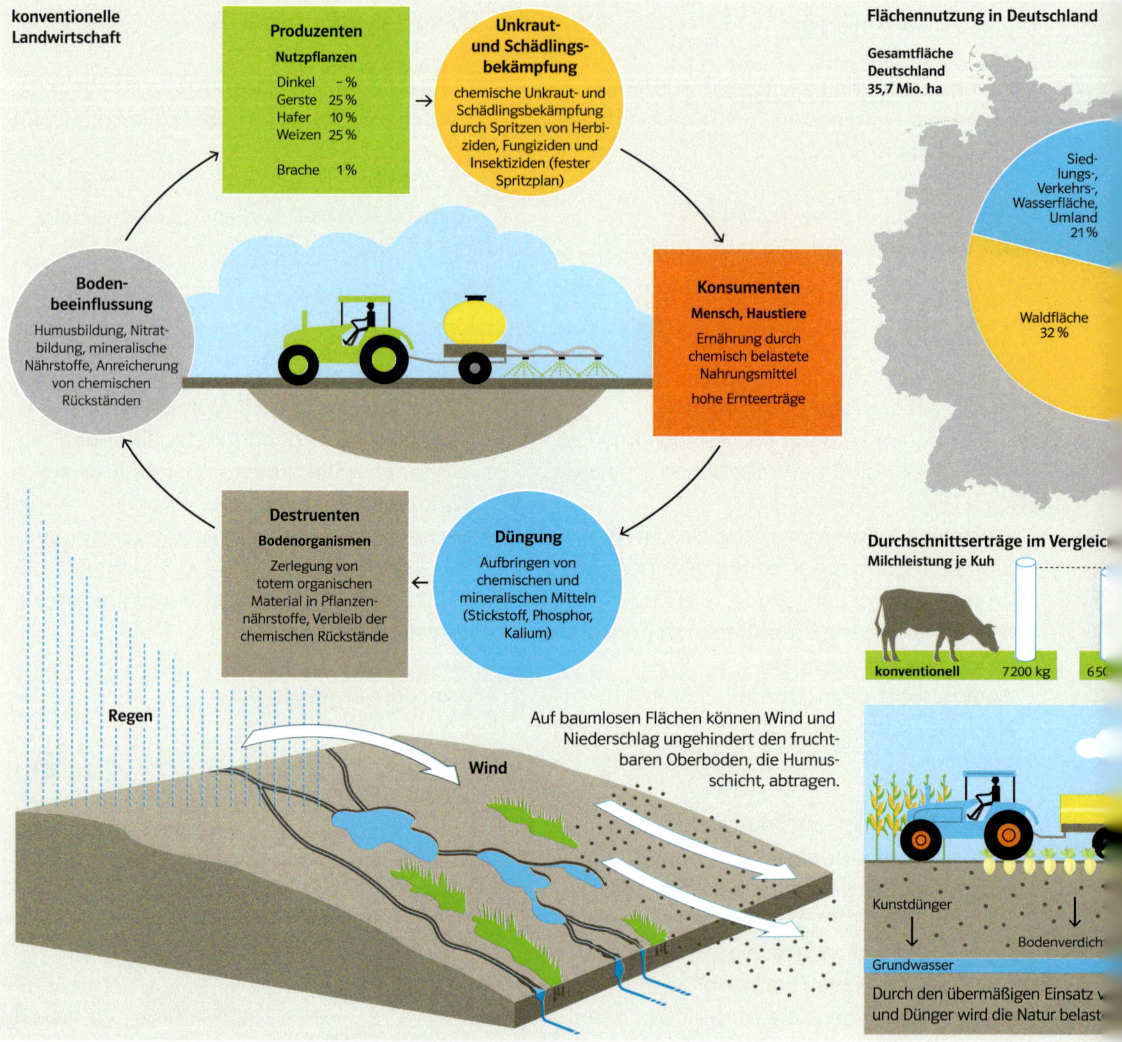

1

1 Benenne Eigenschaften und Besonderheiten der konventionellen und der ökologischen Landwirtschaft. Erstelle eine Tabelle mit Stichpunkten.

2 Vergleiche die konventionelle und die ökologische Landwirtschaft und halte jeweils Vorteile und Nachteile fest.

Wirkungsgefüge
Seiten 100/101

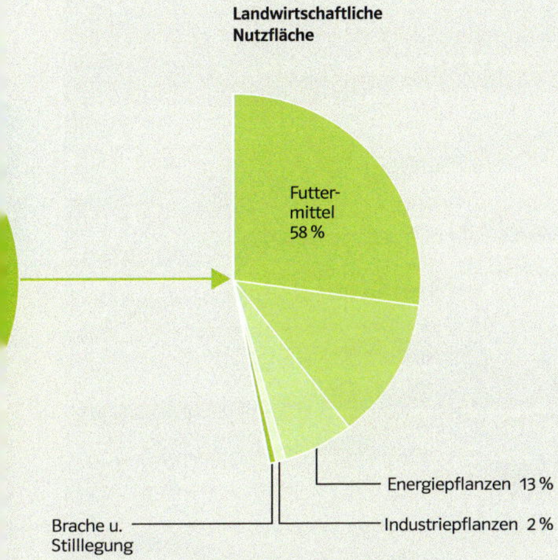

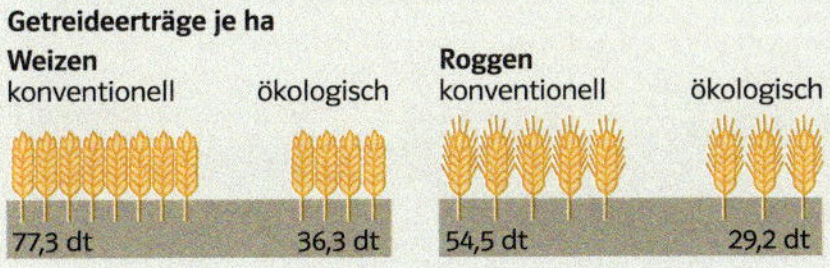

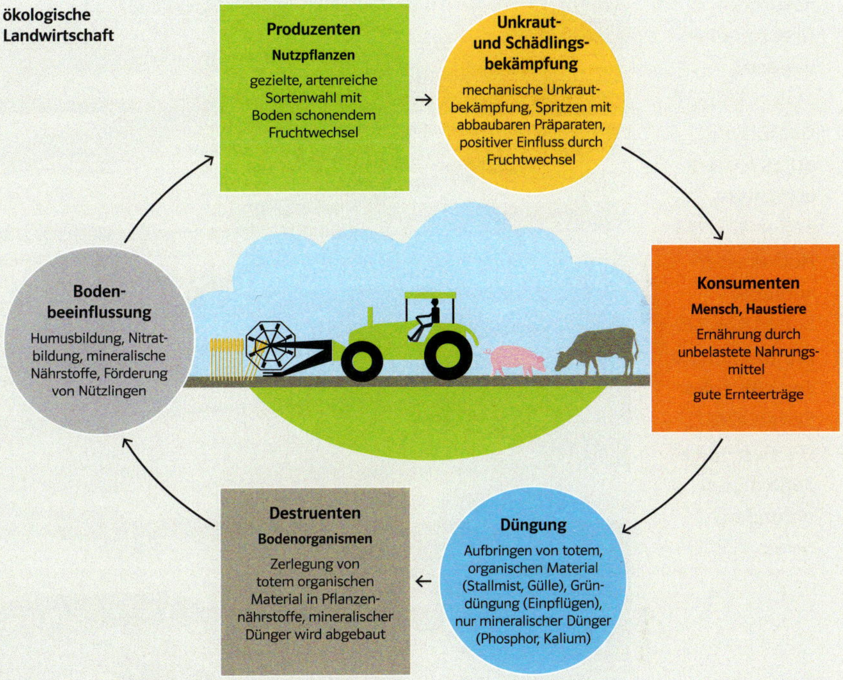

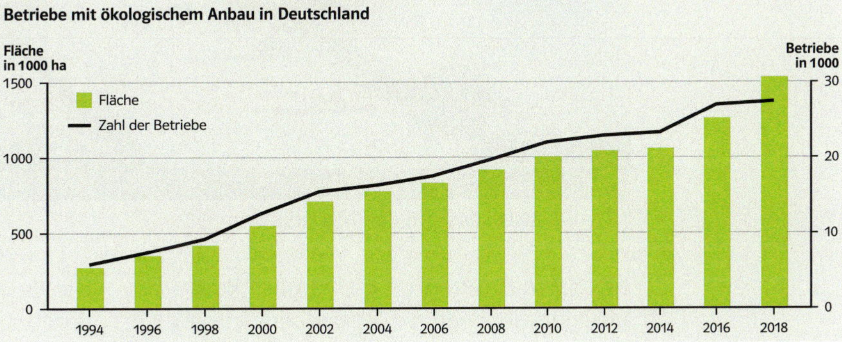

3

A Erstelle ein Wirkungsgefüge zur ökologischen Landwirtschaft und den damit verbundenen Problemen.

B Erstelle ein Wirkungsgefüge zur konventionellen Landwirtschaft und den damit verbundenen Problemen.

4

Die Forderungen nach einer Abkehr von der konventionellen Landwirtschaft nehmen zu. Es gibt aber auch Gegenstimmen.

a) SP Schreibe ein Streitgespräch zwischen Befürwortern und Gegnern der konventionellen Landwirtschaft in Europa.

b) Nimm mit Blick auf die Nachhaltigkeit Stellung zu der Streitfrage.

B Im Glashaus: natürliche Grenzen überwinden?

Die Niederlande sind heute weltweit einer der größten Exporteure landwirtschaftlicher Produkte. Dabei herrschen in dem kleinen Land im Westen Europas für viele der Produkte keine günstigen Anbaubedingungen. Wie ist der Erfolg der niederländischen Landwirtschaft zu erklären?

1 Gewächshäuser in den Niederlanden

Intensive Produktion auf engem Raum

Die Landwirtschaft der Niederlande gilt als eine der technisch modernsten weltweit. Ein Grund dafür ist die Knappheit der Flächen, die die Niederländer immer wieder zu neuen Ideen und Innovationen getrieben hat. Aus der Not machten die Niederländer eine Tugend. Sie entwickelten in der Vergangenheit verbesserte Anbautechniken wie das Precision Farming: Eine verbesserte Wasser- und Nährstoffzufuhr, zusätzliches Licht und Gewächshäuser sind dabei als hoch technisierte Anbauverfahren Standard.

Teile der Niederlande gleichen daher heute aus der Luft betrachtet einem Meer aus Glas. 2017 nahmen Gewächshäuser eine Fläche von etwa 5 000 ha ein. Gleichzeitig stieg der Ertrag in den vergangenen 25 Jahren stetig an, z. B. für Tomaten von 40 kg auf durchschnittlich über 50 kg je Quadratmeter. Und die Entwicklung geht weiter: Neue Verfahren wie das platzsparende Vertical Farming sind möglicherweise zukunftsweisend für die Landwirtschaft.

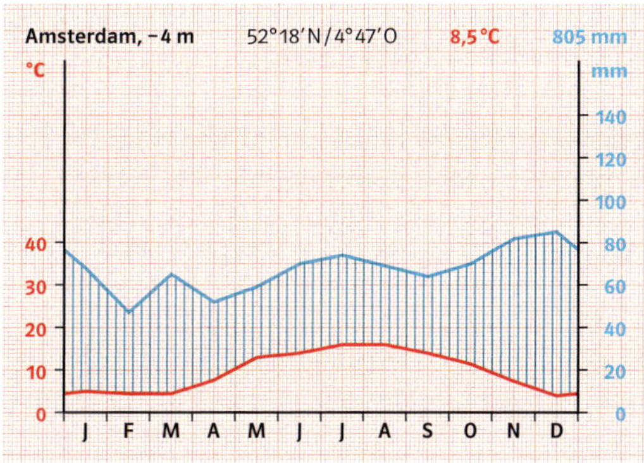

2 Klimadiagramm Amsterdam

Standortansprüche Tomate

- warme sonnige Standorte > 14 °C
- lockere, nährstoffreiche Böden
- großer Wasserbedarf
- Schutz vor direktem Regen

4

↜ **Klimadiagramme auswerten Seiten 32/33**

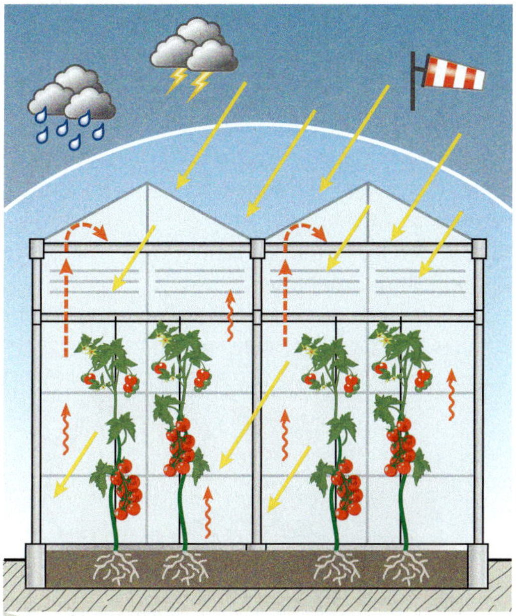

3 Wie ein Gewächshaus funktioniert

5 Vertical Farming

Precision Farming
präzise, intensive Landwirtschaft

Vertical Farming
vertikale (mehrgeschossige) Landwirtschaft

1
Arbeite mit den Materialien und dem Atlas:
a) Beschreibe die Lage der Niederlande in Europa.
b) Vergleiche Landesgröße und landwirtschaftliche Nutzung der Niederlande mit der von Frankreich sowie der Ukraine.
c) Erläutere, mit welchen Maßnahmen die Niederlande trotz der geringen Landesgröße zu einem der weltweit größten Exporteure von landwirtschaftlichen Produkten wurden.

2
Tomatenanbau in den Niederlanden?
a) Beschreibe das Klima in den Niederlanden.
b) Beurteile, ob die klimatischen Bedingungen in den Niederlanden geeignet für den Anbau der Tomatenpflanze sind.

3 SP
„Gewächshäuser machen's möglich!" Erläutere die Aussage zum Tomatenanbau in den Niederlanden mithilfe der nachfolgenden Begriffe: Vegetationsperiode, Klima, Temperaturen, Jahreszeiten, landwirtschaftliche Produkte, Gewächshaus, Standortansprüche, Tomate, Sonnenstrahlen, Niederschläge.

C Gefährdung durch Extremereignisse

Auch in der Gemäßigten Zone treten immer wieder Wetterextreme auf, die schwere Schäden anrichten. Mächtige Schneefälle, gewaltige Stürme, Hochwasser und anhaltende Trockenheit sind Beispiele hierfür. Welchen Anteil hat der Mensch an den immer häufiger auftretenden Extremereignissen? Und mit welchen Maßnahmen können wir uns davor schützen?

→ Klimawandel Seiten 194 – 213

Dürre und Hochwasser in Deutschland

Die Klassensprecher Nils und Lisa der Klasse 7a des Geschwister-Scholl-Gymnasiums im Interview mit dem Geographen Matthias Rathke:

Lisa: Herr Rathke, in den letzten Jahren gab es gefühlt häufiger **Dürre** und **Hochwasser** in Europa. Sind das typische Ereignisse in der Gemäßigten Zone?
Rathke: Solche Ereignisse gibt es tatsächlich regelmäßig. Das Jahr 2018 war allerdings ein Jahr der Wetterextreme in Deutschland und ganz Europa. Starkregen und anhaltende Trockenheit sorgten vielerorts für große Schäden.
Nils: Welche Ursachen haben diese Wetterextreme?
Rathke: Die Ursachen dieser Extreme sind vielfältig. Neben natürlichen Faktoren hat auch der Mensch einen entscheidenden Einfluss darauf, dass extreme Wetterereignisse auftreten: zum einen durch seinen Anteil am weltweiten Klimawandel, zum anderen durch Eingriffe in die ursprüngliche Landschaft.
Nils: Können Sie ein Beispiel nennen?
Rathke: Klar. Häufig kommt es in Deutschland zu andauerndem Starkregen, der Flüsse anschwellen lässt. Durch den Eingriff des Menschen in die natürlichen Flussläufe kann es dann häufiger zu Hochwasser kommen.
Lisa: Und welche Probleme verursacht Dürre?
Rathke: So wie Starkregen ist auch extreme Trockenheit sehr gefährlich. Im Jahr 2018 herrschte in Deutschland und weiten Teilen Europas eine extreme Dürre – mit schweren Folgen für Mensch und Natur: Ernteausfälle, absterbende Bäume, Wasserknappheit und Waldbrände.
Lisa: Und daran ist wieder der Mensch Schuld?
Rathke: Das ist eine schwierige Frage. Jedenfalls hat der Mensch einen Anteil daran, denn die vom Menschen geschaffene **Kulturlandschaft** verstärkt derartige Probleme. Durch die intensive Nutzung ist der Wasserhaushalt teilweise gestört, da Wälder gerodet wurden und die Böden weniger Wasser speichern können. Außerdem werden heute in der Land- und Forstwirtschaft in weiten Teilen **Monokulturen** angelegt. Das bedeutet, dass großflächig nur eine Anbaupflanze, z.B. Mais oder Fichten, gepflanzt wird. Solche Monokulturen sind oft anfälliger für Trockenheit.
Nils: Vielen Dank für das Interview.
Rathke: Gern geschehen.

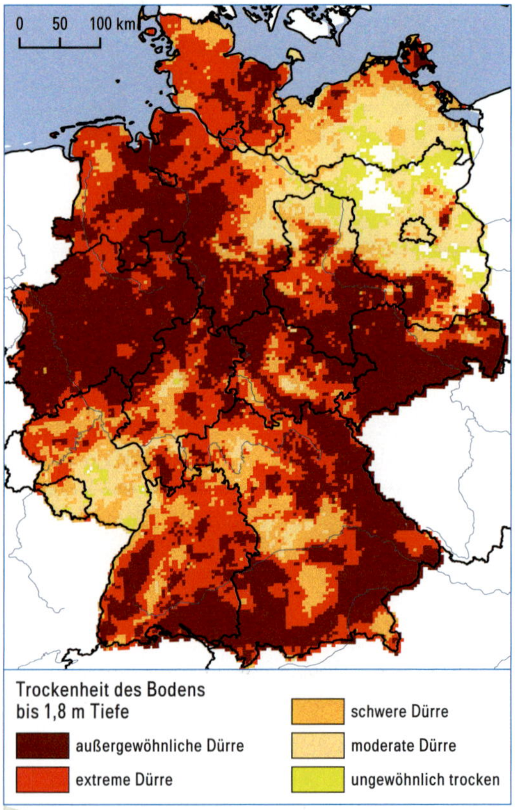

1 Dürre im September 2018

2 Hochwasser an der Elbe

3 Trockenheit am Rhein

Jahrhundertflut 2002

„Besonders in Sachsen und Böhmen [Tschechien] gab es im August 2002 ungewöhnlich starke Regenfälle. So wurden am 12. und 13. August 2002 in Zinnwitz im Erzgebirge in nur zwei Tagen Spitzen-Niederschläge von bis zu 350 Litern pro Quadratmeter gemessen – so viel wie normalerweise in einem halben Jahr. Solche Wassermengen konnte der Boden nicht aufnehmen. Die kleineren Flüsse der Region, die in Elbe oder Mulde münden, schwollen innerhalb von Stunden auf ein Mehrfaches ihrer Größe an, rissen Brücken weg, unterspülten Straßen und beschädigten Häuser. [...] ganze Dörfer waren von der Außenwelt abgeschnitten.
Hunderttausende von Menschen verloren durch das Hochwasser ihren Besitz."

Christina Lüdeke: Hochwasser an der Elbe. In: www.planet-wissen.de vom 18.06.2019 (29.01.2020)

4

Viel zu wenig Regen – viel zu trocken

„Normalerweise sollte es durchschnittlich 239 Liter pro Quadratmeter [im Jahr] regnen. Im Sommer 2018 regnete es durchschnittlich nur 54 Prozent dieser Menge, an manchen Orten erreichten die Niederschläge nicht einmal 50 oder 30 Prozent: Mit rund 130 l/m² war dieser Sommer nach 1911 der zweittrockenste. [Viele] Regionen hatten viel weniger Niederschläge zu beklagen als üblich. Die Folge: ausgedörrte Böden, vertrocknende Bäume und Pflanzen, schlechte Ernteergebnisse und vielerorts Wassermangel, zudem erhöhte Waldbrandgefahr und große Feuer, wie in Brandenburg."

Sommer-Wetter 2018: Extrem heiß, extrem trocken. In www.br.de vom 30.8.2018 (29.01.2020)

5

1 Erstelle ein Schaubild zu den Folgen von Hochwasser und extremer Trockenheit.

2 Erläutere den Einfluss des Menschen auf die Gefährdung durch
A Hochwasser,
B Dürre.

3 SP MK
Verfasse mithilfe des Interviews einen Social-Media-Beitrag zum Thema Extremereignisse. Gehe dabei auch auf Probleme und Handlungsmöglichkeiten deiner Heimatgemeinde ein.

4 Nicht alle Regionen in Deutschland sind gleichermaßen durch Extremereignisse gefährdet:
a) Benenne mithilfe des Atlas die Bundesländer, die besonders von der Jahrhundertflut 2002 betroffen waren.
b) Erläutere die unterschiedliche Ausprägung der Dürre 2018 in Deutschland (Karte 1).

Lernen an Stationen

D Hochwasservorsorge

Die vielen Eingriffe in den Naturhaushalt führen zu Problemen bei lang andauernden und ergiebigen Niederschlägen. Anders als in der Vergangenheit gibt es nicht mehr genug Flächen, die das Wasser aufnehmen bzw. speichern können.
Technische Fortschritte haben aber auch geholfen, das Wasser im Überfluss besser zu beherrschen. Welche Möglichkeiten der Hochwasservorsorge gibt es heute?

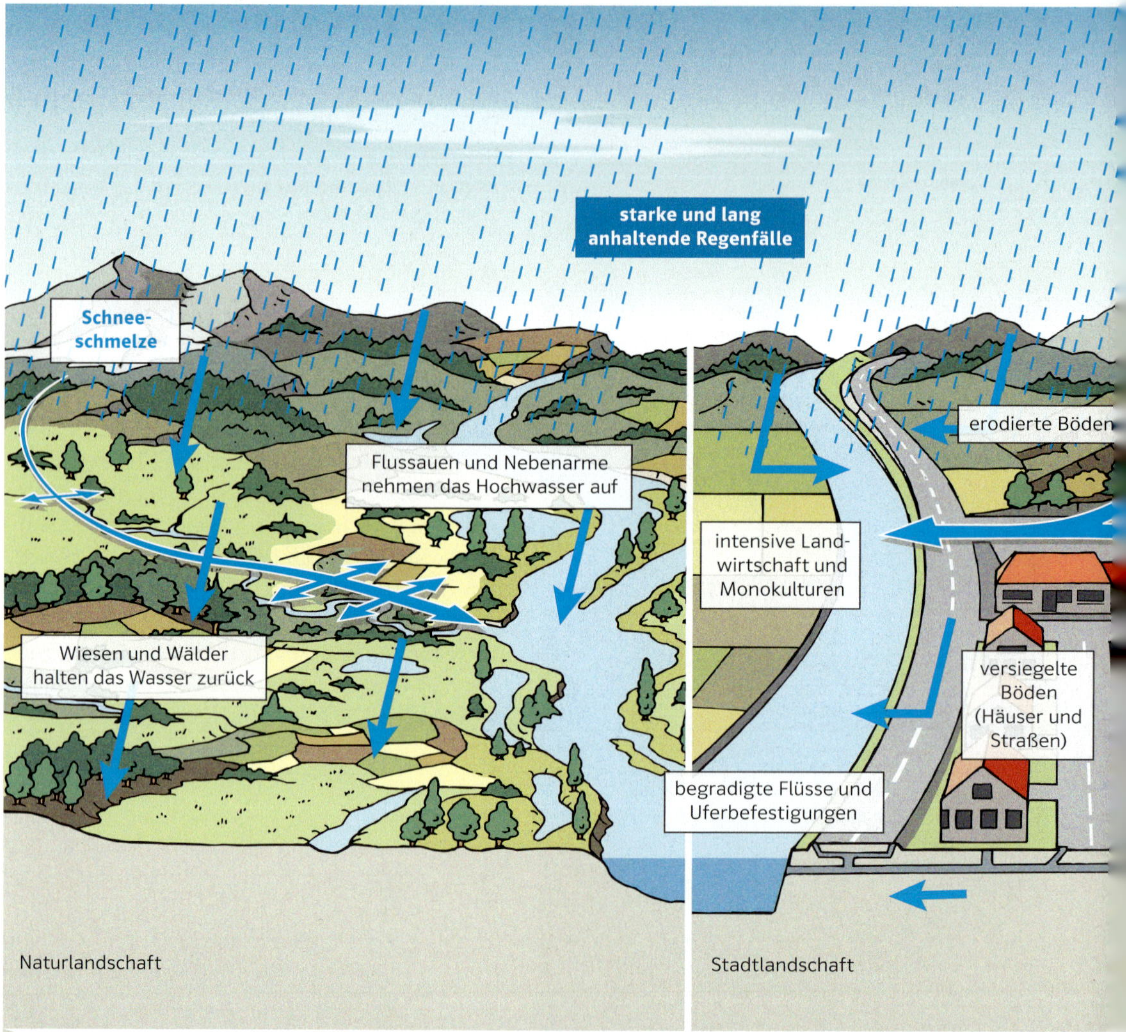

1 Wasserhaushalt einer natürlichen und einer stark vom Menschen umgestalteten Landschaft sowie Maßnahmen gegen Hochwasser

SP Tipp

Maßnahmen beurteilen
→ Aufgabe 2

- Aufgrund von …
- Demzufolge ist die Maßnahme …
- Zusammenfassend lässt sich sagen …

1
Die Flächennutzung hat einen großen Einfluss auf die Entstehung von Hochwasser.
a) Erläutere dies mithilfe der Grafiken 1 und 2.
b) Benenne Maßnahmen, die ergriffen werden können, um Hochwasser zu verhindern.

2 SP
Beurteile die Wirksamkeit der verschiedenen Maßnahmen gegen Hochwasser.
A Erstelle eine Informationsbroschüre.
B Schreibe einen Beitrag für die Schülerzeitung.

2 Flächennutzung und Abfluss

Retentionsräume
Flächen, die bei Bedarf überflutet werden und so Hochwasser an anderen Orten verhindern

Renaturierung
Wiederherstellung des natürlichen/ursprünglichen Zustandes der Natur

Aue
Von wechselnden Wasserständen geprägte Niederung entlang von Flüssen und Bächen

3

3 MK

Informiere dich auf der Homepage der Hochwasserzentralen Deutschlands über die aktuelle Hochwasserlage. Halte deine Ergebnisse in Form einer Hochwassermeldung fest.

4

Durch Hochwasser gefährdete Städte wie Köln versuchen z. B. durch Retentionsräume die Hochwassergefahr zu verringern. Benennt in Gruppen Argumente für und gegen diese Maßnahme aus Sicht von
a) Anwohnern der Kölner Altstadt,
b) einem Landwirt,
c) der Stadtverwaltung.

E Die Gemäßigte Zone im Labor

An dieser Station kannst du durch verschiedene Experimente Informationen zur Gemäßigten Zone sammeln. Dabei gilt: Je genauer du beobachtest und dokumentierst, desto besser sind deine Ergebnisse!

1

Boden als Wasserspeicher

Material:
Sand- und Blumenerde in Blumentöpfen auf Messzylindern; Messbecher mit Wasser

Durchführung:
Befülle einen Blumentopf mit Sand, den anderen mit Blumenerde. Fülle den Messbecher mit 200 ml Wasser und gib in jeden Blumentopf je 100 ml.

Auswertung:
Halte fest, wie viel Wasser im Boden gespeichert wird. Beobachte auch die Durchflussgeschwindigkeit.
(Hinweis: Entleere zum Schluss die Blumentöpfe und die Messbecher).

3

Wie hoch ist die Stickstoffbelastung in meiner Nachbarschaft?

Material:
Regenwasser vom Schulort in einem Behälter; Ammonium- und Nitrat-Schnelltest (Foto); Tabelle zur Beurteilung der Messwerte

Durchführung:
Miss mithilfe des Ammonium- und Nitrat-Schnelltests die Konzentration der Stoffe im Regenwasser.

Auswertung:
Beurteile die Stickstoffbelastung mithilfe der Tabelle.

Beurteilung der Messwerte		
Ammonium	Nitrat	Beurteilung
0–1 mg/l	0–2 mg/l	unbedeutend
1–2 mg/l	2–4 mg/l	schwach erhöht
2–3 mg/l	4–6 mg/l	erhöht
3–4 mg/l	6–8 mg/l	stark erhöht
> 4 mg/l	> 8 mg/l	sehr stark erhöht

2

Anbau in Gewächshäusern

Material:
zwei Behälter mit Watte; Kressesamen; Wasser; Folie

Durchführung:
Streue Kressesamen auf die Watte in den Behältern.
Gib etwas Wasser in beide Behälter und decke einen mit Folie ab.
Positioniere die Behälter in der Klasse auf der Fensterbank.

Auswertung:
Beobachte nach einigen Tagen das Wachstum der Kresse.

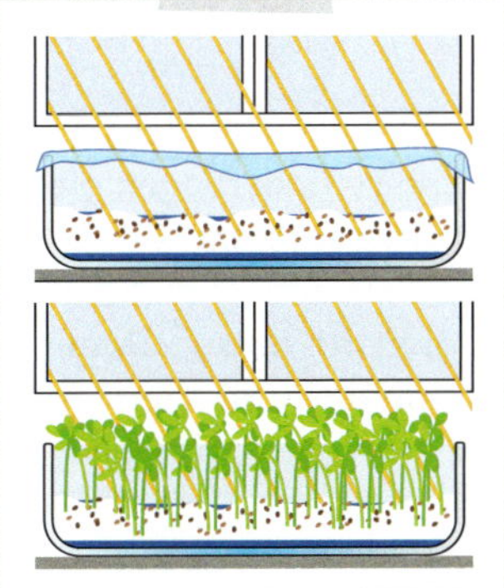

4

Welchen Einfluss hat die Vegetation auf die Erosion?

Material:
- 3 halbierte Regenrohre, gefüllt mit:
  a) Erde/Sand mit Grasbewuchs
  b) Erde/Sand mit Laubeinstreu
  c) Erde/Sand
- 3 Messzylinder
- 1 Messbecher

Durchführung:
Schütte auf jedes der Regenrohre je 1 Liter Wasser.

Auswertung:
Beobachte, was mit dem Inhalt der verschiedenen Rohre geschieht.

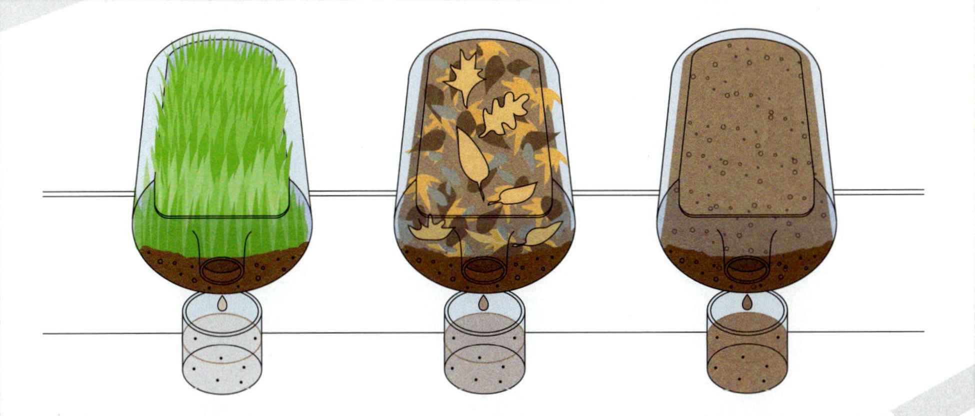

5

1
Führe die einzelnen Versuche durch.
Beachte dabei folgende Hinweise:
- Stelle sicher, dass alle Materialien vorhanden sind.
- Führe den Versuch durch und beobachte ganz genau, was passiert.
- Dokumentiere deine Beobachtungsergebnisse. Nutze hierzu Skizzen des Versuchsaufbaus, eine Beobachtungstabelle usw.
- Halte fest, welche Erkenntnisse du durch den Versuch über die Gemäßigte Zone gewonnen hast.

2
Verknüpfe deine Erkenntnisse mit den Ergebnissen der anderen Stationen.

F Die Gemäßigte Zone digital erkunden

Wie sieht die vom Menschen geprägte Landschaft in der Gemäßigten Zone aus? Welche Veränderungen gibt es in der Gemäßigten Zone? Wo besteht große Hochwassergefahr? Um Erkenntnisse zu solchen geographischen Fragestellungen zu gewinnen, kannst du heutzutage auch verschiedene digitale Kartendienste wie GoogleEarth nutzen. Damit erhältst du auf der Grundlage von Satellitenbildern Informationen zu allen erdenklichen Themen.

1 Öffne GoogleEarth, schließe alle Fenster, die sich geöffnet haben, und verschaffe dir eine Übersicht über die Funktionen (Abbildung 1).

2 Arbeite mit der Kompass-, Bewegungs- und Zoomfunktion (auch mit der Maus möglich), um dich über den Globus zu bewegen. Beachte bei deinen Bewegungen, wie sich die Kompassnadel, die Koordinaten, die Sichthöhe und die Höhe über NN ändern. Wenn du dich sicher im Umgang mit den Grundfunktionen fühlst, kannst du mit den drei Übungen beginnen.

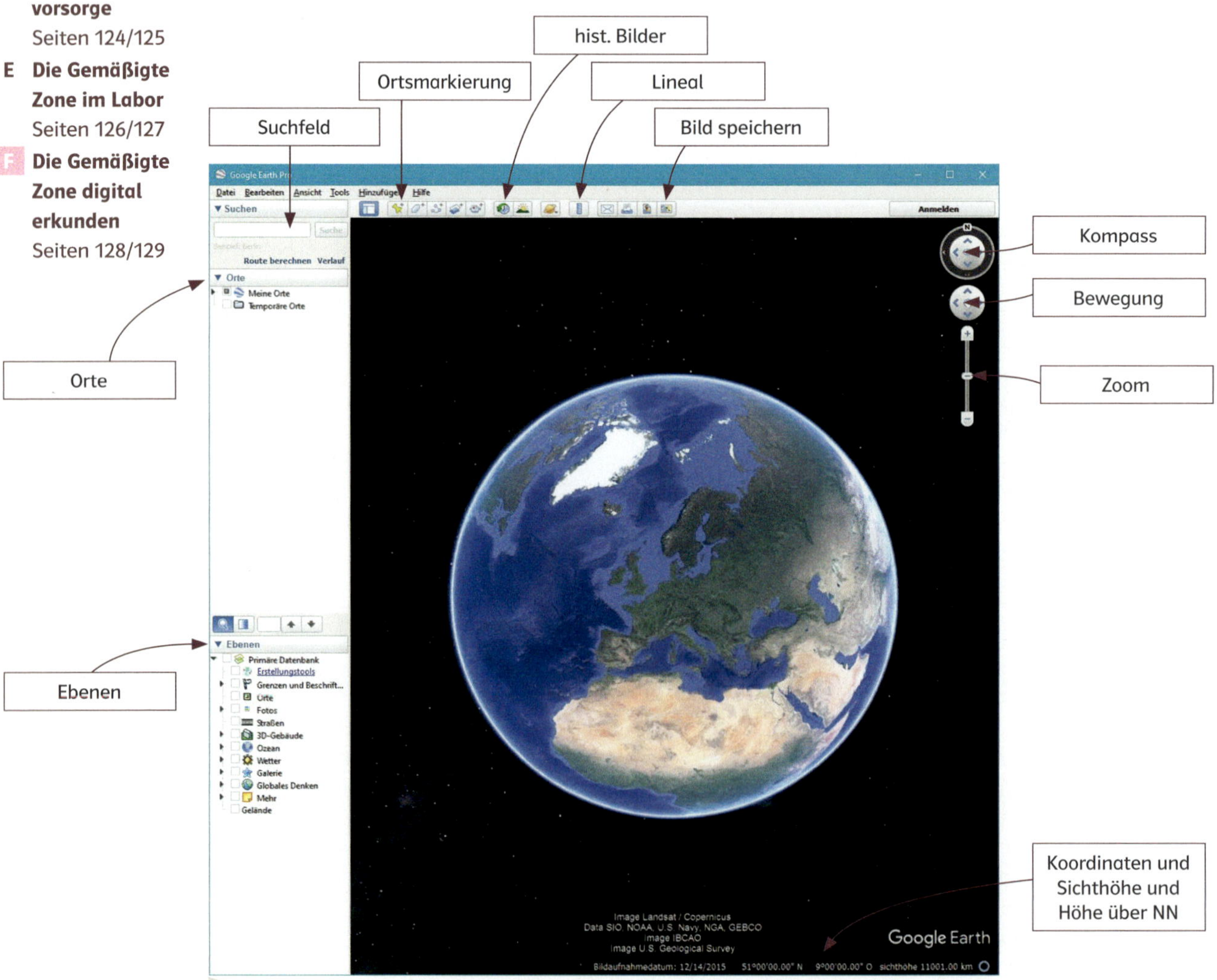

1 GoogleEarth

1) Wie sieht ein typisches Luftbild der Gemäßigten Zone aus?

Die Landschaft der Gemäßigten Zone ist vielfältig und stark vom Menschen geprägt. Mithilfe von Ortsmarkierungen kannst du einen Raumausschnitt bestimmen, der deiner Meinung nach typisch für die Gemäßigte Zone ist:

1. Gib im ***Suchfeld*** als Startpunkt Köln ein und klicke auf ***Suchen***.
2. Bewege dich nun über die Oberfläche Europas, bis du ein Landschaftsbild siehst, das nach deiner Meinung typisch für die Gemäßigte Zone ist (verwende falls nötig auch die Zoom-Funktion).
3. Erstelle mit der Schaltfläche ***Ortsmarkierung*** eine Markierung der von dir gewählten Landschaft (Namen im Bearbeitungsfeld eingeben). Die Ortsmarkierung ist nun unter der Schaltfläche ***Orte*** gespeichert und kann dort schnell angewählt werden.
4. Begründe deine Auswahl schriftlich.
5. **Zusatzaufgabe:** Wenn du möchtest, kannst du noch weitere typische Orte markieren.

2

2) Welche Veränderungen gibt es in der Gemäßigten Zone?

In den Niederlanden wurden in den vergangenen Jahrzehnten großflächig Gewächshäuser gebaut. Derartige Veränderungen werden deutlich, wenn du historische Satellitenbilder vergleichst.

1. Gib im ***Suchfeld*** Moerkapelle, Niederlande ein und klicke auf ***Suchen***.
2. Wechsle nun mit der Schaltfläche ***historische Bilder*** zwischen dem aktuellen Satellitenbild und dem älteren Satellitenbild.
3. Speichere für jedes Datum ein Bild (Schaltfläche ***Bild speichern***).
4. Vergleiche die beiden Satellitenbilder und halte die Veränderungen schriftlich fest.

Ausgewählte Geoportale

Geoportal: umfangreiche Daten zu vielen Themen; *www.geoportal.de*

Atlas Agrarstatistik: Landwirtschaft in Deutschland; *www.atlas-agarstatistik.nrw.de*

NRW-Umweltdaten vor Ort: Umweltbelastung in NRW; *www.uvo.nrw.de*

3

3) Wo besteht große Hochwassergefahr?

Köln ist durch die Lage am Rhein eine vom Hochwasser gefährdete Stadt. Die Gefährdung lässt sich gut einschätzen, wenn man misst, wie weit die Siedlungsflächen vom Rhein entfernt sind.

1. Gib in der Schaltfläche ***Suchen*** Kölner Dom ein.
2. Miss nun mit der Schaltfläche ***Lineal*** die Entfernung (Linie) vom Kölner Dom zum Ufer des Rheins (beachte die Maßeinheit).
3. Speichere ein Bild (Schaltfläche ***Bild speichern***).
4. Erkläre, warum der Kölner Dom – ebenso wie große Teile Kölns – von Hochwasser gefährdet ist.
5. **Für Experten**: Klicke nun auf die Linie (rechte Maustaste) und dann auf ***Höhenprofil anzeigen***. Bewege den Mauszeiger auf dem Höhenprofil und vergleiche den Höhenunterschied zwischen Kölner Dom und Rhein.
6. **Zusatzaufgabe**: Überprüfe die Hochwassergefahr für weitere Stadtteile Kölns oder andere Städte.

4

Wichtige Begriffe

- Dürre
- Hochwasser
- Kaltfront
- kontinentales Klima
- Kulturlandschaft
- maritimes Klima
- Renaturierung
- Schwarzerde
- Steppe
- Tiefdruckgebiet
- Warmfront

Fit in der Gemäßigten Zone?

1 **Teste dein Wissen über die Gemäßigte Zone und ihre Probleme.**
Wähle die richtige Antwort und der entsprechende Pfeil weist dir die Richtung.
Sammle auf deinem Weg die Großbuchstaben.
Der Lösungssatz – von hinten nach vorne gelesen – zeigt dir, ob du richtig gearbeitet hast.

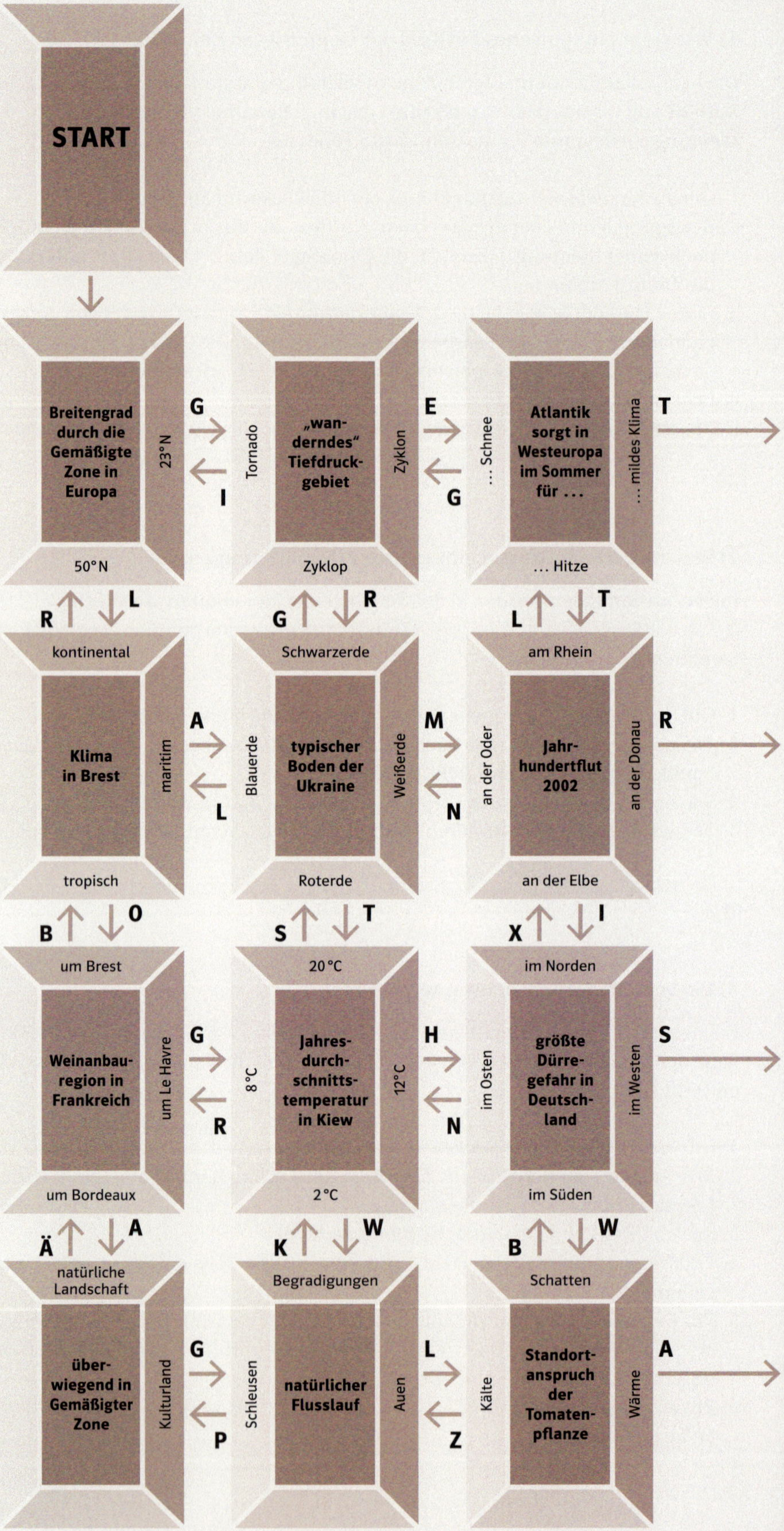

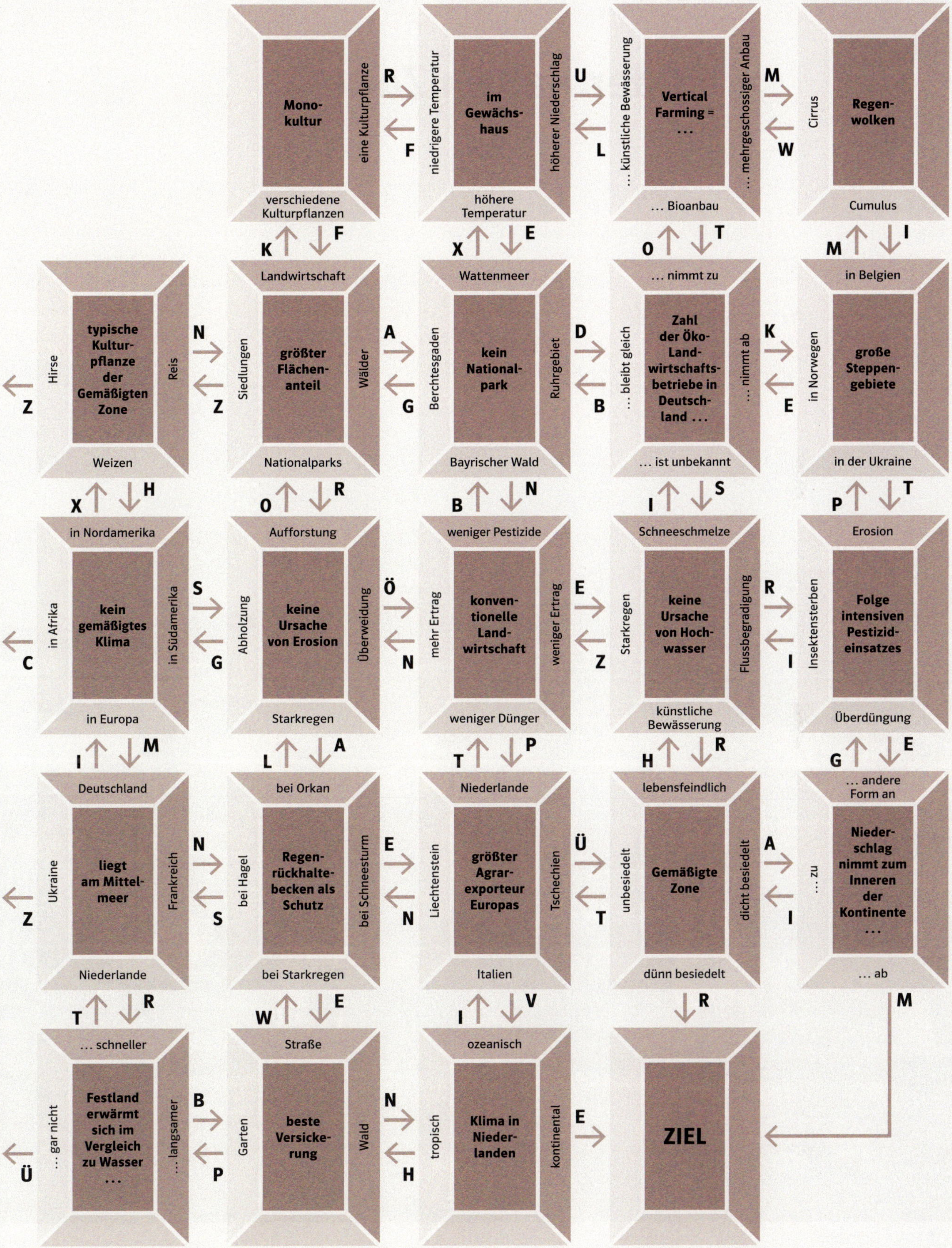
Monokultur
eine Kulturpflanze
verschiedene Kulturpflanzen
R
F
niedrigere Temperatur
im Gewächshaus
höherer Niederschlag
höhere Temperatur
U
L
… künstliche Bewässerung
Vertical Farming = …
… mehrgeschossiger Anbau
… Bioanbau
M
W
Cirrus
Regenwolken
Cumulus
K
F
X
E
O
T
M
I
Hirse
typische Kulturpflanze der Gemäßigten Zone
Reis
Weizen
Z
N
Z
Landwirtschaft
Siedlungen
größter Flächenanteil
Wälder
Nationalparks
A
G
Wattenmeer
Berchtesgaden
kein Nationalpark
Ruhrgebiet
Bayrischer Wald
D
B
… nimmt zu
… bleibt gleich
Zahl der Öko-Landwirtschaftsbetriebe in Deutschland …
… nimmt ab
… ist unbekannt
K
E
in Belgien
in Norwegen
große Steppengebiete
in der Ukraine
X
H
O
R
B
N
I
S
P
T
in Nordamerika
in Afrika
kein gemäßigtes Klima
in Südamerika
in Europa
C
S
G
Aufforstung
Abholzung
keine Ursache von Erosion
Überweidung
Starkregen
Ö
N
weniger Pestizide
mehr Ertrag
konventionelle Landwirtschaft
weniger Ertrag
weniger Dünger
E
Z
Schneeschmelze
Starkregen
keine Ursache von Hochwasser
Flussbegradigung
künstliche Bewässerung
R
I
Erosion
Insektensterben
Folge intensiven Pestizideinsatzes
Überdüngung
I
M
L
A
T
P
H
R
G
E
Deutschland
Ukraine
liegt am Mittelmeer
Frankreich
Niederlande
Z
N
S
bei Orkan
bei Hagel
Regenrückhaltebecken als Schutz
bei Schneesturm
bei Starkregen
E
N
Niederlande
Liechtenstein
größter Agrarexporteur Europas
Tschechien
Italien
Ü
T
lebensfeindlich
unbesiedelt
Gemäßigte Zone
dicht besiedelt
dünn besiedelt
A
I
… andere Form an
… zu
Niederschlag nimmt zum Inneren der Kontinente …
… ab
T
R
W
E
I
V
R
M
… schneller
… gar nicht
Festland erwärmt sich im Vergleich zu Wasser …
… langsamer
Ü
B
P
Straße
Garten
beste Versicherung
Wald
N
H
ozeanisch
tropisch
Klima in Niederlanden
kontinental
E
ZIEL

7

In der Kalten Zone

1 Auf Grönland

Je weiter man sich auf der jeweiligen Halbkugel den Polen der Erde nähert, desto kälter wird es. Temperaturen von unter −50 °C und heftige Stürme sind keine Seltenheit. Zudem wird es in bestimmten Regionen ein halbes Jahr nicht hell, das andere halbe Jahr nicht richtig dunkel! Hier stoßen Menschen, Tiere und Pflanzen an ihre Grenzen. Doch Leben ist möglich, wenn es dem Klima anpasst ist. Wie genau hat sich das Leben an die widrigen äußeren Bedingungen angepasst?
Wer sind die Menschen, die hier wohnen? Wie und wovon leben sie?
Eröffnet der Klimawandel neben all den negativen Auswirkungen in diesen lebensfeindlich wirkenden Regionen vielleicht auch neue wirtschaftliche Perspektiven?

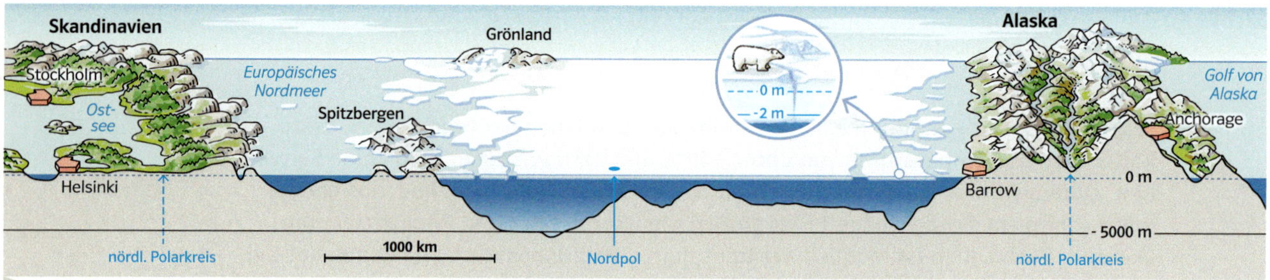

1 Profil durch die Arktis

2 Arktis

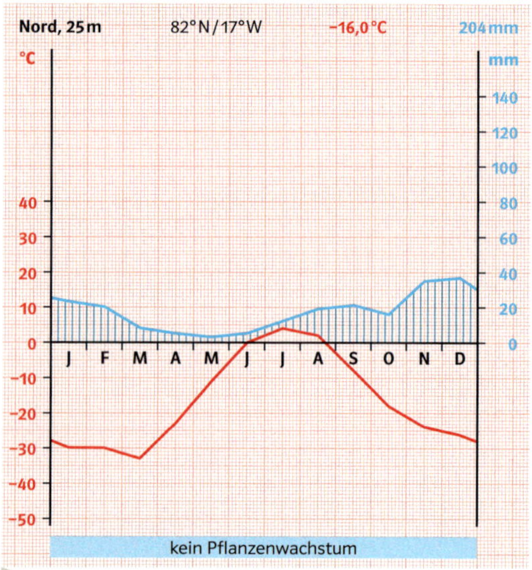

3 Klimadiagramm Station Nord

Jenseits der Polarkreise

Rund um die Pole der Erde erstrecken sich die Eiswüsten der Arktis und der Antarktis. Obwohl sie infolge der extrem niedrigen Temperaturen auf den ersten Blick ein recht ähnliches Erscheinungsbild aufweisen, gibt es doch auch große Unterschiede zwischen beiden Regionen.

Arktis – Meer von Kontinenten umgeben

Bei der **Arktis** handelt es sich um ein von Landmassen eingeschlossenes Meer, das Nordpolarmeer. Durch das kalte Klima aber hat sich eine riesige Eisfläche aus gefrorenem Meerwasser gebildet. Als **Treibeis** werden einzeln schwimmende Eisschollen bezeichnet. Wenn diese durch Luft- oder Meeresströmungen zusammengeschoben und aufgetürmt werden, bildet sich mehrere Meter dickes **Packeis**.
Bewohnt wird die Arktis von vielen Hunderttausend Menschen. Bedeutende Volksstämme sind die Inuit in Nordamerika und Grönland und die im skandinavischen Bereich der Arktis lebenden Sami. Den Namen Arktis verdankt die Region den Phöniziern, die schon in vorchristlicher Zeit, dem Nordstern folgend, ins nördliche Polargebiet gesegelt sind. Da der Nordstern im Sternbild des Kleinen Bären liegt, der auf Griechisch arktos heißt, nannten sie die Region Arktis, „Land des Kleinen Bären".
Durch das etwas mildere Klima auf dem Festlandsteil der Arktis bildet sich eine Tundrenvegetation aus Moosen, Flechten und kleinwüchsigen Pflanzen. Bäume gibt es hier nicht und Landwirtschaft kann nur sehr begrenzt betrieben werden. Die Tierwelt in der Arktis ist reichhaltig. Hier kommen unter anderem Eisbären, Moschusochsen, Karibus (Rentiere), Polarfüchse und Schneehasen vor.

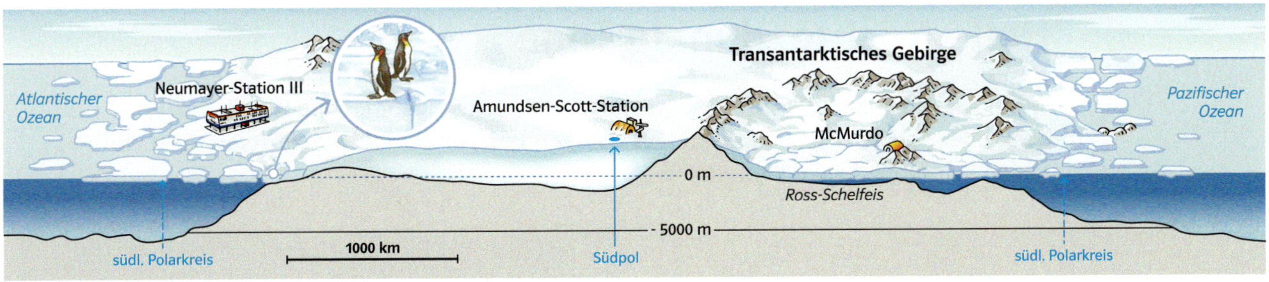

4 Profil durch die Antarktis

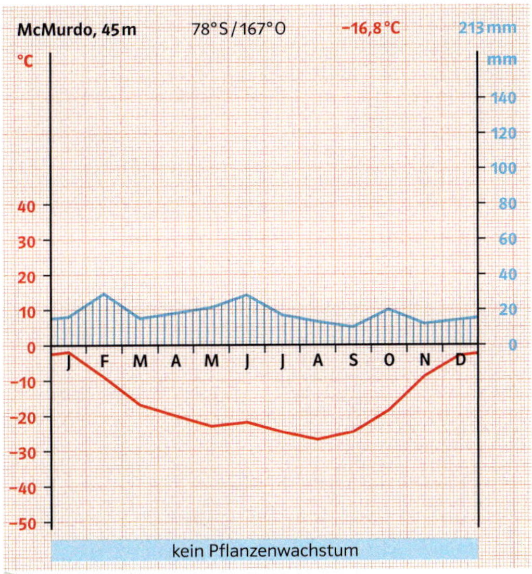

5 Klimadiagramm McMurdo

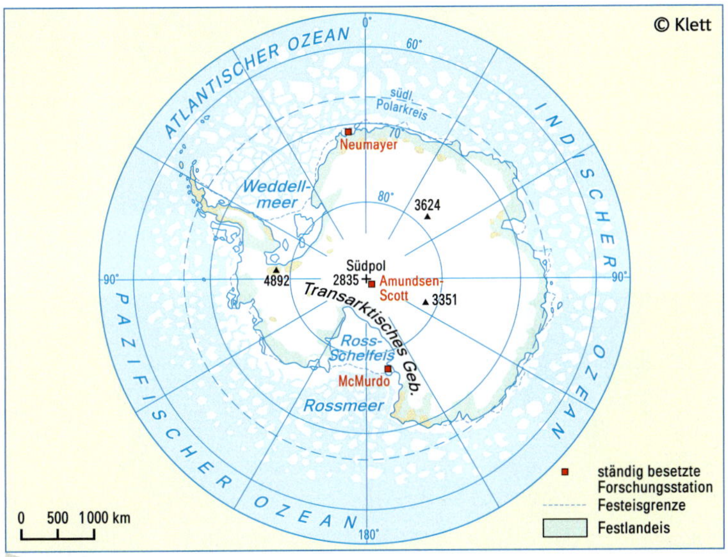

6 Antarktis

Antarktis – Kontinent von Meer umgeben

Das Zentrum der **Antarktis** besteht aus einem eisbedeckten Kontinent: Antarktika. Er ist etwas größer als Europa. Von allen Kontinenten ist Antarktika der kälteste, trockenste und windigste. Nur wenige Prozent des Kontinents sind eisfrei, der übrige Teil wird von einem bis zu 4 km mächtigen Eispanzer bedeckt. Eine Besonderheit stellen riesige, mehrere Hundert Meter dicke **Schelfeis**gebiete dar, die weit über den Kontinentrand hinaus ins Meer ragen und dem Wasser aufliegen. An ihrem Rand brechen immer wieder Eisberge ab. Dieser Prozess wird als Kalben bezeichnet. Der Name „Antarktis" leitet sich von „Anti-Arktis" ab, dem Gebiet, das gegenüber der Arktis liegt. Es gibt es keine Landtiere, die dort beständig leben. Pinguine und Robben verbringen zumindest einen Teil ihres Lebens an Land.

Antarktika gehört keinem Staat an, auch gibt es keine Siedlungen. 1959 unterzeichneten einige Länder einen Vertrag, wonach die Antarktis einer friedlichen Nutzung und der wissenschaftlichen Forschung vorbehalten bleiben soll. Viele Länder betreiben mehr als 80 Forschungsstationen (z. B. Neumayer-Station III).

SP Tipp

Gründe nennen

→ Aufgabe 2

- Folgende Punkte kann ich nennen: …
- Weitere Ursachen sind …

1 Arbeitet die Merkmale der beiden Polargebiete heraus. Stellt die Ergebnisse in einer Tabelle gegenüber. Vergleichsaspekte: Lage, Oberflächenformen, Jahresmitteltemperatur und -niederschlag, kältester und wärmster Monat, Eisformen, Vegetation, höchster Berg, Besiedlung, Nutzung.
A Arktis **B** Antarktis

2 SP Im Bereich der Klimastation Nord (Material 3) und McMurdo (Material 5) ist kein Pflanzenwachstum möglich. Nenne Gründe dafür.

3 MK Recherchiere im Internet über den Wettlauf zum Südpol (Amundsen, Scott) und bereite dazu einen Vortrag als PowerPoint-Präsentation vor.

Helle Nächte, dunkle Tage

Wir alle kennen das: Zwar werden im Sommer die Tage länger und im Winter kürzer, aber jeden Tag geht die Sonne auf und wieder unter. Für uns ist das selbstverständlich. In den Polargebieten ist dies anders ...

1 Tromsø: A – an einem Julitag um Mitternacht; B – an einem Dezembertag zur Mittagszeit

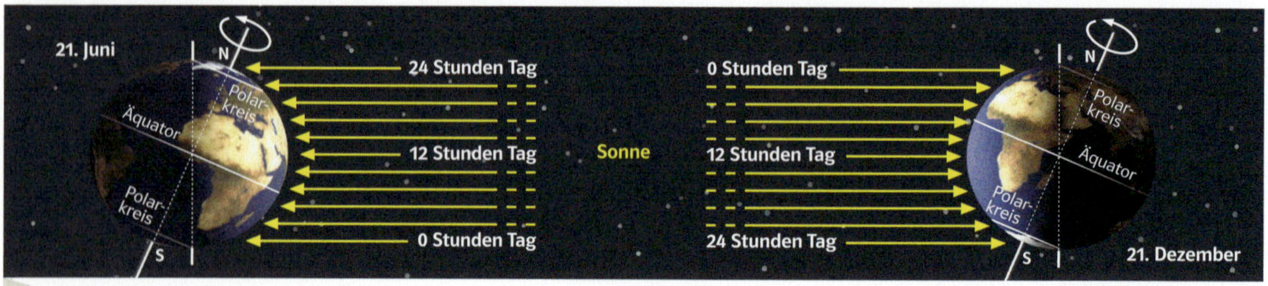

2 Beleuchtung der Erde

Polartag

Im Sommer, wenn sich hierzulande viele Menschen darüber freuen, dass es länger hell ist, erleben die Menschen nördlich des Polarkreises den **Polartag**. Bei ihnen wird es gar nicht dunkel, die Sonne ist dauernd über dem Horizont zu sehen. Es ist die Zeit der Mitternachtssonne, eine Nacht, wie wir sie kennen, gibt es dann nicht. Selbst um Mitternacht ist es noch so hell, dass man im Freien lesen kann. Die Menschen in ganz Nordeuropa feiern die Mitte des Polartags mit dem Mittsommernachtsfest am 21. Juni. Der Polartag dauert Tage, Wochen oder Monate, je nachdem, wie weit man vom nördlichen **Polarkreis** aus in Richtung Norden geht. Am Nordpol dauert der Polartag ein halbes Jahr, am nördlichen Polarkreis nur einen Tag.

Polarnacht

Die **Polarnacht** ist das entsprechende Gegenstück im Winter. In dieser Zeit geht die Sonne in den Polarregionen nicht auf, sie steht dauernd unter dem Horizont. Tagsüber wird es zwar leicht dämmrig, aber die Sonne ist nie zu sehen. Auch hier gilt: Je weiter man Richtung Nordpol gelangt, desto länger dauert die Polarnacht.

Spielt die Sonne verrückt?

Nein! Schuld daran ist der Schiefstand der Erdachse. Wenn sich die Erde um die Sonne dreht, wendet sich im Sommer die Nordhalbkugel der Sonne zu. Durch diese Neigung wird der Nordpol vom 21. März bis zum 23. September von der Sonne beschienen. Im Winter, wenn die Erde auf ihrem Weg um die Sonne weitergewandert ist, liegt der Nordpol auf der von der Sonne abgewandten Seite. Obwohl sich die Erde um ihre Achse dreht, können die Sonnenstrahlen den Nordpol für ein halbes Jahr nicht erreichen. Auch im südlichen Polargebiet gibt es Polartag und Polarnacht. Sie sind dort aber um ein halbes Jahr verschoben: Wenn am Nordpol Polartag ist, herrscht am Südpol Polarnacht und umgekehrt.

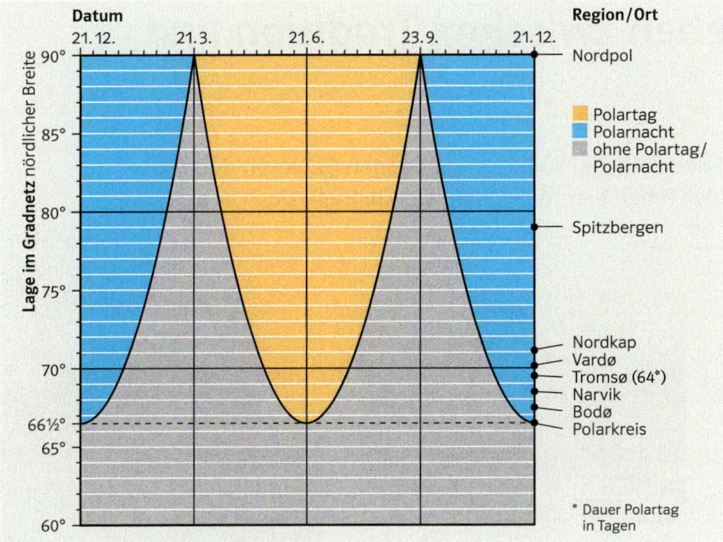

3 Dauer von Polartag und Polarnacht

Mit Freude durch die Dunkelheit

In der finnischen Stadt Tampere ist es im Winter lange dunkel. „Viele meinen, wir würden in der Dunkelheit in tiefe Depressionen verfallen", meint Matti Pävaanen, ein Einwohner Tamperes. „Aber alles halb so wild. Das wichtigste Gegenmittel ist die Geselligkeit. Es gibt hier viele Restaurants, Cafés und Museen, oder wir gehen mit Freunden in die Sauna, um danach in einem aufgehackten Loch im Eis einmal kurz unterzutauchen. Manchmal nehme ich auch eine Lichtdusche, ich lasse mich also von einer besonders hellen Lampe bescheinen. Dies hilft dabei, den Vitamin-D-Mangel zu beheben, denn Vitamin D bildet die Haut fast nur bei Licht! Das absolute Highlight im Winter ist unser Lichterfest. Fast drei Monate lang ist unsere Stadt bunter und schillernder als Las Vegas!"

4

Wie entstehen Polarnacht und Polartag?

Material:
Tisch, Globus, feststehende Lichtquelle (z.B. Taschenlampe, die an einem Stativ fixiert ist), Klebestreifen

Durchführung:
Markiert die Polarkreise auf dem Globus mit den Klebestreifen. Verdunkelt den Klassenraum.
Simulation der Erdrevolution: Ein Schüler verschiebt den Globus, ein anderer bedient die Lichtquelle. Der Globus umkreist in einem gleichbleibenden Abstand die Lichtquelle, die auf den Globus ausgerichtet wird. Die Höhe der Lichtquelle darf dabei nicht verändert werden. Zudem muss die Erdachse bei der Bewegung um die Sonne stets in der gleichen Schrägstellung bleiben.
Simulation der Erdrotation: Dreht den Globus an verschiedenen Positionen der Erdrevolution gegen den Uhrzeigersinn um seine eigene Achse.

Auswertung:
Polartag und Polarnacht entstehen, weil ...

5

1 Erkläre mithilfe von Grafik 2 und dem Experiment 5, wie Polartag und Polarnacht entstehen.

2 Nenne die Staaten, durch die
A der nördliche Polarkreis führt;
B der südliche Polarkreis führt.

3 Im Norden Europas wird das Leben durch Polartag und Polarnacht geprägt. Kennzeichne Auswirkungen auf das Leben der Menschen im Mittsommer und im Mittwinter. Wie können die Menschen diesen Lebensbedingungen begegnen?

4 Arbeite mit Grafik 3
a) Ermittle die Länge des Polartags der angegebenen Städte und stelle sie in einer Tabelle dar:

Ort	Breitengrad	Dauer Polartag
...	...	...
Tromsø	69 °N	64 Tage
...	...	...

b) Erläutere die grau eingefärbten Flächen in der Grafik.

Die Inuit – ein Leben zwischen Tradition und Moderne

Die niedrigen Temperaturen lassen selbst in südlicher gelegenen Gebieten der Arktis keinen Ackerbau zu. Und dennoch leben hier Menschen wie die Inuit. Doch wie genau sieht ihr Leben aus?

1

2 Alltag der Inuit: A – moderne Inuit; B – die Hauptstadt Iqaluit; C – spielende Inuit

Inuit

Das Wort „Inuit" bedeutet in ihrer Sprache „Menschen".

Früher waren die **Inuit** ein Volk von Jägern und Sammlerinnen. Die Frauen sammelten im Sommer Wurzeln, Kräuter oder Beeren. Die Männer gingen fischen und mit Hundeschlitten auf Jagd nach Karibus (Rentiere) und anderem Wild. Hauptsächlich aber jagten sie mit ihren Kajaks Robben. Mit den Jahreszeiten wechselten sie oft ihren Wohnort und die Jagdreviere. Während sie im Sommer in Zelten lebten, errichteten die Inuit im Winter einfache Holzhäuser oder Bauten aus Schnee (Iglus).
Da die Ressourcen begrenzt waren, mussten die Inuit stets für Notzeiten vorsorgen, nichts durfte verschwendet werden. Die erlegten Tiere wurden vollständig genutzt. Heute sieht das Leben der Inuit ganz anders aus.

3 Wie die Robbe verwertet wurde

Wohnen

Die Inuit sind überwiegend sesshaft geworden. Sie wohnen in Holzhäusern, die auf Stelzen stehen. Diese Bauweise isoliert gegen die Kälte des **Permafrostbodens** und verhindert im Sommer, dass die Häuser im oberflächlich aufgetauten Boden versinken. Die Siedlungen liegen verstreut meist an der Küste, ohne direkte Straßenverbindungen.

Sich versorgen

Alles, was die Inuit zum Leben benötigen, kann man heutzutage im Supermarkt einkaufen. Allerdings müssen fast sämtliche Produkte, vom Apfel bis zum Benzin, über weite Strecken aus dem Süden eingeflogen werden. Mit dem Auto sind die Siedlungen meist nicht zu erreichen. Deshalb sind die Lebensmittel recht teuer. Viele Inuit gehen nach wie vor auf die Jagd, denn sie gehört zu ihrer traditionellen Kultur. Für die Jagd werden heute Motorschlitten benutzt, die schneller als die traditionellen Hundeschlitten sind. Die Inuit essen das Fleisch traditionell gekocht oder gefroren. Neben diesem landestypischen Essen sind Hot Dogs oder Pizza aber genauso beliebt.

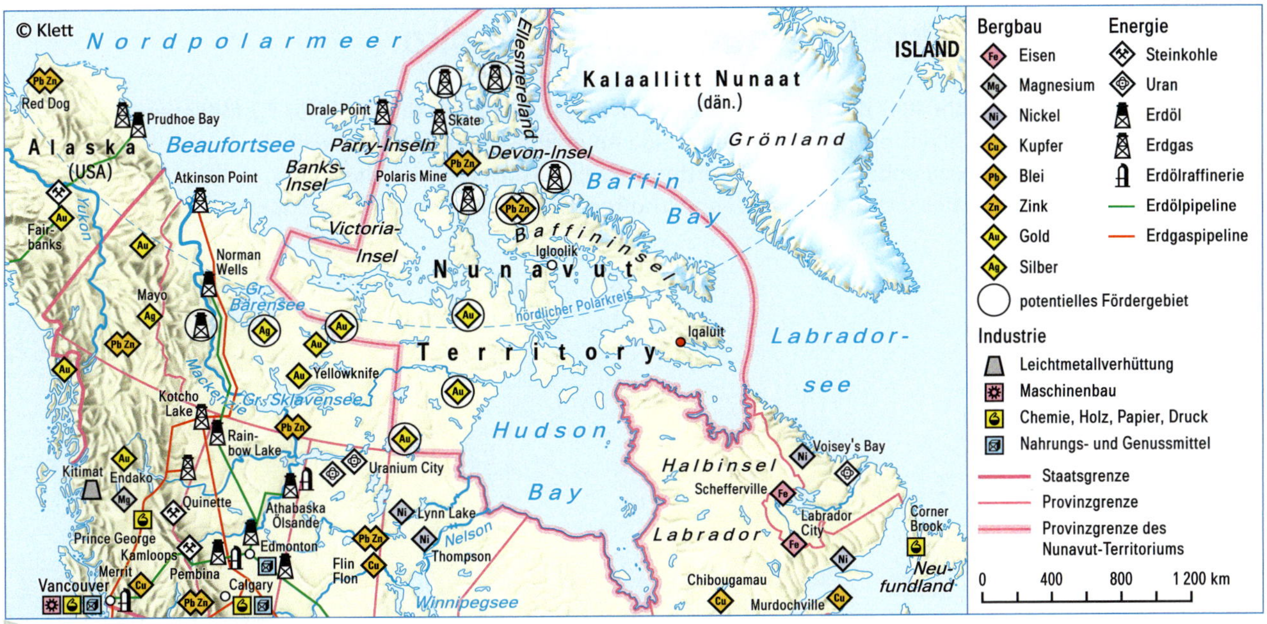

4 Nunavut-Territorium

Die Inuit von Nunavut

Die Heimat der Inuit ist seit Jahrhunderten der nördliche Küstenbereich des amerikanischen Kontinents. Lange gehörten diese Territorien rechtlich zu Kanada. Seit 1999 aber wird ein Teil von den Inuit wieder selbst verwaltet. Die Inuit nennen das Gebiet Nunavut. Es bedeutet „Unser Land“. In Iqaluit, der Hauptstadt Nunavuts, leben etwa 7000 Menschen. Ganz ähnlich wie bei uns gibt es hier Schulen, Geschäfte, Büros, Ärzte, Kirchen, einen kleinen Flughafen und sogar ein eigenes Parlament. In der Schule lernen die Schüler neben Englisch auch die alte Sprache der Inuit – das Inuktitut. Diese Sprache belebt die Verbundenheit mit der Heimat. Die Sprache hat sogar ihre eigene Schrift. Einzelne Begriffe der Inuit finden sich auch in unserer Sprache wieder, z. B. Kajak oder Anorak.

Arbeiten

Der Reichtum Nunavuts sind die Landschaft und die Bodenschätze. Nachdem der Handel mit Seehundfellen zusammengebrochen ist und auch die Fischbestände infolge industrieller Überfischung zurückgegangen sind, stieg die Arbeitslosigkeit drastisch an. Nun aber bringen neben der wiedererstarkten Fischindustrie die Erschließung der Bodenschätze, das Kunsthandwerk und auch der wachsende Tourismus neue wirtschaftliche Perspektiven. Für Touristen wird einiges geboten: Eisbär-Safaris, Ausflüge mit dem Hundeschlitten und natürlich das Beobachten der einzigartigen Natur. Ansonsten gehen die Inuit ganz gewöhnlichen Berufen nach: Sie arbeiten in der Verwaltung, an Schulen, im Verkauf oder im Büro.

	Nunavut	Deutschland
Fläche (in Mio. km²)	2,1	0,36
Einwohner	39 100	83 100 000
Bevölkerungsdichte (Ew/km²)	0,02	237
Straßennetz (in km)	150	830 000

5 Nunavut und Deutschland im Vergleich

6 Flagge von Nunavut

7 Inuksuk – die Wegweiser in der Arktis

1 Lokalisiere den Lebensraum der Inuit. Vergleiche die Strukturdaten von Deutschland und Nunavut (Tabelle 5).

2 Stelle die Lebensweise der Inuit früher und heute in einer Tabelle dar.

3 Stelle mithilfe der Karte 4 den Reichtum an Bodenschätzen auf dem Gebiet der Inuit dar.

4 MK Arbeite mit dem Internet:
A Recherchiere die Bedeutung der Flagge Nunavuts.
B Stelle ein Reiseangebot in das Gebiet der Inuit vor.

○ 1 ◒ 2, 3, 4 → Lösungshilfen ab S. 229

Eine Pipeline quer durch Alaska

Als im Jahr 1867 die USA dem russischen Zaren Alexander II. Alaska für 7,2 Millionen Dollar abkauften, glaubten nur wenige Amerikaner an ein gutes Geschäft. Zu weit lag das nahezu unbekannte Land entfernt, zu unwirtlich erschien das Klima, zu trostlos und wertlos die unwegbaren Landschaften. Doch dann kam es ganz anders.

1 Der Verlauf der Trans-Alaska-Pipeline

?!

Kaum zu glauben

Das Öl ist mit einer Geschwindigkeit von 6 km/h unterwegs und benötigt für die gesamte Strecke 12 Tage.

Heute ist Alaska unbezahlbar und gilt wegen der vielen Bodenschätze als Schatzkammer der USA. So stieß man 1968 an der Prudhoe Bay auf Öl: das drittgrößte Erdölfeld der Welt. Doch wie sollte man das Öl aus dem entlegenen Alaska zu den Verbrauchern in die übrigen Staaten der USA transportieren? Gegen das Tankschiff sprach das Packeis im Nordpolarmeer. Der Transport mit Lastwagen hätte eine riesige Lkw-Flotte erfordert. So entschied man sich für den Bau einer 1287 km langen Pipeline, die einmal quer durch Alaska zum eisfreien Hafen in Valdez führt. Von dort aus kann das Öl auf Tankschiffe umgeladen und transportiert werden. Seit 1977 fließen 84 000 Liter Öl pro Stunde durch die Pipeline. Die Planung und der Bau der Trans-Alaska-Pipeline stellte die Ingenieure vor viele Herausforderungen und Probleme.

Schlüpft in die Rolle eines Ingenieurteams. Eure Aufgabe: Entwickelt ein Konzept zum Bau der Trans-Alaska-Pipeline.

1 Arbeitet zunächst aus den Materialien der Seite mögliche Probleme heraus, die sich bei der Planung der Pipeline ergeben können.

2 Entwickelt für jedes Problem eine Idee, wie man es durch bautechnische Maßnahmen beheben könnte. Legt hierzu eine Tabelle an, in der ihr eure Lösungsvorschläge den Herausforderungen gegenüberstellt. Falls euch die Ideen ausgehen, liegen Hilfskärtchen für euch bereit (Online-Code i568ux).

3 MK Bereitet euch auf eine PowerPoint-Präsentation vor, in der ihr der Klasse euer Planungskonzept vorstellt und erläutert.

◒ 1, 3 ● 2

In Alaska sind Erdbeben nicht selten. Bebt die Erde, würde eine „normale“ Pipeline wie ein Streichholz umknicken und Leck schlagen. In den letzten 100 Jahren wurden über 80 Erdbeben registriert, davon 20 größere.

Landschaftsprofil entlang des Trassenverlaufs der Trans-Alaska-Pipeline

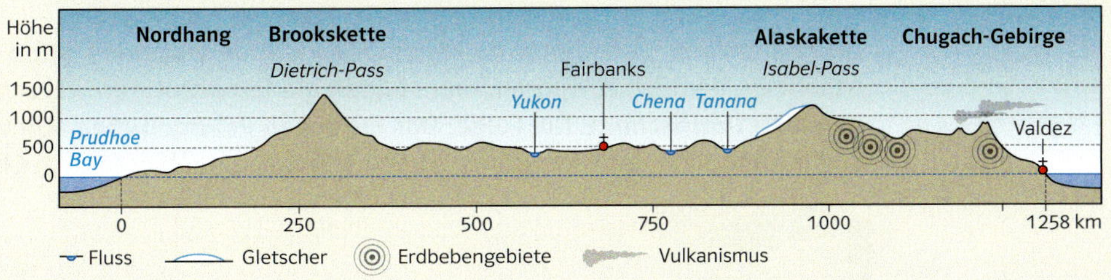

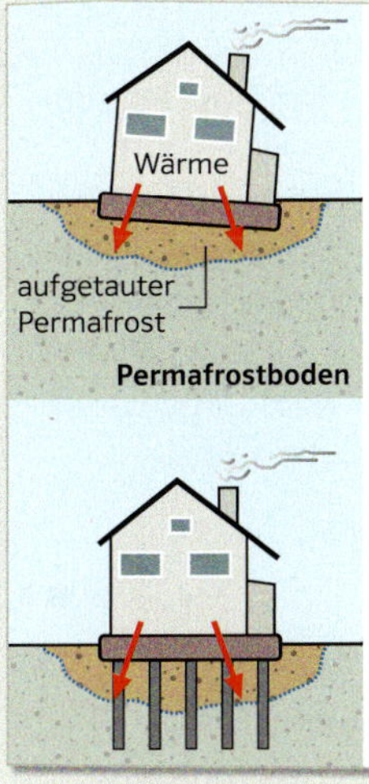

Eines der größten Probleme, die es bei dem Bau der Trans-Alaska-Pipeline zu überwinden gilt, stellt der Untergrund dar. Der Boden ist bis in große Tiefen gefroren. Dieser Permafrostboden taut in den kurzen Sommern oberflächlich auf. Da das getaute Wasser nicht in den Boden sickern kann, verwandeln sich im Sommer große Flächen Alaskas in einen mückenverseuchten Sumpf, in dem alles zu versinken droht. Häuser müssen daher auf Pfählen errichtet werden, die tief im Permafrostboden verankert sind.

Um das Öl möglichst widerstandsfrei und ohne großen Kraftaufwand durch die 1287 km lange Pipeline zu transportieren, muss eine Öltemperatur von ca. 60 °C aufrecht erhalten werden. Wird das Öl zu kalt – und gerade in den langen Wintern können in Alaska Temperaturen mühelos von unter –60 °C erreicht werden – wird das Öl zu zäh und zu dickflüssig.

Die Wahrscheinlichkeit, dass die Pipeline bricht oder reißt, hängt auch von den täglichen oder jährlichen Temperaturunterschieden ab. Denn nahezu alle Materialien dehnen sich bei Erwärmung aus und ziehen sich bei sinkenden Temperaturen zusammen. Je größer der Temperaturunterschied, desto größer auch die Längenveränderung des Materials.

Karibus, so heißen die Rentiere Nordamerikas, leben in großen Herden von mehreren Hunderttausend Tieren. Sie sind ständig in Bewegung. Mit bis zu 6 000 Kilometern wandern sie jährlich weiter als alle anderen Landsäugetiere. Den Winter verbringen Karibus in südlicher gelegenen Nadelwäldern, im Frühjahr ziehen sie für den Sommer nach Norden in die baumlose Tundra. Hier finden sie saftige Weiden. Kehren im Herbst Schnee und Eis zurück, geht es für die Karibus wieder zurück in ihr südliches Winterquartier. Auf ihrem Weg folgen sie meist festen Wanderrouten. Dabei überqueren sie Berge und durchschwimmen Flüsse. Umweltschützer fürchten, dass ihre Wanderwege durch die Pipeline unterbrochen werden.

Die Ökosysteme der Kalten Zone reagieren besonders empfindlich auf jeden Eingriff, denn durch die widrigen klimatischen Bedingungen laufen alle Prozesse nur im Zeitlupentempo ab. So dauert es beispielsweise viele Jahrzehnte, bis der Stamm einer Zwergweide zu der Dicke eines Fingers gewachsen ist. Niedergetretenes Moos benötigt zehn Jahre, um sich wieder aufzurichten, Fahrspuren sind in der Tundra noch nach Jahrzehnten sichtbar. Tritt Öl aus einem Leck in der Pipline aus, ist die umgebende Natur über Jahrzehnte vergiftet. Es muss also unbedingt verhindert werden, dass bei einem Leck größere Mengen Öl austreten!

Fairbanks, Alaska

Monat	Temp. (°C)	Nied. (mm)
Jan.	–23,9	23
Feb.	– 19,4	13
Mrz.	– 12,8	10
Apr.	– 1,4	6
Mai	8,4	18
Jun.	14,7	35
Jul.	15,4	47
Aug.	12,4	56
Sep.	6,4	28
Okt.	– 3,2	22
Nov.	– 15,6	15
Dez.	– 22,1	14

Temp.-Jahresmittel
– 3,4 °C

Niederschlagssumme
287 mm

Köln (zum Vergleich)

Monat	Temp. (°C)	Nied. (mm)
Jan.	1,2	51
Feb.	1,8	47
Mrz.	5,2	37
Apr.	9,2	52
Mai	13,4	56
Jun.	16,7	83
Jul.	18,2	75
Aug.	17,5	82
Sep.	14,5	58
Okt.	9,8	54
Nov.	5,7	55
Dez.	2,5	51

Temp.-Jahresmittel
9,6 °C

Niederschlagssumme
701 mm

2

Der Klimawandel macht's möglich

Die seit einigen Jahrzehnten zu beobachtende Erderwärmung ist an den Polen besonders deutlich zu spüren. Hier steigen die Temperaturen viel schneller als im globalen Durchschnitt. Die Folge: Das Eis in den Polargebieten schmilzt. Schlecht für unser Klima und das Ökosystem, aber die Erwärmung bietet auch Chancen.

1

Wähle ein Thema aus (A oder B), das dich besonders interessiert und bearbeite dazu die Aufgaben.

A Grönland wird Grünland:
a) Nenne die wichtigsten Veränderungen in der Landwirtschaft auf Grönland.
b) Stelle die Vorteile und Nachteile des Klimawandels für Grönland in einer Tabelle gegenüber.
c) Beurteile das zukünftige wirtschaftliche Potenzial der grönländischen Landwirtschaft.

B Eine Abkürzung nach China:
a) Beschreibe den Verlauf der Nord-Ost-Passage und der Suezkanal-Linie.
b) Stelle die Vorteile und die Gefahren der Nord-Ost-Passage in einer Tabelle gegenüber. Nutze hierfür das Dreieck der Nachhaltigkeit.
c) Beurteile die jetzige und die zukünftige wirtschaftliche Bedeutung der Nord-Ost-Passage im Vergleich zur herkömmlichen Route.

○ 1a ◒ 1b ● 1c

1

Wachstumszeit
Zeitdauer, während der Kulturpflanzen wachsen. Zu dieser Zeit sind die Temperaturen und das Wasserangebot für das Wachstum angemessen.

A Grönland wird Grünland

Der Fortschritt in der Landwirtschaft ermöglicht fast überall den Anbau von Nahrungsmitteln. Doch gibt es nach wie vor begrenzende Faktoren. Einen stellt die **Kältegrenze** dar. Es handelt sich um eine gedachte Linie. Sie zeigt an, wo die Anzahl der Tage im Jahr, in denen ein Pflanzenwachstum möglich ist, so gering ist, dass man die angebauten Pflanzen nicht mehr ernten kann. Die **Vegetationszeit** ist zu kurz.

Grönland

Grönland, die größte Insel der Welt mit einem polaren und subpolaren Klima, ist derzeit noch zu über 80 Prozent ganzjährig mit einem dicken Eispanzer bedeckt. Lediglich die Küstenbereiche ganz im Süden Grönlands sind längere Zeit eis- und schneefrei. Daher wundert es kaum, dass die meisten der etwa 60 000 Einwohner Grönlands genau dort leben.

Ernährung und Landwirtschaft heute

Noch bildet die Fischerei mit einem Anteil von über 90 Prozent am Warenexport die Grundlage der grönländischen Wirtschaft. Zudem wird schon länger Schafzucht in Südgrönland betrieben. Für den Ackerbau hingegen war es bislang schlichtweg zu kalt.

Wandel in der Landwirtschaft

Im Zuge der globalen Temperaturzunahme hat sich in den letzten 30 Jahren die Vegetationszeit in Südgrönland auf 120 Tage verlängert. Die Kältegrenze für den Anbau hat sich so verschoben, dass in Grönland mittlerweile dauerhaft landwirtschaftlicher Anbau betrieben werden kann. In der landwirtschaftlichen Versuchsanstalt Upernaviarsuk bei Qaqortoq testet man unterschiedliche Obst- und Gemüsesorten auf ihre „Grönland-Tauglichkeit". In den letzten Jahren ist insbesondere der Anbau von Gurken und Brokkoli möglich geworden, wofür es in der traditionellen Sprache der

2 Kartoffelernte

Ureinwohner nur das Wort „Salat“ gibt. Auch Kartoffeln gedeihen gut. Sogar Erdbeeren wachsen mittlerweile in Grönland, allerdings wird es für sie zeitlich oft eng: Die für Erdbeeren eigentlich noch zu kurze **Wachstumszeit** von Mai bis September stellt hohe Ansprüche an die Erdbeerzucht. Hier helfen sich die Grönländer noch mit Gewächshäusern und Folien. Trotzdem müssen die meisten Nahrungsmittel, insbesondere frisches Obst und Gemüse, importiert werden.
Die Kehrseite des **Klimawandels** ist jedoch das schmelzende Eis auf den Fjorden, wodurch die Jagd schwieriger wird, denn wegen des dünneren Eises können viele Jäger und Fischer keine Hundeschlitten mehr einsetzen.

B Eine Abkürzung nach China

Der Frachter Yong Shen hat am 8. August 2013 den Hafen von Dalian (China) mit Ziel Rotterdam verlassen. Keine 35 Tage später läuft er dort auch pünktlich ein. Dies wäre normalerweise keine Meldung wert, doch nahezu alle Tageszeitungen berichteten von diesem Ereignis, denn die gewählte Route war eine ganz Besondere: Die **Nord-Ost-Passage**. Sie übte schon immer eine besondere Faszination aus. In der Hoffnung auf Ruhm und Reichtum suchten Abenteurer, Seefahrer und Handeltreibende schon vor Jahrhunderten nach einem Seeweg von Europa nach Asien durch das Nordpolarmeer. Viele, die die gefährliche Expedition wagten, scheiterten.

Der Klimawandel macht den Weg frei!

Bislang verhinderte das **Packeis** eine gefahrlose Passage. Doch nun schmelzen immer größere Bereiche auf. Nimmt man die Messungen der Eisflächen und der Eisdicke zusammen, sind insgesamt bereits 75 Prozent des Eises in den vergangenen 30 Jahren verloren gegangen. So bedenklich dies auf den ersten Blick erscheint, so euphorisch wird dieser Fakt in Teilen der Wirtschaft gefeiert, denn der bisher unpassierbare Seeweg nach Asien durch das Nordpolarmeer wird nun von Jahr zu Jahr besser befahrbar. Hierdurch reduzieren sich nicht nur die Reisedauer, sondern auch der Treibstoffbedarf und die Emissionen um etwa ein Drittel. Zudem sind die Kosten für die Schiffscrew geringer. Trotz Eisschmelze ist die Reise nicht unproblematisch. Bei den arktischen Temperaturen wird Stahl spröde und Schmieröl fest, Gummi zerbröselt. Bei Nebel müssen die Aufbauten der Schiffe per Hand enteist werden. Und noch immer geht von den zahlreichen Eisbergen oder von plötzlichem Packeis im Nordpolarmeer eine beträchtliche Gefahr aus. Denn das **Treibeis** kann sich vor dem Schiff auftürmen und sich in der Kälte rasch wieder zu einer geschlossenen Eisdecke verbinden. Diese zu durchbrechen, ist für ein normales Frachtschiff praktisch unmöglich. Daher muss jede Passage durch eine russische Behörde kostenpflichtig genehmigt und von einem Lotsen oder meist sogar einem russischen Eisbrecher begleitet werden.

Und die Umwelt?

Der Zunahme des Frachtverkehrs durch das Nordpolarmeer stehen natürlich berechtigte Bedenken der Umweltverbände gegenüber. Mit dem wachsenden Verkehrsaufkommen steigt die Gefahr großer Umweltkatastrophen, wie z. B. das Kentern eines Öltankers. Das äußerst sensible Ökosystem würde sich nur sehr langsam von einem solchen Desaster erholen, da das Öl in der Kälte des Nordpols sehr langsam abgebaut wird.

3 Schiffsrouten im Überblick

2010	4
2012	46
2014	21
2016	19
2018	27

Jährliche Passagen des Suezkanals: ca. 18 000 Schiffe (2018)

4 Genehmigte Frachtschiffe auf der Nord-Ost-Passage

Das grüne Gold sichern

Im südlichen Teil der Polarräume, im Übergangsbereich zur Gemäßigten Zone, beginnt der boreale Nadelwald. Als größter Waldgürtel der Erde macht er etwa ein Drittel des weltweiten Waldbestandes aus. Aufgrund der dünnen Besiedlung galt er lange als kaum gefährdet. Doch inzwischen drohen Kahlschläge und zunehmende Waldbrände große Teile zu vernichten.

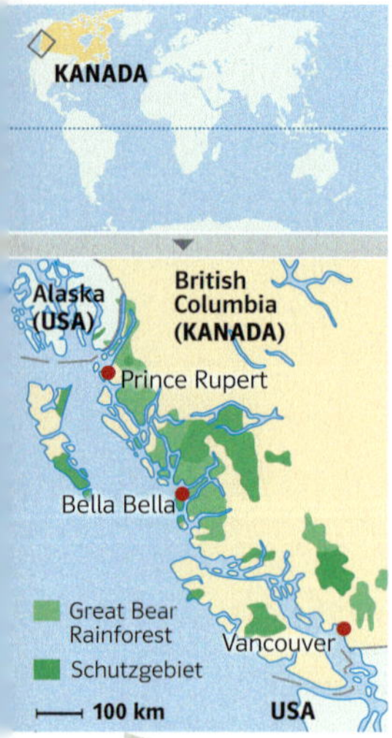

1

3 Holztransporter: 35 Tonnen leer plus 100 Tonnen Ladung

Bedeutung der borealen Wälder

Der **boreale Nadelwald** ist recht artenarm. Er besteht hauptsächlich aus immergrünen Nadelhölzern wie Fichten oder Kiefern. Im Unterwuchs dominieren Flechten und Moose. Der boreale Nadelwald spielt für das globale Klima eine große Rolle. Er kann enorme Mengen an CO_2 aus der Atmosphäre aufnehmen. Nach Schätzungen speichert er ca. 30 Prozent des weltweit vorhandenen Kohlenstoffes, und nicht nur in den Bäumen, sondern auch im gefrorenen Untergrund (Permafrost). Auch wirtschaftlich hat er eine große Bedeutung: Sein Holz ist ein wichtiges Exportgut. Etwa ein Drittel der weltweiten Holzexporte stammt aus dem borealen Nadelwald. Durch die niedrigen Temperaturen laufen die biologischen Prozesse im Zeitlupentempo ab: So benötigen Nadelbäume über 200 Jahre, eine Höhe von 25 m zu erreichen.

2

Abholzung und Zerstörung

Um Zellstoff zur Papierherstellung zu gewinnen, schlagen Holzkonzerne ganze Waldflächen kahl. Dieser Raubbau führt zur Bodenerosion und Verschlammung der Flüsse. Einst massenhaft die Stromschnellen hinauf wandernde Lachse sind wegen der Zerstörung ihrer Laichflüsse durch die Holzindustrie vom Aussterben bedroht.
Auf den kahl geschlagenen Flächen entwickelt sich nur langsam eine neue Vegetation, die aber artenärmer als der ehemalige Wald ist. Durch den Bau neuer Straßen und Forstwege werden intakte Waldflächen zerschnitten und Lebensräume von Tieren zerstört. Die Nutzung der großen Vorkommen an Erdöl und Erdgas und der Bau von Wasserkraftwerken mit ihren großen Stauseen tragen ebenfalls zur Zerstörung bzw. Beeinträchtigung des Naturhaushaltes der Nadelwälder bei.

4

5 Verbreitung und Nutzung des borealen Nadelwaldes

Erfolge im Kampf um den Schutz der Nadelwälder

Nach jahrzehntelangem Kampf um den Schutz der kanadischen Wälder konnte 2016 ein Schutzabkommen unterzeichnet werden. So sind 85 Prozent des Great-Bear-Regenwaldes vor der Abholzung sicher. Auf einer Waldfläche von mehr als 3 Mio. Hektar darf künftig kein industrieller Holzeinschlag mehr erfolgen. Die übrigen 15 Prozent unterliegen strengen gesetzlichen Auflagen für den Einschlag und die Vermarktung des Holzes. Zudem wurde eine Wiederaufforstung der abgeholzten Flächen beschlossen.

6

Rückschläge im Kampf um den Schutz der borealen Nadelwälder

Aber nicht alle Regierungen haben den großen Wert der Wälder für die Menschheit erkannt. Die US-Regierung möchte einen großen Teil des borealen Nadelwaldes im Süden Alaskas für die kommerzielle Ausbeutung freigeben. Neben der Abholzung könnte die Aufhebung der Schutzbestimmungen das Naturparadies auch für Bergbau- und Energie-Projekte öffnen und der Region zu einem wirtschaftlichen Aufschwung verhelfen. Doch auf der anderen Seite regt sich Widerstand von Umweltschützern und von der Tourismusindustrie, denn die Wälder gelten zum einen als Rückzugsorte für viele Tierarten und zum anderen locken sie mit ihren spektakulären Landschaften viele Urlauber an. Immerhin hängen rund 17 Prozent aller Arbeitsplätze im südöstlichen Alaska vom Tourismus ab. Zudem fallen jedes Jahr größere Flächen des borealen Nadelwaldes den Flammen zum Opfer, da sich durch die zunehmende Trockenheit im Zuge des Klimawandels immer wieder Waldbrände ausbreiten, so auch im Jahr 2019 in Sibirien.
Und während hier gestritten und dort gelöscht wird, schwindet allmählich der boreale Nadelwald.

7

1 Arbeit mit den Materialien. Erklärt euch gegenseitig die Ergebnisse:

A Karte 1 und 5, Text 2 und 6. Beschreibt die Ausdehnung der borealen Nadelwälder. Erklärt ihre Bedeutung und die Erfolge zum Schutz dieser Wälder.

B Foto 3, Text 4 und 7. Erklärt die Folgen der Abholzung sowie die Rückschläge im Kampf um den Erhalt der borealen Wälder.

2 Erklärt, warum es den borealen Nadelwald nur auf der Nordhalbkugel, aber nicht auf der Südhalbkugel gibt (z. B. mittels Atlas).

Wichtige Begriffe

- Antarktis
- Arktis
- borealer Nadelwald
- Inuit
- Kalte Zone
- Kältegrenze
- Nord-Ost-Passage
- Packeis
- Permafrostboden
- Polarnacht
- Polartag
- Schelfeis
- Treibeis
- Vegetationszeit
- Wachstumszeit

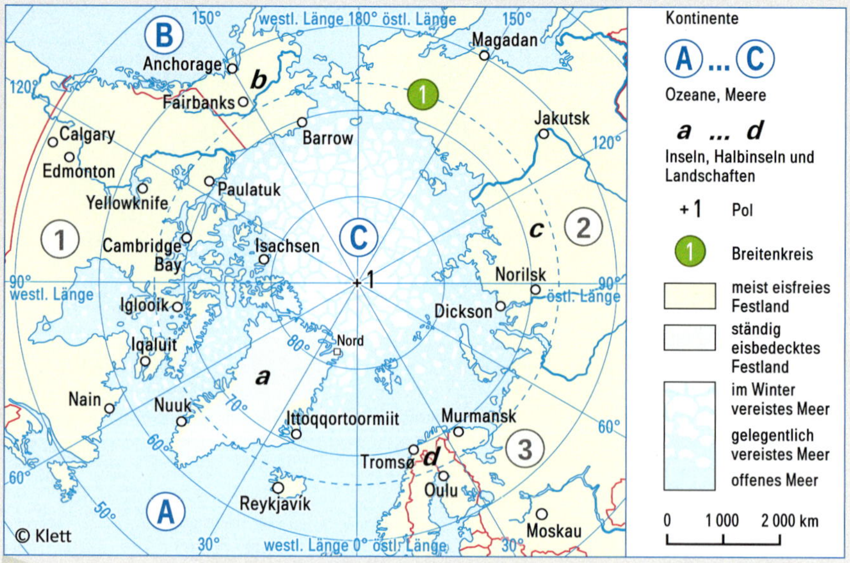

1

Sich orientieren

1 Orientierung ist gefragt!
Arbeite mit Karte 1 und einer Karte im Anhang oder dem Atlas.
- **a** Benenne den Breitenkreis 1 und die Kontinente 1 – 3,
- **b** die Ozeane und Meere A – C,
- **c** die Inseln, Halbinseln und Landschaften a – c.

2 Mit dem Atlas kein Problem
An welchen der aufgelisteten Orte kann man Polartag und Polarnacht nicht erleben? Begründe deine Antwort.
Archangelsk, Lulea, Narvik, Workuta, Vardø

Kennen und verstehen

3 Ein Februartag, kurz vor Mittag in einer Schule im Norden Norwegens. Alle stürmen aus dem Klassenzimmer. Der Himmel ist rot. Im Süden steigt ein kleines Sonnenkäppchen aus dem Meer. Gleichzeitig donnert ein Kanonenschuss als Gruß an die Sonne über die Bucht. Lauter Jubel bricht los! Nach kurzer Zeit wird das rote Käppchen kleiner, es versinkt im Meer. Nun sieht alles noch grauer und dunkler aus als vorher. „Aber morgen kommt die Sonne wieder“, flüstert jemand.
- **a** Um welches Ereignis handelt es sich? Erkläre.
- **b** Liegt die Schule nördlich oder südlich von Tromsø? Begründe deine Antwort.

4 Vervollständige und begründe folgende Aussage: Je mehr man sich den Polen nähert, desto …

5 Bilderrätsel
Löse die Bilderrätsel und erläutere die Begriffe.

a

b

6 Richtig oder falsch?
- **a** Wir Inuit leben in Nordskandinavien und Nordrussland.
- **b** Wir gehen immer noch auf die Jagd.
- **c** Für die Jagd ist nach wie vor der Hundeschlitten am praktischsten.
- **d** Die Arktis und die Antarktis sind Kontinente.
- **e** Den borealen Nadelwald gibt es nur auf der Südhalbkugel.
- **f** Die Nord-Ost-Passage ist das gesamte Jahr über eisfrei.

Fachmethoden anwenden

7 Ein Foto auswerten
Werte das Foto 2 aus. Liste verschiedene Hindernisse auf, die beim Bau der Trans-Alaska-Pipeline bewältigt werden mussten. Gehe dabei auch auf die Eingriffe in die Natur ein.

8 Grafik lesen
Im Diagramm 3 sind die Orte Nordkap, Nordpol, Südpol und Mitteleuropa nicht eingetragen. Ordne sie jeweils richtig zu.

2 Pipeline in Alaska

Beurteilen und bewerten

9 Nachhaltiges Wirtschaften
Der boreale Nadelwald wird als „grünes Gold“ bezeichnet. Seine Erschließung bringt viel Geld, zerstört aber auch den Lebensraum für Menschen, Tiere und Pflanzen. Suche dir eine Möglichkeit zum Schutz dieses Ökosystems heraus und erläutere, was eine nachhaltige Entwicklung beachten muss.

10 Pläne für die Zukunft
Grönland gilt als Gewinner des Klimawandels. Schreibe einen Bericht dazu, wie Grönland sich bis zum Jahr 2050 entwickeln könnte.

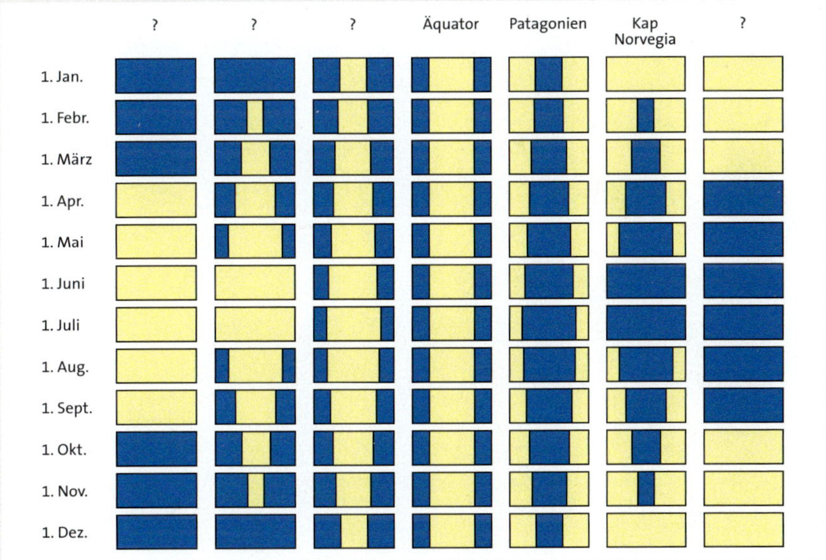

3

Jetzt kannst du ...

- die Lage und Merkmale der Arktis und Antarktis beschreiben;
- die Entstehung von Polartag und Polarnacht erklären;
- die Anpassungen an die Lebensbedingungen der Inuit in der Kalten Zone darstellen;
- Probleme und Lösungen zur Planung der Trans-Alaska-Pipeline erörtern;
- die Folgen des Klimawandels auf die wirtschaftliche Erschließung der Polargebiete erörtern;
- Bedeutung und Bedrohung der borealen Nadelwälder erklären.

8

Landschaftszonen im Überblick

1 Landschaftszonen der Erde

In den vorherigen Kapiteln hast du dich mit den natürlichen Bedingungen und der Lebensweise der Menschen z. B. im tropischen Regenwald, in der Wüste oder in der Feuchtsavanne auseinandergesetzt. Diese Räume, die vom Menschen stark verändert wurden, nennt man Vegetationszonen. Auf dessen Grundlage erfolgt die Einteilung in Landschaftszonen, also Großräume der Erde mit gemeinsamen Merkmalen wie Klima, Vegetation, Bodenbildung oder Wasserhaushalt. Aber was ist geographisch betrachtet eine Landschaft? Wie können scheinbar nicht nutzbare Landschaften dennoch genutzt werden? Auf diese Fragen kannst du mithilfe der nächsten Seiten Antworten finden.

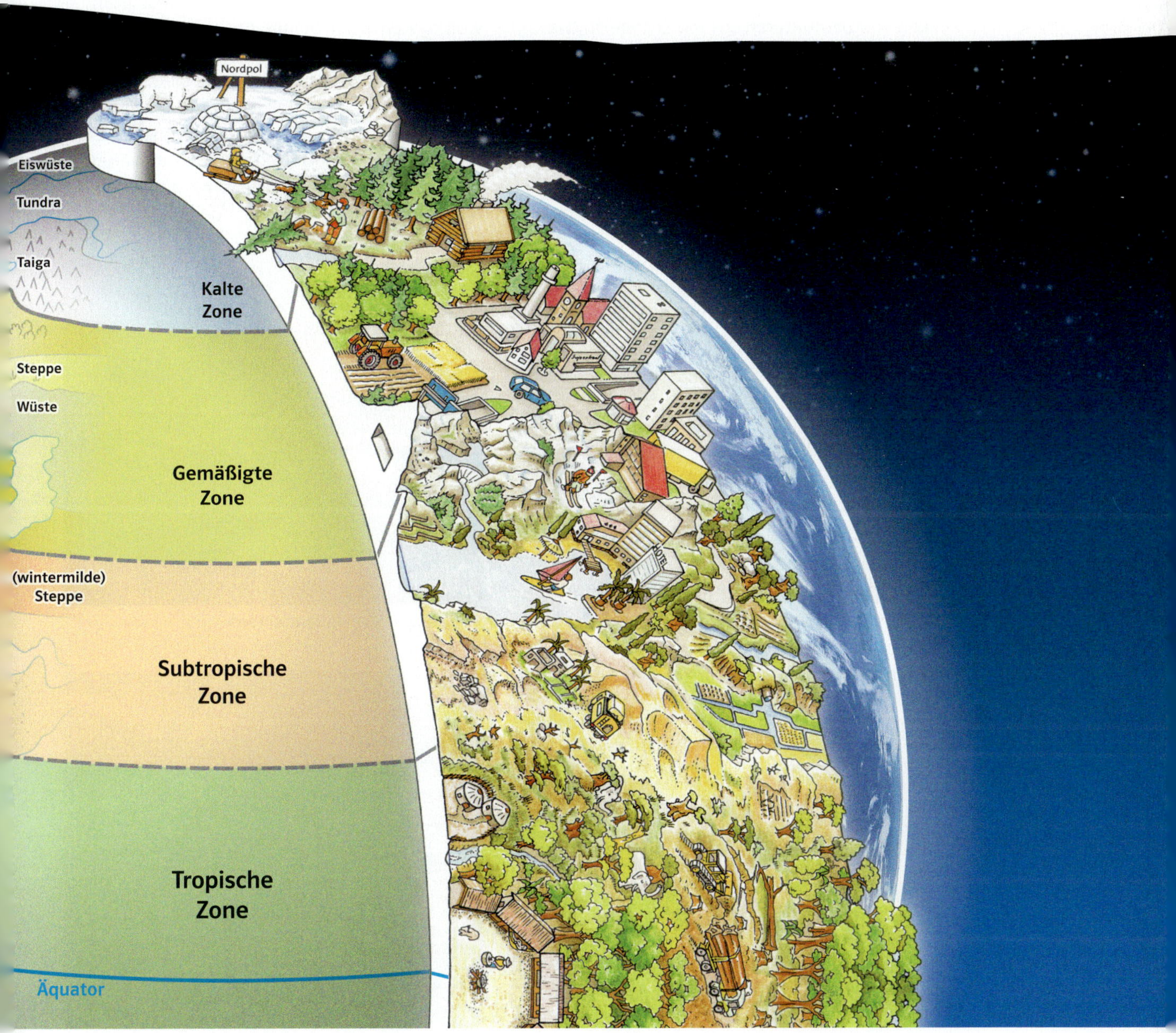

Landschaften und Landschaftszonen

Der Begriff „Landschaft“ wird im Alltag oft im Zusammenhang mit Urlaubsfotos oder Postkarten verwendet. Eine Postkarte zeigt schneebedeckte Berge, einen See und saftige Wiesen: „In dieser schönen Landschaft lassen wir es uns gutgehen“, kann auf der Rückseite stehen. Ist damit der Begriff „Landschaft“ geklärt? Geographen wollen es genauer wissen und stellen sich die Frage: Wie ist diese Landschaft entstanden?

Was ist eine Landschaft?

Der Begriff **Landschaft** wird geographisch für räumliche Ausschnitte der Erdoberfläche verwendet, die ein ähnliches Erscheinungsbild aufweisen. Dieses entsteht durch das Einwirken von **Geofaktoren** auf die Erdoberfläche und durch das Einwirken des Menschen. Eine Landschaft verändert sich folglich im Laufe der Zeit. Geofaktoren sind zum Beispiel das Klima, der Boden und das Wasser. Diese Faktoren werden durch verschiedene **Geoelemente** charakterisiert, wie z.B. den Niederschlag, die Temperatur und die Verdunstung. Die einzelnen Geofaktoren können einzelnen Sphären zugeordnet werden (siehe Tabelle 6).
Zusätzlich verändert der Mensch die durch natürliche Geofaktoren geformte Landschaft. Landschaften werden daher als Mensch-Umwelt-Systeme betrachtet. Man unterscheidet zwischen **Kulturlandschaften**, die weitestgehend vom Menschen beeinflusst sind. Landschaften, die weitestgehend vom Menschen unbeeinflusst sind, werden als **Naturlandschaften** bezeichnet. Eine Landschaft kann weiter unterteilt werden in **Ökosysteme**, z.B. einen See oder Wald.

1 Moraine See, Kanada

2 Todra-Schlucht, Marokko

3 Münsterland, Deutschland

4 Dortmund, Deutschland

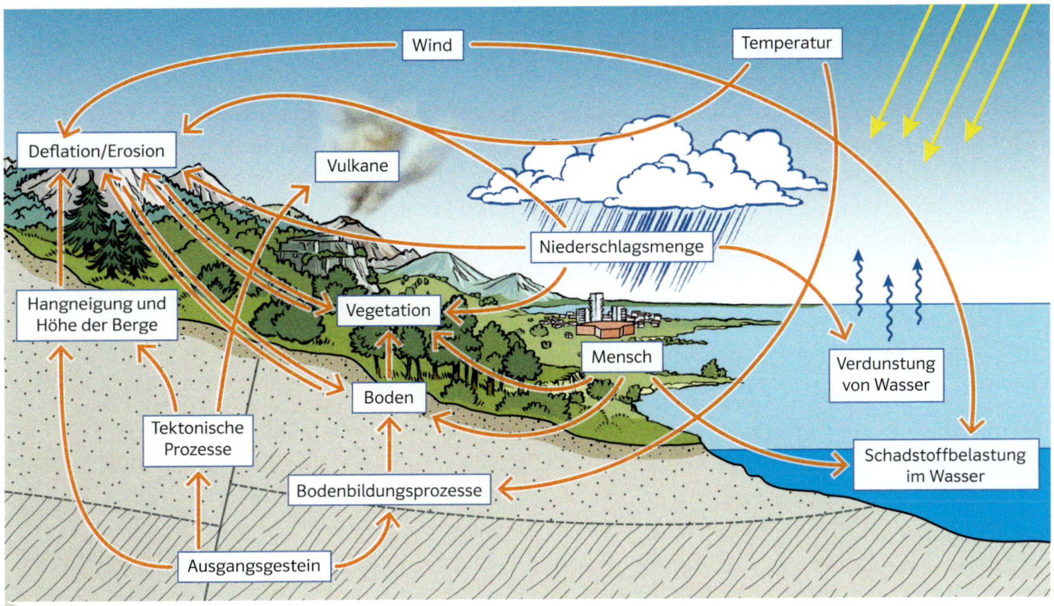

5 Schematische Darstellung des Zusammenwirkens einzelner Geoelemente und -faktoren bei der Entstehung einer Landschaft

Sphäre	Geofaktor	Geoelement
Atmosphäre	Klima	z. B. Niederschlag, Verdunstung, Temperatur
Lithosphäre	Gestein	z. B. Gesteinsart
Pedosphäre	Boden	z. B. Bodentyp, Fruchtbarkeit, Wassergehalt
Reliefsphäre	Relief	z. B. Geländeform, Hangneigung, Höhe
Hydrosphäre	Wasser	z. B. Temperatur, Schadstoffbelastung
Biosphäre	Tier- und Pflanzenwelt	z. B. Artenzahl, Pflanzenwachstum
Anthroposphäre	Mensch	z. B. Bevölkerungsdichte, Bauwerke, politisches System

6 Übersicht zu Sphären, Geofaktoren und deren Geoelementen

SP Tipp

Grafik beschreiben

→ Aufgabe 2

- Die Temperatur hat Einfluss auf …
- Die Erosion hat Auswirkungen auf …
- Die Bodenbildungsprozesse führen zu …

Landschaftszonen

Mehrere Landschaften mit großen Übereinstimmungen im Erscheinungsbild (z. B. Relief, Wasser, Boden und Vegetation) werden zu **Landschaftszonen** zusammengefasst. Die Zonen erstrecken sich zwischen den Breitenkreisen. Eine Karte findest du dazu auf der nächsten Doppelseite (152/153). Aufgrund des großen Anteils des Klimas an der Ausbildung einer Landschaft umfassen die Landschaftszonen ähnliche Bereiche wie die Klimazonen.

1 Definiere mithilfe des Textes die Begriffe Landschaft, Geofaktoren, Geoelemente, Kulturlandschaft und Naturlandschaft.

2 SP Beschreibe, wie die einzelnen Geofaktoren bzw. Geoelemente in der Grafik 5 zusammenwirken und das Erscheinungsbild einer Landschaft beeinflussen.

3 Arbeitet mit den Fotos 1–4:

a) MK Lokalisiert die Landschaften auf den Fotos 1–4 mithilfe des Atlas und dem Internet.

b) Ordnet die Fotos jeweils einer Landschaftszone zu (Karte auf Seite 152/153).

c) Beschreibt die Landschaften auf den Fotos.

d) Beschreibt, welche Geofaktoren bzw. Geoelemente zu den abgebildeten Landschaften geführt haben.

Landschaftszonen der Erde

Es gibt ganz unterschiedliche Gliederungsmöglichkeiten der Erde, z. B. nach Klima (Klimazonen), Vegetation (Vegetationszonen) oder Wirtschaftskraft. Dieser Karte liegen die Landschaftszonen zugrunde. Du kannst die Inhalte dieser Karte nicht in einer Woche lernen. Sie soll jetzt und in den folgenden Jahren oft benutzt werden und sich dabei immer besser einprägen.

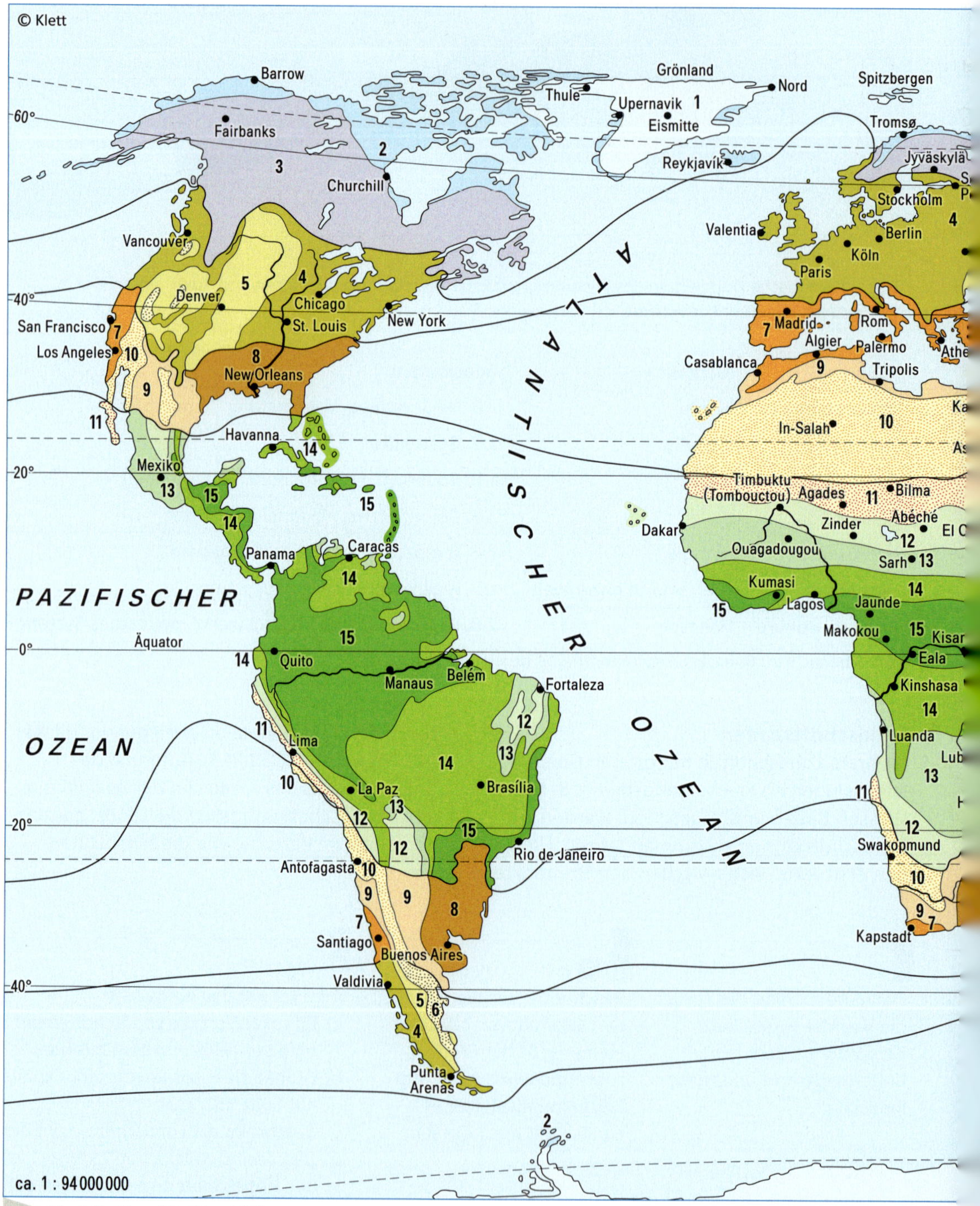

1 Nach Troll und Paffen 1964

Kalte Zone (um und unter 0°C)

- 1 Eisregion
- 2 Tundra
- 3 Borealer Nadelwald (Taiga)

Gemäßigte Zone (um 8°C)

- 4 unser Klima (sommergrüne Laub- und Mischwälder)
- 5 Steppe der Gemäßigten Zone
- 6 Wüste der Gemäßigten Zone

Subtropische Zone (um 18°C)

- 7 Mittelmeerklima / Westseitenklima (im Winter feucht)
- 8 Ostseitenklima (im Sommer feucht oder immer feucht)
- 9 Steppe der Subtropen
- 10 Wüste der Subtropen

Tropische Zone (um 25°C)

- 11 tropische Wüste (0 – 2 Monate feucht)
- 12 Dornsavanne (2 – 4½ Monate feucht)
- 13 Trockensavanne (4½ – 7 Monate feucht)
- 14 Feuchtsavanne (7 – 9½ Monate feucht)
- 15 Tropischer Regenwald (9½ – 12 Monate feucht)

nach Troll und Paffen 1964,
bearbeitet von Arno Schultze

Höhenstufen der Vegetation

Im 19. Jahrhundert berichteten Forscher von ihren Tropenexpeditionen immer wieder von schneebedeckten Bergen. Das löste in Europa Verwunderung aus: Wie kann es sein, dass es Schnee in den heißen Tropen gibt? Unmöglich?!

1 Im tropischen Regenwald von Ecuador

3 Schopfbäume in 4000 m Höhe in Ecuador

4 Cotopaxi, höchster aktiver Vulkan Ecuadors (5897 m)

Berge haben eine Eigenschaft, die jeder Wanderer kennt: Je höher man kommt, desto kühler wird es. Die Temperaturen nehmen mit der Höhe im Mittel um 0,6 °C pro 100 m ab. Mit zunehmender Höhe ist weniger für das Pflanzenwachstum notwendige Wärme vorhanden. Pflanzen, die viel Wärme und eine lange **Vegetationszeit** benötigen, können mit zunehmender Höhe daher schlechter oder gar nicht wachsen. Hierdurch bilden sich Höhengrenzen, an denen sich bestimmte geographische Erscheinungen ändern, z. B. die Schneegrenze, die Waldgrenze oder die Anbaugrenze für verschiedene Kulturpflanzen. Zwischen den Höhengrenzen bilden sich **Höhenstufen** aus.

← Humboldts Handzeichnung Seite 11

Sie unterscheiden sich in Klima, Vegetation und landwirtschaftlicher Nutzung.
Im tropischen **Tageszeitenklima** tritt mit zunehmender Höhe täglicher Frostwechsel auf. Außerhalb der Tropen führt die Temperaturabnahme mit der Höhe zu einer Verkürzung der Vegetationszeit.
Für die Höhenstufen gibt es in vielen Gebieten spezielle Bezeichnungen. In Mittel- und Südamerika spricht man von „Tierra caliente" (heißes Land), „Tierra templada" (gemäßigt warmes Land), „Tierra fría" (kaltes Land), „Tierra helada" (Frostland) und „Tierra nevada" (Schneeland).

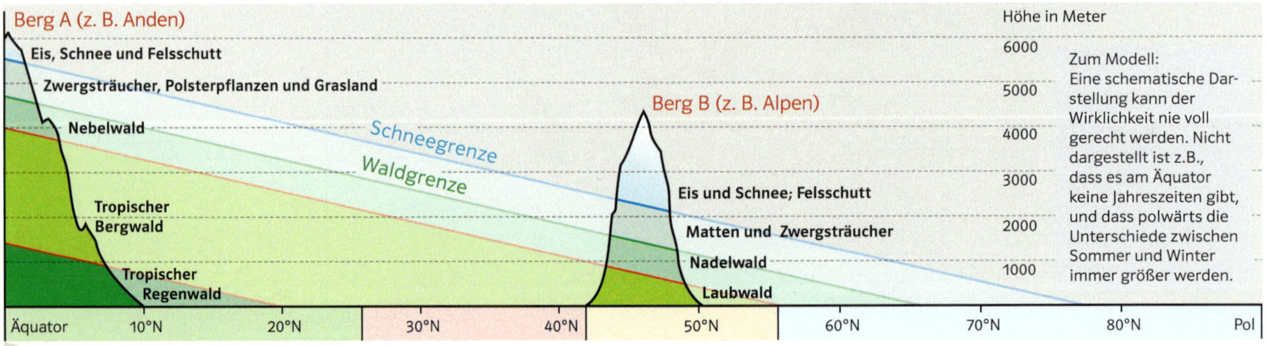

2 Landschaftszonen-Höhenstufen-Modell

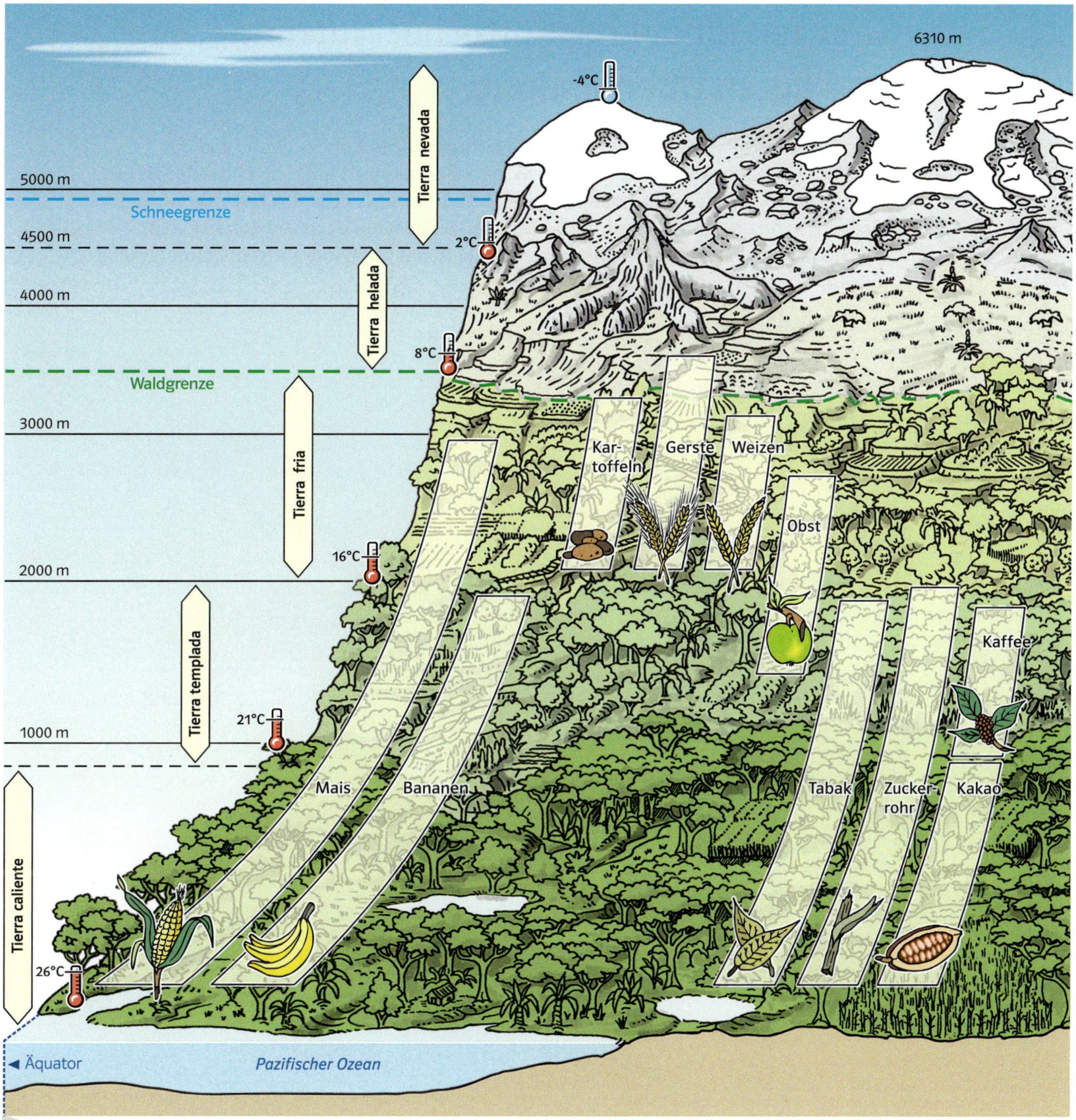

5 Höhenstufen in Südamerika

1
Arbeite mit dem Blockbild 5:
a) Beschreibe die Höhenstufen der Anden.
b) Erkläre an diesem Beispiel, warum sich Höhenstufen ausbilden.
c) Erkläre, warum es in den Tropen Schnee geben kann.

2
Wertet das Modell 2 aus:
a) Vergleicht die Höhenstufen der äquatornahen Berge (Anden) mit denen der äquatorfernen Berge (Alpen). Listet Gemeinsamkeiten und Unterschiede auf.
b) Formuliert eine Regel, die die Veränderungen der Höhenstufen vom Äquator zum Pol beschreibt.

3
Höhengrenzen sind auch Anbaugrenzen. Begründe dies anhand zweier Beispiele.

Grenzen landwirtschaftlicher Nutzung und deren Überwindung

Viele Regionen der Erde sind für eine landwirtschaftliche Nutzung aufgrund der natürlichen Gegebenheiten gar nicht bzw. nur sehr begrenzt nutzbar. Entweder ist es zu kalt oder zu trocken, der Boden ist unfruchtbar, zu nass oder das Gelände zu steil. Wodurch kann die landwirtschaftliche Nutzung eines Raumes noch begrenzt sein? Welche Möglichkeiten hat der Mensch entwickelt, um scheinbar nicht nutzbare Räume für seine Zwecke zu nutzen?

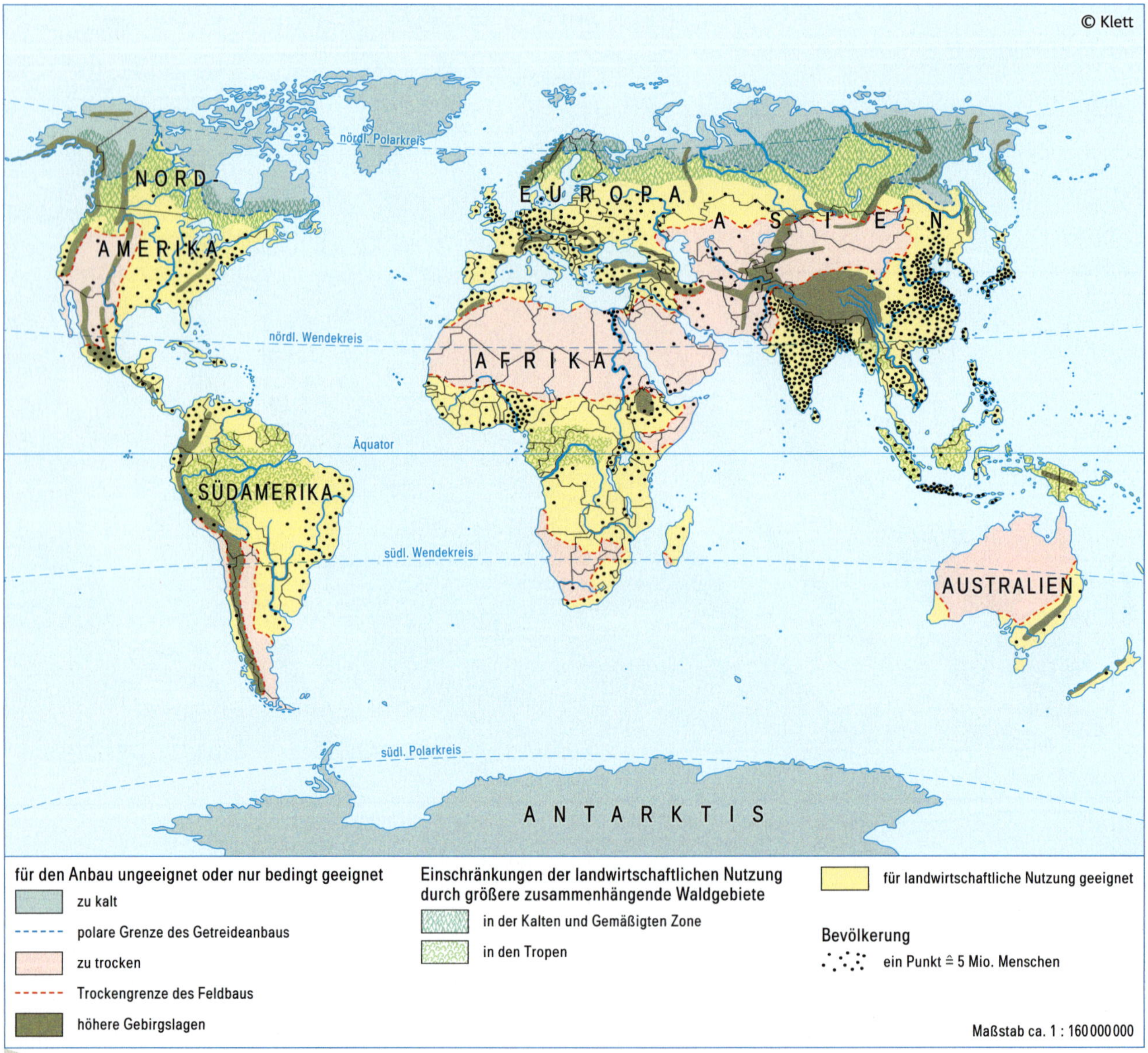

1 Grenzen landwirtschaftlicher Nutzung

Der Mensch hat Möglichkeiten entwickelt, scheinbare Grenzen der landwirtschaftlichen Nutzung zu überwinden. Diese Möglichkeiten sind einerseits den natürlichen Bedingungen angepasst und dadurch nachhaltig. Andererseits kommen diese Möglichkeiten auch an ihre Grenzen. Zwei Beispiele sollen das verdeutlichen.

Beispiel 1: trockenresistenter Mais, USA

Aufgrund der immer häufiger auftretenden Dürren hat man in den USA mittels Gentechnik den trockentoleranten Mais („DroughtGard-Mais") entwickelt. 2013 begann der Anbau und 2017 waren bereits 2 Mio. Hektar bepflanzt. Der Mais besitzt ein Gen, das bei Wassermangel dazu beiträgt, wichtige Zellfunktionen der Pflanze aufrechtzuerhalten. Gentechnisch verändertes Saatgut wird immer wieder kritisch diskutiert, jedoch ist der „DroughtGard-Mais" seit 2015 in der Europäischen Union als Lebens- und Futtermittel zugelassen.

Feld mit trockenresistentem Mais in Indiana, USA

2

Beispiel 2: kälteresistenter Reis, Philippinen

Im Norden der Philippinen haben die Ifugaobauern zwei Grenzen landwirtschaftlicher Nutzung überwunden. Zum einen haben sie Terassen angelegt, um in der bergigen Landschaft auf jedem verfügbaren Meter das Grundnahrungsmittel Reis anzubauen. Diese kleinen Parzellen können bis heute nicht mit Maschinen bearbeitet werden. Zum anderen pflanzen sie die Reissorte „Tinawon" an. Diese ist kälteresistent und kann bei den kühlen Temperaturen in fast 1 000 m Höhe wachsen. Jedoch ist diese Reissorte nicht sehr ertragreich. Daher ist die Ernte nach einem halben Jahr schon aufgebraucht, obwohl alles für den Eigenbedarf bestimmt ist. Die Ifugao kaufen dann Reis aus dem Tiefland dazu. Es gibt auch moderne Züchtungen, die jedoch anfälliger für Ungeziefer sind, mehr kosten und viel Dünger benötigen; das kann sich meist niemand leisten.

Reisterrassen bei Batad, Philippinen

3

1
Arbeite mit Text, Karte 1 und Atlas:
a) Nenne Faktoren, die die landwirtschaftliche Nutzung von Räumen begrenzen.
b) Nenne räumliche Beispiele zu diesen einzelnen Faktoren, die eine landwirtschaftliche Nutzung begrenzen (z.B. Karte 1, Atlas).

2
Vergleiche die Verteilung der Bevölkerung und die Lage der Gebiete, die landwirtschaftlich gut bzw. nur begrenzt nutzbar sind. Gibt es hier Zusammenhänge?

3
a) Beschreibt verschiedene Möglichkeiten, wie die natürlichen Faktoren, die den landwirtschaftlichen Anbau begrenzen, überwunden werden können.
b) Diskutiert die Vor- und Nachteile dieser Möglichkeiten.
c) Bewertet sie anschließend unter Berücksichtigung der Nachhaltigkeit und Wirtschaftlichkeit.

9

Naturkräfte: Risiko oder Potenzial?

1 Ausbruch des Eyjafjallajökull 2010 (Island)

Erdbeben, Wirbelstürme und Vulkanausbrüche sind faszinierende Naturereignisse, die von den Kräften der Natur hervorgerufen werden. Es gibt endogene Naturkräfte (= aus dem Erdinneren) und exogene Naturkräfte (= von außen wirkend). Uns Menschen stellen sie immer wieder vor große Probleme und führen mitunter zu schweren Katastrophen.

Weil viele Menschen in gefährdeten Gebieten leben, ist es wichtig, Risikofaktoren und Schutzmaßnahmen zu erforschen. Auch wir Menschen beeinflussen die Auswirkungen der Naturkräfte und erhöhen durch unser Verhalten mitunter die Risiken.

Wichtig ist aber auch, welche Ideen wir entwickeln, um aus den Naturphänomenen einen Nutzen zu ziehen.

2 Thermalbad „Blaue Lagune“ mit Geothermiekraftwerk (Island)

Wenn sich die Erde rührt ...

**... geht manchmal gar nichts mehr. Vulkanausbrüche zeigen, dass wir trotz aller technischen Errungenschaften machtlos gegenüber Naturkräften sind.
So saßen nach einem Vulkanausbruch 2010 mehrere Millionen Menschen an den Flughäfen fest. Die 9 Kilometer hohe Aschewolke verhinderte einen sicheren Flugverkehr, da die Aschepartikel beispielsweise Triebwerke beschädigt hätten. Einem Vulkanausbruch gehen viele kleinere und größere Erdbeben voraus. Diese machen zwar heute die Vorhersage eines Ausbruchs wahrscheinlicher, eine absolute Sicherheit gibt es jedoch nie.**

1 Ausbruch des Mount St. Helens (USA)

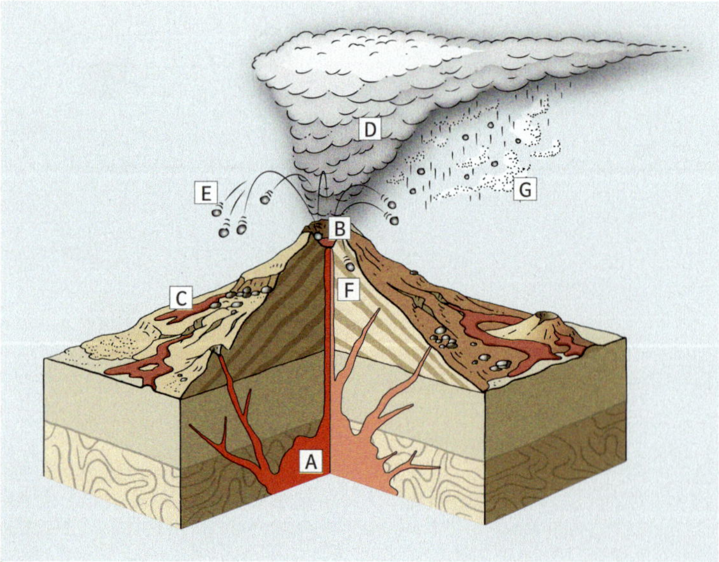

2 Blockbild eines Schichtvulkans

Schichtvulkane

In einem **Schichtvulkan** steigt geschmolzenes Gestein, das **Magma**, aus dem Erdinneren nach oben. Die Temperatur liegt zwischen 700 °C und 1 000 °C, sodass die Gesteinsschmelze relativ zähflüssig ist. Das Magma sammelt sich zunächst unterirdisch in Magmakammern. Die im Magma enthaltenen Gase können wegen der Zähflüssigkeit nicht kontinuierlich entweichen, sodass sich ein enormer Druck in der Magmakammer aufbaut. Es kommt dann zu einem explosiven Ausbruch. Das aufgestaute Gas wird durch den Schlot nach oben gedrückt und mit großer Wucht aus dem Krater katapultiert. Dabei reißt es meist Magma mit sich. Das wird als fein gesprühte Partikel (Asche), Steinchen (Lapilli) und Gesteinsbrocken (Bomben) in die Höhe geschleudert (bis zu 40 km hoch). Ausgetretenes Magma wird als **Lava** bezeichnet. Dickflüssige Lava, die durch Eruptionen im Wechsel mit Asche austritt, setzt sich in Schichten am Vulkanhang ab. So entsteht die typische Kegelform (z. B. Ätna, Fudschijama).

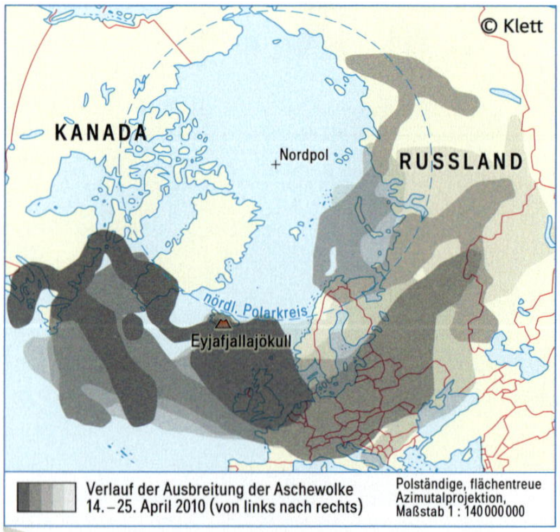

3 Ausbreitung der Aschewolke des Vulkans Eyjafjallajökull im April 2010

Schildvulkane

Auch in einem **Schildvulkan** steigt das Magma aus dem Erdinneren nach oben. Die Temperatur liegt zwischen 1000 °C und 1250 °C, sodass die Gesteinsschmelze relativ dünnflüssig ist. Das Magma sammelt sich zunächst unterirdisch in Magmakammern. Es baut sich aber nicht ein solcher Druck auf wie bei einem Schichtvulkan, weil das Gas wegen der Dünnflüssigkeit besser entweichen kann. Das Magma wird zwar mit bis zu 50 km/h durch den Schlot hochgedrückt, aber die Lava fließt dann ohne größere Explosionen vom Krater aus in alle Richtungen ab, mitunter mit hohen Geschwindigkeiten (bis zu 60 km/h) und sehr großflächig. So entstehen flache, aber nur leicht gewölbte **Vulkane**. Bei manchen Schildvulkanen fließt Lava über Jahrzehnte ununterbrochen. Beispiele sind der Kilauea und der Mauna Loa auf Hawaii.

Es gibt weltweit etwa 180 Schildvulkane, das sind fast 12 % aller Vulkane. Die Vulkanausbrüche der ca. 720 klassifizierten Schichtvulkane sind für uns Menschen aber viel spektakulärer.

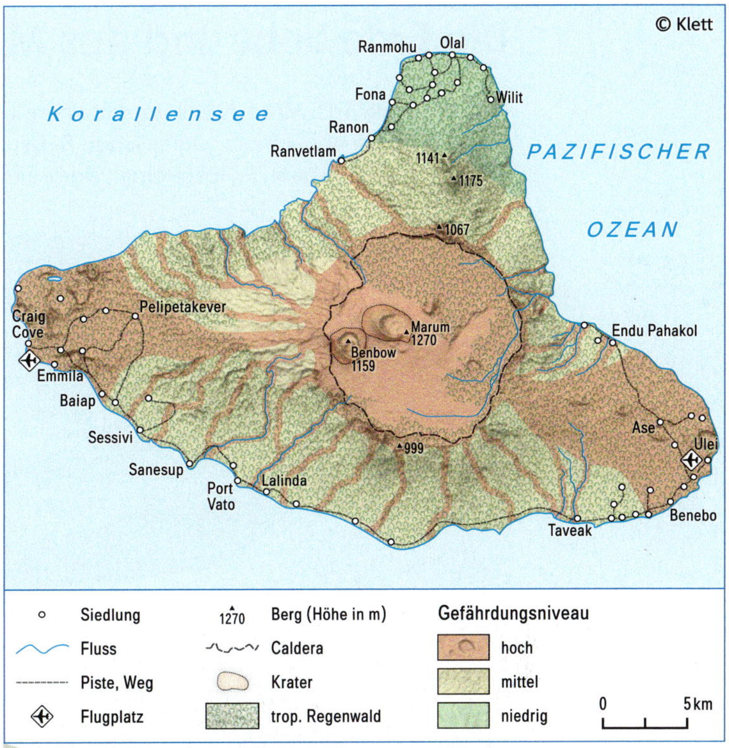

5 Gefahrenkarte: Ausbreitung der Lavaströme auf Ambrym (Vanuatu)

4 Piton de la Fournaise (La Réunion)

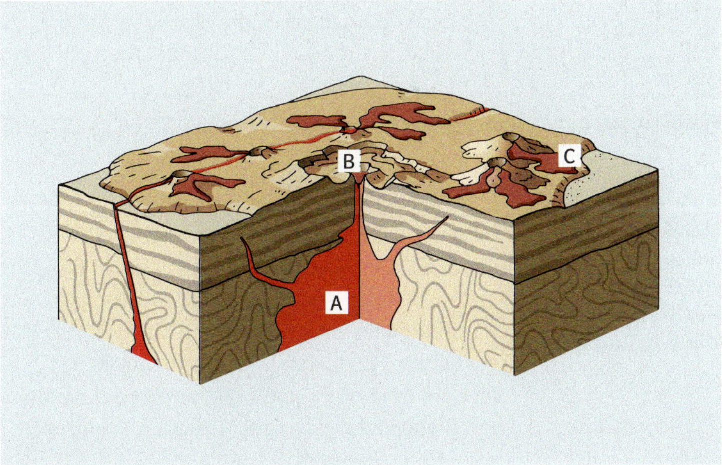

6 Blockbild eines Schildvulkans

1

Ordnet den Buchstaben in den beiden Blockbildern die richtigen Begriffe aus dem Text zu und notiert sie in einer Liste:

A Schichtvulkan,

B Schildvulkan.

2

Vergleicht mithilfe des Textes und der Abbildungen die beiden Vulkantypen nach folgenden Aspekten: Form, Art des Ausbruchs, Lavaeigenschaft, Reichweite der Auswirkungen.

A Schichtvulkan,

B Schildvulkan.

Die Erde bebt und das Meer macht mit

Das Beben vom 11. März 2011 in Japan war mit der Stärke von 9,0 auf der Richterskala eines der stärksten jemals gemessenen Beben. Es ereignete sich 163 km von der Küste entfernt in 30 km Tiefe. Es löste einen riesigen Tsunami mit verheerenden Folgen aus.

1 Auswirkungen nach dem Erdbeben und dem darauffolgenden Tsunami am 11. März 2011 in Japan

?!
Kaum zu glauben

Weltweit gibt es jährlich rund 50 000 Beben der Stärken 3 oder 4, etwa 800 der Stärken 5 oder 6 und eins der Stärke 8.

→ **Seismograf (Erdbeben-instrument) Seite 164**

→ **Fukushima Seiten 182/183**

Bericht eines Erdbebenzeugen

Das „Davor“ und „Danach“ ist die Hölle! Minuten oder Sekunden, bevor die Erschütterungen beginnen, hörst du ein Geräusch, ein dumpfes, erstickendes Stöhnen, das aus den Tiefen der Erde wie ein ächzendes unterirdisches Röcheln emporsteigt und die Menschen vor Schreck erstarren lässt. Nach draußen rennen! Die Augen schließen und beten, nicht erschlagen oder lebendig unter den Trümmern begraben zu werden.
Die Luft stinkt nach Gas, das aus gebrochenen Leitungen unter den zerstörten Straßen ins Freie gelangt. Vereinzelt flackern Brände auf. Überall herrscht Chaos.
Auf das eigentliche Beben folgen oft tagelang kleinere Nachbeben. Die Nerven der Menschen liegen blank, jeder noch so geringe Erdstoß löst Panik aus. Die Leute schlafen unter freiem Himmel, aus Angst, dass sich das große Beben wiederholt.

2

Erdbeben

Erdbeben gehören zu den gefürchtetsten **Naturereignissen.** Sie treten meist überraschend und ohne warnende Vorzeichen auf, dauern nur zwischen zehn Sekunden und vier Minuten, wirken aber sehr zerstörerisch.
Die Stärke eines Erdbebens wird mit der Richter-Skala angegeben, die von 0 bis 9,5 reicht. Sie ist nach oben offen, weil es sich nicht ausschließen lässt, dass auch stärkere Beben auftreten können. Jede Stufe der Skala entspricht einem zehnmal stärkeren Ausschlag des Seismografen. Ein Beben der Stärke 6 ist also zehnmal stärker als ein Beben der Stärke 5.
Der kurze Ruck eines Erdbebens hat nicht nur die Zerstörung von Gebäuden zur Folge: Straßendecken reißen auf, Geröll rutscht einen Berghang herunter, Telefonverbindungen brechen ab, elektrische Leitungen und Gasrohre reißen und können Explosionen und Brände hervorrufen, Wasser- und Abwasserleitungen werden zerstört.

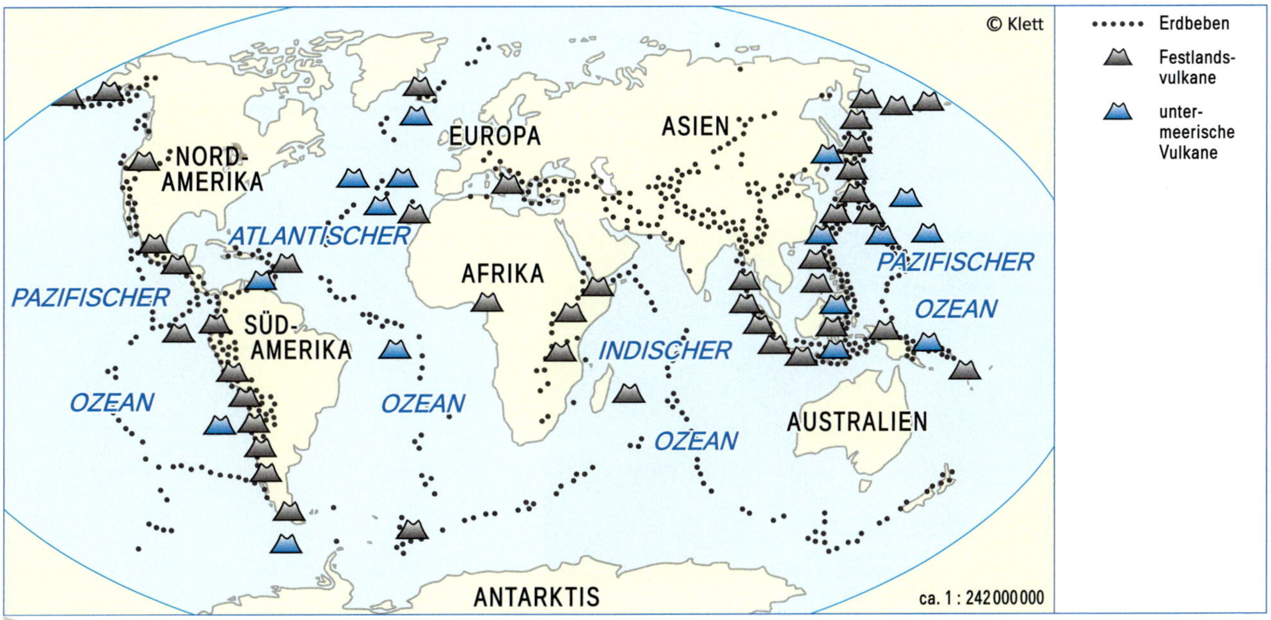

3 Hauptverbreitungsgebiete von Erdbeben und Vulkanen auf der Erde

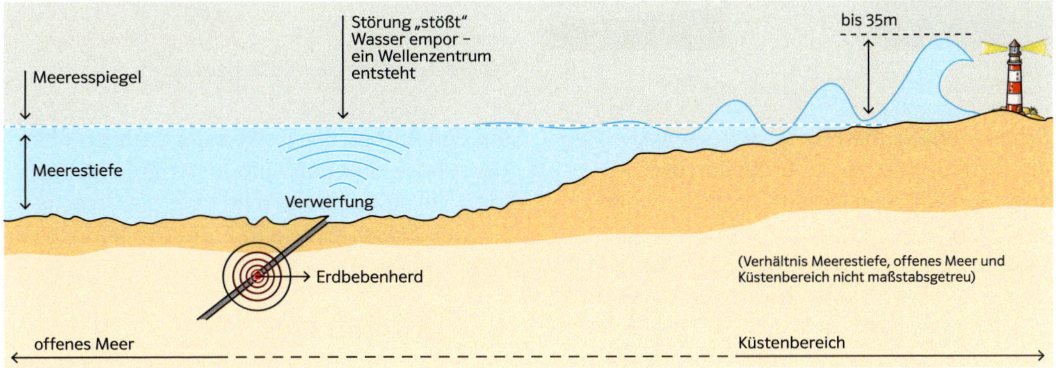

4 Entstehung eines Tsunamis

tsu-nami (jap.)

große Welle im Hafen

Tsunami

Liegt der Erdbebenherd unter dem Meeresboden, spricht man von Seebeben. Diese können **Tsunamis**, riesige Flutwellen, auslösen, die Geschwindigkeiten von über 1000 km/h und Höhen bis zu 35 Meter erreichen und große Zerstörungen im Küstenbereich verursachen. Bis vor Kurzem glaubten die Forscher, dass Tsunamis ausschließlich durch Seebeben oder untermeerische Vulkanausbrüche entstehen. Seit Neuestem macht man auch große untermeerische Erdrutsche für die Riesenwellen verantwortlich. Einen solchen riesigen Bergrutsch befürchtet man in näherer Zukunft auf den Kanarischen Inseln, da der vulkanische Schichtenaufbau des Bodens ein solches Ereignis wahrscheinlich macht. Dann wäre auch die Ostküste der USA bedroht.

1 Beschreibe die auf Foto 1 erkennbaren Schäden.

2 Erläutere mithilfe der Abbildung 4, warum ein Tsunami erst im Küstenbereich gefährlich wird.

3 Arbeitet mit Karte 3:
a) Beschreibt die Verbreitung von Erdbeben und Vulkanen auf der Erde.
b) Welche Muster könnt ihr erkennen? Zeichnet dazu eine Kartenskizze.

4 MK Erstelle ein Wirkungsgefüge zu den Folgen eines Erdbebens. Bedenke auch die Auswirkungen auf die Arbeit von Feuerwehr, Ärzten usw.

○ 1 ◒ 2 ● 3, 4 → Lösungshilfen ab S. 229

Den Ursachen auf der Spur

Ob bei Tsunamis oder bei Vulkanausbrüchen, überall sind vorher Erdbeben zu verzeichnen. Dabei können auch Stationen auf der gegenüberliegenden Seite der Erde bestimmen, wo sich ein Beben ereignete und wie stark es war.

1 Erdbebenforschung

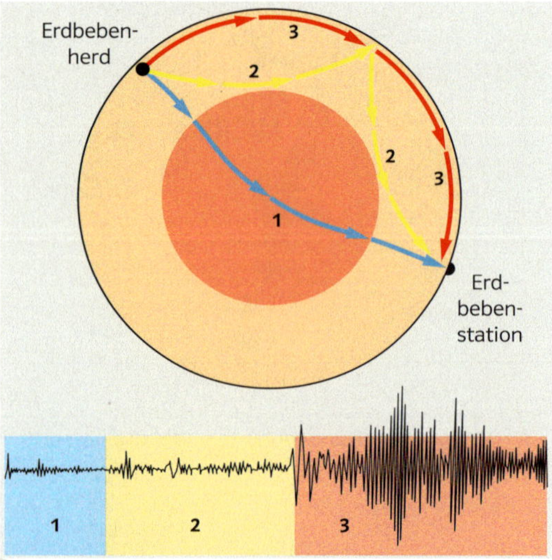

3 Ausbreitung der Erdbebenwellen

Hypozentrum
Erdbebenherd im Erdinneren

Epizentrum
das senkrecht über dem Herd an der Erdoberfläche liegende, am stärksten erschütterte Gebiet

Schon lange suchen Forscher nach Antworten auf die Frage, wie es zu **Erdbeben** und Vulkanausbrüchen kommt. Erdbebenwellen sind dabei von Nutzen.
Die von einem Erdbebenherd ausgehenden Druck- und Scherwellen (Grafik 5) laufen in alle Richtungen durch den Erdkörper (Grafik 3). Mit der Zusammensetzung und der physikalischen Dichte des durchquerten Materials ändern diese Wellen ihre Geschwindigkeit und ihre Richtung, werden abgelenkt oder vollziehen „Dichtesprünge“ (Grafik 4, oben rechts). So können aus den Aufzeichnungen der verschiedenen Wellengeschwindigkeiten, die weltweit in Messstationen erfasst werden, Rückschlüsse auf den Aufbau des Erdkörpers gezogen werden. Vieles über den Aufbau der Erde ist noch nicht vollständig erforscht, aber die Ursache für Vulkanausbrüche und Erdbeben können wir schon erklären.

Schalenbau der Erde

Die äußere, relativ dünne, aus festem Gestein bestehende „Haut der Erde“ wird als **Erdkruste** bezeichnet, unterteilt in kontinentale und ozeanische Kruste.
Die **ozeanische Kruste** ist mit 200 Millionen Jahren noch relativ jung. Die **kontinentale Kruste** weist die mit vier Milliarden Jahren ältesten Gesteine auf, die bislang gefunden wur-

So funktioniert ein einfacher Seismograf
Wenn sich der Boden auf und ab bewegt, folgt die schwere Kugel mit dem Zeichenstift dieser Bewegung um etwa 15 Sekunden zeitverzögert. Auf einem Papierstreifen, der über Rollen am Zeichenstift vorbeigeführt wird, kann so das Beben aufgezeichnet werden.

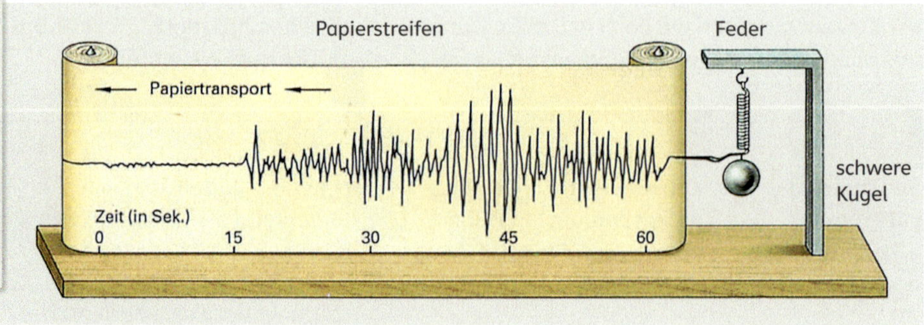

2 Seismograf

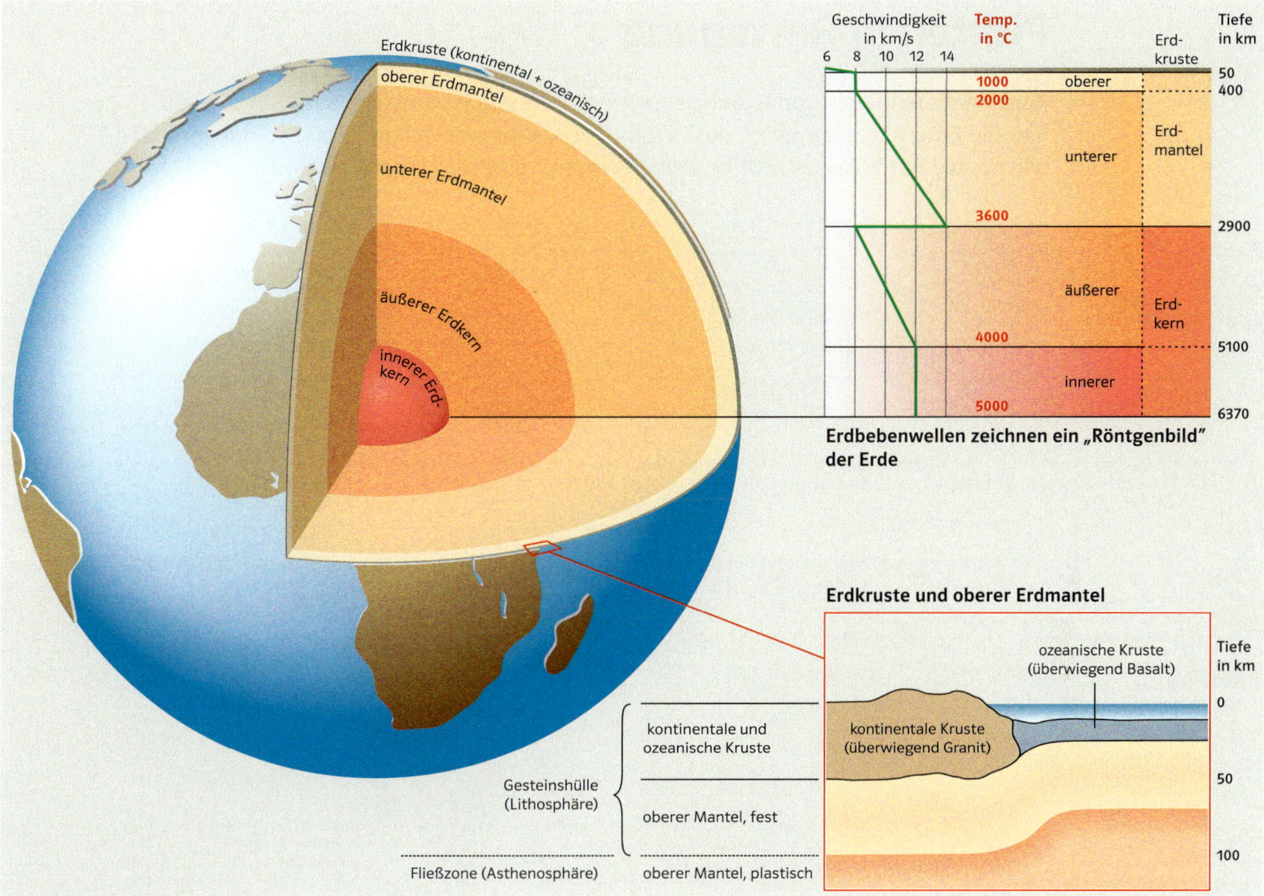

4 Schalenbau der Erde

den. Unter der Erdkruste schließt sich der **Erdmantel** an. Die oberste Mantelschicht besteht aus festem Gestein und bildet zusammen mit der Erdkruste die **Gesteinshülle** der Erde (**Lithosphäre**).

Unter der Gesteinshülle gibt es eine Zone im Erdmantel, in der sich das Gestein verändert. Hier herrschen Temperaturen von 1000 °C. Diese Zone heißt **Fließzone**. Sie ist nur wenige 100 Kilometer dick, aber darin schmilzt das Gestein auf und es bildet sich eine Art Gleitschicht für die Erdkruste. Hier liegt eine wesentliche Ursache für Vulkanismus und Erdbeben. An die Fließzone schließt sich der untere Erdmantel an. Über den **Erdkern** selbst wissen wir kaum etwas. Vermutlich ist sein äußerer Teil flüssig, sein Inneres dagegen fester.

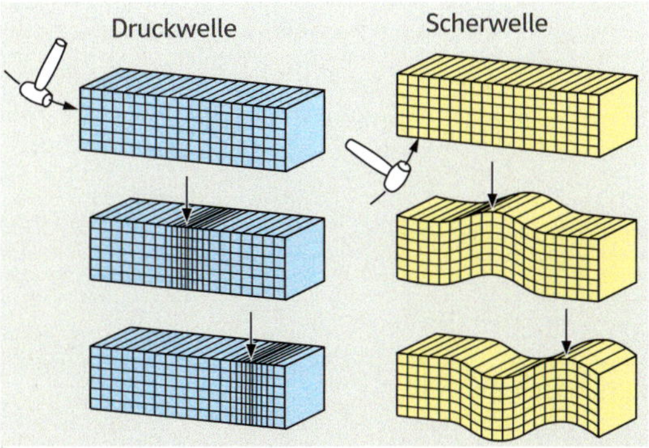

5 Druck- und Scherwellen

Geothermische Tiefenstufe

Bezeichnung für die Angaben jener Tiefe (in Metern), bei der die Temperatur im Gestein um 1 °C zunimmt. Im Bereich der Kontinente beträgt sie im Mittel 33 Meter.

1 Erkläre, wie Erdbebenmessungen und Tiefbohrungen zur Erkundung des Erdkörpers beitragen.

2 Erläutere mithilfe des Textes und der Grafik 4 den Schalenbau der Erde.

3 Vergleiche den Aufbau der Gesteinshülle im Bereich der Kontinente und der Ozeane.

Platten in Bewegung

Kontinente umgeben von Ozeanen – diese Verteilung ist uns vertraut. Sah die Erde schon immer so aus? Waren die Kontinente schon immer so angeordnet wie heute? Der Wissenschaftler Alfred Wegener ging den Fragen nach.

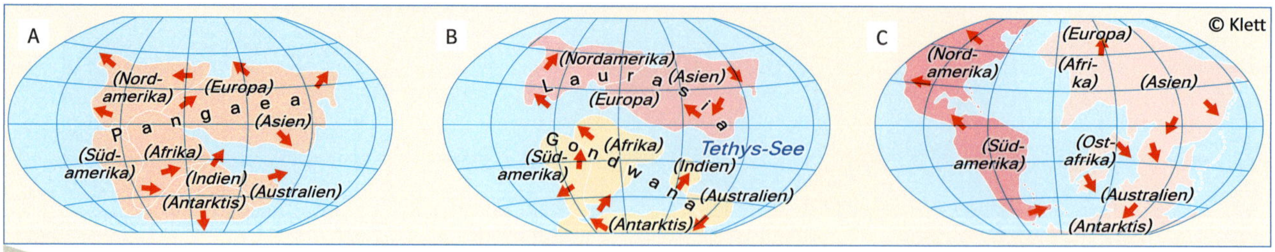

1 Die Erde vor 220 Mio. Jahren (A), vor 140 Mio. Jahren (B) und in 100 Mio. Jahren (C)

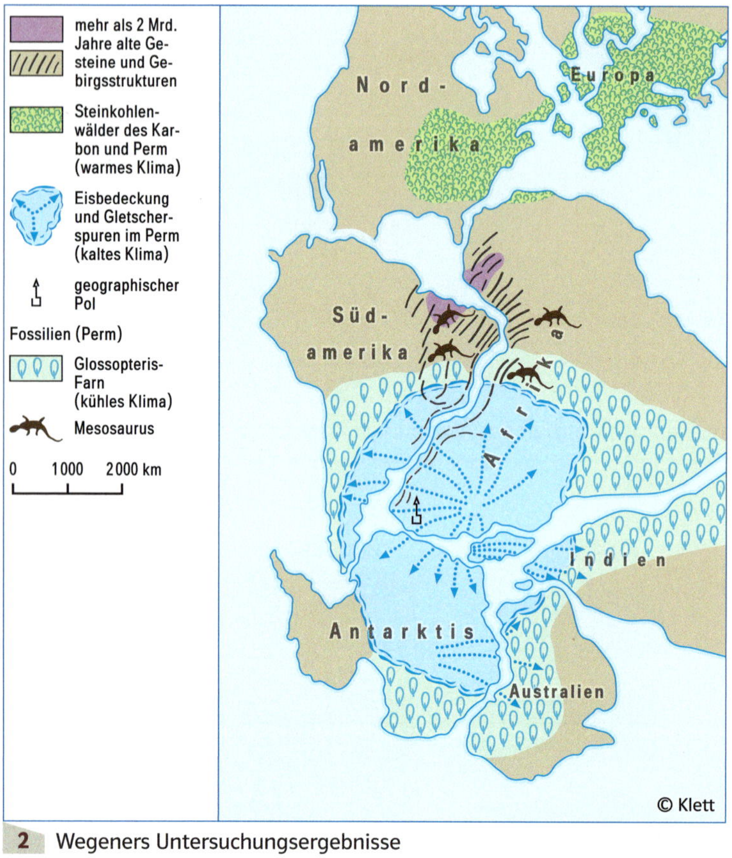

2 Wegeners Untersuchungsergebnisse

↜ Karte auswerten
Seiten 56/57

Eine geniale Idee

„Erste Gedanken über Verschiebungen von Kontinenten machte sich Wegener schon Ende 1910. Denn im Januar 1911 schrieb er an Else Köppen, seine spätere Frau:
‚Mein Zimmernachbar Dr. Take hat zu Weihnachten den großen Handatlas von Andree bekommen. Wir haben stundenlang die prachtvollen Karten bewundert. Dabei ist mir ein Gedanke gekommen. Sehen Sie sich doch bitte mal die Weltkarte an: Passt nicht die Ostküste Südamerikas genau an die Westküste Afrikas, als ob sie früher zusammengehangen hätten? Noch besser stimmt es, wenn man die Tiefenkarte des Atlantischen Ozeans ansieht und nicht die jetzigen Kontinentränder, sondern die Ränder des Absturzes in die Tiefen vergleicht. Dem Gedanken muss ich nachgehen.'"

Brief von A. Wegener an seine spätere Ehefrau E. Köppen, Januar 1911. In: Wegener, Else: Alfred Wegener. Tagebücher, Briefe, Erinnerungen. Brockhaus, Wiesbaden 1960, S. 75

3

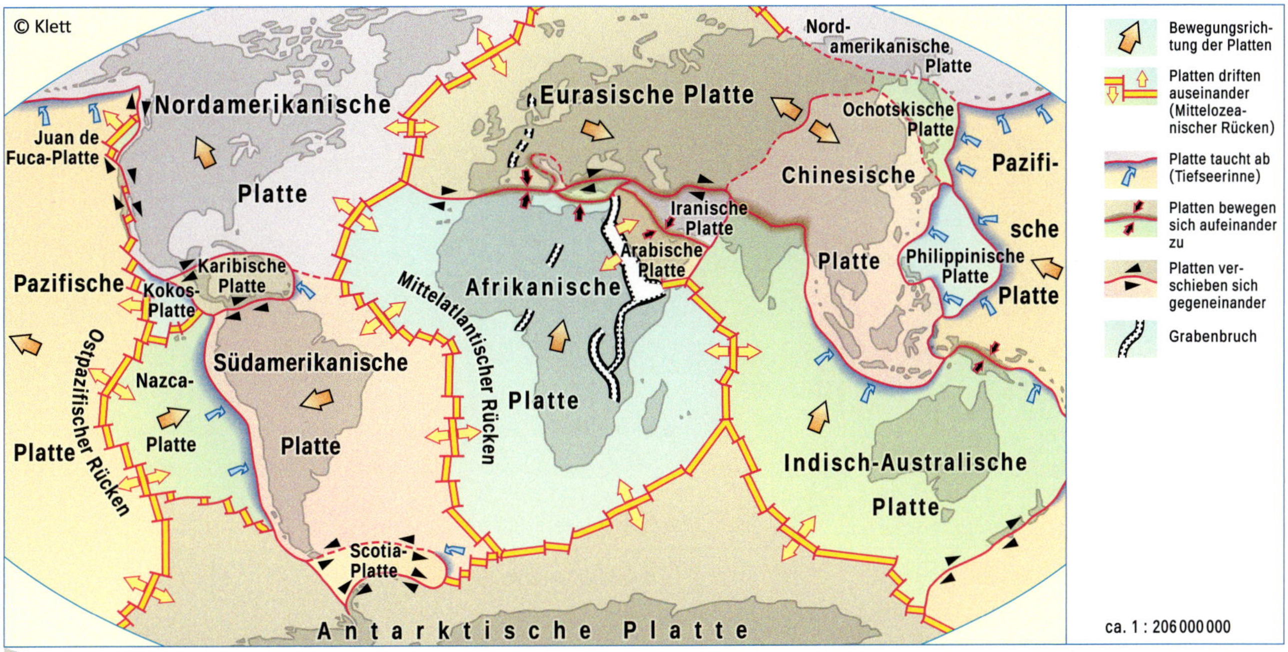

4 Die Gliederung der Erdkruste

Die Erde – ein Riesenpuzzle

Der deutsche Meteorologe Alfred Wegener schrieb in seiner Theorie der **Kontinentalverschiebung**, dass es ursprünglich nur einen Urkontinent gegeben habe, Pangäa. Er zerbrach vor Jahrmillionen zunächst in zwei Teile, dann in kleinere Teile, die wie Eisschollen im Meer auf dem plastischen Gestein des Erdinneren „schwimmen".

Plattentektonik

Allerdings konnte Wegener die von ihm festgestellten Bewegungen der Kontinente nicht erklären. Seine Theorie wurde von anderen Wissenschaftlern angefeindet und geriet zunächst in Vergessenheit.
Ende der 1960er-Jahre entwickelten Wissenschaftler die Theorie der **Plattentektonik**. Sie besagt, dass die **Gesteinshülle (Lithosphäre)** aus sieben großen und 18 kleineren Teilstücken, den sogenannten Platten, wie ein Riesenpuzzle zusammengesetzt ist. Die Platten gleiten mit unterschiedlicher Geschwindigkeit auf der Fließzone, der heißen Schicht des oberen **Erdmantels**. Die Platten tragen sowohl die Meeresböden als auch die Landmassen der Kontinente. Messungen haben gezeigt, dass sich kontinentale Platten wie die Afrikanische oder die Eurasische Platte zwei bis drei Zentimeter pro Jahr bewegen. Platten, die nur Meeresböden tragen wie die Pazifische Platte, können dagegen Geschwindigkeiten bis zu zehn Zentimeter im Jahr erreichen.
Anders als Wegeners Theorie der Kontinentalverschiebung besagt die Theorie der Plattentektonik, dass sich nicht die Kontinente bewegen, sondern die Platten, auf denen die Kontinente liegen.

Alfred Wegener
- 1880 in Berlin geboren
- 1900 bis 1904 Studium der Naturwissenschaften
- ab 1906 mehrere Grönlandexpeditionen
- 1930 Tod in Grönland (während einer Expedition)

Pangäa
(griechisch gäa „Erde") großer einheitlicher, zusammenhängender Urkontinent der Erde in der Zeit vor dem Jura

1
Kontinentalverschiebung:
a) Erläutere Wegeners Theorie der Kontinentalverschiebung.
b) Einige Forscher waren von seiner Theorie nicht überzeugt. Nenne mögliche Gründe.

2
Stelle fest, welche heutigen Kontinente zu Gondwana und welche zu Laurasia gehört haben (siehe Karten 1).

3
Beschreibe mithilfe der Karten 1, wie die Erde vermutlich in 100 Millionen Jahren aussehen wird.

4 SP
Werte die Karte 2 aus. Orientiere dich dabei an den Schritten auf der Seite 56.

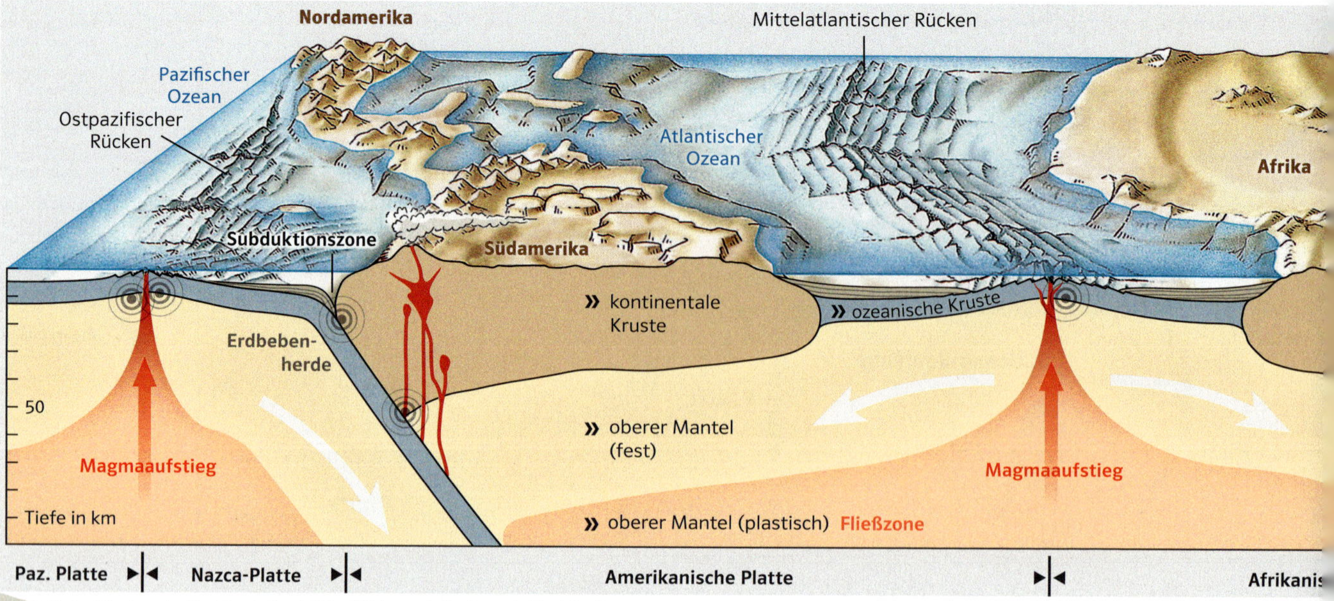

5 Schnitt durch die Gesteinshülle (Lithosphäre) und die Fließzone

Platten in Bewegung

Die Erforschung des Meeresbodens und neue Vermessungsmethoden durch Satelliten brachten weitere Erkenntnisse zur **Plattentektonik**. Das Bewegungsverhalten der Platten lässt sich in drei grundlegende Prozesse untergliedern: Die Platten bewegen sich voneinander weg, aufeinander zu oder aneinander vorbei.
Den „Motor" der Plattentektonik vermutet man im Bereich der **Subduktionszonen** (Abtauchzonen). Hier treffen ozeanische und **kontinentale Kruste** aufeinander.

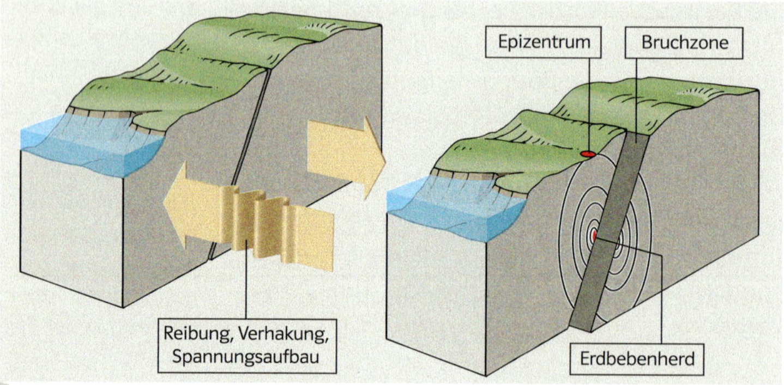

6 Scherungszone (Verwerfung)

Abtauchen

Die **ozeanische Kruste**, die überwiegend aus Basalt besteht, hat eine größere physikalische Dichte und ein höheres spezifisches Gewicht als die überwiegend aus Granit bestehende kontinentale Kruste. Deshalb sinkt die ozeanische Kruste ab und schiebt sich unter die kontinentale Kruste. Dabei taucht die ozeanische Kruste in die **Fließzone** ein. Gleichzeitig kann **Magma** an die Oberfläche dringen. Die Subduktionszonen kennzeichnen Tiefseegräben, oft parallel dazu ein Gebirge und viele **Vulkane** (Beispiele: Atacama-Graben oder Anden).

Dehnen

Durch das Abtauchen der ozeanischen Kruste wird an einer anderen Stelle die **Erdkruste** gezerrt und gedehnt. Die Erdkruste wird dünner, bricht auf und Magma strömt an die Oberfläche. In dieser Dehnungszone wächst ein neues

5
Erläutere mithilfe des Textes sowie der Grafiken 5 und 6 die unterschiedlichen Plattenbewegungen und deren Folgen.

6
Beschreibe die Bewegungen der Platten (S. 167, Karte 4) und erläutere, was an den Plattenrändern geschieht.

7 MK
Erkläre, ob aus dem Oberrheingraben ein Ozean werden kann. Recherchiere zusätzlich im Internet.

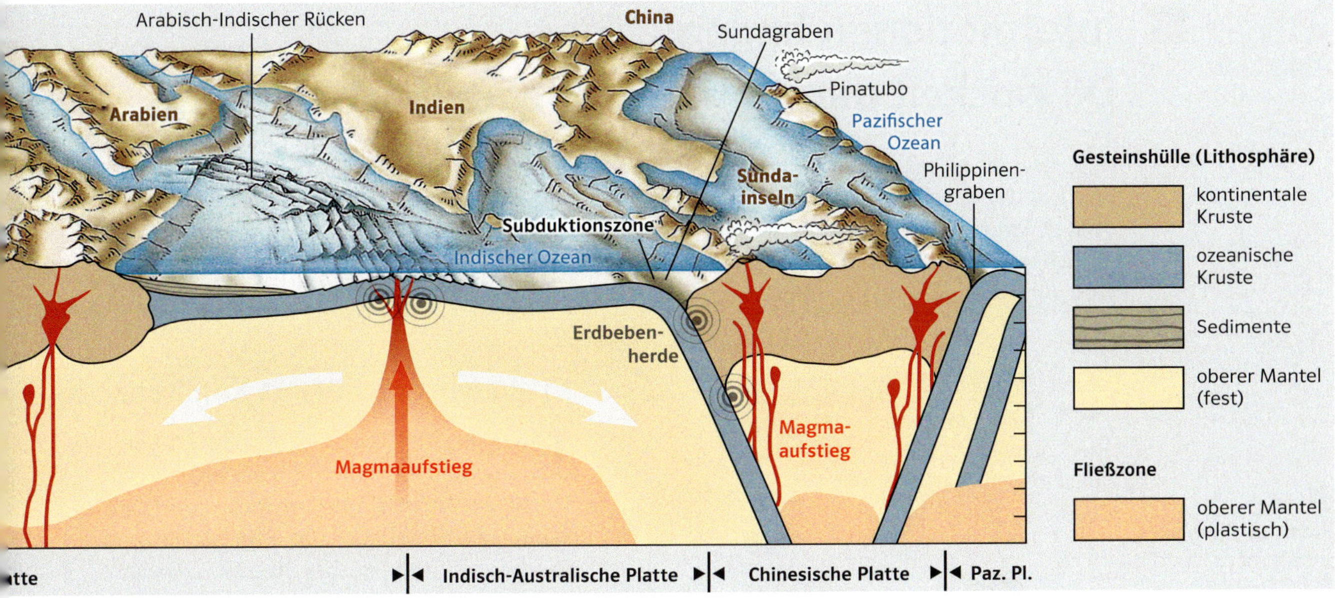

Stück Erdkruste und es entstehen ebenfalls viele Vulkane. Diese Dehnungszonen laufen über die ganze Erde, hauptsächlich an den dünnen Ozeanböden (z.B. der Mittelatlantische Rücken). Kommt es innerhalb eines Kontinents zur Dehnung, entstehen Grabenbrüche wie der Oberrheingraben. Hält die Dehnung an, kann eine neue Plattengrenze oder ein Ozean entstehen. Stoßen zwei kontinentale Platten zusammen, kommt es zu Aufschiebungen und Auffaltungen, sodass hohe Gebirge entstehen (z.B. der Himalaya).

7 Die wahre Ursache von Erdbeben

Reiben

Wenn sich Platten aneinander vorbeibewegen, kommt es zu Reibungen und Verhakungen. In diesen Scherungszonen bauen sich große Spannungen auf, die sich ruckartig lösen können. Eine ruckartige Spannungslösung ist nichts anderes als ein **Erdbeben**. Kalifornien liegt in einer Scherungszone und ist deshalb ständig von Erdbeben bedroht.

Hotspot-Vulkanismus

Manchmal steigt Magma an einer ortsfesten Stelle auf, über die sich eine Platte langsam hinwegbewegt. Eine solche Stelle heißt Hotspot. Es kommt dort zum Aufschmelzen der Platte und zur Bildung von Vulkankegeln.

Konvektionsströme
Strömungen im Erdmantel, die zur Bewegung der Platten beitragen

Subduktionszone
In diesem Bereich taucht eine schwere ozeanische Platte unter einer leichten kontinentalen Platte ab.

8
Zusammenhänge erkennen:
A Erläutere, warum Vulkane und Erdbeben besonders häufig an Plattengrenzen zu finden sind.
B Erläutere, warum der Atlantik immer breiter wird.
C Erläutere, warum der Himalaya immer höher wird.

9
Die wahre Ursache von Erdbeben:
a) Benennt, welche Details des Cartoons der Wirklichkeit nahekommen und was frei erfunden ist.
b) Ein Cartoon will zum Schmunzeln und zum Nachdenken anregen. Beurteilt, ob das hier gelungen ist.

MK

Informationen finden: Da wackelt der Dom! – Erdbeben auch bei uns?

Nein, es geht nicht um den Kölner Dom, sondern um den Kaiserdom in Aachen. Was hat der denn mit Erdbeben zu tun? Die Aachener Region ist einer der Räume in Deutschland, die am häufigsten von Erdbeben betroffen sind. Genaueres bekommst du sicher schnell mit dem Internet heraus, oder? Aber das ist längst nicht der einzige Weg, um Informationen zu finden.

?!
Kaum zu glauben

Die ersten Erdbebenschäden stellte man am Aachener Dom im Winter 803 kurz nach Baubeginn fest.

Wichtig

Zweitquelle – kein Luxus, sondern Notwendigkeit!

Impressum

Vermerk über Verfasser, Herausgeber, Verlag, Ort und Jahr der Veröffentlichung

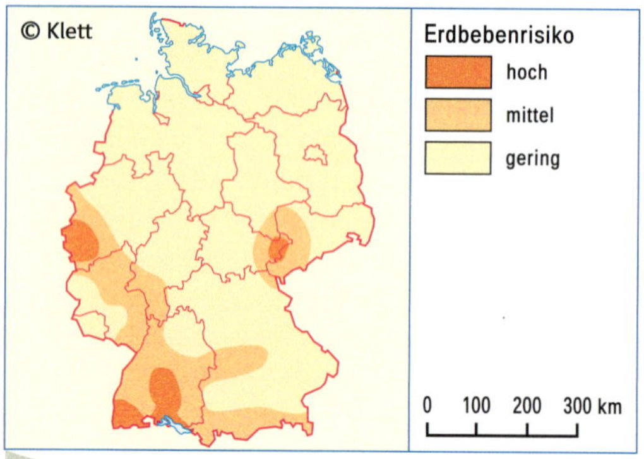

1 Erdbebenrisiko in Deutschland

Augen auf!

- Die erste Quelle ist nicht automatisch die beste.
- Zwei Quellen sind besser als eine, drei besser als zwei.
- Auch Internetseiten haben ein Impressum.
- Nicht vergessen: Blick auf das Veröffentlichungsdatum.
- Viel Werbung kann manchmal ein Hinweis auf geringere Qualität der Information sein.

2

Erdbeben erschüttert Konstanz

Ein Beben der Stärke 3,7 erschüttert Konstanz (Erdbebendienst Südwest). In der Nacht von Montag auf Dienstag waren zwischen 23 Uhr und 4.30 Uhr etwa ein Dutzend Erschütterungen spürbar. Regale wackelten, Geschirr klirrte, Bilder fielen von der Wand. Das Hauptbeben war in 4 km Tiefe, circa zehn Kilometer nordwestlich von Konstanz.

3 Aus einer Tageszeitung am 31.7.2019

4 Erdbebenschäden im Jahr 1992 in Bonn

1. Schritt: Informationsquellen finden

Auch wenn die Beschaffung von Informationen über das Internet die schnellste ist und dank Smartphone auch die bequemste: Es ist sinnvoll, weitere Quellen zu nutzen, vor allem, wenn es um Themen geht, bei denen du wenig Hintergrundwissen hast. Dadurch kannst du die Qualität der Internetinformationen besser einschätzen.

In der Schülerbücherei gibt es eine kleine Auswahl an Fachbüchern, mehr finden sich in der Stadtbücherei. Dort gibt es auch Zeitungen und Zeitschriften, Fachzeitschriften und Jugendzeit-

schriften, die eine Fülle von Informationen bieten. Oft sind diese so aufbereitet, dass sie z. B. in einem Referat gut ihre Verwendung finden. Sie können vor Ort gesichtet oder ausgeliehen werden. Dort finden sich auch Fach- und Jugendbücher oder DVDs.
Die nächstliegenden Fachbücher sind natürlich dein Erdkundebuch und der Atlas. Auch Erdkundelehrerinnen und -lehrer sind eine gute Informationsquelle.
Bei aktuellen Ereignissen liefern nicht nur Zeitungen Hintergrundwissen, sondern auch Fernsehnachrichten und Sondersendungen.

2. Schritt: Informationsquellen prüfen

Informationen sammeln ist der Anfang. Jetzt müssen die Quellen geprüft werden, damit du weißt, ob die Informationen zuverlässig sind. Die Einschätzung gilt für alle Quellen, auch für das Internet.

Was muss ich prüfen?

Wer ist verantwortlich?
– Autor/in, Herausgeber/in, Impressum suchen

Von wem ist die Information?
– Erscheinungsdatum suchen

Zuverlässige Quellen sind Universitätsinstitute, öffentlich-rechtliche Fernsehsender, Forschungseinrichtungen, Schulbuchverlage. Bei Zeitungen und Zeitschriften ist die Einschätzung schwieriger. Hier kann es nützlich sein, mehrere Quellen miteinander zu vergleichen. So fallen Ungenauigkeiten auf, aber auch Detailinformationen und verständliche Erläuterungen. Auch die Menge an eingefügter Werbung (vor allem bei Internetauftritten) könnte ein Hinweis darauf sein, wie seriös eine Quelle ist.

3. Schritt: Ergebnisse zusammenstellen

Aus den einzelnen geprüften Informationsquellen wird jetzt ein in sich stimmiges Informationspaket zusammengestellt. Du kannst eine einzige Quelle als Basis nehmen und aus anderen Quellen Details als Ergänzung dazunehmen. Oder du stellst einen Mix aus deinen geprüften Quellen zusammen und ordnest die Informationen in einer Reihenfolge, die sachgerecht ist. Denke daran, dass du alle deine Infos mit Quellenangaben versiehst. Diese findest du z. B. im Impressum.

4. Schritt: Ergebnisse bewerten

- Welche Ergebnisse sind für die Beantwortung deiner Frage hilfreich?
- Sind die Ergebnisse ausreichend?

Diese Fragen sich selbst zu beantworten, ist nicht ganz einfach. Es kann sein, dass du unsicher bist beim Erklären eines bestimmten Sachverhalts. Das ist ein Zeichen, dass du den Inhalt nicht ganz verstanden hast. Ziehe weitere Quellen zurate oder sprich mit einem Experten (z. B. deiner Erdkundelehrerin oder deinem Erdkundelehrer).
Es kann auch sein, dass du überzeugt bist, dass du alles richtig und verständlich erklären kannst. Da ist es gut, deine Ergebnisse jemandem vorzustellen. Aus den Fragen und Reaktionen eines Zuhörers erkennst du schnell, wo deine Darstellung Lücken, Widersprüche oder Unklarheiten hat. Eine solche Rückmeldung ist hilfreich. Sie gibt die Möglichkeit, die Ergebnisse noch einmal zu sichten, zu korrigieren und zu vervollständigen.

1
Erdbeben nicht nur in Nordrhein-Westfalen.
Wendet die vier Schritte zur Informationsfindung an:
a) Informiert euch über Erdbebenschäden und Standfestigkeit des Aachener Doms.
b) Informiert euch über das Erdbeben von 1992 (Foto 4).
c) Informiert euch über das Erdbeben von Konstanz im Juli 2019 (Text 3).
d) Verortet die drei genannten Erdbeben in Karte 1.

2 SP
Vulkanismus in Nordrhein-Westfalen.
Wende die vier Schritte zur Informationsfindung an:
a) Beschreibe, in welchen Regionen in Nordrhein-Westfalen sich Vulkanismus feststellen lässt.
b) Benenne die vulkanischen Erscheinungsformen in Nordrhein-Westfalen.
c) Wähle eine der vulkanischen Erscheinungsformen aus und stelle sie in einem Kurzvortrag vor.

○ 1, ◒ 2a, 2b ● 2c

Island: ein Raum unter der Lupe

So wie jeder Mensch sein eigenes Aussehen hat, so unterschiedlich sind auch die „Gesichter" von Landschaften und Regionen unserer Erde. Sie unterscheiden sich durch die Lage, die Oberflächenformen, das Klima, die Bodennutzung, aber z. B. auch durch Siedlungsformen und Verkehrswege. Die Wechselwirkungen zwischen Naturfaktoren und gesellschaftlichen Einflüssen gestalten den Raum.
Risiko und Potenzial der Naturkräfte liegen dicht beieinander: ein ganz spannendes Beispiel ist Island. „Land aus Feuer und Eis" nennt es sich selbst – ein Land voller Gegensätze. Ein Land mit faszinierenden Naturphänomenen. Ein Land, dessen Hauptstadt Reykjavík keine Schornsteine, aber beheizte Straßen hat.
Es lohnt sich, Island systematisch unter die Lupe zu nehmen.

1 Lage Islands

?!

Kaum zu glauben

Über die Hälfte der Isländer glaubt an die Existenz von Elfen und Trollen, die in großen Felsen mit ihren Familien wohnen. Um sie nicht zu verärgern, nehmen Planer neuer Straßen oder Häuser Rücksicht auf die Lage solcher Elfen- und Trollfelsen.

← **Informationen finden Seiten 170/171**

← **Wirkungsgefüge erstellen Seiten 100/101**

Auf dieser Seite findest du die Methodenschritte einer fragengeleiteten **Raumanalyse**.

1. Schritt: Frage(n) an den Raum stellen

Eine Frage, die du an jeden Raum stellen kannst, ist: „Warum leben Menschen gerade hier?" Andere Leitfragen kannst du erst stellen, wenn du schon Vorkenntnisse hast. Für Island könnte eine Leitfrage sein: „Welches Nutzungspotenzial bietet Island?"

2. Schritt: Lagemerkmale bestimmen und Überblick verschaffen

Du grenzt den Raum ab und beschreibst die Lage und Größe (z. B. innerhalb eines Kontinents), das Relief und andere naturräumliche Gegebenheiten und die klimatische Situation. Dann ordnest du den Raum in das System der Landschaftszonen ein.

3. Schritt: Arbeitsschritte planen

Überlege, mit welchen Materialien du die Leitfrage(n) beantworten kannst. Bei unserem Beispiel „Island" stellt das Buch dir Materialien zur Verfügung. Sie sollen dir helfen, die Methode der fragengeleiteten Raumanalyse später auch auf Räume anzuwenden, zu denen du selbst Materialien finden und Informationen recherchieren musst.

4. Schritt: Materialien auswerten

Auf den folgenden drei Seiten findest du eine strukturierte Materialsammlung. Die Aufgabenstellungen schlagen dir einen Weg vor, wie du die Materialien auswerten kannst. Selbstverständlich kannst du zusätzliche Informationen einbeziehen und auch eigene Wege finden, die Materialien auszuwerten.

5. Schritt: Zusammenhänge und Wechselwirkungen ermitteln

Die einzelnen Informationen, die du aus den Materialien ermittelt hast, müssen miteinander in Verbindung gebracht werden. Eine übersichtliche Methode zur Veranschaulichung der Zusammenhänge ist die Anfertigung eines Wirkungsgefüges.

6. Schritt: Leitfrage(n) beantworten

Wenn du diese fünf Schritte sorgfältig durchgeführt hast, lassen sich Antworten auf deine Leitfrage(n) formulieren.

1 Beschreibe die Lage Islands innerhalb Europas (Karte 1). Ordne das Land in die Landschaftszonen der Erde ein (Seiten 152/153).

2 Erläutere die Einordnung mithilfe des Klimadiagramms von Reykjavík (Material 4).

3 Beschreibe mithilfe der Karte 3 die natürliche Ausstattung Islands und bestimme Form und Größe des Landes.

Natürliche Ausstattung

2 Geysir Strokkur bei Thingvellir

5 Gullfoss

7 Vatnajökull

3 Island physisch

Aussprachetipp

u = [ü]
æ = [a-i]
ey = [e-i]
ð = wie engl. th
fl = [bl]
ll = [dl]
o = [ö]
r = Zungenspitzen-r
v = [w]
also:
Eyjafjallajökull
[E-ijafjadlajöküdl]
(siehe Foto Seite 158)

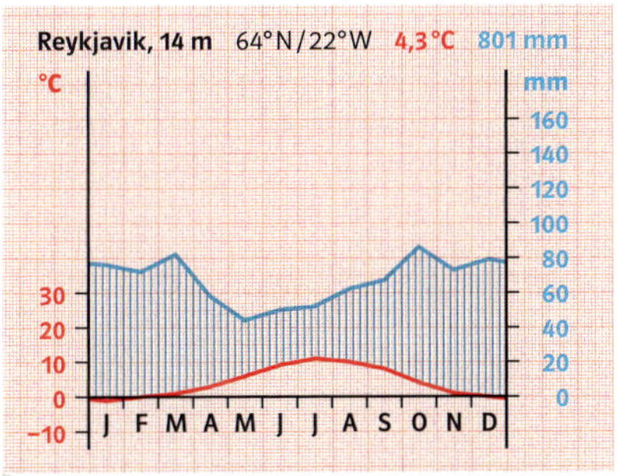

4 Klimadiagramm von Reykjavík

blau = Atlantik + Himmel
rot = Vulkane
weiß = Gletscher

6 Flagge von Island

SP Tipp

Lokalisieren
→ Aufgabe 4

- … befindet sich im Norden/Osten/Westen von …
- … liegt in der Nähe von …
- … ist … km von … entfernt

4 SP Lokalisiert die Fotos 2, 5 und 7 in der Karte 3 und Karte 16 (Seite 175) und beschreibt deren Lage.

5 Erläutert die Naturphänomene, die in den Fotos 2, 5 und 7 gezeigt werden, mit den Informationen dieses Kapitels und dem Internet.

6 Erörtert gemeinsam mit zwei weiteren Schülerinnen und Schülern, welche Risiken diese Naturphänomene für die Isländer bedeuten.

7 Formuliert eine erste Antwort auf die Leitfrage.

Wie die Isländer die Natur nutzen

9 Aluminiumhütte bei Reykjavík mit Frachter aus Brasilien

12 Kreuzfahrtschiff vor Reykjavík

Jahr	Einwohner
2000	279 049
2005	293 577
2010	317 603
2015	329 100
2018	357 050*

Zum Vergleich Deutschland (2019): 83 Mio.

* > 60 Prozent leben in Reykjavík

8 Bevölkerungsentwicklung in Island

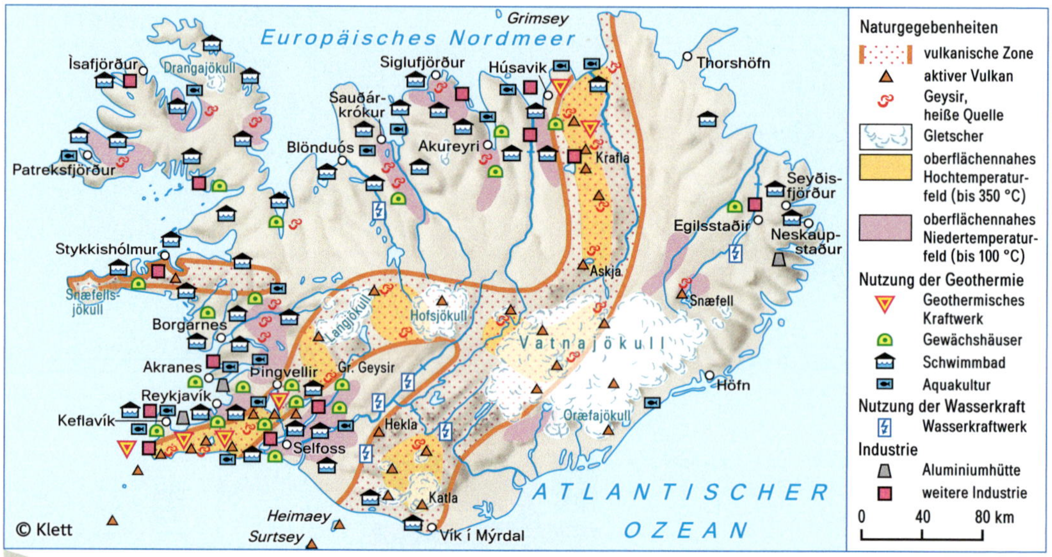

10 Wirtschaftliche Nutzung natürlicher Gegebenheiten

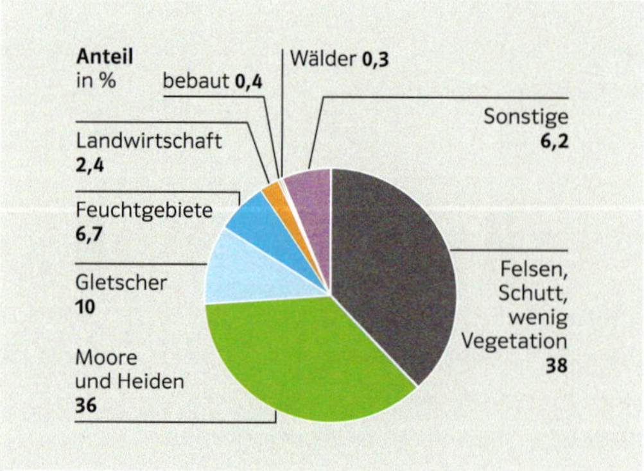

11 Landnutzung 2018

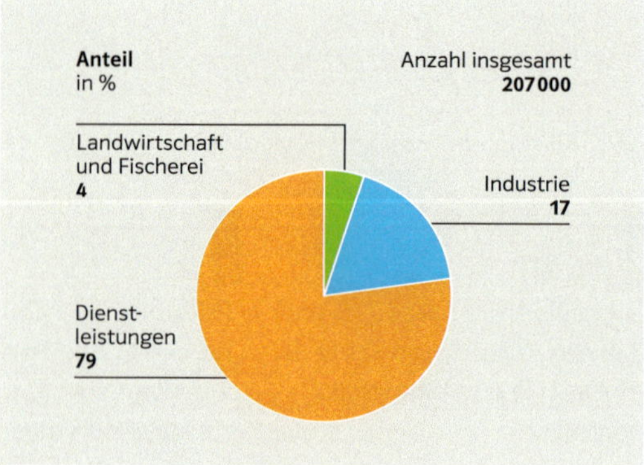

13 Erwerbstätige 2018

Jahr	Touristenankünfte
2000	300 000
2005	380 000
2010	470 000
2015	1 262 000
2017	2 895 000

14 Touristenankünfte

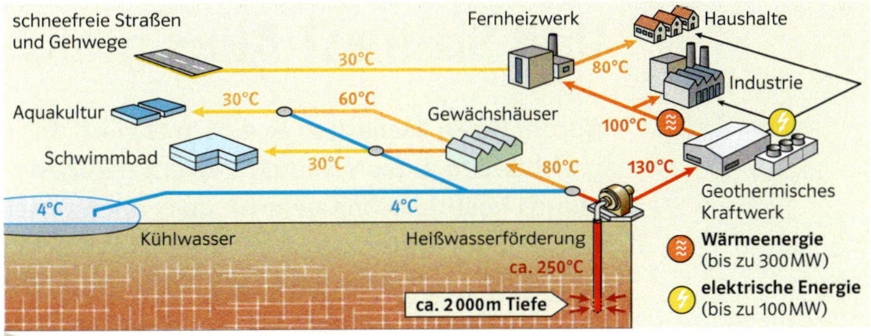

17 Nutzung der Geothermie

Tourismuseinnahmen = 1/3 der Einnahmen aus dem Ausland (pro Tourist ca. 1144 €); = 6 % des BIP
14 500 Arbeitsplätze (direkt – z. B. Unterkünfte, Fremdenführer) + 7 600 Arbeitsplätze (indirekt – z. B. Transportwesen)

15 Tourismus in Zahlen

- **Ausbau der Infrastruktur**
- **Erschließung neuer Ziele (es gibt Orte, die nicht oder kaum vom Tourismus profitieren)**
- **Verbesserung des Besuchermanagements**

18 Pläne des Tourismusministeriums

Flugzeug: 76 %
Kreuzfahrtschiff: 22 %
Fähre: 2 %

19 Verkehrsmittelwahl der Touristen

16 Touristische Angebote und Nutzungen auf Island

8 Lokalisiere Island in der Karte 4 auf Seite 167. Leite aus der Lage das geothermische Potenzial Islands ab.

9 Erläutere mithilfe von Grafik 17 die mögliche Nutzung geothermischer Energie.

10 Beschreibe Islands touristische Attraktionen und ihre räumliche Verteilung.

11 SP Erläutere den Zusammenhang zwischen Islands Naturphänomenen und dem touristischen Potenzial.

12 Erläutere die wirtschaftliche Bedeutung des Tourismus für Island.

13 SP Erörtert im Klassengespräch positive und negative Aspekte der Tourismusentwicklung.

14 Beantwortet die Leitfrage: „Welches Nutzungspotenzial bietet Island?"

15 Island am Limit? – Erörtert, wie Island den Touristenboom in den Griff bekommen kann.

Und Sizilien? Alles gleich? Alles anders?

1

Warum leben Menschen in einem Gebiet, das stark erdbebenbedroht ist? Oder warum in Sichtweite eines Vulkans? Warum nehmen sie das Risiko in Kauf? Am Beispiel Islands hast du schon gelernt, dass die Menschen sich bestimmte Naturkräfte zunutze machen. Nun untersuchst du einen weiteren Raum.
Du kannst an diesem Beispiel prüfen, ob du die Methodenschritte der fragengeleiteten Raumanalyse anwenden kannst. Gleichzeitig lernst du einen Raum kennen, der einige Faktoren mit Island gemeinsam hat, der sich aber auch in wesentlichen Aspekten von Island unterscheidet.

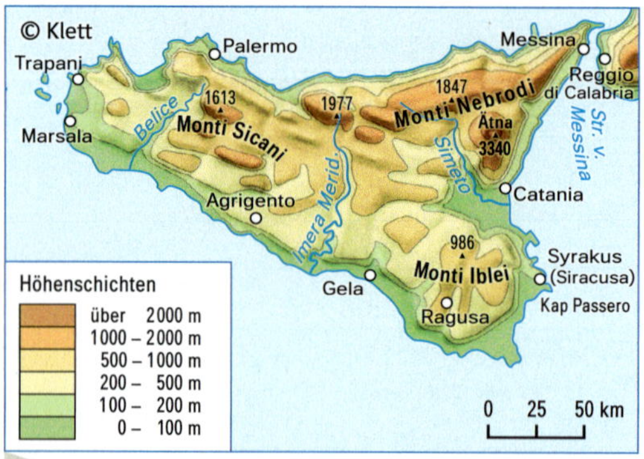

2 Sizilien: physisch

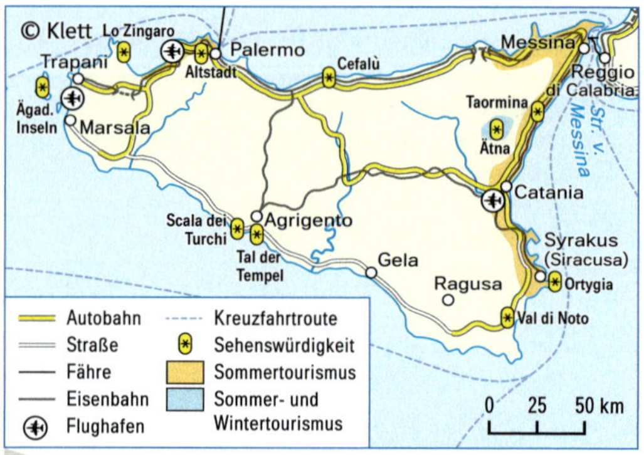

4 Sizilien: Verkehr und Tourismus

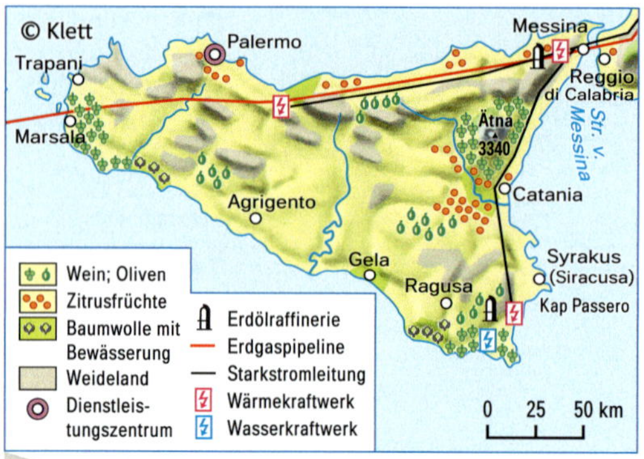

3 Sizilien: Wirtschaft

Küstenlänge: 1152 km
Fläche: 25 426 km²
Einwohner: ca. 5 Millionen
Landwirtschaft: Sizilien produziert 70 % der Zitrusfrüchte Italiens, 60 % der Mandeln, 25 % der Weintrauben, 30 % des Fischfangs, 30 % des Krustentierfangs
Industrie: Lebensmittelindustrie (Wein, Olivenöl), Petrochemie, Maschinen- und Schiffbau (2011 Schließung des Fiatwerks bei Palermo)
Dienstleistung: 70 % der Arbeitskräfte (inkl. Tourismus)
Arbeitslosigkeit: ca. 20 %

5 Sizilien in Zahlen, 2019

SP Tipp

Stellung nehmen
→ Aufgabe 5

- Meiner Meinung nach …
- Ich denke, dass …
- Deshalb/darum …

1
Bearbeitet mit den Methodenschritten der fragengeleiteten Raumanalyse (Seite 172) die Materialien dieser Seite.

2 MK
Italien – Sizilien:
a) Recherchiert Informationen zu Italien im Internet (z. B. Einwohner, Fläche, Arbeitslosigkeit, Touristenzahlen).
b) Vergleicht sie mit den Informationen zu Sizilien.

3
Beschreibe die Nutzungsmöglichkeiten und die Gefahren durch den Ätna (Karte 7, Text).

Ätna

Die Sizilianer nennen den Ätna den „guten Berg“. Er ist sehr aktiv, aber seine Ausbrüche waren bislang wenig gefährlich, weil die **Lava** meistens ganz ruhig aus den Flanken des **Vulkans** floss. Asche und Lava bilden schon nach kurzer Zeit fruchtbare Böden, sodass die Menschen sie schon seit über 2000 Jahren intensiv für die Landwirtschaft nutzen.

Der Ätna wird zunehmend ein Touristenmagnet. Es gibt im Sommer geführte Wanderungen zum Gipfel, im Winter ist die Hochregion des Ätna ein schneesicheres Skigebiet. Zwei Touristenzentren im Norden und Süden, Parkplätze, Gaststätten, Straßen bis auf 1900 m und Sessellifte fördern den Tourismus.

Ein Problem zeigt sich aber in den letzten Jahren. Die chemische Zusammensetzung der Lava hat sich verändert, die Ausbrüche des Ätna werden explosiver und damit gefährlicher.

Aktivitäten des Ätna in den letzten Jahren:
- August 2014: Lavaströme Richtung Nordosten
- 3.12.2015: heftigster Ausbruch seit Jahrzehnten
- 27.2. bis Mitte März 2017: stärkere Ausbrüche
- 24. bis 26.12.2018: Ausbruch mit über 130 leichteren Erdbeben und einem Beben der Stärke 4,8
- Juli 2019: Vulkanasche

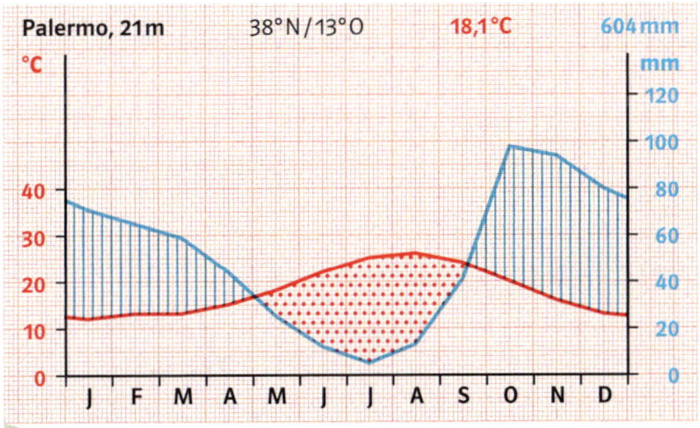

6 Klimadiagramm von Palermo

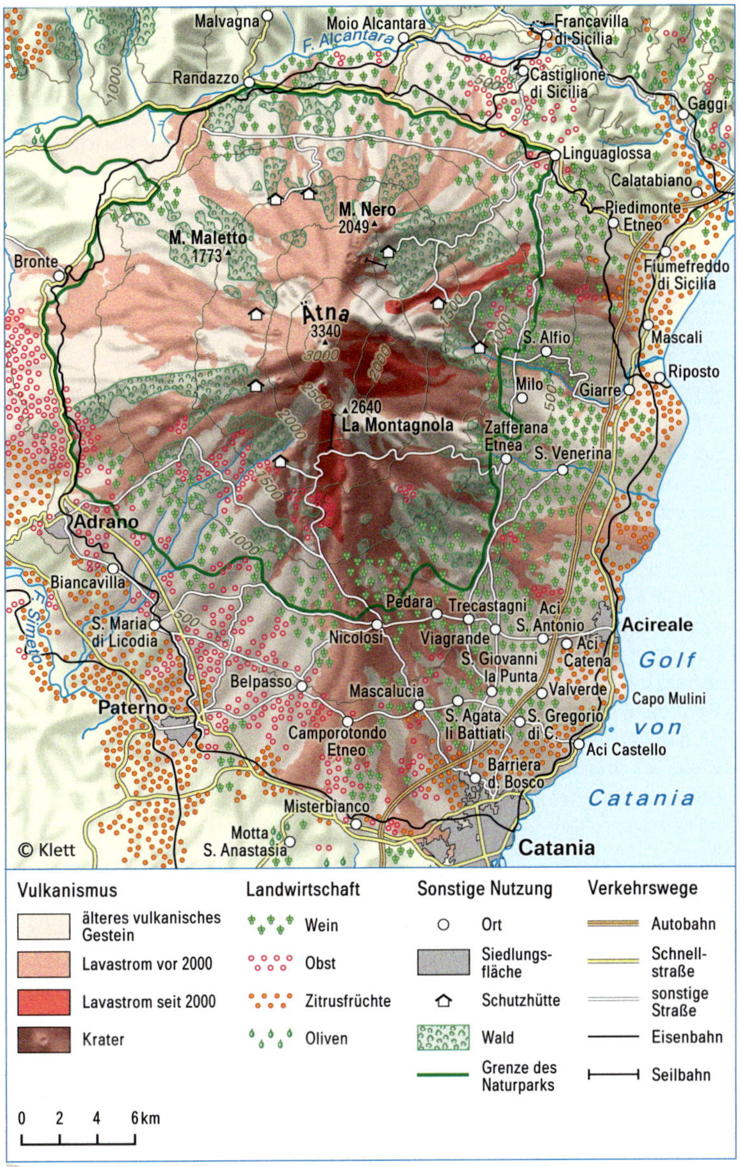

7 Landwirtschaftliche Nutzung am Ätna

4 SP
Ätna – der „gute Berg“. Nimm Stellung zu dieser Aussage.

5
Legt eure Untersuchungsergebnisse der Seiten 172–177 für Island und Sizilien nebeneinander.
a) Beurteilt das Nutzungspotenzial beider Räume.
b) Beurteilt die Risiken, die der Tourismus bewirken kann.

6
Entwickelt Ideen, wie Isländer und Sizilianer den Risiken entgegenwirken könnten, ohne auf die Nutzungsvorteile zu verzichten.

Kalkulierbare Risiken?

Der Mensch möchte alle Chancen nutzen, die z. B. der Vulkanismus bietet. Oft lassen sich die Risiken durch Vorsorgemaßnahmen kleinhalten.

1 Die chinesische Erdbebenvase ist ein Instrument zum Nachweis von Erdbeben aus dem Jahre 132. Acht Drachenköpfe blicken in die Himmelsrichtungen. Bebt die Erde, fällt eine Kugel aus dem Maul des Drachens, der zum Erdbebenherd ausgerichtet ist.

↜ Seismograf Seite 164

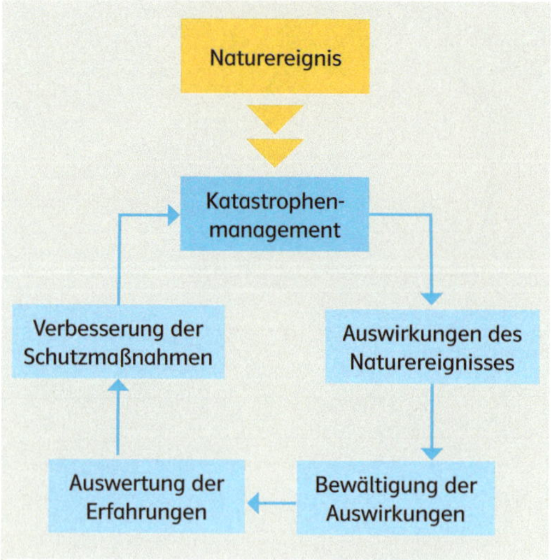

2 Optimierung des Katastrophenmanagements

Die Vorwarnzeit ist die Zeit zwischen den ersten Anzeichen eines **Naturereignisses** und dem Zeitpunkt des Eintreffens. Sie kann bei Vulkanausbrüchen und Wirbelstürmen lang genug sein, um sich in Sicherheit zu bringen. Anders ist es bei **Erdbeben**. Da sind es – trotz modernster Frühwarntechnik – manchmal nur ein paar Sekunden. Umso wichtiger ist es, dass die Bevölkerung weiß, wie sie sich bei einem Erdbeben verhalten soll. Das Trainieren von Verhaltensweisen und die Kenntnis über die Evakuierungswege gehören dazu.
Zur Prävention (Vorbeugung) gehören aber auch die Weiterentwicklung der Frühwarnsysteme und der Bautechniken. Die **Tsunami**-Katastrophen vom 26. Dezember 2004 im Indischen Ozean und vom 11. März 2011 vor der japanischen Küste haben aber gezeigt, dass alle Präventivmaßnahmen nur solange als ausreichend gelten können, bis ein Naturereignis das Gegenteil beweist. Auch die Autobahn von Kobe (Japan) galt als erdbebensicher – bis zum 17. Januar 1995.

Katastrophenmanagement

Mit der technologischen Entwicklung der letzten Jahre ist es leichter geworden, gut funktionierende Überwachungssysteme zu installieren, z. B. mit Lasermessungen und Satellitenüberwachung durch GPS. Leitzentralen sammeln die Informationen, koordinieren Überwachung und Vorhersage, erarbeiten Ret-

Bauweise	Alltag	Überwachungstechnologien
↓	↓	↓
– Verankerung von Hochhäusern – Stützpfeiler und Verstrebungen an Gebäuden – Stahlkonstruktionen auf elastischen Fundamenten – schwere Pendel in Hochhäusern zum Schwingungsausgleich – Schutzbunker – oberirdisch verlaufende Kabel	– öffentlich zugängliche Feuerlöscher – Notfallübungen und Simulationen – Evakuierungspläne – ausgehängte Wohnungsgrundrisse – unbedingte Freihaltung der Fluchtwege	– Frühwarnsysteme – Lasermessungen – Satellitenüberwachung mit GPS – Einrichtung von Leitzentralen

3 Präventivmaßnahmen in Japan

SP Tipp

Beschreiben
→ Aufgabe 2
- Auf der Grafik sehe ich …
- Das Material zeigt …
- Zuerst …, dann …, danach …

1 Beschreibe, mit welchen Besonderheiten erdbebensichere Gebäude ausgestattet werden können.

2 SP Beschreibe die in Grafik 6 dargestellten Tsunami-Schutzmaßnahmen.

3 Erläutere diese Schutzmaßnahmen gegen Erdbeben- und Tsunamischäden.

Verhaltensregeln bei Erdbeben

Vorsorge
1. Sichern Sie Möbel durch Befestigung an der Wand.
2. Statten Sie Ihr Haus mit Feuerlöschern aus.
3. Überprüfen Sie die Standfestigkeit tragbarer Heizgeräte.
4. Bereiten Sie einen Arzneikasten vor.
5. Halten Sie einen Vorrat an Wasser und haltbaren Lebensmitteln für mindestens drei Tage bereit.
6. Bereiten Sie Notfallgegenstände für den Fall einer Evakuierung vor, u.a. Taschenlampe, persönliche Unterlagen, Radio.

Während des Erdbebens
1. Achten Sie auf die drei Hauptrisiken: umfallende Möbel, splitterndes Fensterglas und Feuer.
2. Schalten Sie alle Feuerquellen aus.
3. Öffnen Sie die Zimmertüren weit, um ein Verkeilen zu verhindern und einen Fluchtweg offenzuhalten.

Nach dem Erdbeben
1. Überprüfen Sie alle möglichen Feuerquellen.
2. Füllen Sie Badewannen und Waschbecken mit Wasser.
3. Hören Sie auf die Nachrichten im Radio.
4. Es gibt voraussichtlich Nachbeben geringer Stärke. Seien Sie vorbereitet.

4

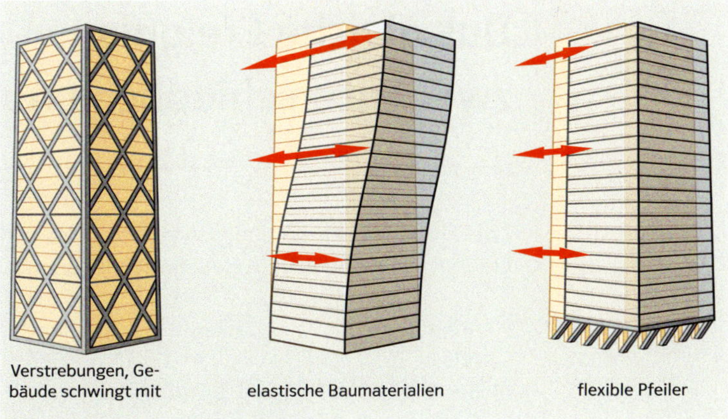

5 Erdbebensichere Bauweise

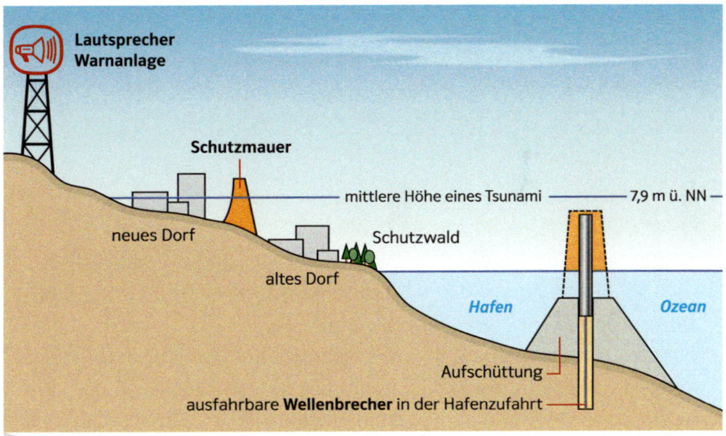

6 Tsunami-Schutzmaßnahmen

tungspläne und steuern Einsatzkräfte im Katastrophenfall. Regelmäßige Übungen für die Bevölkerung in besonders risikoreichen Gebieten gehören ebenfalls zum Katastrophenschutz. Die Entwicklung solcher Strategien zählt auch zu den vorbeugenden Teil des Katastrophenmanagements. Die koordinierte Durchführung von Rettungsmaßnahmen nach einer Katastrophe (Notversorgung der Bevölkerung, Räumen der Rettungswege, provisorische Wiederherstellung der Infrastruktur, z.B. Wasser- und Stromversorgung) kann viele Menschenleben retten. Je besser die Reaktionssysteme sind, desto schneller erholt sich eine Region von den Folgen der Katastrophe. Vorsorge und akute Rettungsmaßnahmen sind wichtig. Wichtig ist aber auch, aus den Erfahrungen zu lernen und für die Zukunft Maßnahmen und Strategien zu verbessern. Dadurch wird es möglich, die Verwundbarkeit einer Region zu verringern.

← Entstehung eines Tsunami Seite 163

4 Benenne Frühwarnsysteme früher und heute.

5 Erläutere Präventivmaßnahmen aus dem Alltagsbereich.

6 Wählt Meinung A oder Meinung B und notiert in Stichworten drei Argumente. Erörtert gemeinsam eure Argumente.
A Die Entwicklung neuer Präventivmaßnahmen ist teuer, aber sinnvoll.
B Die Folgen eines Naturereignisses sind nicht vorhersehbar. Das Geld sollte besser für die Betroffenen eingesetzt werden.

Das gleiche Ereignis – zwei unterschiedliche Auswirkungen

1

Zwei Erdbeben, die auf den ersten Blick vieles gemeinsam haben. Wähle aus, ob du dich mit dem Erdbeben in Japan oder in Haiti beschäftigen möchtest.

A Arbeite mit den Materialien 1 bis 3 und dem Atlas:
a) Beschreibe die Folgen des Erdbebens.
b) Erkläre, warum es in dieser Region Erdbeben geben kann. Nutze dazu die Karte 4, Seite 167.
c) Stelle die wirtschaftliche Situation des Landes dar.
d) SP Fasse die Ergebnisse von a–c in einem kurzen Text zusammen (max. 10 Sätze).

B Arbeite mit den Materialien 4 bis 6 und dem Atlas:
a) Beschreibe die Folgen des Erdbebens.
b) Erkläre, warum es in dieser Region Erdbeben geben kann. Nutze dazu die Karte 4, Seite 167.
c) Stelle die wirtschaftliche Situation des Landes dar.
d) SP Fasse die Ergebnisse von a–c in einem kurzen Text zusammen (max. 10 Sätze).

2 Stellt euch gegenseitig die Ergebnisse eurer Untersuchung vor und beschreibt Gemeinsamkeiten und Unterschiede.

3 Diskutiert in der Klasse, an welchen Faktoren es liegen könnte, dass eine Region:
a) mehr unter einem Naturereignis leidet als andere Regionen;
b) schneller mit den Auswirkungen eines Naturereignisses fertig wird als andere Regionen.

4 Extreme Naturereignisse gibt es immer wieder. Erst wenn Menschen oder Dinge zu Schaden kommen, sprechen wir von einer Naturkatastrophe. Überlegt gemeinsam, ob und wie der Mensch mitverantwortlich ist, wenn ein Naturereignis zu einer Naturkatastrophe wird.

○ 1a ◒ 1b, 1c, 2, 3 ● 1d, 4

1 Japan

A Erdbeben in Kobe, Japan, 17.1.1995

Kobe: etwa 1,5 Mio. Einwohner
Erdbebenstärke: 7,2
Epizentrum: etwa 20 km vom Stadtzentrum entfernt
Opfer: 6 433 Tote, 43 792 Verletzte
Sachschäden: etwa 100 000 Mio. US-Dollar

Situation nach einem halben Jahr:
Die Trümmer sind weggeräumt und die meisten Häuser wieder aufgebaut. Die Verkehrswege sind wieder größtenteils funktionsfähig und die Infrastruktur insgesamt (elektrische Leitungen, Wasser- und Abwassersystem, Kommunikationsnetze) ist funktionstüchtig.

Informationen zu Japan

Einwohner: 127 Millionen
Einkommen: 34 740 US Dollar/Einwohner
Situation der Bevölkerung: 1 % Analphabeten, 4 % Arbeitslose, keine Unterernährung, ausgebautes Gesundheitswesen

Stand des Katastrophenmanagements:
ausgebautes Frühwarnsystem, gut organisiertes Rettungssystem, informierte Bevölkerung

2

Vulnerabilität
Verwundbarkeit

Resilienz
Fähigkeit, sich von einer Verwundung zu erholen

3 Erdbeben in Kobe, Japan, 17. Januar 1995

4 Erdbeben in Port-au-Prince, Haiti, 12. Januar 2010

B Erdbeben in Port-au-Prince, Haiti, 12.1.2010

Port-au-Prince: etwa 2,6 Mio. Einwohner
Erdbebenstärke: 7,0
Epizentrums: etwa 20 km vom Stadtzentrum entfernt
Opfer: etwa 300 000 Tote, ca. 300 000 Verletzte; weitere 5 000 Tote durch eine folgende Cholera-Epidemie
Sachschäden: etwa 14 Millionen US-Dollar

Situation nach einem halben Jahr:
Nicht funktionierende Behörden verhindern, dass Hilfeleistungen und Hilfslieferungen die Menschen erreichen. Die meisten Häuser liegen noch immer in Trümmern. Etwa eine Million Menschen lebt in Zeltstädten.

Informationen zu Haiti

Einwohner: 11 Millionen
Einkommen: 1 235 US Dollar/Einwohner
Situation der Bevölkerung:
50 % Analphabeten, 50 % Arbeitslose, 2 Millionen ständig unterernährt

Stand des Katastrophenmanagements:
Katastrophenschutz ist kaum vorhanden, Rettungsdienste, Feuerwehr und Polizei funktionieren schlecht.

5

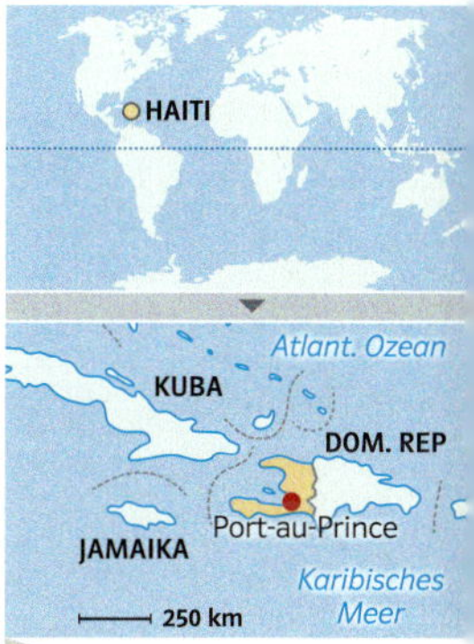

6 Haiti

Und wer ist schuld daran, dass ...

1 Japan

2 Tsunami-Welle in Japan am 11. März 2011

GAU

größter anzunehmender Unfall in einem Kernreaktor, den man mit geplanten Strategien bewältigen kann

Super-GAU

Unfall in einem Ausmaß, das man nicht mehr bewältigen kann, z.B. eine Kernschmelze

... ein Naturereignis katastrophale Folgen hat?

Am 11. März 2011 bebt um 14:46 Uhr Ortszeit 163 km vor der japanischen Insel Honshu die Erde, ein Beben der Stärke 9. Die Primärwellen erreichen Fukushima nach 23 Sekunden, die Reaktoren 1 bis 3 des Atomkraftwerks werden automatisch abgeschaltet. Die externe Stromversorgung bricht als Folge der Erdstöße zusammen, aber 12 von 13 Notstromaggregaten starten. Eine dreiviertel Stunde später treffen Tsunamiwellen von 13 bis 15 Meter Höhe die Küste und das direkt an der Küste liegende Atomkraftwerk Fukushima, das mit einem 5,70 m hohen Wall gegen Flutwellen geschützt ist (vorgeschrieben sind nur 3,12 m). Die Reaktorblöcke, die etwa zehn Meter über dem Meeresspiegel liegen, werden bis zu fünf Metern überschwemmt, auch die Hälfte der Notstromaggregate und Stromverteilerschränke. Um 15:41 Uhr fällt die Stromversorgung aus. Jetzt funktionieren die Kühlsysteme in drei Reaktoren nicht mehr, es kommt zu Kernschmelzen und der Freisetzung radioaktiver Stoffe in die Umwelt. Das ist kein GAU mehr, das ist der Super-GAU.

Natur und Mensch in Wechselwirkung

Menschen wägen Chancen und Risiken gegeneinander ab. In hochentwickelten Ländern wird viel Geld in Forschung investiert, um Frühwarnsysteme und andere Maßnahmen des Katastrophenschutzes zu entwickeln. Allerdings zeigt das Beispiel Fukushima, dass die Schutzmaßnahmen reicher Länder keine Garantie dafür sind, dass sich ein **Naturereignis** für sie nicht zur Katastrophe entwickelt. Um vieles gravierender ist die Situation für Menschen in armen Ländern. Sie haben oft keine Wahl, was ihre Lebenssituation angeht. Sie müssen in Gebieten siedeln, die Naturrisiken ungeschützt ausgesetzt sind. Bei einer **Naturkatastrophe** haben sie nur geringe Chancen, ausreichend Hilfe zu erhalten.

Oft nehmen Menschen aber auch Risiken in Kauf und ignorieren Expertenwarnungen vor Klimawandel, Anstieg des Meeresspiegels, Ausbeutung von Ressourcen – oft zugunsten weniger reicher und zulasten vieler armer Staaten.

Radioaktivität

Radioaktive Strahlung kann man weder sehen noch schmecken, weder riechen noch hören. Aber sie belastet Böden, Grundwasser, die Luft und attackiert die menschlichen Zellen. In der Medizin nutzt man das, um mit dosierter Strahlung z.B. Tumore zu bekämpfen. Gefährlich wird Radioaktivität, wenn der Mensch sie nicht kontrollieren kann. Gefährlich ist auch die Langzeitwirkung, die noch nach Jahren bei verstrahlten Menschen beispielsweise das Erbgut verändern oder Krebs hervorrufen kann.

3

4 Auswirkungen der Tsunami-Katastrophe und deren Bewältigung im Nordosten Japans: Stadt Yamada (Präfektur Iwate) im Frühjahr 2011 (A) und 2019 (B); Stadt Kesennuma (Präfektur Miyagi) im März 2011 (C) und 2019 (D)

?!

Kaum zu glauben

Als Konsequenz aus der Katastrophe von Fukushima beschließt Deutschland den Ausstieg aus der Atomenergie, Japan aber hält weiter daran fest.

Auch 2019 ist die Strahlung in der Region von Fukushima immer noch 5- bis über 100-fach höher als das international empfohlene Maximum.

Zur Dekontaminierung („Reinigung") der betroffenen Gebiete werden überwiegend schlecht ausgebildete und schlecht bezahlte Menschen eingesetzt (z. B. Obdachlose).

Informationen finden Seiten 170/171

1

Naturereignisse werden zu Naturkatastrophen:

a) Beschreibt die Zerstörungen durch den Tsunami (Fotos 4, A und C) und wie es acht Jahre später dort aussieht (Fotos 4, B und D).

b) Ermittelt aus den Materialien und dem Text über Fukushima die Faktoren, die auf Naturkräfte zurückzuführen sind. Notiert sie in einer Liste.

c) Notiert in einer zweiten Liste die Maßnahmen, die der Mensch getroffen hat, um sich vor den Naturrisiken zu schützen.

2 MK

„Alles richtig gemacht, oder?" In Fukushima sind viele Vorsorgemaßnahmen getroffen worden. Erklärt gemeinsam, warum es trotzdem zur Nuklearkatastrophe gekommen ist. Bezieht dabei auch die Informationen den Seiten 178/179 und eine Internetrecherche ein. Warum ist eine Nuklearkatastrophe besonders gefährlich?

3

Beurteilt, welche Bedeutung es für die Bewältigung von Naturereignissen hat, ob ein Land reich oder arm ist.

Sturm ist nicht gleich Sturm

Hurrikan, Orkan, Taifun, Tornado – alles dieselbe Art Sturm oder gibt es Unterschiede? Hurrikans treten nur in den Tropen und tropischen Randgebieten auf. Doch Orkane und selbst Tornados können auch in Deutschland vorkommen.

Sprichwort in Florida:

„June, too soon
July, stand by
August, come they must
September, you'll remember
October, all over."

Hurrikans

1 Satellitenbild eines Hurrikans auf der Nordhalbkugel

tai feng (chin.)
großer Wind

Orkan
außertropischer Wind mit mindestens 117 km/h (bis zu 300 km/h möglich). Der Name „Orkan" geht zurück auf „Huracán": Windgott der Mayas.

Die **Hurrikan**-Saison beginnt jedes Jahr im Juni. Die tropischen Wirbelstürme entstehen nur über Wasserflächen, die längere Zeit eine Oberflächentemperatur von 27 °C haben, das heißt über Ozeanen in Äquatornähe. Ihre Entstehung ist noch nicht restlos geklärt, aber einiges weiß man.
Die mit Feuchtigkeit gesättigte Luft über dem warmen Wasser der tropischen Meere erwärmt sich und steigt hoch. In einer Höhe von etwa 500 m beginnt die Feuchtigkeit zu kondensieren. Gleichzeitig wird durch die Kondensation Energie freigesetzt. Ein Gramm Wasserdampf setzt beim Kondensieren eine Energie frei, die reicht, um 1000 g Luft um 2,5 °C zu erwärmen. Das bedeutet, dass die in den Wolkentürmen freigesetzte Energie die Luft-

Land unter in New York

„Der Hurrikan Sandy wirbelt mit 140 km/h an der US-Ostküste entlang. In New York kracht die Fassade eines mehrstöckigen Hauses zusammen. Brücken und Tunnel werden geschlossen. Wasser dringt in das U-Bahn-System der Stadt ein. Die Flutmauern von Manhattan werden überschwemmt. 400 000 Menschen in tiefer gelegenen Gebieten von New York müssen Häuser und Wohnungen verlassen. Tausende Flüge werden gestrichen."

ler/tok/dpa/dapd, Auge des Wirbelsturms prallt auf US-Ostküste, SPIEGEL ONLINE vom 30.10.2012

2

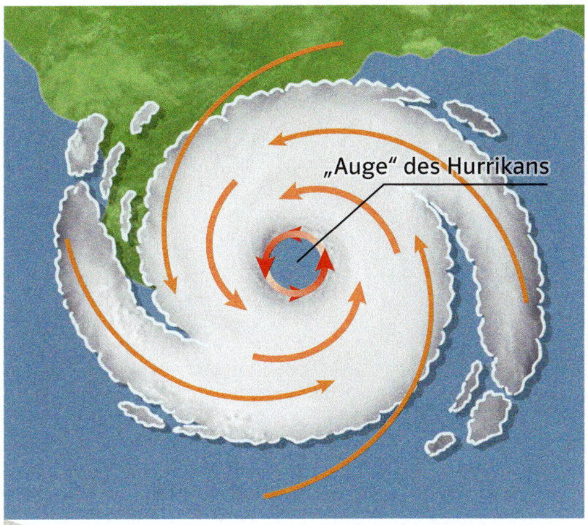

3 Hurrikan auf der Nordhalbkugel (Draufsicht)

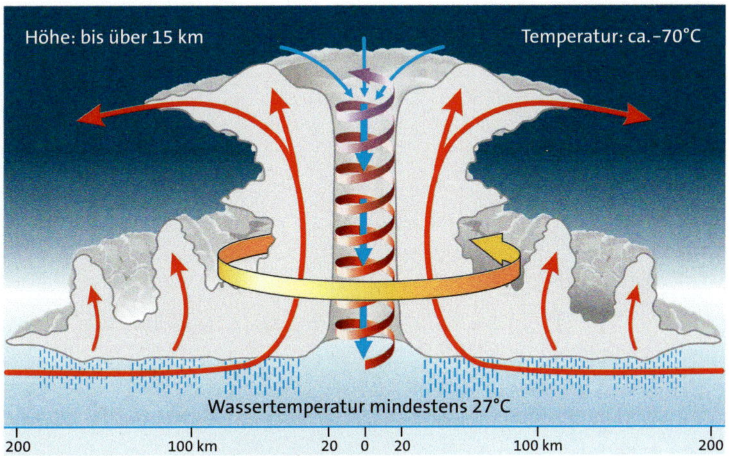

4 Hurrikan auf der Nordhalbkugel (Schnitt)

massen weiter in die Höhe treibt. Da ständig von unten neue Luft nachströmt, kommt es irgendwann zu gewaltigen Wolkenbrüchen. Die Drehbewegung macht den Wirbelsturm aus. Sie entsteht aber erst durch die **Erdrotation**. Diese bewirkt eine Ablenkung der einströmenden Luft in eine spiralförmige Bahn. Je schneller die Drehbewegung des Wirbels ist, desto größer ist die Zentrifugalkraft, die die Luftmassen nach außen drückt. So entsteht im Inneren des Hurrikans eine ruhige Zone, das sogenannte „Auge". Eine ungefähre Vorstellung von einem solchen Wirbel bekommst du, wenn du in einem mit Wasser halb gefüllten Eimer mit der Hand eine schnelle kontinuierliche Drehbewegung machst.

Ein **tropischer Wirbelsturm** kann einen Durchmesser von maximal 2 000 km haben mit Spitzengeschwindigkeiten von bis zu 350 km/h, aber seine Zuggeschwindigkeit beträgt nur 20 – 30 km/h. Seine Lebensdauer liegt bei fünf bis zehn Tagen. Wenn er auf kühlere Wasserflächen trifft oder über Festland kommt, verliert er schnell seine Kraft, weil entweder die Wasserdampfzufuhr fehlt oder die Bodenreibung bremst.

Die größte Gefahr eines Wirbelsturms zeigt sich beim Erreichen der Küste. Über dem Meer hat sich durch den Wirbelsturm eine Art Wasserkuppe gebildet, die auf dem offenen Meer nur eine Höhe von etwa einem Meter hat, aber im flachen Küstenbereich bis zu sechs Meter ansteigen kann. So sterben die meisten der Menschen, die bei einem Wirbelsturm umkommen, durch Ertrinken.

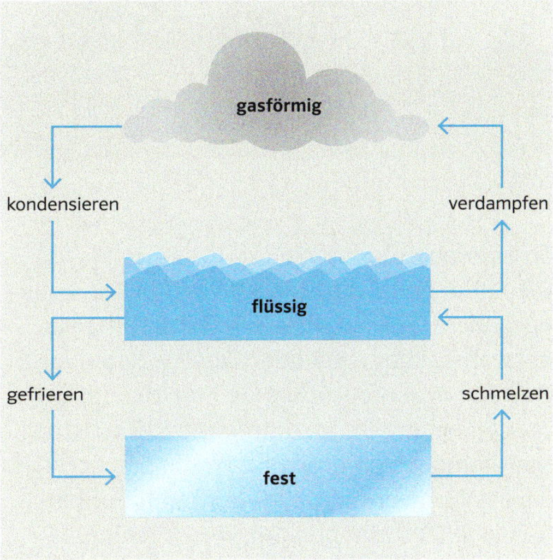

5 Aggregatzustände des Wassers

Verschiedene Namen tropischer Wirbelstürme

USA/ Karibik	Hurrikan
Ostasien	Taifun
Indien	Zyklon
Australien	Willy-Willy
Mexiko	Cordonazos

1
Beschreibe die Lage des Hurrikans in Foto 1 und Grafik 3.

2 SP
Erkläre die Entstehung eines tropischen Wirbelsturms.

3
Notiere in einer tabellarischen Übersicht folgende Kennzeichen eines Hurrikans: Vorbedingung, Entstehung, Ablauf, Durchmesser, Zuggeschwindigkeit, Länge der Zugbahn, Dauer, Spitzengeschwindigkeit, Vorwarnzeit.

6 Tornado in Oklahoma

?!

Kaum zu glauben

In Minnesota wurde 1931 ein 83 t schwerer Zug von einem Tornado 25 m hoch in die Luft geschleudert. Viele der 117 Passagiere wurden getötet.

1917 erschien „Wind- und Wasserhosen in Europa" von Alfred Wegener, eine umfassende Sammlung der damaligen Kenntnisse über Wirbelwinde. Bis zum 2. Weltkrieg war Deutschland weltweit führend in der Tornadoforschung.

hose (engl.) Schlauch

So entstehen Tornados

Die Entstehung von **Tornados** ist komplex und noch nicht bis ins Letzte erforscht. Tornados entstehen über Land oder Wasser. Hauptvoraussetzung ist feuchtwarme Luft, die mit trockener, kalter Luft zusammentrifft. Die extremen Temperatur- und Feuchtigkeitsunterschiede sorgen für uneinheitliche Luftbewegungen, Verwirbelungen und Turbulenzen.

Feuchtwarme Luft ist relativ leicht und steigt auf. Dabei kondensiert der Wasserdampf der feuchten Luft und setzt Wärme frei. Es bilden sich riesige Gewitterwolken. Treffen diese auf einen kalten Wind in der Höhe, der in eine andere Richtung weht, kommt es zu starken Luftwirbeln. Die feuchte Luft wird in einer Spirale, dem Tornadorüssel, nach oben gerissen. Gleichzeitig stürzt die Kaltluft an den Seiten nach unten.

Tornados rasen durch Oklahoma

„Im US-Bundesstaat Oklahoma sind durch Tornados ... mindestens zwei Menschen ums Leben gekommen. Ein örtlicher Fernsehsender berichtete, ... es habe am Montag ‚starke Winde und Hagelkörner so groß wie Grapefruits' gegeben. In der Nähe von Stillwater wurden Dächer abgedeckt, ein leerer Bus wurde durch die Luft gewirbelt und landete in einem Baum. Die Stürme entwurzelten Bäume und kippten Mobilheime um. ... Es wurden außerdem mehrere Menschen vermisst."

n-tv Kurznachrichten, Unwetter fordern zwei Todesopfer, Tornados rasen durch Oklahoma vom 10.05.2016

7

Tornado sucht Minden heim

„Ein Unwetter hinterlässt in Ostwestfalen eine Schneise der Verwüstung. Und macht auch vor einer 70 Meter hohen Windkraftanlage nicht halt ... Trümmerteile (sind) bis zu 250 Meter weit geschleudert worden und stecken in einem Feld. ... Dächer sind abgedeckt, Bäume umgestürzt, Keller vollgelaufen."

azik./dpa, FAZ vom 23.05.2016

8

4 Tornados:
a) Beschreibe den Ablauf.
b) Erkläre die Entstehung.

5 Vergleiche Hurrikans und Tornados.

Steckbrief Tornado

- Wirbelwind mit senkrechter Wirbelachse = Tornadorüssel
- Durchmesser: 20 m bis einige 100 m, selten 1–2 km
- Zugbahn: meistens nur wenige Kilometer
- Zuggeschwindigkeit: etwa 50 km/h
- extrem hohe Windgeschwindigkeit im Tornadorüssel: bis zu 800 km/h
- Klassifizierung: nach der Rotationsgeschwindigkeit im Rüssel (Fujita-Skala)
- Luftdruckverhältnisse im Tornadorüssel noch wenig erforscht
- Tornadolebensdauer: einige Minuten
- Vorkommen: auf allen Kontinenten außer der Antarktis
- Häufigkeit des Auftretens: USA >1 000/Jahr; Europa: ≈ 300/Jahr

9

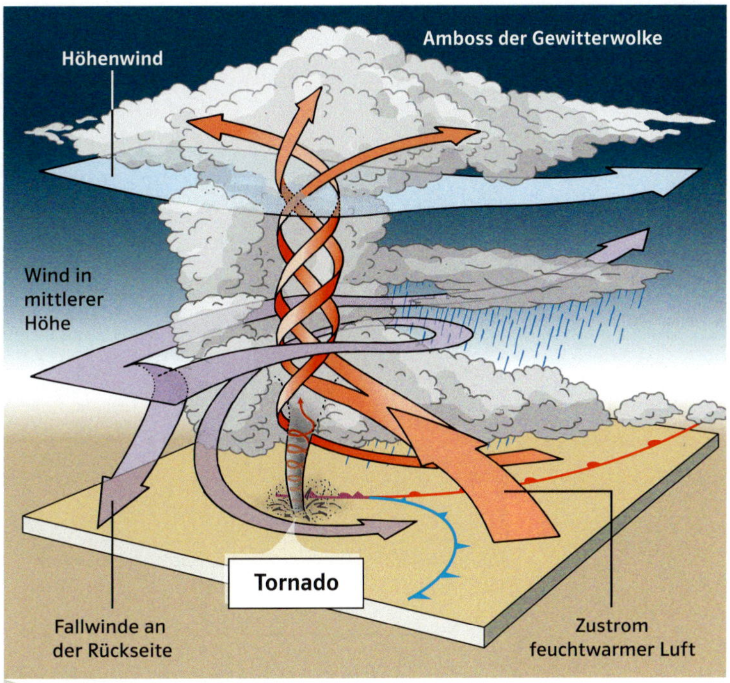

11 Entstehung eines Tornados

F-Stufe	km/h	Beschreibung
F0	64–116	Äste brechen, flach wurzelnde Bäume kippen um
F1	117–180	Autos verschoben, Dachziegel fliegen
F3	252–330	Zerstörung von Häusern, Züge umgeworfen
F4	331–416	Häuser zerstört, Autos fliegen durch die Luft
F5	417–510	Autos fliegen mehr als 100 m
F6	>510	wie F5 (F6-Tornados gibt es amtlich nicht)

(Klassifizierung von Tornados von F0 bis F6)

10 Auszug aus der Fujita-Skala

Bft	km/h	Beschreibung
1	1–5	schwacher Wind
4	20–28	loses Papier fliegt hoch
5	29–38	Bäume bewegen sich
6	39–49	starke Äste in Bewegung Schirme schwer zu halten
7	50–61	Bäume schwanken
8	62–74	Zweige brechen, Gehen erschwert
9	75–88	Äste brechen, Ziegel fliegen
10	89–102	Bäume brechen
11	103–117	Wind entwurzelt Bäume

(Klassifizierung von Windstärken von 0 = Windstille bis 12 = Orkan)

12 Auszug aus der Beaufort-Skala

↖ Informationen finden Seiten 170 /171

6
Ergänze die tabellarische Übersicht zum Hurrikan (Aufgabe 3, Seite 185) um die gleichen Kennzeichen eines Tornados: Vorbedingung, Entstehung, Ablauf, Durchmesser, Zuggeschwindigkeit, Länge der Zugbahn, Dauer, Spitzengeschwindigkeit, Vorwarnzeit.

7 MK
Stürme in Europa: Informiert euch, ob und wo es in Europa Hurrikans und Tornados gibt.

8 MK
Stürme in Deutschland: Informiert euch über die folgenden Stürme. Stellt eure Ergebnisse vor und vergleicht die drei Stürme:
A Kyrill,
B Lothar,
C Friederike.

1

2 New Orleans vor dem Hurrikan Katrina, 2004

MK

Satellitenbilder auswerten

Satelliten senden immer wieder regelmäßig Fotos von der Erdoberfläche, die sehr genau zeigen, wie sie gestaltet ist. Du kannst die Fotos heranzoomen, um Details zu erkennen. Du kannst aber auch denselben Landschaftsausschnitt, der zu unterschiedlichen Zeitpunkten fotografiert wurde, genau untersuchen, um dann Veränderungen festzustellen.

Der Untergang von New Orleans
New Orleans ist eine Stadt, die an drei Seiten von Wasser umgeben ist: Mississippi, Golf von Mexico und Lake Pontchartrain. Das Stadtgebiet liegt auf 0 m Höhe, teilweise darunter. Gegen Überschwemmungen gibt es Dämme. Ende August 2005 überquert Hurrikan Katrina die Stadt. Windgeschwindigkeiten bis 280 km/h, eine Sturmflut mit 6 bis 8 m hohen Wellen, mitunter sogar 8 bis 10 m. Die „eyewall" liegt einige Zeit direkt über der Stadt. Die Dämme brechen, Wasser dringt von drei Seiten in die Stadt, steigt auf bis zu 7,60 m, aber es kann nicht abgepumpt werden, weil der Strom ausgefallen ist. Es gibt kein Trinkwasser. Die Menschen retten sich ins Football-Stadion Superdome. 1 800 Tote, 125 Milliarden US-$ Schaden.

3

eyewall
Ring mit der höchsten Windgeschwindigkeit am Rande des Hurrikanauges

1. Schritt: Satellitenbild verorten
Ermittle mit dem Atlas oder mit Google Earth, um welches Gebiet es sich handelt. Bestimme die Nordrichtung des Bildausschnitts.

2. Schritt: Strukturen erkennen
Suche im Satellitenbild Merkmale, die du in der Karte wiederfindest: Flüsse, Küstenlinien, Straßen, Eisenbahnlinien, Siedlungsflächen, Ackerflächen, gut erkennbare Orte (z. B. Flugplatz, Fußballstadion).
Gliedere das Bild nach verschiedenen Kriterien. Unterscheide z. B. Land- und Wasserflächen, bebaute und unbebaute Flächen.

3. Schritt: Bildinhalte darstellen
Lege ein Transparentpapier oder eine Folie auf das Satellitenbild und zeichne deutlich erkennbare Umrisse und Linien nach.
Markiere wichtige Aspekte mit Farben und Symbolen und lege eine Legende an (siehe Skizze 5).
Formuliere Aussagen, die sich aus der Darstellung ableiten lassen.

4 New Orleans nach dem Hurrikan Katrina, September 2005

SP Tipp

Verorten
- New Orleans liegt im Süden der …
- Der Fluss … durchfließt die Stadt und mündet …
- New Orleans ist umgeben von …

4. Schritt: Satellitenbilder vergleichen

Führe die Schritte 1–3 für ein zweites Satellitenbild durch. Vergleiche beide Satellitenbilder. Beschreibe Unterschiede und stelle Vermutungen an, wodurch die Veränderungen zustande gekommen sind.
Recherchiere zusätzliche Informationen zu dem Gebiet bzw. zum Ereignis im Internet.

5. Schritt: Erkenntnisse formulieren

Notiere die Ergebnisse deines Vergleichs.

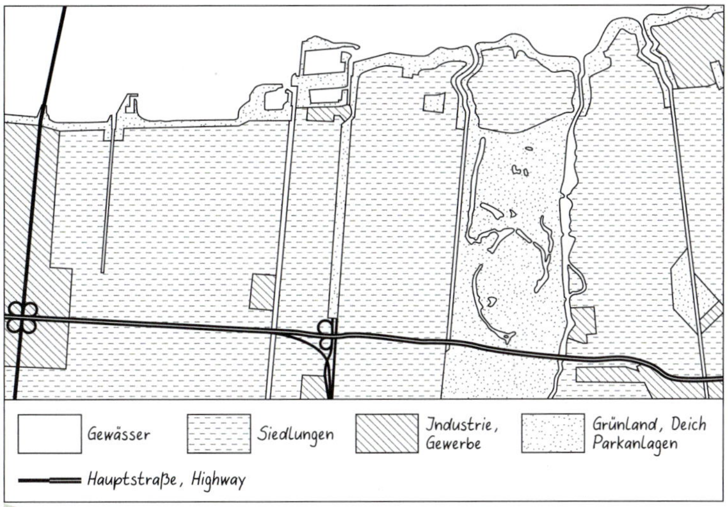

5 Skizze zum Satellitenbild „New Orleans vor dem Hurrikan Katrina"

1 SP
Wertet die beiden Satellitenbilder mithilfe der Schritte 1 bis 5 aus.

2
Recherchiere im Internet Informationen zum Hurrikan Katrina.

3
Folgen des Hurrikans Katrina: Beschreibt die unmittelbaren Auswirkungen des Hurrikans mithilfe des Vergleichs der Satellitenbilder, des Textes 3 und eurer Internetrecherche.

4
New Orleans heute: Recherchiere die aktuelle Situation von New Orleans (z. B. Wiederaufbau, Schutzmaßnahmen).

5
Erörtert im Klassengespräch, ob und wie das Katastrophenmanagement für New Orleans verbessert werden kann.

6
Bereitet einen mündlichen Vortrag vor:
A zu Aufgabe 3,
B zu Aufgabe 4,
C zu Aufgabe 5.

◐ 1, 2, 3, 4 ● 5, 6 → Lösungshilfen ab S. 229

Naturkräfte: Risiko und Potenzial

Auf einer Weltkarte zeigt sich, dass die Gefährdung durch Naturkräfte bestimmte Verbreitungsmuster aufweist. Du hast deren Ursachen kennengelernt. Auch zum Potenzial der Naturkräfte hast du Informationen bekommen.

2 Risiko: Erdbeben in Haiti 2010

3 Potenzial: Straßenheizung in Reykjavík

Phytoplankton
Pflanzliche Organismen, die im Süß- oder Salzwasser schweben; sie produzieren Sauerstoff und stehen am Beginn der Nahrungskette.

Die neueste Forschung sagt, dass durch den Vulkanismus vermutlich das Leben auf der Erde entstand. **Lava** wirkt wie ein Düngemittel im Ozean, sodass Phytoplankton entstehen kann. **Vulkane** haben für das Wasser auf der Erde gesorgt. Vulkangestein (z. B. Obsidian, Bims, Tuff, Basalt) ist vielseitig verwendbar. Metalle wie Eisen oder Kupfer, aber auch Schwefel werden aus aufsteigendem **Magma** gewonnen.

Nicht alle Naturkräfte haben so positive Auswirkungen wie die endogenen Kräfte. Aber selbst **Hurrikans** haben etwas Gutes: Meteorologen sagen, dass in wirtschaftlicher Sicht ein Hurrikan gut für betroffene Länder ist, weil der lebenswichtige Niederschlag den Sachschaden hundertfach aufwiegt. Außerdem sichern Ausläufer von Hurrikans wichtige Niederschläge in Europa.

Anzahl der Toten				Schaden (in Mio. US-$)			
Jahr	**Land/Region**	**Ereignis**	**Tote**	**Jahr**	**Land/Region**	**Ereignis**	**Schaden**
2010	Haiti	Erdbeben	223 000	2010	Chile Pakistan	Erdbeben/Tsunami Überschwemmung	30 000 9 500
2011	Japan	Erdbeben/Tsunami	16 000	2011	Japan	Erdbeben/Tsunami	210 000
				2012	USA	Hurrikan	65 000
2013	Philippinen	Taifun	6 200				
				2014	Indien	Zyklon	7 000
2015	Nepal	Erdbeben	9 000				
				2016	Japan	Erdbeben	31 000
2017	Indien/Nepal/ Bangladesch	Überschwemmung	2 700	2017	USA	Hurrikan	85 000
2018	Indonesien	Tsunami	2 100	2018	USA	Waldbrand Hurrikan	16 500 16 000
2019	Südliches Afrika	Zyklon	1 000	2019	USA	Tornados	3 300

Daten nach: 2019 Münchener Rückversicherungs-Gesellschaft, GeoRisikoForschung, NatCatSERVICE – Stand September 2019

1 Folgenreiche Naturkatastrophen (ab 2010)

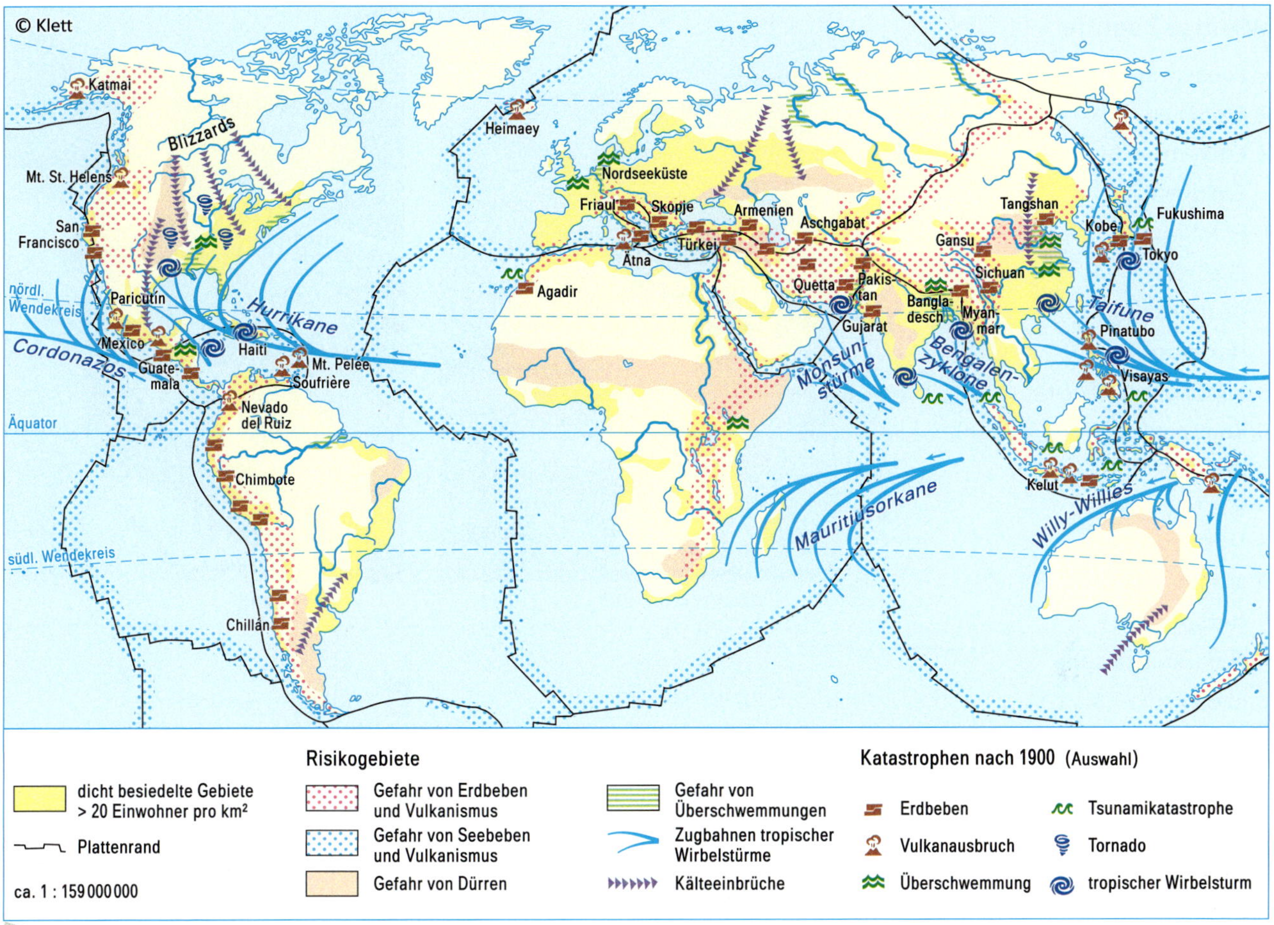

4 Von Naturereignissen betroffene Gebiete

1 Verorte in der Karte 4 die im Kapitel thematisierten Gebiete.

2 SP Formuliere mithilfe deiner Kenntnisse aus dem Kapitel eine Gesetzmäßigkeit zum Auftreten und zur Verbreitung von Naturereignissen.

3 Benenne die Gebiete, in denen sich die Gefährdung durch unterschiedliche Naturereignisse überlagern (Karte 4).

4 Finde heraus, welche Naturereignisse viele Todesopfer fordern und welche hohe Sachschäden verursachen (Tabelle 1).

5 Finde heraus, welche Gebiete besonders betroffen sind.

6 Entwickelt Ideen zur Reduzierung der Risiken und zur Nutzung des Potenzials.

7 Naturkräfte – Risiko und Potenzial. Erörtert die Aussage im Klassengespräch.

Wichtige Begriffe

- Epizentrum
- Erdbeben
- Erdkern
- Erdkruste
- Erdmantel
- Fließzone
- Gesteinshülle
- Hurrikan
- kontinentale Kruste
- Kontinentalverschiebung
- Lava
- Lithosphäre
- Magma
- Naturereignis
- Naturkatastrophe
- ozeanische Kruste
- Plattentektonik
- Raumanalyse
- Schalenbau
- Schichtvulkan
- Schildvulkan
- Subduktionszone
- Tornado
- tropischer Wirbelsturm
- Tsunami
- Vulkan

Sich orientieren

1 Vulkanrätsel
Folgende Silben bilden 5 Vulkannamen: ät - bo - ca - li - na - no - ri n - san - strom - suv - to - ve - vul.
a Nenne die fünf Vulkane.
b Zu welchen Staaten gehören sie?

Kennen und verstehen

2 Finde die Begriffe
a Gesteinsschmelze, die sich in unterirdischen Kammern eines Vulkans ansammelt

1 Südkalifornien, USA

2 Neuseeland

b „große Welle im Hafen“
c Punkt an der Erdoberfläche, der über dem Erdbebenherd liegt
d Vulkanform, bei der Asche und Lava abwechselnd abgelagert sind
e Auge heißt das Zentrum von ...?

3 Bilderrätsel
Löse die Bilderrätsel und erläutere die Begriffe.

a

b

4 Plattentektonik im Blick
a Beschreibe die Fotos 1 und 2.
b Erläutere, welche plattentektonischen Aktivitäten sichtbar sind.

5 Erklärung gesucht
a Was haben Athen, San Francisco, Tokyo und Istanbul gemeinsam?
b Erläutere, warum der Rand des Pazifischen Ozeans auch „Feuerring“ genannt wird.

6 Arbeite mit Profil 3
a Benenne die Ziffern.
b Erkläre, warum es gerade in diesem Bereich besonders häufig zu Erdbeben und Vulkanismus kommt.

Fachmethoden anwenden

7 MK Satellitenbilder auswerten
a Vergleiche die zwei Satellitenbilder von Material 5.
b Formuliere die Ergebnisse des Vergleichs.

8 Informationen finden
a Recherchiere im Internet zusätzliche Informationen zum abgebildeten Gebiet Sendai-Fujitsuka (vgl. Material 5).
b Erläutere mit diesen Informationen, was du beim Vergleich der Satellitenbilder festgestellt hast.

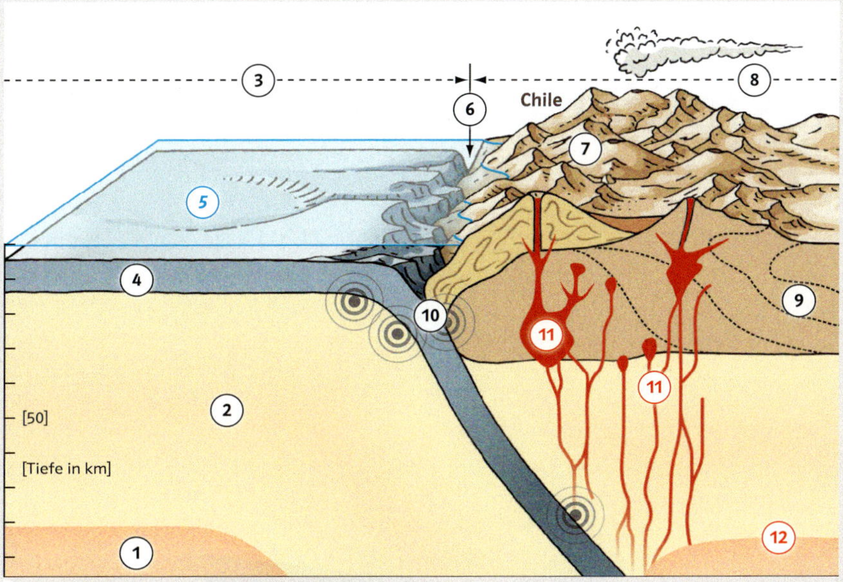

3 Schnitt am Westrand Südamerikas

5 Zwei Satellitenbilder

9 **Geothermie**

a Beschreibe das Erdwärmepotenzial in Deutschland (Karte 4).

b Bewerte dieses Potenzial angesichts des Ausstiegs Deutschlands aus der Atomenergie.

Beurteilen und bewerten

10 **Zum Nachdenken**

a Viele kleine Erdbeben schützen vor der großen Katastrophe. Erkläre diese Aussage.

b Jules Verne ließ 1884 in seinem Zukunftsroman „Reise zum Mittelpunkt der Erde" die Expedition in Island starten. Ist das – nach heutigen naturwissenschaftlichen Kenntnissen – gut oder schlecht gewählt? Begründe deine Entscheidung.

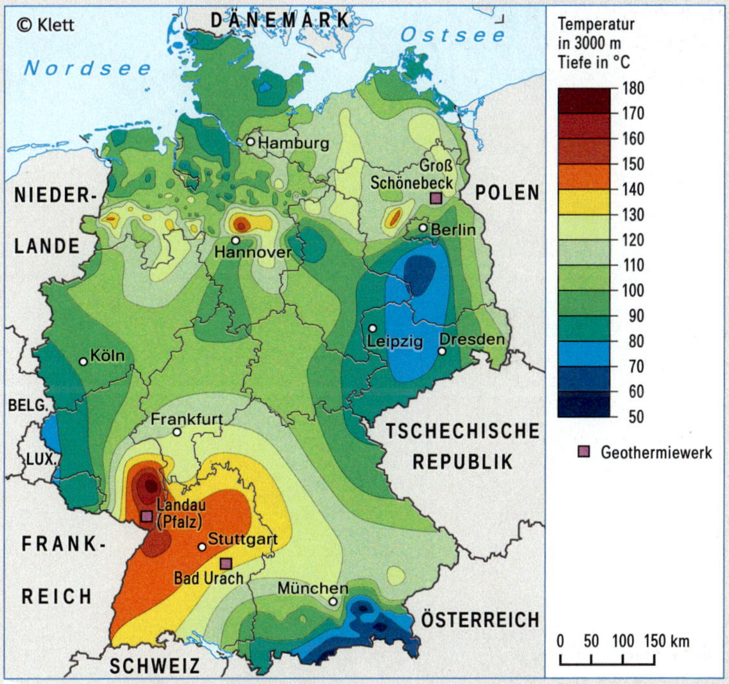

4 Erdwärmepotenzial in Deutschland

Jetzt kannst du ...

- den Schalenbau der Erde beschreiben;
- die Entstehung und Auswirkungen von Erdbeben, Tsunamis und Vulkanismus erklären;
- Verteilungsmuster von Vulkanismus und Erdbeben beschreiben und erklären;
- präventive Schutzmaßnahmen im öffentlichen und privaten Bereich erläutern;
- eine fragengeleitete Raumanalyse durchführen;
- mit unterschiedlichen Quellen sachgerechte Informationen finden.

10

Herausforderung Klimawandel

1 Island, Okjökull, Gletscher, Satellitenbild, 14.09.1986

Ein trauriger Tag für Island: Am 18.08.2019 haben sich auf der Spitze des Vulkans Ok viele Bürger, Wissenschaftler und die isländische Premierministerin Jakobsdóttir zu einer Trauerfeier versammelt. Denn der Gletscher Okjökull, der einst den Ok bedeckte, ist „gestorben" und wurde symbolisch bestattet. Der Okjökull ist der erste vollständig abgeschmolzene Gletscher auf Island. Der Okjökull war 700 Jahre alt, 38 km² groß und über 50 m dick. Übrig geblieben sind ein zugefrorener Kratersee, einige kümmerliche Schneereste und eine Gedenktafel. Laut dem Gletscherüberwachungsdienst schmelzen die Eismassen weltweit so schnell wie nie zuvor: Seit 1961 haben die Gletscher mehr als 9 Billionen Tonnen Eis verloren – eine unvorstellbare Zahl und gleichsam Indiz und Auswirkung der weltweiten Klimaerwärmung.
Doch was sind die Ursachen dieses Klimawandels? Mit welchen weiteren Folgen müssen wir rechnen? Und was müssen wir tun, um den Klimawandel zu bremsen?

2 Island, Okjökull, Gletscher, Satellitenbild, 01.08.2019

Indizien für den Klimawandel

IPCC

(Intergovernmental Panel on Climate Change) ein zwischenstaatlicher Ausschuss für Klimaänderungen, dem fast alle Staaten der Welt angehören

Der „Weltklimarat" IPCC dokumentiert in regelmäßigen Abständen den Zustand des Klimas sowie dessen Auswirkungen auf Mensch und Natur und benennt mögliche Gegenmaßnahmen. Aufgrund jahrzehntelanger Messdaten hat er festgestellt, dass sich das Klima der Erde eindeutig erwärmt.

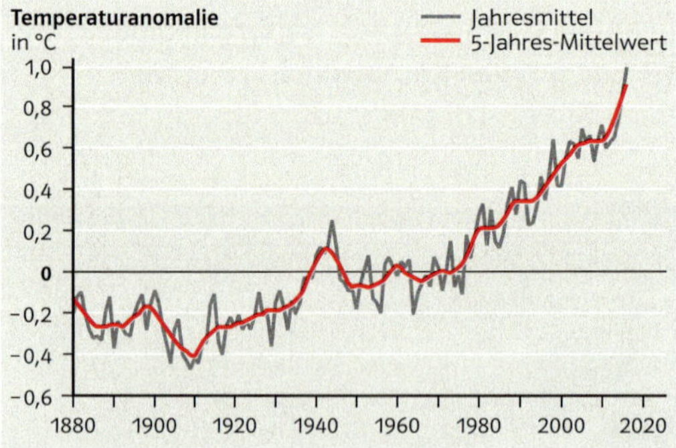

1 Durchschnittliche Temperaturabweichung an der Erdoberfläche

Rang	Jahr	Abweichung
1	2016	+ 0,95
2	2015	+ 0,91
3	2017	+ 0,85
4	2018	+ 0,79
5	2014	+ 0,75
6	2010	+ 0,70
7	2013	+ 0,67
8	2005	+ 0,66
9	2009	+ 0,64
10	1998	+ 0,64

Nach Statista, 2019

2 Die 10 global wärmsten Jahre im Zeitraum von 1880 bis 2018: Abweichung von der globalen Durchschnittstemperatur in °C

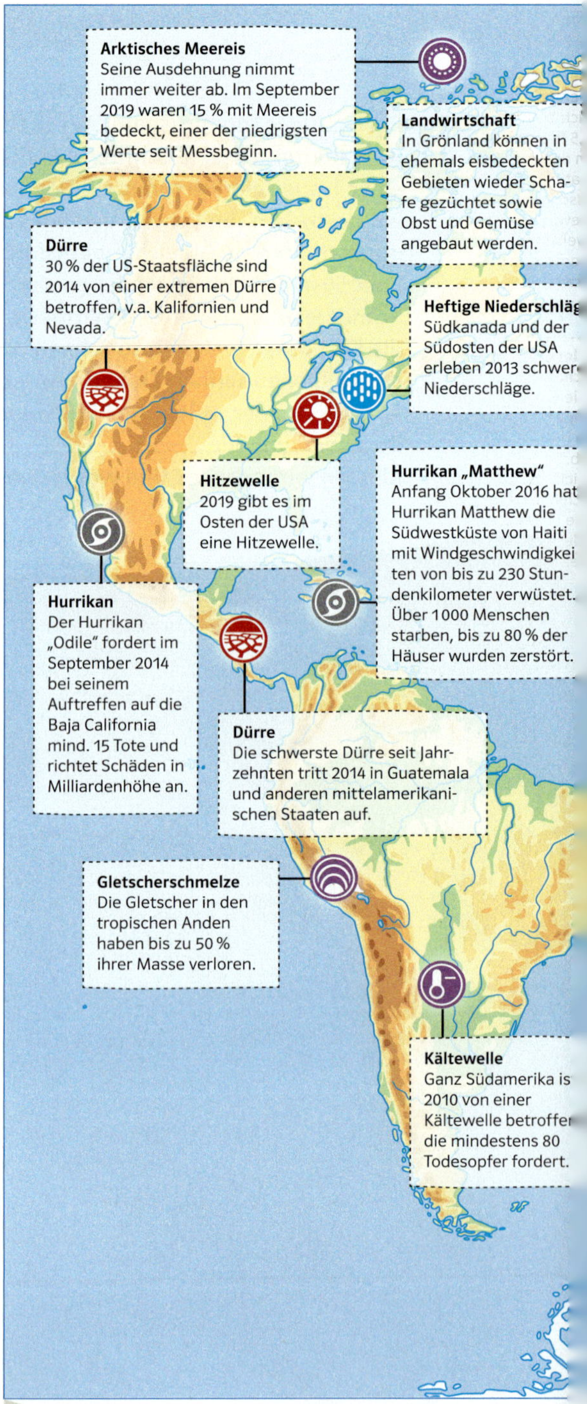

3 Weltweite Beispiele für Extremereignisse und

Ein einzelnes Extremereignis ist sicherlich kein Beweis für einen **Klimawandel**. Die vielen einzelnen Beobachtungen können aber als Indizien dafür gewertet werden, dass sich das Klima der Erde und damit auch unsere Welt verändert. Der Hauptverursacher all dieser Veränderungen ist nach Meinung des IPCC ebenfalls mit großer Sicherheit ausgemacht: die Aktivität des Menschen.

Natürliche Faktoren haben auf die globale Erwärmung seit der Industrialisierung dagegen nur einen geringen Einfluss.

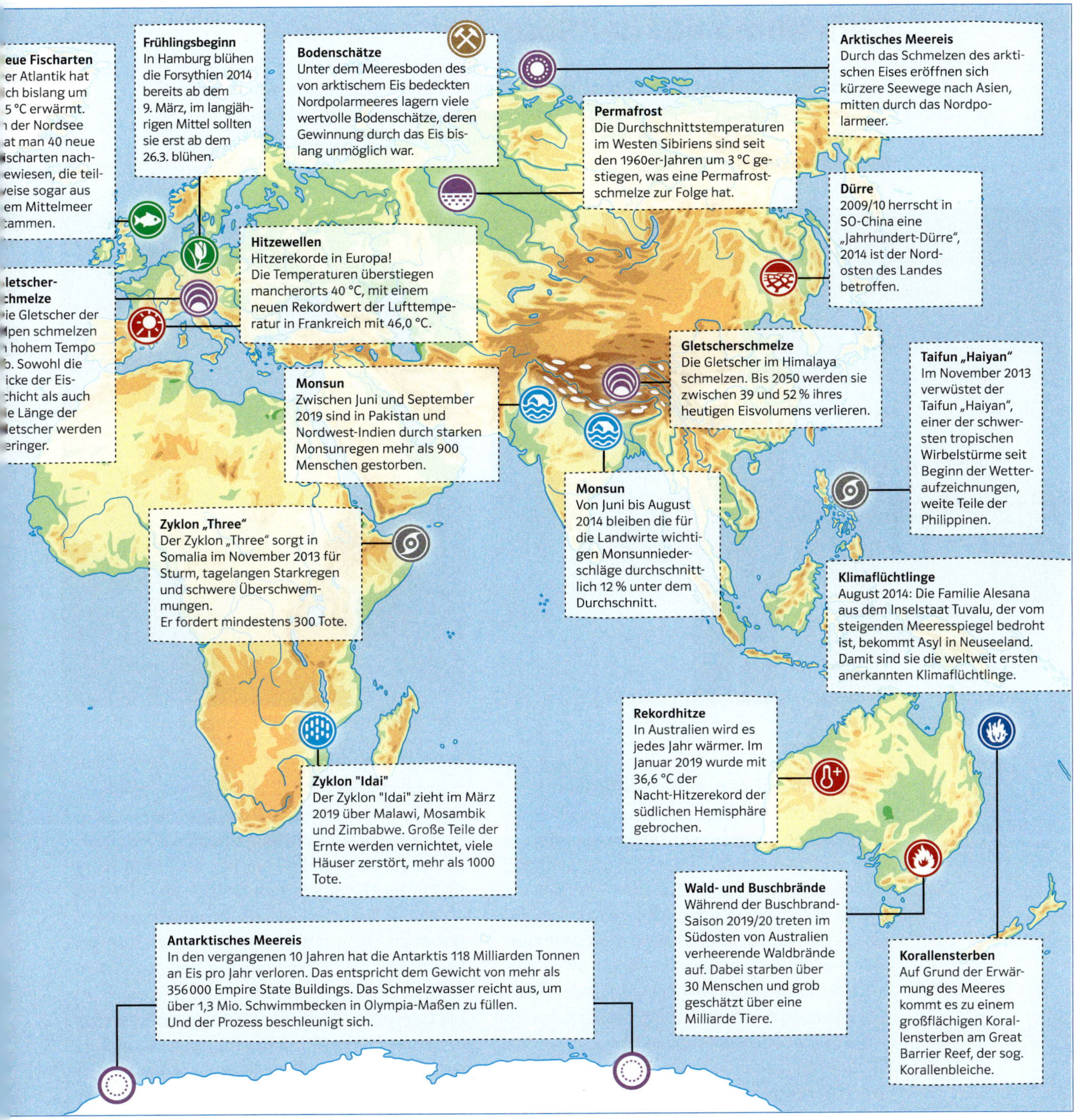

Veränderungen, die auf die globale Erwärmung zurückgeführt werden können

1

Meist wird ausschließlich von den „Verlierern“ des Klimawandels gesprochen. Doch gibt es auch „Gewinner“.

a) Welche Regionen und Branchen profitieren vom Klimawandel?

b) Erläutere.

2 MK

Recherchiere im Internet weitere Extremereignisse, die auf eine globale Erwärmung zurückgeführt werden können.

Dem Klima auf der Spur

Erst seit etwa 300 Jahren werden in Europa Klimadaten gemessen und dokumentiert – und anfangs gab es auch nur wenige Messstationen. Woher wissen wir dann eigentlich, wie das Klima in den letzten Jahrtausenden war? Dazu schauen wir den Klimaforschern über die Schulter.

1 Klimaforscher bei der Arbeit

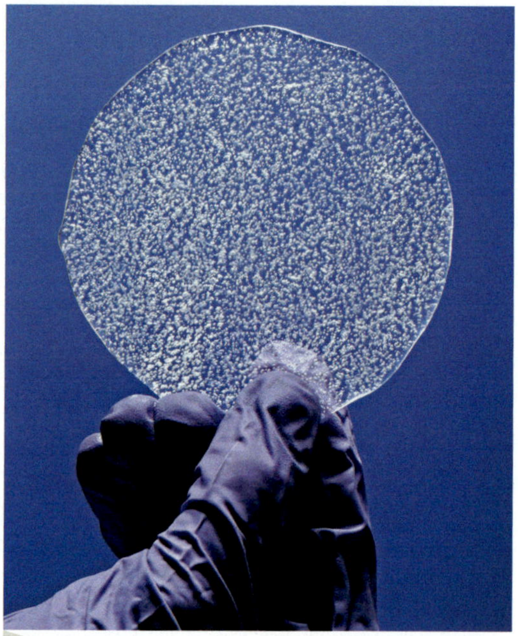

2 Eingeschlossene Luft in einer Scheibe eines Eisbohrkerns

Unterwegs mit den Klimadetektiven

Um Informationen über das Klima vergangener Jahrtausende zu gewinnen, nutzen Klimaforscher viele verschiedene, zum Teil ungewöhnliche Quellen. So helfen historische Chroniken, Schiffstagebücher, aufgezeichnete Naturbeobachtungen wie über den Beginn der Obstblüte oder Buchführungen über Preise von Wein oder Getreide. Auch die Jahresringe von altem Holz oder die noch erhaltenen Blumenpollen in steinzeitlichen Gräbern lassen Rückschlüsse auf das Klima vergangener Zeiten zu. Die Analyse von Eisbohrkernen aber ist die wichtigste und genaueste Methode, das Klima zu rekonstruieren.

Der Schatz im Eis

Im Eis der **Antarktis** oder Grönlands können die Klimaforscher wie in einem uralten Tagebuch des Klimas blättern und lesen. Der hier gefallene Schnee schmilzt kaum, stattdessen sinkt er in sich zusammen. Jahr für Jahr wird er unter neuen Schneeschichten begraben und zu immer dünneren, kompakteren Eisschichten zusammengepresst. Über die Jahrtausende baute sich so ein bis zu 3 000 m dicker Eisschild auf. Um an die Informationen im Eis heranzukommen, bohren die Forscher sehr tiefe Löcher in das Eis. Sie befestigen hierbei den Bohrkopf an einem Drahtseil und senken ihn in das Bohrloch. Die pro Bohrung gewonnen Eisbohrkerne sind bis zu 3 m lang. Um den gesamten Eispanzer zu durchbohren, dauert es meist drei bis vier Jahre. Durch Abzählen der Jahresschichten kann man wie bei Baumringen die einzelnen Schichten des Eisbohrkerns datieren. Hierbei helfen auch Vulkanausbrüche. Sie hinterlassen dünne Staubschichten im Eis. Die Dicke der einzelnen Jahresschichten lässt Rückschlüsse darüber zu, ob es viel oder wenig geschneit hat. Die Analyse des Eises und insbesondere der im Eis eingeschlossenen Luft gibt Antworten auf Fragen nach der chemischen Zusammensetzung der Atmosphäre und der damaligen Temperatur. Auf diese Weise konnten die Klimaforscher die Klimageschichte der letzten 1,5 Mio. Jahre rekonstruieren.

Zur Blütezeit des Römischen Reiches um das Jahr 0 gab es eine Warmphase mit besonders niederschlagsreichen Wintern im Mittelmeerraum. Nur so konnte Nordafrika zur Kornkammer Roms werden.

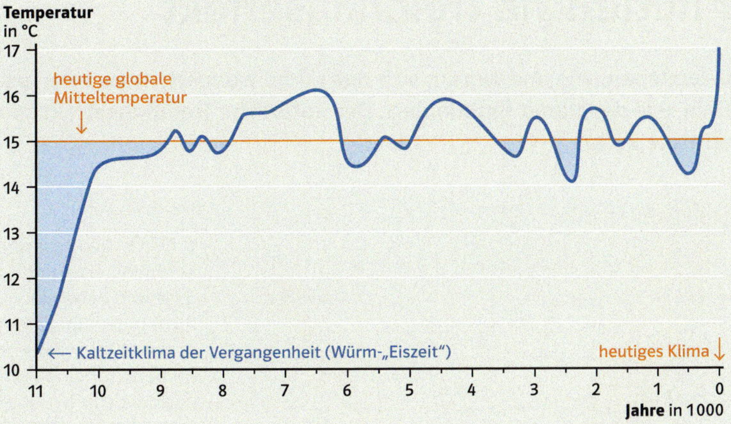

Die Zeit zwischen 800 und 1300 n. Chr. war durch eine deutliche Bevölkerungszunahme, eine florierende Wirtschaft und den Bau bedeutender Städte und mächtiger Kathedralen gekennzeichnet.

Die Wikinger besiedelten um 985 Grönland. Sie gaben der Insel diesen Namen, da sie tatsächlich grün war. Es konnten Ackerbau und Viehzucht betrieben werden. Die Besiedlung der Wikinger endete etwa im 15. Jahrhundert.

Zu Beginn des 16. Jahrhunderts entstanden auffallend viele Gemälde, auf denen tief verschneite Landschaften abgebildet sind. Auch die Sommer waren kühl mit übermäßigem Niederschlag und Hochwassern, sodass die Ernten verfaulten und Hungersnöte die Bevölkerung dahinrafften.

3 Temperaturveränderung der letzten 11 000 Jahre

Klimawandel – na und?

Die Detektivarbeit der Wissenschaftler erbrachte erstaunliche Ergebnisse. So war z. B. die Zusammensetzung der Atmosphäre nie konstant. Es zeigte sich zudem, dass es immer wieder in der Erdgeschichte starke Klimaschwankungen gab. Warmzeiten wechselten sich mit Kaltzeiten häufig ab – stets mit Auswirkungen auf den Menschen. Diese Klimaschwankungen hatten aber im Gegensatz zu der heutigen Erderwärmung natürliche Ursachen.

Natürliche Ursachen für Klimaschwankungen

Ohne die Energie der Sonne wäre auf der Erde kein Leben möglich. Jedoch ist der Energiebetrag der Sonnenstrahlung nicht konstant, sondern er schwankt ein wenig. Auch ist die Bahn der Erde um die Sonne nicht immer konstant. Sie variiert im Laufe Zehntausender Jahre von eher eiförmig bis fast kugelförmig. Zudem verändert sich der Neigungswinkel der Erdachse, sodass sich die Einstrahlungswinkel der Sonnenstrahlen verändern.
Auch die Plattentektonik spielt eine Rolle, da die Lage der Kontinente z. B. die Richtung von Meeresströmungen beeinflusst.
Schließlich sind noch Meteoriteneinschläge und Vulkanausbrüche zu nennen, die aufgrund des Auswurfes von Asche und Staub die Sonneneinstrahlung vermindern und daher abkühlend wirken.
Diese natürlichen Einflussfaktoren auf unser Klima wirken auch aktuell, sie werden aber überlagert von menschlichen Einflüssen.

SP Tipp

Analysieren
→ Aufgabe 3
- Betrachtet man …, dann …
- Folgende Merkmale lassen sich aus der Grafik ablesen: …
- Daraus geht hervor, dass …
- Besonders wichtig ist …

1 Erläutere, warum die Klimaforscher im Text als Klimadetektive bezeichnet werden.

2 Beschreibe, wie Klimaforscher an Daten über das Klima der Vergangenheit gelangen.

3 SP Analysiert die Grafik 3:
a) Beschreibt den Verlauf der Temperaturkurve.
b) Ordnet die vier historischen Ereignisse zu. Begründet eure Entscheidung.
c) Erläutert den Zusammenhang zwischen Klima, Landwirtschaft und Bevölkerungsentwicklung.

4 MK Informiere dich über die Messung von Wetterdaten in deiner Region (z. B. Internet).

Der natürliche Treibhauseffekt

Um zu verstehen, wie und warum sich das Klima wandelt, muss man erst einmal begreifen, wie das Klima funktioniert. Der natürliche Treibhauseffekt spielt hierbei eine zentrale Rolle.

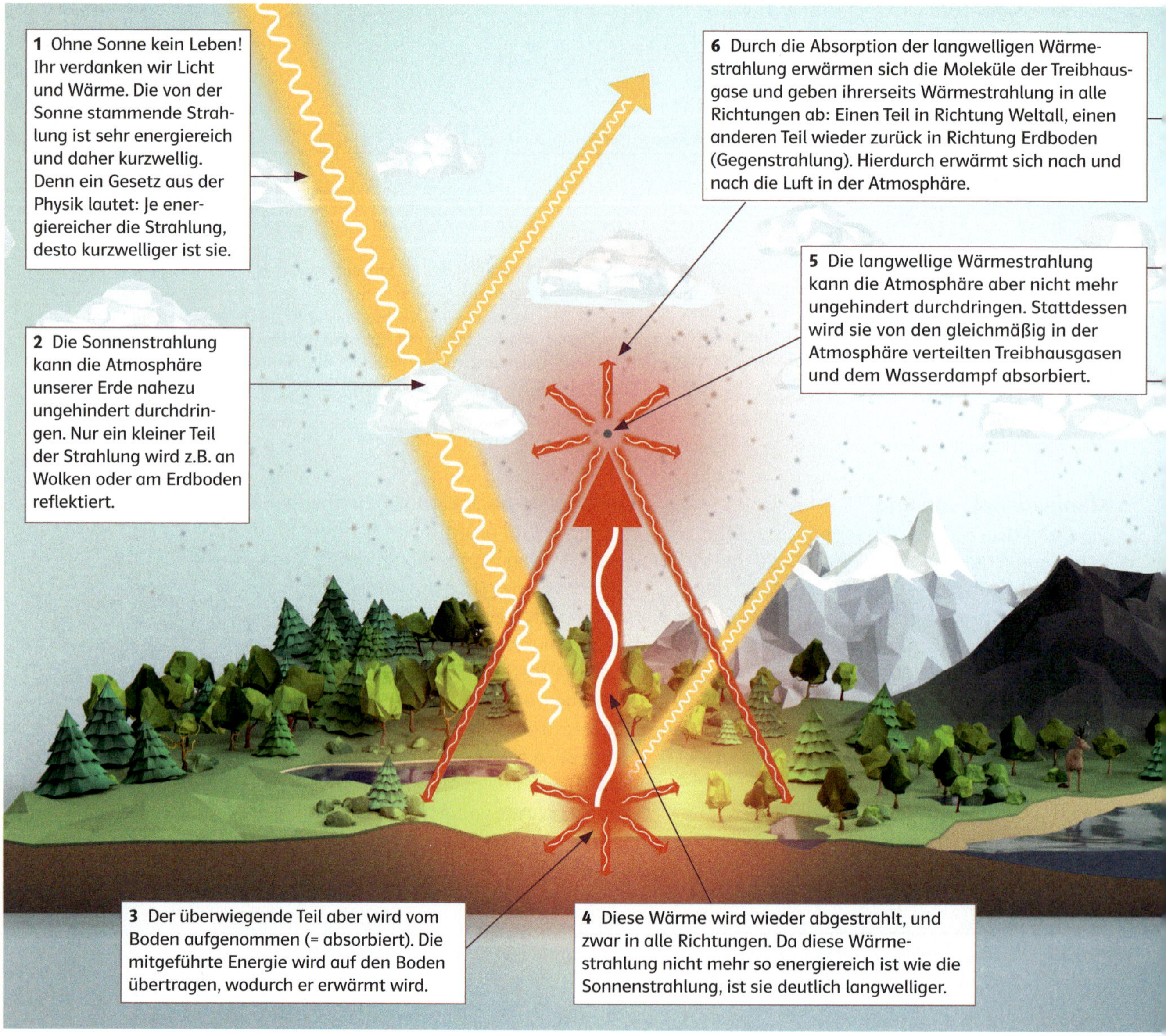

1 Der natürliche Treibhauseffekt

1
Die Durchschnittstemperatur auf der Erde beträgt etwa 15 °C. Wie warm wäre es ohne den natürlichen Treibhauseffekt?

2
Warum kann die Sonnenstrahlung die Atmosphäre ungehindert durchdringen, die Wärmestrahlung diese aber nicht mehr verlassen? Erkläre mithilfe der Infografik 1.

Treibhausgas		Temperaturanstieg	Anteil in %	wird freigesetzt durch (= Quellen)
Wasserdampf	H_2O	+20,6 °C	62	Verdunstung von Wasser aufgrund der Erwärmung von Wasseroberflächen durch die Sonnenstrahlung
Kohlenstoffdioxid	CO_2	+7,2 °C	22	Stoffwechselprozesse von Tieren und Pflanzen, Vulkanausbrüche, Waldbrände
Lachgas	N_2O	+1,4 °C	4	Waldbrände
Ozon (bodennah)	O_3	+2,4 °C	7	Bodennahes Ozon wird nicht direkt freigesetzt, sondern durch intensive Sonneneinstrahlung aus Vorläufergasen wie Stickstoffoxiden (NOx) oder Kohlenmonoxid (CO) gebildet
Methan	CH_4	+0,8 °C	2,5	Verdauungsprozesse von Tieren sowie Sümpfe, Waldbrände, Vulkanausbrüche
Weitere Gase	…	+0,6 °C	2,5	

Treibhausgase können auch in „Senken" gebunden werden. Insbesondere Wälder und Meere sind in der Lage, große Mengen Kohlenstoffdioxid zu speichern.

2 Beitrag von Wasserdampf und Treibhausgasen zum natürlichen Treibhauseffekt

Der Wasserdampf- und die Treibhausgasmoleküle sind „parteiisch": Während sie die kurzwellige Einstrahlung ungehindert bis zum Erdboden hindurchlassen, absorbieren sie die langwellige Wärmestrahlung. Man spricht von einer selektiven Absorption.

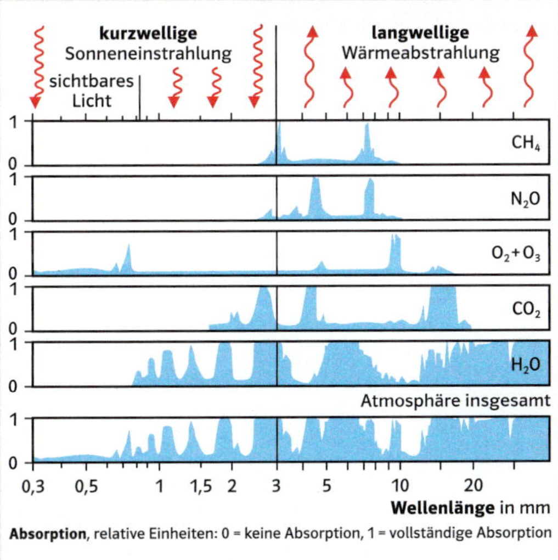

3 Strahlungsabsorption durch Gase

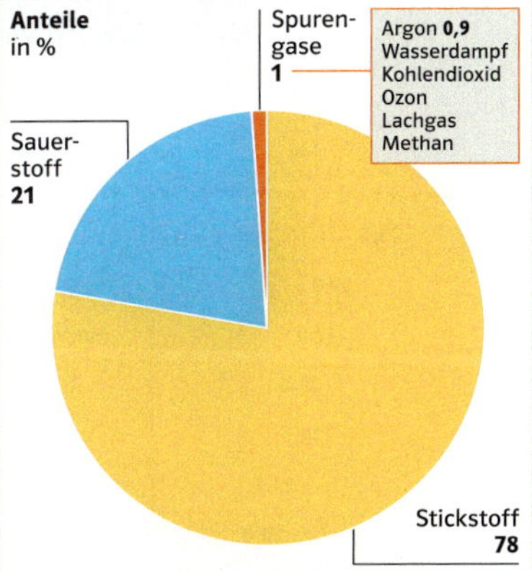

4 Zusammensetzung der Atmosphäre

Die Konzentration der natürlichen Treibhausgase macht nur rund 0,04 % der gesamten Erdatmosphäre aus. Und dennoch haben sie einen ganz entscheidenden Einfluss auf das Klima: Im Gegensatz zu Sauerstoff und Stickstoff können sie Wärmestrahlung aufnehmen.

3 MK
Erstellt einen Podcast oder einen Erklärfilm. Stellt dort den Prozess des natürlichen Treibhauseffektes umfassend dar.

4
Wissen für Schlaumeier: Hinkt der Vergleich mit einem Treibhaus? Informiert euch unter dem Online-Code 47c7au.

Der anthropogene Treibhauseffekt

Spätestens seit Beginn der Industrialisierung im 19. Jahrhundert greift der Mensch stark in die Natur ein. Er rodet Wälder und legt dafür Ackerflächen, Viehweiden, Siedlungen und Verkehrswege an. Er baut Kraftwerke und Fabriken und benötigt Mülldeponien. Dadurch verändert er aber auch gleichzeitig die Zusammensetzung der Atmosphäre – nicht ohne Auswirkungen auf das Klima.

SP Tipp

Stellung nehmen
→ Aufgabe 3

- Ich bin der Meinung, dass …
- Ich finde, dass …
- Einerseits …, andererseits …
- Trotzdem / dennoch …
- Ein Vorteil ist … / Nachteil ist …

2 Der Mensch beeinflusst das Klima

Ein Leben ohne das Verbrennen **fossiler Energieträger** wie Kohle, Erdöl oder Erdgas ist derzeit (noch) nicht vorstellbar. Die meisten Autos und Bahnen stünden still, in den Häusern und Fabriken würde der Strom und die Heizung ausfallen.

Bei dem Verbrennen der fossilen Energieträger wird CO_2 freigesetzt. Es wurde vor sehr langer Zeit von Pflanzen aufgenommen und gespeichert. Aus ihnen wurde in Millionen von Jahren Kohle, Erdöl oder Erdgas. Aktuell verbrennt die Menschheit an einem Tag das, wofür die Natur 500 000 Tage bzw. 1 370 Jahre gebraucht hat.

Das vorindustriell weitgehend ausgewogene Verhältnis aus CO_2-Freisetzung durch Verbrennung von Biomasse und CO_2-Bindung in Senken durch z. B. Pflanzenwachstum ist gestört. Es kommt zu einer verstärkten Emission von CO_2. Ähnliches gilt auch für die anderen **Treibhausgase** wie Methan, Lachgas, bodennahes Ozon oder FCKW. Und infolgedessen wird auch ein größerer Teil der von der Erdoberfläche ausgehenden langwelligen Wärmestrahlung von den Treibhausgasmolekülen absorbiert und zum Teil wieder zurückgestrahlt. Durch diese verstärkte Gegenstrahlung heizt sich die **Atmosphäre** auf. Es kommt zu einem zusätzlichen vom Menschen gemachten, also **anthropogenen Treibhauseffekt**.

Verschärfend kommt hinzu, dass sich die großflächige Rodung der Wälder, die in Mitteleuropa schon lange weitgehend vollzogen ist, in anderen Regionen fortsetzt, wie etwa im Amazonas-Regenwald. Dies bedeutet neben der Freisetzung vom bislang im Wald gebundenen CO_2 v. a. die Zerstörung großer und bedeutender CO_2-Senken.

Der menschliche Anteil am natürlichen Treibhauseffekt beträgt derzeit nur 3 Prozent, mit steigender Tendenz. 3 Prozent von 33 °C sind aber gut 1 °C. Das entspricht in etwa der aktuell gemessenen globalen Erwärmung.

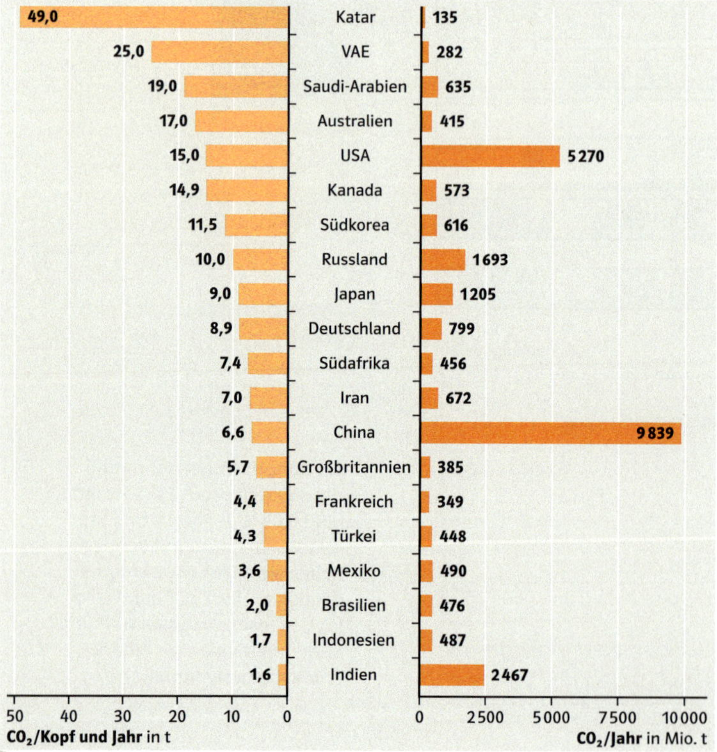

1 Verursacher von CO_2-Emissionen (2017)

FCKW
(Fluorkohlenwasserstoffe) gehören zur Gruppe der F-Gase (fluorierten Treibhausgase). Im Gegensatz zu den klassischen natürlichen Treibhausgasen werden F-Gase künstlich produziert. Sie kommen in der Umwelt nicht natürlich vor. Für den technischen Gebrauch besitzen sie ausgezeichnete Eigenschaften, z. B. als Kältemittel, Dämmstoffe oder als Feuerlöschmittel.

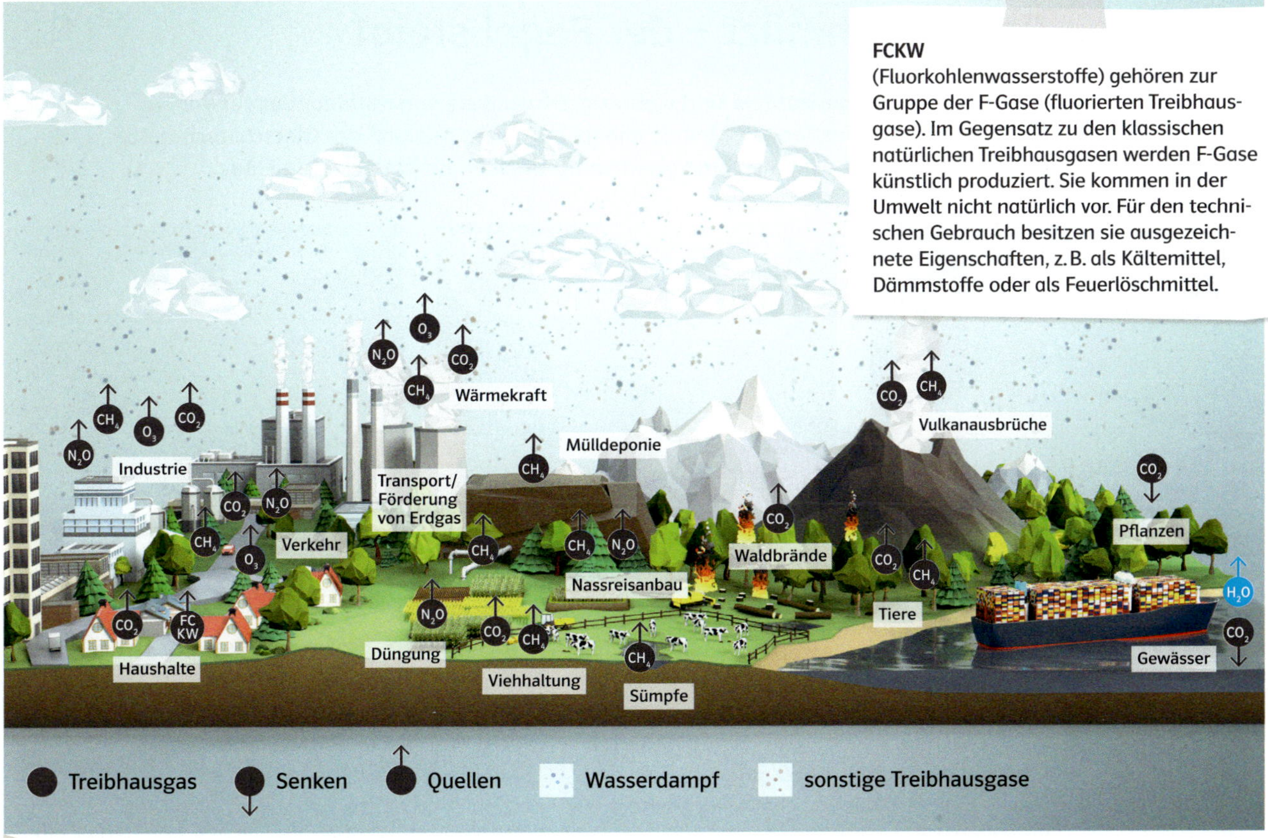

3 Der anthropogene Treibhauseffekt

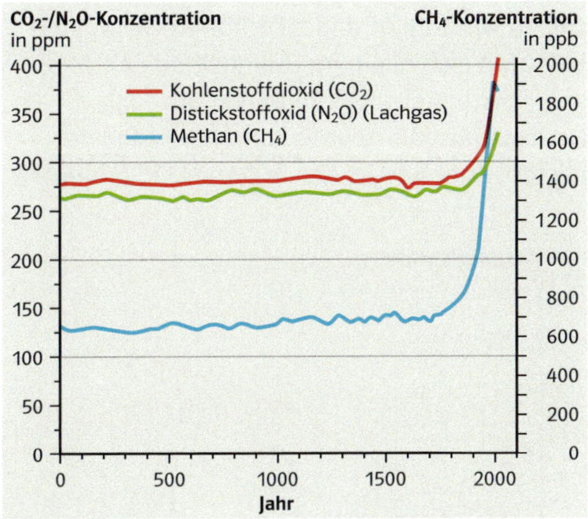

4 Konzentration wichtiger Treibhausgase in der Atmosphäre

	CO_2	CH_4	N_2O	FCKW-11	FCKW-12
Mittlere Verweilzeit in Jahren	50 – 200	12	114	45	100
Relatives Treibhauspotenzial[1]	1	23	296	4 600	5 200
Beitrag zum anthropogenen Treibhauseffekt in Prozent[2]	66	17	6	3	5

[1] Die Wirkung des Treibhausgases wird in Relation gesetzt mit der Wirkung eines CO_2-Moleküls auf den Treibhauseffekt.
[2] Der Rest entfällt auf andere F-Gase sowie auf das troposphärische Ozon.

Aktualisiert nach Umweltbundesamt, 2019

5 Charakteristika einiger Treibhausgase

1 Stelle die Prozesse, durch die der Mensch den natürlichen Treibhauseffekt verstärkt, in einer Tabelle dar.

2 Beschreibe die Entwicklung der Konzentration der Treibhausgase und deren Eigenschaften (Grafik 4 und Tabelle 5).

3 SP Nimm Stellung zu einer der beiden Aussagen:
A „Klimawandel hat globale Wirkungen, aber lokale Ursachen."
B „Für den Energiehunger von heute bezahlen wir erst morgen."

Das Eis schmilzt – der Pegel steigt

Die Folgen des Klimawandels sind vielfältig. Oft sind sie eng miteinander verwoben. So hängt z. B. der Anstieg der Meeresspiegel auch vom Ausmaß der Gletscherschmelze ab. Demnach ist oft die eine Folge gleichzeitig Ursache für eine weitere Folge.

1 Der Triftgletscher in der Schweiz: Sommer 1948 (links), 2002 (Mitte), 2014 (rechts)

?!

Kaum zu glauben

Der Antarktische Eisschild ist an seiner mächtigsten Stelle 4 897 m dick und würde bei seinem vollständigen Abschmelzen den globalen Meeresspiegel um 58 m ansteigen lassen. Mit 26,4 Mio. km³ ist das Eisvolumen der Antarktis etwa neun Mal so groß wie das des grönländischen Eisschildes.

Das Eis schmilzt

Gletscher können als Fieberthermometer der Erde verstanden werden. Durch die Erwärmung der Atmosphäre schmilzt weltweit das Gletscher- und Inlandeis. 1850 gab es z. B. in der Schweiz noch 1 800 km² Gletscherfläche. Mittlerweile ist bereits mehr als ⅓ geschmolzen.

Der Pegel steigt

Die Erwärmung der Erdatmosphäre hat in den letzten 100 Jahren zu einem spürbaren Anstieg des Meeresspiegels geführt. Ein Grund dafür ist die zunehmende Erwärmung des Wassers der Ozeane. Denn wenn Wasser wärmer wird, dehnt es sich aus. Ein anderer Grund ist das verstärkte Abschmelzen von Eis auf den Kontinenten.

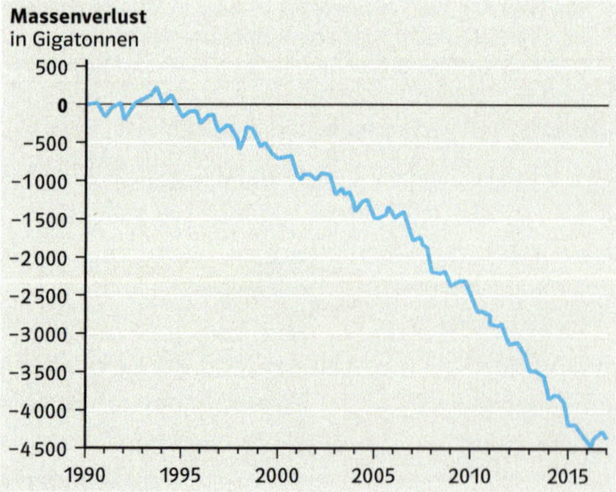

2 Der Rückgang des Antarktischen Eisschildes seit 1990

Mehr Meer bedeutet weniger Land

Prognosen gehen von einem Anstieg des Meeresspiegels bis zum Ende des Jahrhunderts um 1 m aus. Dieser Anstieg hätte fatale Folgen für viele Küstenregionen der Welt: Sie drohen überschwemmt zu werden. Verschärfend kommt hinzu, dass etwa 40 % der Weltbevölkerung an oder in der Nähe von Küsten lebt. Deutschland hat bereits begonnen, seine Deiche zu verstärken und zu erhöhen Die Kosten belaufen sich allein im Bundesland Schleswig-Holstein auf fast 70 Mio. € pro Jahr. Deutschland als reiches Land kann sich das leisten. Aber wie ist das in ärmeren Ländern?

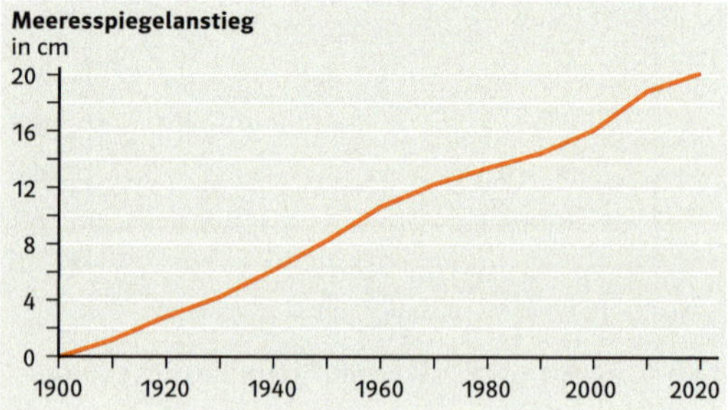

3 Der Anstieg des Meeresspiegels seit 1900

1

Nenne Regionen der Erde und betroffene Länder, in denen der Meeresspiegel bereits stark angestiegen ist.

Land	1 m Anstieg	% der Staatsfläche	gefährdete Bevölkerung
Niederlande	20 277 km²	48,4	5 139 000
Deutschland	13 910 km²	4,0	1 565 000
Polen	3 781 km²	1,2	345 000
Dänemark	3 177 km²	7,4	155 000
Großbritannien	2 540 km²	1,0	372 000
Belgien	1 148 km²	3,8	262 000

4 Folgen des Meeresspiegelanstiegs in ausgewählten Küstenstaaten Europas

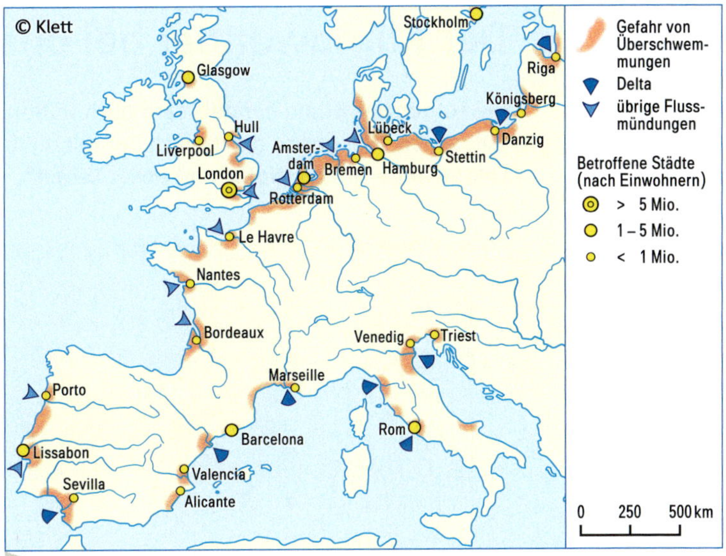

6 Überschwemmungsgefährdete Küsten in Europa bei steigendem Meeresspiegel

Versuch: Meeresspiegelanstieg

Material:
2 Glasgefäße, 1 Stein, 1 Folienstift, 6 oder 8 Eiswürfel, 1 Wärmelampe (Infrarotlampe)

Durchführung:
Lege den Stein, der einen Festlandssockel darstellen soll, in eines der Glasgefäße. Fülle dann Wasser ein, sodass die Oberfläche des Steins noch aus dem Wasser herausragt. Notiere die eingefüllte Wassermenge. Fülle nun das zweite Glasgefäß mit der gleichen Wassermenge.
Lege jetzt in jedes Gefäß die gleiche Menge Eiswürfel – im ersten Gefäß auf den Stein, im zweiten direkt ins Wasser. Markiere an beiden Gefäßen den Wasserstand mit einem Folienstift.
Stelle über beide Schalen die Wärmelampe, damit die Eiswürfel schneller schmelzen.
Beobachte wie sich mit dem Schmelzen der Eiswürfel der Wasserstand verändert. Markiere diesen, wenn die Eiswürfel komplett geschmolzen sind.

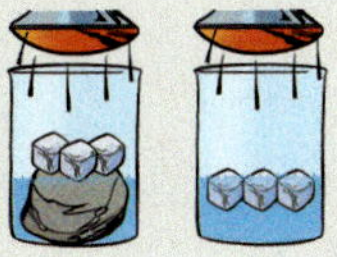

Auswertung:
Notiere deine Beobachtungen und erkläre diese.

5

Das Beispiel Bangladesch

Die Folgen für einige Regionen der Erde sind schon jetzt dramatisch: Bangladesch liegt am Indischen Ozean nur knapp über dem Meeresspiegel. Immer häufiger werden Häuser überflutet. Schätzungen gehen davon aus, dass bei einem Anstieg des Meeresspiegels um 1 m 15 Millionen Menschen ihre Heimat verlieren würden. Besonders ungerecht ist, dass Bangladesch den Treibhauseffekt kaum verstärkt. Die meisten Emissionen entstehen nämlich in den reichen Industrieländern.

7

2 Erkläre die Ursachen für den Anstieg des Meeresspiegels.

3 Erläutere mithilfe der Karte 6 Auswirkungen eines weiteren Meeresspiegelanstiegs.

4 Erläutere den Zusammenhang zwischen Temperaturanstieg, Gletscherrückgang und Meeresspiegelanstieg.

5 Der Meeresspiegelanstieg hat für Bangladesch schlimmere Auswirkungen als für die europäischen Küstenregionen. Begründe diese Aussage.

Der Klimawandel bei uns in NRW

Die Folgen des Klimawandels sind auch in Nordrhein-Westfalen nicht mehr zu übersehen. Wie genau macht sich der Klimawandel hier bei uns bemerkbar? Welche Folgen hat er für die Natur und unser Leben?

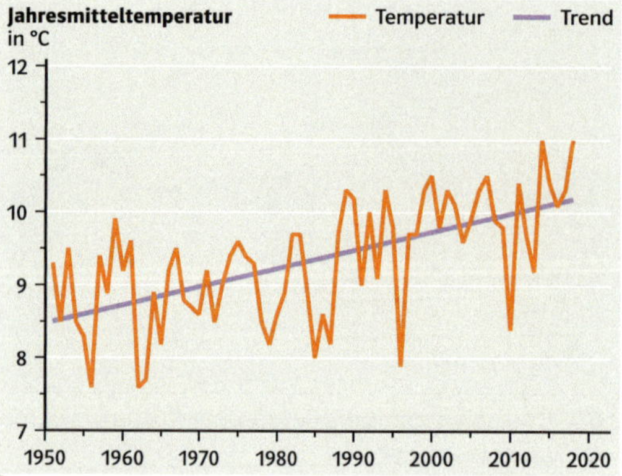

1 Jahresmitteltemperatur in NRW im Zeitraum 1951–2018

4 Eine Auswirkung des Klimawandels in NRW

Der Klimawandel ist da!

„Der Klimawandel ist in Nordrhein-Westfalen bereits sichtbar und spürbar. ... Viele dachten lange Zeit, Klimawandel betreffe nur Inseln im Pazifik. Dem ist aber nicht so. Wir werden uns an Extremwetterereignisse wie Hitzewellen, lange Trockenperioden, Hagel, Starkregen und dadurch Überschwemmungen auch bei uns gewöhnen müssen. Ein Jahr wie dieses [2018] mit heftigen Stürmen zu Jahresbeginn und der anhaltenden Trockenheit wird immer weniger zum Ausreißer werden‘, so NRW-Umweltministerin Ursula Heinen-Esser.“

Land Nordrhein-Westfalen, Das Landesportal: Der Klimawandel ist in Nordrhein-Westfalen sichtbar und spürbar, 2018 (06.01.2020)

2

Niederschläge

Die mittlere jährliche Niederschlagssumme hat im Zeitraum zwischen 1881 und 2017 um 110 Millimeter zugenommen, dies entspricht einer Zunahme von ca. 14 Prozent. Auffallend ist hierbei die jährliche Verteilung. Während die Winterniederschläge deutlich zunahmen, werden die Sommer zunehmend trockener. Außerdem zeigt sich eine zunehmende Tendenz der Anzahl der Starkregentage basierend auf den Tagesniederschlagssummen.

Nach MULNV NRW: Klimawandel und -anpassung, 2019 (06.01.2020)

3

Klimatische Kenntage

Klimatische Kenntage werden durch das Über- oder Unterschreiten bestimmter Temperatur- oder Niederschlagswerte definiert.

- Eistag: die Tagesmaximumtemperatur liegt unter 0 °C
- Frosttag: Tagesminimumtemperatur liegt unter 0 °C
- Sommertag: Tagesmaximumtemperatur erreicht 25 °C
- Heißer Tag: Tagesmaximumtemperatur erreicht 30 °C

Klimatischer Kenntag (mittlerer Anzahl)	1951–1980	1981–2010	1989–2018
Eistage	17	14	11
Frosttage	74	66	62
Sommertage	22	31	35
Hitzetage	3	6	7

Nach LANUV NRW: Daten und Fakten zum Klimawandel, 2019 (06.01.2020)

5

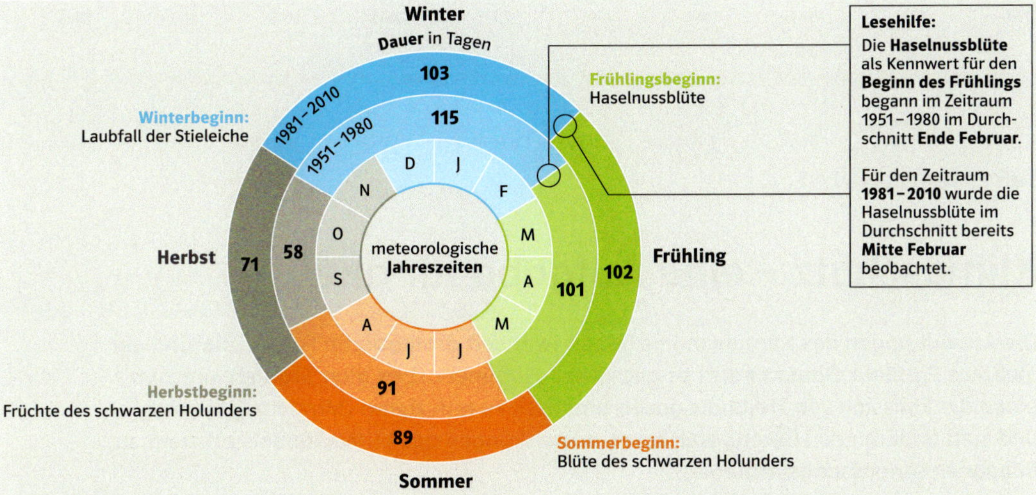

Die **Phänologie** ist die Lehre vom Einfluss des Wetters und des Klimas auf den jahreszeitlichen Entwicklungsgang und die Wachstumsphasen der Pflanzen und Tiere. Zu den phänologischen Ereignissen zählen beispielsweise im Frühjahr das Blühen von Pflanzen, das herbstliche Färben oder Abfallen von Blättern oder die Zugzeiten wandernder Vögel und Schmetterlinge. Anders als direkte Temperaturmessungen spiegelt die Phänologie eine Reaktion der Natur auf ihre Umwelt wider. Daher ist sie ein wichtiger Bioindikator für den Klimawandel.

Nach LANUV NRW: Klimawandel und Klimafolgen in Nordrhein-Westfalen, 2016, S. 68 und 70

6 Phänologische Jahreszeiten in NRW – Vergleich 1951 bis 1980 und 1981 bis 2010

Wald und Forstwirtschaft

Durch die sich bereits verändernden Temperatur- und Niederschlagsverhältnisse werden die Bedingungen für die Fichte, die häufigste und wirtschaftlich bedeutendste Baumart in NRW, immer schlechter.
Zudem können durch Stürme, Hitze und Dürre in den Wäldern häufiger Schäden auftreten. Viele Bäume sind in den letzten heißen und trockenen Sommermonaten verdurstet. Auch die Waldbrandgefahr steigt beträchtlich.
Schließlich wird der Wald vermehrt durch Schadinsekten wie den Borkenkäfer geschädigt. Diese finden durch die höheren Temperaturen ideale Voraussetzungen, zugleich werden die Bäume in Folge des Trockenstress weniger widerstandkräftig und somit anfälliger.

Nach LANUV NRW: Daten und Fakten zum Klimawandel, 2019

7

Landwirtschaft

Die Sommer in NRW werden zunehmend heißer und trockener. Die Pflanzen leiden daher zunehmend unter sommerlichem „Trockenstress“. Auch wird die Gefahr der Bodenerosion durch die Zunahme der Starkregentage steigen.

Nach LANUV NRW: Klimawandel und Klimafolgen in Nordrhein-Westfalen, 2016

8

1

Arbeit mit den Materialien:
a) Teilt euch die Materialien auf dieser Doppelseite auf.
b) Stellt die Materialien vor und erklärt euch gegenseitig die Aussagen zum Klimawandel in Nordrhein-Westfalen.
c) Legt zu den Ergebnisse eine Liste an.

2

Erläutere die Auswirkungen des Klimawandels für die Bereiche Landwirtschaft, Forstwirtschaft, Binnenschifferei und Tourismus.

3 MK

Gibt es noch weitere Gewinner oder Verlierer des Klimawandels? Recherchiere im Internet und erstelle dazu eine kleine Fotogalerie.

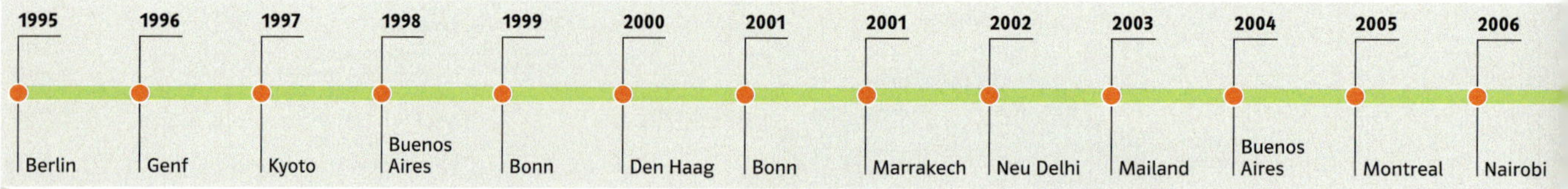

1 Internationale Klimakonferenzen seit 1995

Klimaschutz – eine Aufgabe für alle!

Die Auswirkungen des Klimawandels haben weltweit dramatische Folgen, sie sind ein globales Problem. Daher bedarf es auch der Zusammenarbeit aller Staaten, um zum einen die Emission von Treibhausgasen drastisch zu reduzieren (Minderungsstrategie) und zum anderen den bereits spürbaren Auswirkungen des Klimawandels effizient zu begegnen (Anpassungsstrategie).

3 Karikatur „Prima Klima"

4 Jeder kann etwas gegen den Klimawandel tun, wie diese Sieger der Aktion „Energiesparmeister 2016"

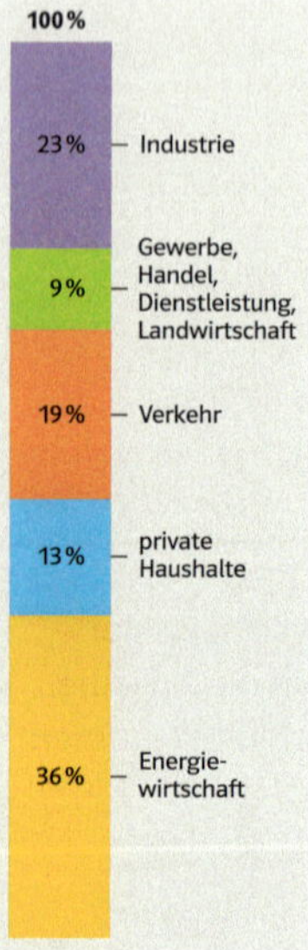

2 Treibhausgasemissionen in Deutschland nach Sektoren (2018)

Marathon der Konferenzen

Auf dem UN-Umweltgipfel 1992 in Rio de Janeiro begannen die Bemühungen für einen internationalen Klimaschutz. 189 Staaten unterschrieben eine Klimakonvention. 1997 konkretisierten diese Staaten auf einer Folgekonferenz im japanischen Kyoto ihr Anliegen, den Ausstoß der sechs klimaschädlichsten **Treibhausgase** bis 2012 um 5,2 Prozent unter das Niveau von 1990 zu senken. Obwohl die europäischen Staaten ihre Ziele weitestgehend erfüllten, hatte dies nur einen geringen Einfluss auf die Emission von Treibhausgasen. Das lag daran, dass die beiden größten Verursacher von Treibhausgasen, China und die USA, nicht an der Vereinbarung teilnahmen.

Auf der Weltklimakonferenz 2015 in Paris wurde ein neuer Vertragstext ausgehandelt. Alle 195 Teilnehmerstaaten einigten sich auf das Ziel, die Erderwärmung „auf deutlich unter 2 °C im Vergleich zur vorindustriellen Zeit" zu begrenzen. Hierzu sollen die Staaten nationale Pläne mit konkreten Maßnahmen und Zielen zur Reduzierung ihrer Treibhausgasemissionen entwickeln.

Ziel soll es zudem sein, in der zweiten Hälfte des Jahrhunderts ein Gleichgewicht zwischen den Treibhausgasemissionen und der Treibhausgasabsorption durch CO_2-Senken zu erreichen. Da die Entwicklungsländer kaum finanzielle Möglichkeiten besitzen, den Folgen des Klimawandels zu begegnen, verpflichteten sich die Industriestaaten, ihnen zwischen 2020 und 2025 jährlich 100 Milliarden US-Dollar für den Klimaschutz zur Verfügung zu stellen.

Mit dem Unterzeichnen von Verträgen allein wird der **Klimawandel** aber noch nicht begrenzt. Entscheidend ist, dass auf die Worte Taten folgen. Auf der Klimakonferenz 2016 in Marrakech wurde festgestellt, dass die bislang vorgelegten Klimaschutzpläne bei Weitem nicht ausreichten, um das Ziel zu erreichen, die globale Erwärmung auf unter 2 °C zu begrenzen. Und letztlich ist es auch so, dass wir im Grunde nicht das Klima schützen müssen, sondern wir müssen uns vor dem Klimawandel und seinen Folgen schützen.

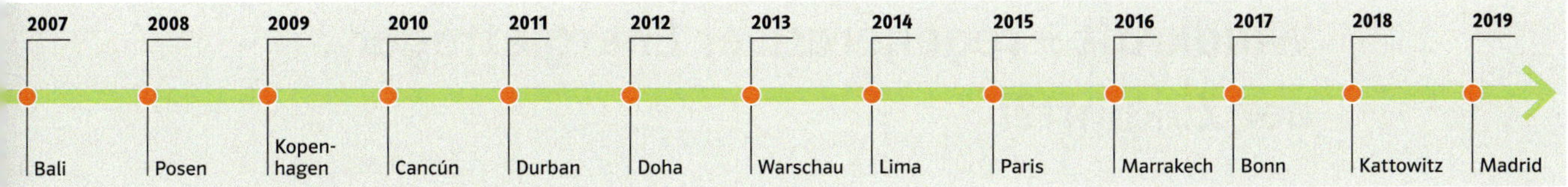

Auch du kannst durch dein Verhalten etwas zum Klimaschutz beitragen. Immerhin ist in Deutschland jeder Mensch für den Ausstoß von etwa 30 kg CO_2 täglich verantwortlich. Mithilfe der folgenden „Sechs Richtigen“ kannst du einiges davon einsparen.

Im Schlaf Strom sparen!
Goodbye Standby

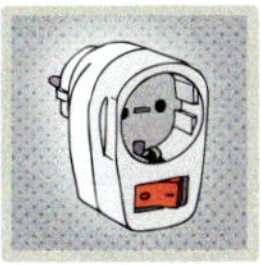

Spielekonsolen, Fernseher, DVD-Spieler oder auch Küchengeräte bleiben häufig unnötig im Standby-Modus und stehen somit ständig unter Strom.
Dies gilt auch für Ladegeräte für Smartphone oder Laptop. Sie verbrauchen mitunter Strom, auch wenn sie nicht laden. Deshalb ist es ratsam, wenn möglich, den Stecker zu ziehen oder eine abschaltbare Steckdosenleiste zu benutzen.

Zu viel Fleisch ist Käse!
Klimaschonend essen
Alle 40 Sekunden etwa rülpst eine Kuh und befördert auf diese Weise etwa 250 l Methan pro Tag in die Luft. Somit ist die Kuh ein ernst zu nehmender Klimaveränderer. Die Herstellung von 1 kg Rindfleisch ist so klimawirksam wie eine Autofahrt von 250 km.
Obst und Gemüse sind nicht nur gesünder, sie werden auch klimaschonender produziert. Entscheidest du dich für Nahrungsmittel aus der Region, vermeidest du lange klimawirksame Transportwege.

Mal ordentlich Luft ablassen!
Effizient lüften

Stehen Fenster und Türen länger auf Kipp, entweicht allzu viel Wärmeenergie. Besser ist es, mehrmals am Tag für wenige Minuten das Fenster ganz zu öffnen und gut durchzulüften. Hierbei geht deutlich weniger Energie verloren.

Wer bremst, verliert!
Ökonomisches Verkehrsverhalten

Wer seine Geschwindigkeit dem Verkehrsfluss anpasst, vorausschauend fährt und somit ständiges Bremsen und wieder Beschleunigen vermindert, kommt mit deutlich weniger Benzin aus. Klimaschonend ist zudem das Fahren mit niedriger Drehzahl. Noch besser: Nutze Bus oder Bahn, nimm das Fahrrad oder geh zu Fuß.

Nur ein kleiner Dreh! Richtig heizen
Nur ein Grad weniger im Raum senkt den Energieverbrauch um etwa 7 Prozent. Temperaturen zwischen 18 °C im Schlafzimmer und 21 °C in der guten Stube reichen in Wohnräumen meist aus. Nachts und wenn alle außer Haus sind, empfiehlt sich die Heizung noch weiter zu drosseln.

Auf den Buchstaben kommt es an!
Die meisten Elektrogeräte wie Kühl- und Gefriergeräte, Waschmaschinen, Geschirrspüler oder Fernseher tragen ein Energielabel. Es ordnet Produkte in Energieeffizienzklassen ein. A (früher A+++) ist die umweltfreundlichste Klasse, G die ineffizienteste. Auch wenn das alte Gerät noch funktioniert, lohnt sich meist ein Austausch gegen ein sparsames Modell.

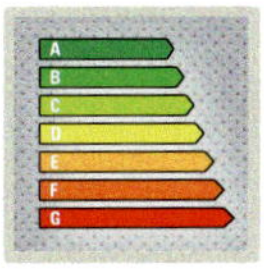

Aber auch der der richtige Gebrauch hilft Strom und damit Geld und CO_2 einsparen: Bei Kühlgeräten erhöht bereits eine Eisschicht von 5 mm den Stromverbrauch um bis zu 30 Prozent. Also einfach mal abtauen.

5

1 Erkläre den Unterschied zwischen Minderungs- und Anpassungsstrategie.

2 MK Arbeite mit dem Internet: Stelle die Klimaschutzpläne und -ziele Deutschlands dar und überprüfe, inwieweit Deutschland seine Kyoto-Verpflichtungen eingehalten hat.

3 MK Auch an deiner Schule wird es CO_2-Einsparmöglichkeiten geben.
a) Informiert euch über die Aktion www.energiesparmeister.de.
b) Sammelt als Klimadetektive geeignete Ideen und Wege, welche Einsparmöglichkeiten leicht umzusetzen sind.

Windkraft – regenerativer Energieträger der Zukunft?!

Die Nutzung regenerativer Energiequellen wie Wasserkraft, Biomasse, Sonnenenergie und Windkraft ermöglicht es Deutschland, den durch Verbrennung fossiler Energieträger produzierten CO_2-Ausstoß deutlich zu reduzieren. Dies ist ein aktiver Beitrag zum Klimaschutz. Der Windkraft kommt dabei als größter regenerativer Energieträger eine besondere Bedeutung zu. Immer mehr, immer größer werden die Windkraftanlagen und verändern unsere Landschaft. Nicht jeder findet das gut.

Maßnahmen zum Umwelt- und Klimaschutz sind allgegenwärtig. Gleichzeitig steigt der Energieverbrauch durch die wirtschaftliche Entwicklung von Jahr zu Jahr. **Fossile Energieträger** wie Braun- und Steinkohle, Mineralöl oder Erdgas sind nur begrenzt verfügbar und in ihrem Verbrauch sehr umweltbelastend. Der Ausstieg aus der Atom- bzw. Kernenergie ist unter anderem aufgrund der unkalkulierbaren Risiken in Deutschland für das Jahr 2022 beschlossen worden.
Aber **regenerative Energieträger** wie Biomasse, Sonnenenergie, Wasser- und auch die Windkraft können den Energiebedarf zurzeit noch nicht alleine decken. Auch die EEG-Umlage steigt für die Stromverbraucher stetig.
Die Energieversorgung zukünftig umweltgerecht, fair und für alle finanzierbar zu gestalten gehört mit Sicherheit zu den großen Herausforderungen unserer Zeit.

2 Bürgerproteste gegen einen geplanten Windpark in der Soester Börde

Repowering
bezeichnet das Ersetzen älterer, kleiner und uneffizienterer Windkraftanlagen durch neue, größere und leistungsstärkere Anlagen am gleichen Standort.

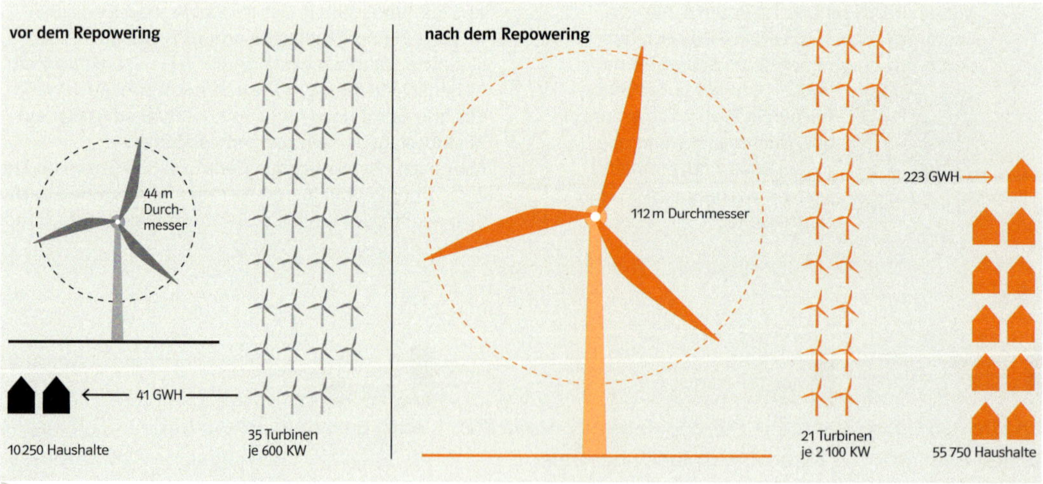

1 Repowering von Windparks

Windkraftnutzung – Änderung des Landesentwicklungsplans der Landesregierung NRW, 2019

Um die Akzeptanz von Windrädern in der Bevölkerung zu erhöhen, wird der Bau von Windrädern in Wäldern eingeschränkt und der Mindestabstand von Windrädern zu Wohngebäuden von 600 m auf 1 500 m angehoben.

3

	2003	2008	2013	2018
Braunkohle	158	151	161	146
Kernenergie	165	149	97	76
Steinkohle	147	125	127	83
Erdgas	63	89	68	83
Mineralöl	10	10	7	5
regenerative Energien	46	94	153	229
Sonstige	19	19	19	19
Gesamt	609	642	639	649

Nach Umweltbundesamt, 2019

4 Entwicklung der Stromerzeugung in Deutschland nach Energieträgern 2003–2018 (in TWh, Terrawattstunden)

Vogelschlag an Windkraftanlagen

Der Bau von Windkraftanlagen gefährdet das Leben von Vögeln. Im Jahr fliegen 100 000 bis 200 000 Vögel in die Rotorblätter von Windrädern und kommen dabei zu Tode.

6

EEG-Umlage

Mit der EEG-Umlage wird der Ausbau der regenerativen Energien finanziert. Betreiber von z. B. Windkraftanlagen, die Strom ins öffentliche Stromnetz einspeisen, erhalten dafür eine festgelegte Vergütung. Die EEG-Umlage müssen alle Stromverbraucher in Deutschland bezahlen.

7

„Ausbau der Windkraft sinkt auf Rekordtief"

8 Schlagzeile aus einer Tageszeitung vom 25.07.2019

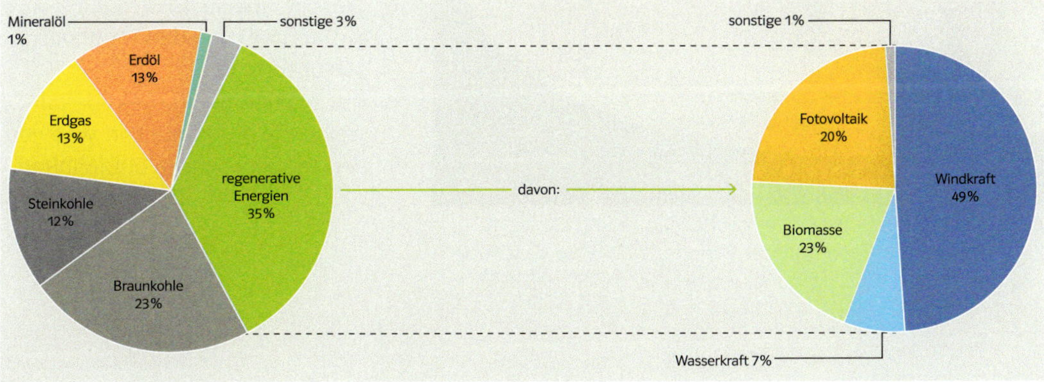

5 Ohne Windkraft geht es nicht – Energieträger für die Stromerzeugung 2018 (nach Umweltbundesamt, 2019)

1

Erläutere die Bedeutung der regenerativen Energieträger für die Stromversorgung in Deutschland.

2

Erstelle eine Tabelle mit Pro- und Kontra-Argumenten für den Bau eines Windrads in deiner Nachbarschaft. Wie würdest du dich entscheiden?

3

Stromerzeugung der Zukunft:
a) Füge der Tabelle 4 eine Spalte für das Jahr 2030 hinzu.
b) Wie müssten die Anteile der Energieträger an der Stromerzeugung im Jahr 2030 gestaltet sein, damit sie umweltgerecht, fair und für alle finanzierbar ist? Begründe deine Meinung.

Wichtige Begriffe

- anthropogener Treibhauseffekt
- fossile Energieträger
- Klimawandel
- natürlicher Treibhauseffekt
- regenerative Energieträger
- Treibhausgas

Sich orientieren

1 Benenne mithilfe der Karte 1 Regionen, die in besonderem Maße von der globalen Erwärmung betroffen sind.

Kennen und verstehen

2 Anzeiger des Klimawandels:
a Beschreibe die Diagramme 2 und 3.
b Erläutere, inwieweit diese als Indiz für den Klimawandel angesehen werden können.

3 Benenne, welche der Ursachen a bis d auf den Meeresspiegelanstieg zutreffen. Begründe deine Entscheidung. Der Meeresspiegel steigt an, weil ...
a die Eisbedeckung des Nordpolarmeeres rund um den Nordpol schmilzt;
b das Wasser sich bei der Erwärmung ausdehnt und sein Volumen vergrößert;
c die Eispanzer Grönlands und der Antarktis schmelzen;
d die Gletscher der Gebirge schmelzen.

4 Unterwegs mit den Klimadetektiven
Nenne mindestens drei ...
a Möglichkeiten, Informationen über das Klima vergangener Jahrtausende zu gewinnen;
b natürliche Ursachen für Klimaschwankungen.

5 Richtig oder falsch
Verbessere die falschen Aussagen und schreibe sie richtig auf.
a Kohlenstoffdioxid ist der Hauptverursacher des natürlichen Treibhauseffektes.
b Methan wird in erster Linie durch Düngung von Ackerböden freigesetzt.
c Die langwellige Ausstrahlung wird größtenteils von den Treibhausgasen absorbiert.
d Die im Zuge der Konvektion aufsteigende erwärmte Luft wird von den Treibhausgasen aufgehalten.

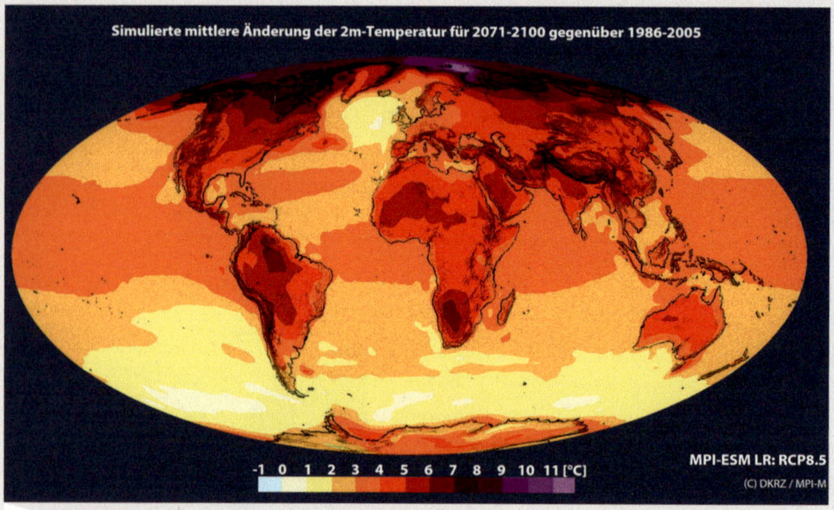

1 **Temperaturveränderung bis zum Jahr 2100.** Die Farbflächen zeigen die Veränderung der jährlichen Mitteltemperatur der Periode 2071–2100 gegenüber der Periode 1986–2005 nach dem IPCC-Szenario „weiter wie bisher" (RCP8.5).

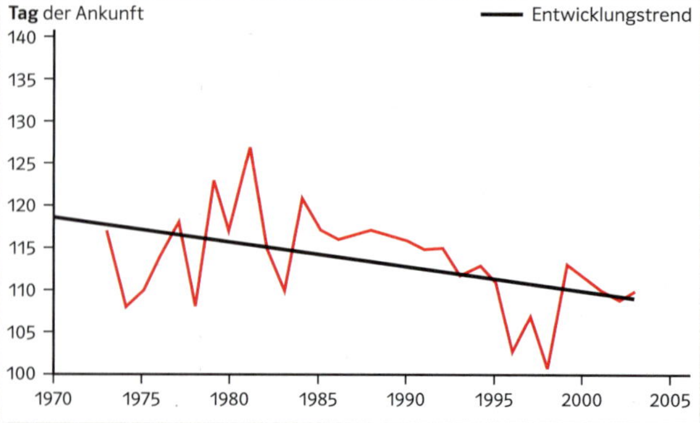

2 Ankunft der Mauersegler

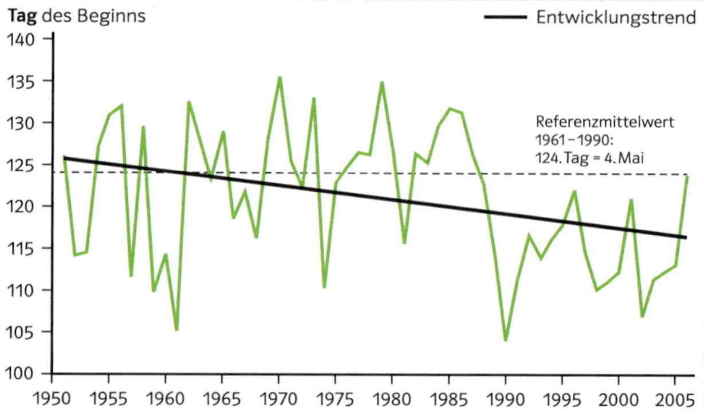

3 Beginn der Apfelblüte

4 Großzügige Hilfe Neuseelands für die Bewohner von Nauru

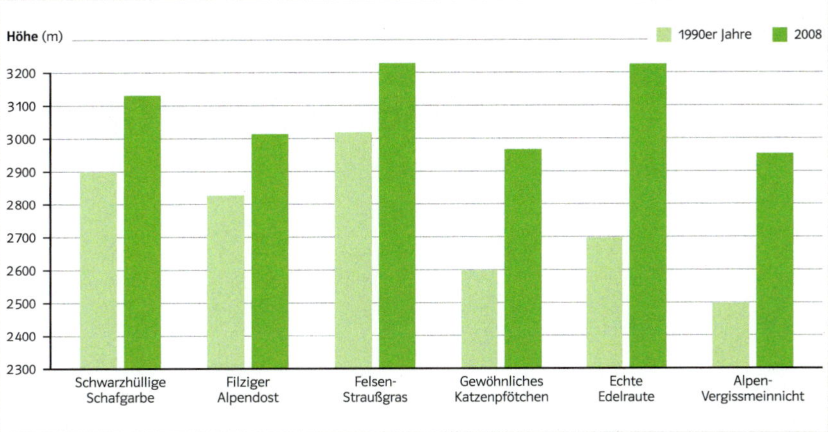

5 Höhenwanderung typischer Alpenpflanzen seit den 1990er-Jahren in den Gipfelregionen der Berninagruppe (Schweiz)

Beurteilen und bewerten

6 Folgen des Klimawandels

a Bewerte die Karikatur 4.

b Viele Gletscher werden in den Sommermonaten mit einer Folie bedeckt, um der Gletscherschmelze entgegenzuwirken (siehe Foto 6). Bewerte dieses Vorgehen.

c Die globale Erwärmung ist auch im Hochgebirge spürbar. Dies hat Konsequenzen für die Pflanzen- und Tierwelt (siehe Grafik 5). Beurteile die Auswirkungen des Klimawandels auf den Artenreichtum im Hochgebirge.

7 „Die Entwicklungsländer sind die Leidtragenden eines Problems, das sie nicht verursacht haben!" (Aboubacar Traore, Mitarbeiter der Entwicklungshilfeorganisation Oxfam, zu den Auswirkungen des Klimawandels). Beurteile diese Aussage.

6 Abgedeckter Gletscher in den Alpen

Handeln

8 Informiere dich in der Stadtverwaltung, welche Maßnahmen deine Heimatstadt ergreift, um den Klimawandel zu bremsen.

Jetzt kannst du …

- den groben Klimaverlauf der letzten 12 000 Jahre beschreiben;
- die Erwärmung in einem Glashaus von der Erwärmung der Erdatmosphäre unterscheiden;
- natürliche und anthropogene Ursachen für Klimaschwankungen benennen;
- den natürlichen und den anthropogenen Treibhauseffekt beschreiben;
- die Bedeutung der regenerativen Energieträger kennen;
- verschiedene Verhaltensmaßnahmen ergreifen, mit denen du selbst zum Klimaschutz beitragen kannst.

11

Arbeitsanhang

In diesem Anhang findet ihr wertvolle Hilfen für die selbstständige Arbeit im Erdkundeunterricht: Hilfen zum Verstehen der Operatoren in Aufgaben, Lösungshilfen zu ausgesuchten Aufgaben sowie die Erklärungen der wichtigen Begriffe.

Klimastationen

		J	F	M	A	M	J	J	A	S	O	N	D	Jahr
Europa														
Athen, 105 m;	°C	9	10	11	15	19	23	27	26	23	19	14	11	17
Griechenland (Küste)	mm	54	46	33	23	20	14	8	14	18	36	79	64	406
Berlin, 57 m	°C	−1	0	3	8	13	16	18	17	14	8	4	1	8
	mm	49	33	37	42	49	59	80	57	48	43	42	42	581
Kiew, 179 m;	°C	−5	−4	1	9	15	18	19	19	14	8	2	−2	8
Ukraine	mm	46	46	38	48	52	69	87	67	43	39	50	47	832
Lissabon, 96 m;	°C	10	11	13	14	17	19	21	22	20	17	14	11	16
Portugal (Westküste)	mm	86	83	86	78	45	14	4	6	33	61	92	110	698
London, 36 m;	°C	3	4	6	9	12	16	17	17	14	10	6	4	10
Großbritannien	mm	50	37	38	40	48	52	62	58	55	70	56	48	614
Murmansk, 46 m;	°C	−12	−11	−7	−2	4	9	13	11	7	1	−5	−10	0
Russland (Barentssee)	mm	33	22	20	21	32	53	60	65	52	42	40	38	478
Tromsø, 10 m; Norwegen	°C	−4	−4	−2	1	5	9	12	11	7	3	−1	−3	3
(Nordwestküste)	mm	81	86	64	60	48	53	72	82	94	125	104	104	973
Asien														
Bombay, 11 m; Indien	°C	24	25	27	29	30	29	28	27	28	29	28	26	28
(Westküste, Halbinsel)	mm	1	1	1	2	11	579	703	443	269	56	17	7	2 090
Djakarta, 8 m;	°C	25	25	26	26	26	26	26	26	26	26	26	26	26
Indonesien (Java)	mm	270	241	175	131	139	105	72	65	146	169	183	185	1 881
Hongkong, 33 m; China	°C	16	15	17	21	25	27	28	28	27	24	21	17	22
(Südküste)	mm	33	46	69	135	305	401	356	371	246	130	43	28	2 163
Hyderabad, 542 m; Indien	°C	22	25	28	32	33	29	27	26	27	26	23	22	27
(Hochland von Dekkan)	mm	6	9	16	17	40	116	155	163	152	97	29	3	803
Irkutsk, 459 m; Russland	°C	−21	−18	−9	1	8	14	18	15	8	1	−11	−18	−1
(Baikalsee)	mm	13	10	8	15	33	56	79	71	43	18	15	15	376
Jerusalem, 745 m;	°C	8	9	13	16	21	23	24	24	23	21	17	11	18
Israel	mm	104	135	28	25	3	0	0	0	0	5	30	74	404
Peking, 38 m;	°C	−4	−2	6	13	21	24	27	25	21	13	4	−2	12
China	mm	3	5	5	15	38	36	211	155	64	18	8	3	561
Shanghai, 7 m;	°C	3	4	8	13	19	23	27	27	23	17	12	6	15
China (Jangtse-Mündung)	mm	48	58	84	94	94	180	147	142	130	71	51	36	1 135
Tokyo, 6 m;	°C	4	4	7	13	17	20	24	26	22	16	11	6	14
Japan	mm	56	66	112	132	152	163	140	163	226	191	104	56	1 561
Werchojansk, 99 m;	°C	−50	−45	−30	−13	2	12	15	11	2	−14	−37	−47	−16
Russland (Ostsibirien)	mm	4	3	3	4	7	22	27	26	13	8	7	4	128
Antarktis														
Südpol, 2 800 m;	°C	−29	−40	−54	−59	−57	−57	−59	−59	−59	−51	−39	−28	−49
US-Station	mm													
Australien														
Darwin, 31 m;	°C	29	28	29	29	28	26	25	26	28	29	30	29	28
Nordküste	mm	389	343	244	104	15	3	3	3	13	51	119	249	1 536
Perth, 59 m;	°C	23	23	22	19	16	14	13	13	14	16	19	22	18
Südwestküste	mm	8	10	20	43	130	180	170	143	86	56	20	15	881
Sydney, 44 m;	°C	22	22	21	18	15	13	12	13	15	18	19	21	17
Südostküste	mm	90	114	122	140	127	121	118	73	71	70	71	70	1 187
Afrika														
Addis Abeba, 2 450 m;	°C	14	16	17	17	17	16	14	14	15	14	14	13	15
Äthiopien	mm	13	38	66	86	86	135	279	300	191	20	15	5	1 234

		J	F	M	A	M	J	J	A	S	O	N	D	Jahr
Algier, 59 m;	°C	12	13	15	16	20	23	26	27	25	21	17	14	19
Algerien (Nordküste)	mm	110	83	74	41	46	17	2	4	41	80	128	135	762
In Salah, 273 m;	°C	13	15	20	24	30	34	37	36	33	27	20	14	25
Algerien (Sahara)	mm	3	2	0	0	0	0	0	0	1	0	4	3	13
Kairo, 33 m;	°C	12	13	16	20	24	27	27	27	25	22	18	14	20
Ägypten (Nil-Delta)	mm	5	5	5	3	3	0	0	0	0	3	3	5	32
Kapstadt, 12 m;	°C	22	22	21	18	16	14	13	13	14	17	19	21	18
Südafrika	mm	13	15	23	48	94	112	91	84	58	41	28	20	632
Kisangani, 460 m;	°C	26	26	26	26	26	25	25	25	25	25	25	25	25
D. R. Kongo	mm	95	115	152	181	167	115	100	186	174	228	177	114	1 804
Daressalam, 58 m;	°C	27	28	27	26	26	24	24	24	24	25	26	27	26
Tansania	mm	88	56	133	271	178	40	30	39	27	62	117	101	1142
Ouagadougou, 316 m;	°C	25	28	31	33	31	29	27	26	27	29	28	26	28
Burkina Faso	mm	0	3	8	19	84	118	193	265	153	37	2	0	882
Nord- und Mittelamerika														
Edmonton, 658 m;	°C	−14	−11	−5	4	11	14	16	15	10	5	−4	−10	3
Kanada (Alberta)	mm	21	18	19	23	43	80	82	60	34	18	18	19	435
Eismitte, 3 012 m;	°C	−42	−47	−39	−31	−20	−15	−11	−18	−22	−36	−43	−39	−30
Grönland	mm	keine Angaben												
Fairbanks, 152 m;	°C	−25	−18	−12	−2	8	15	16	13	6	−3	−16	−22	−3
USA (Alaska)	mm	19	12	21	7	14	36	47	42	40	19	17	17	291
Los Angeles, 103 m;	°C	12	13	14	15	17	19	21	21	20	18	16	13	17
USA (Kalifornien)	mm	78	84	70	26	11	2	0	1	4	17	30	66	389
Miami, 2 m;	°C	20	20	22	23	25	27	28;	28	27	26	23	21	24
USA (Florida)	mm	64	48	58	86	180	188	135	163	226	229	84	43	1 504
New York, 96 m;	°C	−1	−1	3	9	16	20	23	23	19	13	7	2	11
USA (Ostküste)	mm	91	105	90	83	81	86	106	108	87	88	76	90	1 091
New Orleans, 16 m;	°C	12	14	17	20	24	27	27	27	26	21	16	13	20
USA (Mississippi-Delta)	mm	108	116	118	135	115	151	159	144	130	82	81	120	1 459
St. Louis, 173 m;	°C	−1	1	6	13	19	24	26	25	21	14	7	1	13
USA (mittl. Mississippi)	mm	94	86	93	95	92	98	77	76	74	69	94	84	1 032
Havanna, 19 m;	°C	22	22	23	24	26	27	28	28	27	26	24	23	25
Kuba (Nordküste)	mm	76	38	43	43	130	142	109	109	127	178	81	61	1 137
Mexiko-Stadt, 2 282 m;	°C	13	15	17	18	19	18	17	17	17	16	15	14	16
Mexiko	mm	6	10	12	18	52	117	110	95	130	36	17	8	611
Südamerika														
Antofagasta, 94 m;	°C	21	21	20	17	16	14	14	15	15	16	18	20	17
Chile (Atacama-Wüste)	mm	0	0	0	1	0	0	0	0	0	0	0	0	1
Buenos Aires, 25 m;	°C	23	23	20	16	13	10	9	11	13	16	19	22	16
Argentinien	mm	78	71	98	122	71	52	54	56	74	85	101	102	964
La Paz, 3 570 m;	°C	11	11	11	10	9	7	7	8	9	11	12	11	9
Bolivien (Altiplano)	mm	114	107	66	33	13	8	10	13	28	41	48	91	572
Lima, 158 m;	°C	23	24	23	21	19	17	16	16	16	17	19	21	19
Peru (Küstensaum)	mm	0	0	1	1	2	6	9	10	10	5	3	1	48
Manáus, 44 m;	°C	26	26	26	26	26	26	27	27	28	28	27	27	27
Brasilien (Amazonas)	mm	262	249	274	277	201	112	69	38	61	119	155	226	2 043
Quito, 2 850 m;	°C	13	13	13	13	13	13	13	13	13	13	13	13	13
Ecuador	mm	107	109	132	188	127	38	23	38	76	94	97	97	1 126
Santiago, 520 m;	°C	20	19	17	14	11	8	8	9	12	14	17	19	14
Chile	mm	2	3	4	14	62	85	76	57	29	15	6	4	357

Land	Internet-Nutzer 2018 je 1000 Einwohner	Einwohner je Arzt 2016	[1] Anteil unterernährter Menschen an der Bevölkerung 2018 in %	Analphabeten 2015 in %	[2] Energieverbrauch je Einwohner 2018 in kg Öleinheiten	Arbeitslose 2018 in %	[3] Anteil der Dienstleistungen am BIP 2018 in %	[3] Anteil der Industrie am BIP 2018 in %	[3] Erwerbstätige in Dienstleistungen 2018 in % der Erwerbstätigen insgesamt	[3] Erwerbstätige in der Industrie 2018 in % der Erwerbstätigen insgesamt	[4] Wirtschaftsleistung je Einwohner 2018 in US-$	Städtische Bevölkerung 2018 in %	Anteil der Bevölkerung älter als 64 Jahre 2018 in %	Anteil der Bevölkerung jünger als 15 Jahre 2018 in %	Lebenserwartung 2017 in Jahren	Sterberate 2018 in %	Geburtenrate 2018 in %	Natürliches Bevölkerungswachstum 2018 in %	Einwohner 2018 in Millionen	Fläche 2018 in 1000 km²
Europa																				
Albanien	658	816	6,2	2,4	798	14	48	21	43	19	5269	60	14	18	78	0,7	1,3	0,6	2,9	27
Belgien	887	303	<2,5	0,0	4640	6	70	19	78	21	47519	98	19	17	81	1,0	1,1	0,2	11,4	30
Bosnien-Herzegowina	701	461	<2,5	1,5	2039	18	55	24	54	30	6066	48	17	15	77	1,0	0,9	−0,1	3,3	51
Bulgarien	648	244	3,6	1,6	2395	5	59	24	63	30	9273	75	21	15	75	1,5	0,9	−0,6	7,0	109
Dänemark	976	228	<2,5	0,0	2915	5	65	21	79	19	61350	88	20	16	81	0,9	1,1	0,2	5,8	42
Deutschland	897	241	<2,5	0,0	3630	3	62	27	72	27	47603	77	22	14	81	1,2	0,9	−0,3	82,9	349
Estland	894	290	2,9	0,2	4321	5	60	24	67	30	23266	69	20	16	78	1,3	1,0	−0,3	1,3	43
Finnland	889	263	<2,5	0,0	6012	7	59	25	74	22	50152	85	22	16	81	1,0	1,1	0,1	5,5	304
Frankreich	820	320	<2,5	0,0	3628	9	70	17	77	20	41464	80	20	18	83	0,9	1,2	0,3	67,0	548
Griechenland	730	209	<2,5	2,3	2035	19	68	15	73	15	20324	79	22	14	81	1,1	0,8	−0,3	10,7	129
Großbritannien	949	361	<2,5	0,0	2647	4	71	18	81	18	42944	83	18	18	81	0,9	1,2	0,3	66,5	242
Irland	845	348	<2,5	0,0	2892	6	56	37	77	19	78806	63	14	21	82	0,7	1,4	0,7	4,9	69
Italien	744	252	<2,5	0,8	2565	11	66	21	70	26	34483	70	23	13	83	1,1	0,9	−0,2	60,4	294
Kroatien	727	324	<2,5	0,7	1898	8	59	20	67	26	14910	57	20	15	78	1,2	0,9	−0,4	4,1	56
Lettland	836	306	<2,5	0,0	2355	7	64	20	70	23	17861	68	20	16	75	1,5	1,0	−0,5	1,9	62
Litauen	797	221	<2,5	0,2	2552	6	61	26	67	25	19153	68	20	15	75	1,5	1,0	−0,5	2,8	63
Luxemburg	971	361	<2,5	0,0	6610	6	79	12	88	11	116640	91	14	16	83	0,7	1,2	0,4	0,6	2
Montenegro	715	425	<2,5	1,3	1498	15	59	16	75	17	8844	67	15	18	77	1,0	1,2	0,2	0,6	13
Niederlande	947	289	<2,5	0,0	4237	4	70	18	81	16	53024	91	19	16	82	0,9	1,1	0,2	17,2	34
Norwegen	965	225	<2,5	0,0	5457	4	55	32	79	19	81697	82	17	18	83	0,8	1,2	0,4	5,3	365
Österreich	877	197	<2,5	0,0	4004	5	62	26	71	25	51462	58	19	14	82	1,0	1,0	−0,0	8,8	83
Polen	775	414	<2,5	0,2	2923	4	57	29	58	32	15421	60	18	15	78	1,1	0,9	−0,1	38,0	306
Portugal	747	297	<2,5	4,6	2140	7	65	19	69	25	23408	65	20	14	81	1,1	0,8	−0,2	10,3	92
Rumänien	707	436	<2,5	1,2	1643	4	57	29	47	30	12301	54	18	16	75	1,2	0,9	−0,3	19,5	230
Russland	809	250	<2,5	0,3	5537	5	54	32	67	27	11289	74	15	18	72	1,3	1,1	−0,3	144,5	16377
Schweden	921	192	<2,5	0,0	4910	6	65	23	80	18	54608	87	20	18	82	0,9	1,2	0,3	10,2	407
Schweiz	–	239	<2,5	0,0	3004	5	71	25	77	20	82797	74	19	15	84	0,8	1,1	0,2	8,5	40
Serbien	734	253	5,7	1,9	1810	13	51	25	58	25	7247	56	18	16	76	1,4	0,9	−0,5	7,0	87
Slowakei	807		3,4	0,4	2993	7	57	30	60	37	19443	54	16	15	77	1,0	1,0	−0,0	5,4	48
Slowenien	798	332	<2,5	0,3	3210	5	57	28	61	33	26124	55	20	15	81	1,0	0,9	−0,1	2,1	20
Spanien	861	248	<2,5	1,9	2825	15	68	20	76	20	30371	80	19	15	83	0,9	0,9	−0,0	46,7	500
Tschechische Republik	807	232	<2,5	0,0	4047	2	56	32	59	38	23079	74	19	16	80	1,1	0,9	−0,1	10,6	77
Ukraine	–	331	<2,5	0,2	1972	9	51	23	60	24	3095	69	16	16	72	1,4	1,0	−0,4	44,6	579
Ungarn	761	310	3,5	0,9	2393	4	55	25	64	31	16162	71	19	14	76	1,3	0,9	−0,4	9,8	91
Weißrussland	791	245	<2,5	0,3	k.A.	5	48	31	59	31	6290	79	15	17	74	1,3	1,0	−0,3	9,5	203
Amerika																				
Argentinien	786	268	4,6	1,9	1888	9	55	23	78	22	11684	92	11	25	76	0,8	1,7	0,9	44,5	2737
Bolivien	441	647	17,1	4,3	699	4	49	26	50	22	3549	69	7	31	71	0,6	2,2	1,5	11,4	1083
Brasilien	659	554	<2,5	7,4	1384	12	63	18	70	20	8921	87	9	21	76	0,7	1,4	0,7	209,5	8358
Chile	770	968	2,7	2,7	2136	7	58	30	68	23	15923	88	12	20	80	0,6	1,3	0,7	18,7	744
Ecuador	810	509	7,9	5,5	892	4	52	33	54	19	6345	64	7	28	77	0,5	1,8	1,3	17,1	248

[1] Diese Kennziffer wird von der FAO nicht für entwickelte Staaten ausgewiesen. [2] 1 kg Öleinheit = Energie von 1 kg Erdöl (etwa 10 000 Kalorien). Mit dieser Maßeinheit kann man verschiedene Energiearten untereinander vergleichen. [3] Der Anteil der Landwirtschaft ergibt sich, indem man die Anteile der Industrie und Dienstleistungen addiert und von 100 subtrahiert. – k.A. keine Angaben. [4] Gemeint ist das Bruttoinlandsprodukt (BIP) = Maß für die wirtschaftliche Leistung eines Landes; misst den Wert der im Inland hergestellten Waren und

Guatemala	107	17,2	2,0	2,3	0,3	74	34	5	51	4549	21	50	25	63		861	20,7	15,2		–
Haiti	28	11,1	1,5	2,3	0,8	63	33	5	55	868	10	40	66	13		–	39,3	49,3		325
Honduras	112	9,6	1,7	2,2	0,5	75	32	5	57	2500	21	48	27	57	6	578	11,5	12,9	1729	–
Kanada	9094	37,1	0,1	1,0	0,9	82	16	17	81	46233	20	79			6	8122	0,0	<2,5	398	887
Kolumbien	1110	49,6	1,0	1,6	0,6	77	23	9	81	6668	19	64	27	58	9	786	5,3	4,8	509	–
Kuba	104	11,3	0,2	1,1	0,9	79	16	15	77	8822	17	65	25	70		–	0,3	<2,5	133	–
Mexiko	1944	126,2	1,3	1,8	0,5	75	27	7	80	9673	26	61	31	60	3	1434	5,6	3,6	440	658
Peru	1280	32,0	1,2	1,8	0,6	76	26	8	78	6941	16	57	31	54	6	–	5,5	9,7	793	525
USA	9147	327,2	0,4	1,2	0,8	79	19	16	82	62795	19	79			4	6902	0,0	<2,5	391	912
Venezuela	882	28,9	1,3	1,9	0,5	72	28	7	88	17440	21	72				2910	4,6	21,2		–
Afrika																				
Ägypten	995	98,4	2,4	2,9	0,5	72	34	5	43	2549	27	49	35	51		914	24,8	4,5	1269	469
Algerien	2382	42,2	1,7	2,2	0,4	77	30	6	73	4115	31	60	40	44		1350	19,8	3,9	568	596
Äthiopien	1000	109,2	2,9	3,6	0,8	66	41	4	21	772	12	22	27	37		–	50,9	20,6		–
Burkina Faso	274	19,8	2,8	3,7	0,9	61	45	2	29	715	33	38	19	44		–	64,0	20,0	17651	188
Ghana	228	29,8	2,3	3,0	0,7	64	38	3	56	2202	19	48	32	43		–	23,4	5,5	8228	343
Kenia	569	51,4	1,6	2,3	0,7	66	40	2	27	1711	8	35	16	43		–	22,0	29,4	5617	850
Kongo Dem Rep	2267	84,1	2,3	3,3	0,9	60	46	3	44	562	11	21	44	33		–	22,7	k A	13099	61
Libyen	1760	6,7	1,4	1,7	0,4	73	28	4	80	7242	27	66				k.A.	9,0	k A	549	–
Mali	1220	19,1	3,4	4,3	1,0	59	48	3	42	900	7	28	19	37	7	–	61,3	6,3	7613	–
Marokko	446	36,0	1,3	1,8	0,5	76	27	7	62	3238	22	40	26	50		–	27,6	3,4	1720	648
Niger	1267	22,4	3,2	4,4	1,2	62	50	3	16	414	8	16	15	38		–	80,9	16,5	23427	53
Nigeria	911	195,9	2,6	3,5	1,0	54	44	3	50	2028	12	52	26	52		796	40,4	13,4	2979	–
Ruanda	25	12,3	2,4	3,0	0,6	68	40	3	17	773	9	25	16	48	15	–	29,5	36,8	7375	–
Sambia	743	17,4	2,9	4,1	1,2	63	45	2	44	1540	11	35	36	54		–	36,6	46,7	11461	143
Südafrika	1213	57,8	1,1	2,0	0,9	64	29	5	66	6374	23	72	26	61	27	2406	5,7	6,2	1285	–
Tansania	886	56,3	2,8	3,5	0,8	65	44	3	34	1051	7	27				–	19,7	30,7	26998	–
Tunesien	155	11,6	1,1	1,7	0,6	76	24	8	69	3448	33	52	23	59	15	879	18,2	4,3	797	642
Asien																				
Bangladesch	130	161,4	1,3	1,9	0,5	72	28	5	37	1698	21	39	29	53		–	38,5	14,7	2054	–
China, VR	9388	1392,7	0,4	1,2	0,8	77	18	11	59	9771	29	45	41	52	4	2272	3,6	8,5	555	–
Indien	2973	1352,6	1,1	1,9	0,7	69	27	6	34	2010	25	32	27	49	5	687	26,0	14,5	1346	–
Indonesien	1812	267,7	0,9	1,6	0,7	71	27	6	55	3894	22	48	40	43	5	938	6,1	8,3	3784	398
Irak	434	38,4	2,6	3,0	0,4	70	38	3	70	5834	24	58	56	42		–	20,3	29,0	1230	–
Iran	1629	81,8	1,2	1,7	0,5	76	24	6	75		32	51			12	3240	13,2	4,9	904	700
Israel	22	8,9	1,3	1,8	0,5	83	28	12	92	41715	17	82	19	70	4	–	0,0	<2,5	337	–
Japan	365	126,5	–0,2	0,8	1,0	84	13	28	92	39290	25	72			2	3351	0,0	<2,5	411	–
Kasachstan	2700	18,3	0,9	1,8	0,8	73	28	7	57	9813	21	64	34	55		4760	0,2	<2,5	321	789
Korea, Republik	97	51,6	0,2	0,8	0,6	83	13	14	81	31363	25	70	35	54	4	5946	0,0	<2,5	440	959
Malaysia	329	31,5	1,4	1,9	0,5	76	24	7	76	11373	27	62	38	53	3	2918	5,4	2,5		812
Pakistan	771	212,2	1,5	2,2	0,6	67	35	4	37	1482	24	35	18	53	4	–	43,6	20,3	1149	–
Philippinen	298	106,7	1,7	2,3	0,6	71	31	5	47	3103	18	57	31	60	2	–	3,8	13,3		–
Saudi-Arabien	2150	33,7	1,2	1,6	0,3	75	25	3	84	23339	24	71	50	48	6	6231	5,3	7,1	437	933
Singapur	1	5,6	0,5	0,9	0,4	83	12	12	100	64582	17	83	25	69		–	3,2	k A	435	882
Syrien	184	16,9	1,7	2,1	0,4	71	31	5	54		29	56				–	13,6	k A	752	–
Taiwan	36	23,6	0,1	0,8	0,7	81	13	15	78	23250	35	59	34	64	4	4748	1,3	3,5		–
Thailand	511	69,4	0,3	1,1	0,8	77	17	12	50	7274	24	46	35	57		2045	3,3	7,8	2262	568
Türkei	770	82,3	0,9	1,5	0,6	77	25	9	75	9370	26	55	29	54	11	1798	5,0	<2,5	607	710
Vietnam	310	95,5	0,9	1,5	0,6	75	23	7	36	2567	26	34	34	41	2	–	5,5	10,7	1232	704
Australien																				
Australien	7692	25,0	0,5	1,2	0,7	83	19	16	88	57374	19	78	24	67	5	5282	0,0	<2,5	289	882
Neuseeland	263	4,9	0,6	1,3	0,8	82	20	16	87	41945	20	73	20	74	4	4298	0,0	<2,5	346	887

Dienstleistungen, soweit diese nicht vorher für die Produktion anderer Waren und Dienstleistungen verwendet werden. Quellen (Stand 2019): Global Energy Statistical Yearbook 2019, Grenoble / Singapur; The World Bank, Washington; Statistisches Bundesamt, Wiesbaden; International Labour Organization, Genf; World Health Organization, Genf; International Telecommunication Union, Genf; Food and Agriculture Organization of the United Nations, Rom; Central Intelligence Agency, Langley; National Statistics, Republic of China (Taiwan), Taipeh

SP Mit Operatoren arbeiten

Operatoren sind Verben, die dir signalisieren, wie du eine Aufgabe bearbeiten sollst.
Achte auf inhaltliche und sprachliche Anforderungen.
Die Operatoren sind in drei Anforderungsbereiche gegliedert.

Anforderungsbereich I Informationen erfassen, Inhalte wiedergeben (Wissen und Reproduktion)

Operatoren	**Arbeitsschritte**	**SP Sprachtipps**
Informationen erfassen und richtig benennen		
zähle auf, liste auf, nenne, benenne 	• Entnimm aus dem Material (z. B. Bild, Karte, Tabelle) die gesuchten Begriffe oder Informationen. • Führe sie nacheinander auf. • Verwende, wenn möglich, Fachbegriffe.	• *Folgende Punkte kann ich nennen: ...* • *... heißt ...* • *... wird ... genannt.*
definiere 	• Formuliere kurz und genau (ohne Beispiele), was der Begriff bedeutet.	• *Mit ... bezeichnet man ...* • *... bedeutet: ...*
Prozesse, Ereignisse und Sachverhalte widerspiegeln		
beschreibe 	• Gib wieder, was du auf dem Bild oder im Text wahrnimmst. • Achte auf wesentliche Merkmale (d. h., erfasse den Kern einer Sache). • Verwende, wenn möglich, Fachbegriffe. • Beachte bei Vorgängen die zeitliche Reihenfolge.	• *Ich sehe / erkenne ...* • *Das Material / Bild zeigt ...* • *Im Vordergrund befindet sich ...* • *Dahinter / davor / neben ...* • *Zuerst ..., dann ..., danach ...*
verorte / lokalisiere 	• Sage / schreibe auf, wo der Ort liegt. • Nutze dazu eine Karte. • Verwende Bezugspunkte wie Himmelsrichtungen, die Lage im Gradnetz der Erde, Großlandschaften, Staaten, Flüsse oder Gebirge.	• *... befindet sich in / bei ...* • *... liegt in der Nähe von ...* • *... im Norden / Westen / östlich / südlich von ...* • *... grenzt an ...* • *... liegt im Gradnetz auf ... Grad ... Breite und ... Grad ... Länge.*

Anforderungsbereich II Wissen verarbeiten und anwenden (Reorganisation und Transfer)

Prozesse, Ereignisse oder Strukturen erklären und erläutern		
erkläre 	• Setze dich vertieft mit den Einzelheiten einer Sache auseinander. • Formuliere Ursachen bzw. Gründe, Folgen und Gesetzmäßigkeiten. • Stelle die Sache so dar, dass ein anderer sie versteht.	• *Dies kann man erklären mit ...* • *Es bedeutet, dass .../Das heißt, ...* • *Da / weil / aufgrund ...* • *Infolgedessen ...*
begründe 	• Gib den Grund / die Ursache für etwas an. • Stütze eigene oder fremde Aussagen durch Argumente (das sind stichhaltige und plausible Belege).	• *Da ... / weil ... / denn ...* • *Deshalb ... / dadurch ...* • *Aufgrund ... / Aus diesem Grund ...*
erläutere 	• Stelle Prozesse oder Ereignisse ausführlich dar. • Wie beim Erklären sollst du Ursachen, Folgen und Gesetzmäßigkeiten deutlich machen. • Gib zusätzliche Informationen, Belege und Beispiele an.	• *Aufgrund von ...* • *Das ist darauf zurückzuführen, dass ...* • *Infolge von ..., sodass ...* • *Deshalb / dadurch ...* • *Zum Beispiel ...*
analysiere / untersuche 	• Werte ein Material (z. B. eine Abbildung oder einen Text) gezielt aus. • Stelle (in Gedanken) Fragen an das Material nach festgelegten oder eigenen Kriterien. • Suche nach wichtigen Merkmalen bzw. Antworten. • Stelle diese Merkmale strukturiert bzw. übersichtlich dar.	• *Betrachtet man ..., dann ...* • *Folgende Merkmale kann ich ablesen: ...* • *Daraus geht hervor, dass ...* • *Besonders wichtig ist ...*

Operatoren	Arbeitsschritte	SP Sprachtipps
Informationen gewinnen und strukturiert darstellen		
fasse zusammen 	• Markiere wichtige Aussagen oder schreibe sie heraus. • Formuliere das Wichtigste in verkürzter Form und mit möglichst eigenen Worten. • Für einen Text kannst du z.B. Überschriften für jeden Abschnitt finden und daraus die Zusammenfassung formulieren.	• *... lässt sich wie folgt zusammenfassen: ...* • *Die wichtigsten Aspekte sind: ...* • *Die Kernbotschaft lautet: ...*
recherchiere / finde heraus 	• Suche selbstständig nach bestimmten oder selbst gewählten Informationen zu einem Thema. • Nutze z.B. ein Lexikon oder das Internet.	• *Folgende wichtige Informationen konnte ich finden: ...* • *Ich habe herausgefunden, dass ...*
ordne zu / ordne ein 	• Verbinde Informationen, die zusammengehören. • Sortiere Informationen unter Überschriften bzw. Oberbegriffe. • Bringe Informationen in einen größeren thematischen Zusammenhang.	• *... passt zu / gehört zu ...* • *... steht im Zusammenhang mit ...* • *Man kann ... diesem Aspekt zuordnen.* • *... lässt sich einteilen in ...*
vergleiche 	• Stelle Gemeinsamkeiten und Unterschiede gegenüber. • Formuliere ein Ergebnis bzw. eine abschließende Einschätzung des Vergleichs.	• *Im Vergleich zu ...* • *Trotz vieler Gemeinsamkeiten gibt es auch einige Unterschiede: ...* • *Im Gegensatz zu ...* • *A und B unterscheiden sich stark / kaum.*
stelle dar, berichte, präsentiere, erstelle 	• Bereite Informationen mithilfe von Medien für andere eindrucksvoll auf. • Achte auf Sachlichkeit und eine übersichtliche Struktur.	• *Meine Präsentation handelt von: ...* • *Ich gliedere sie wie folgt: Zuerst werde ich auf ... eingehen. Anschließend ... Zum Schluss fasse ich nochmal zusammen.*

Anforderungsbereich III Urteilen (Reflexion und Problemlösung)

Ein Sachurteil abgeben		
beurteile, prüfe / überprüfe 	• Kontrolliere, ob eine Aussage oder Handlung richtig oder angemessen ist. • Orientiere dich dabei an vorgegebenen Kriterien oder allgemeinen Werten (z.B. Frieden oder Recht). • Formuliere ein Sachurteil und nenne Belege.	• *Den Fakten nach zu urteilen / Demzufolge ...* • *Aufgrund von ...* • *Abschließend lässt sich sagen, dass ...* • *Aus ökologischer, ökonomischer, sozialer Sicht / Perspektive ...*
vermute / formuliere eine Vermutung 	• Formuliere eine Aussage, die du für möglich hältst und sachlich begründen kannst. • Du kannst die Vermutung zum Anlass nehmen, sie mit deinem (neuen) Wissen abzugleichen bzw. zu überprüfen.	• *Möglicherweise ...* • *Wahrscheinlich ...* • *Ich vermute, dass ...* • *Anscheinend ...*
Eine eigene Meinung vertreten		
bewerte, nimm Stellung 	• Äußere deine Einschätzung, ob eine Aussage oder Behauptung zutreffend, nachvollziehbar oder angemessen ist. • Orientiere dich dabei an allgemeinen Werten (z.B. Frieden oder Recht) und eigenen Maßstäben. • Bringe deine persönliche Meinung zum Ausdruck. Begründe. • So gelangst du zu einem begründeten Werturteil, das auf deinen eigenen Überzeugungen beruht.	• *Meiner Meinung nach ...* • *Ich finde das (nicht) gut, weil ...* • *Ich kann das (nicht) nachvollziehen, weil ...* • *Eine Bewertung ist schwierig, da ...* • *Ich denke ...* • *Deshalb / darum ...*
erörtere, diskutiere 	• Du tauschst mit anderen Argumente aus. • Ihr setzt euch mit den Vorteilen und Nachteilen, Pro- und Kontra-Argumenten auseinander. • Du nimmst Stellung zu den Argumenten der anderen. • Am Ende gelangst du zu einem eigenen begründeten Urteil oder ihr findet ein gemeinsames Ergebnis.	• *Ich teile deine Meinung (nicht).* • *Ich bin der Meinung, dass ...* • *Einerseits ..., andererseits ...* • *Allerdings / aber ...* • *Trotzdem / dennoch ...* • *Ein Vorteil ist: ... / Nachteilig ist ...*

Wichtige Begriffe

A

Antarktis: das Südpolargebiet, das aus dem Kontinent Antarktika und den benachbarten Meeresteilen und Inseln besteht. Auf dem Festland liegt bis zu 3 km dickes Inlandeis.
anthropogener Treibhauseffekt: Verstärkung des → natürlichen Treibhauseffekts aufgrund der Tätigkeit des Menschen (v.a. Verbrennung fossiler Brennstoffe), die zu einem Ansteigen des Gehalts an Treibhausgasen in der Atmosphäre führt, woraus wiederum eine langfristige Erhöhung der Temperatur auf der Erde resultiert.
Arktis: das Nordpolargebiet, das aus dem Nordpolarmeer und den nördlichsten Teilen Amerikas, Asiens und Europas besteht. Die nördlichen Meere sind weitgehend von driftendem Eis bedeckt. Das Treibeis ist zum Pol hin zum → Packeis zusammengeschoben.
Artenvielfalt: prägendes Merkmal des Tropischen Regenwalds. Hier entwickelte sich eine bis heute unbekannte Zahl von Pflanzen- und Tierarten.
Atmosphäre: die aus einem Gemisch von Gasen bestehende Hülle eines Himmelskörpers; Hauptbestandteile der Luft sind Stickstoff (78 %), Sauerstoff (21 %), Argon (1 %) sowie Spurengase wie Kohlendioxid (0,03 %); ihre Zusammensetzung ist in den untersten 100 km mit Ausnahme des Wasserdampfgehalts, der temperaturabhängig ist und zwischen 0 und 4 % schwankt, praktisch konstant.

B

Beleuchtungszonen: Bereiche der Erdoberfläche, die im Verlauf eines Jahres von der Sonne unterschiedlich beleuchtet werden. Man unterscheidet die → Polarzonen, → Gemäßigten Zonen und die → Tropenzone. Die Grenzen werden von den → Polar- und Wendekreisen gebildet.
Binnenwüste: → Wüste
Bodenversalzung: Prozess der Anreicherung von Salzen im Boden, der vor allem in Gebieten mit aridem bis semiaridem Klima stattfindet. Wegen der hohen Verdunstung und des fehlenden Niederschlagswassers, das in die Tiefe versickert, steigt Grund- oder Bewässerungswasser kapillar nach oben. Die gelösten Salze werden dann an der Oberfläche ausgefällt und können zur Bildung von Salzkrusten führen. Bodenversalzung tritt häufig bei großflächiger künstlicher Bewässerung in ariden Gebieten auf.
borealer Nadelwald: Vegetationszone der Nordhalbkugel, in der aufgrund langer, kalter Winter ein artenarmer Nadelwald mit Fichten, Kiefern, Tannen und Lärchen als natürliche Vegetation vorherrscht. In Nordasien wird dieser Nadelwald Taiga genannt. Als Laubbaum ist die Birke verbreitet. Der spärliche Unterwuchs des Waldes besteht aus Zwergsträuchern, Gräsern, Moosen und Flechten.

C

Cash Crop: Produkt, dessen Anbau ausschließlich verkaufsorientiert ist und überwiegend dem Export dient.

D

Desertifikation: Ausbreitung von Wüsten und wüstenähnlichen Verhältnissen in Gebiete, in denen aufgrund der natürlichen klimatischen Verhältnisse keine Wüsten sein dürften. Ursache ist die Übernutzung einer Landschaft durch den Menschen.
Dornsavanne: → Savanne
Dürre: Trockenperiode von mehreren Wochen bis zu einigen Jahren, in der die sonst üblichen Niederschläge ausbleiben.

E

Epizentrum: senkrecht über dem Erdbebenherd liegender Ort der Erdoberfläche, an dem die Schäden durch ein → Erdbeben am stärksten sind.
Erdbeben: Erschütterungen an der Erdoberfläche, die durch ruckartige Bewegungen als Folge tektonischer Spannungen hervorgerufen werden. Liegt der Erdbebenherd unter dem Meeresboden, spricht man von Seebeben.
Erdkern: Kern der Erde mit einem Radius von etwa 3 500 km. Der Erdkern besteht hauptsächlich aus Nickel und Eisen. Die Temperaturen im Kern liegen zwischen 3 000 und 5 000 °C.
Erdkruste: Die Erdkruste ist Bestandteil des Schalenbaus der Erde. Sie stellt die äußere erstarrte Schicht dar, die bis in eine Tiefe von 60 km unter den Kontinenten und 9 km unter den Tiefseebecken reicht. Unter der Erdkruste folgen der → Erdmantel und schließlich der Erdkern.
Erdmantel: unter der → Erdkruste liegende Schicht bis in eine Tiefe von 2 900 km. Im oberen Erdmantel befindet sich die für die Bewegung der Erdplatten bedeutsame zähflüssige Fließzone. Die Temperaturen liegen im Erdmantel zwischen 1 400 und 2 500 °C.
Erdrevolution: Drehung bzw. Umlauf der Erde um die Sonne.
Erdrotation: von West nach Ost verlaufende Drehung der Erde um die Erdachse. Sie dauert 24 Stunden und bewirkt den Wechsel von Tag und Nacht.
Erosion: Abtragung und damit auch Zerstörung von Gestein und Boden durch exogene Kräfte wie fließendes Wasser, Küstenströmung und Brandung, Wind sowie Gletscher und Inlandeis. Die Abtragungsprozesse können linienhaft und flächenhaft wirken (Bodenerosion). Ist die abtragende Wirkung von fließendem Wasser stärker auf den Untergrund ausgerichtet, führt das zur Tiefenerosion. Wirkt das Wasser in Flussschlingen (Mäander) stärker an den seitlichen

Uferbereichen, tritt Seitenerosion ein. Verlegt ein Fluss aufgrund seiner Tiefenerosion sein Bett immer mehr stromaufwärts, so spricht man von rückschreitender Erosion.

F

Feuchtsavanne: → Savanne
Fließzone (Asthenosphäre): Schale des oberen Erdmantels, die sich an die Lithosphäre anschließt und eine Tiefe zwischen etwa 100 km und 250 km erreicht. Diese Zone gilt als Gleitzone, auf der sich die starren Platten der Lithosphäre bewegen.
fossile Energieträger: Energieträger, die die Sonnenenergie vergangener Epochen speichern; die gebräuchlichsten sind Kohle, Erdöl, Erdgas oder Torf; sie sind im Gegensatz zu → regenerativen Energieträgern endliche, also in absehbarer Zeit erschöpfte Energieressourcen.
fossiles Wasser: Grundwasser in tieferen Schichten, das in früheren Klimaperioden entstanden ist.
Fremdlingsfluss: Fluss, der ein Trockengebiet durchfließt und nur Wasser führt, weil er aus einem niederschlagsreichen Gebiet kommt.

G

Gemäßigte Zone: → Beleuchtungszone zwischen den → Polar- und Wendekreisen, in denen → Jahreszeiten mit unterschiedlich langen Tagen und Nächten auftreten. Die Jahresdurchschnittstemperatur liegt bei etwa 8 °C. Je nach Ausmaß der Kontinentalität gliedert sie sich in sommergrüne Laub- und Mischwälder, winterkalte Steppen und winterkalte Wüsten.
Geoelement: im Modell des Geoökosystems Grundbestandteil, der als Speicher, Regler oder Prozess auftritt und beobachtbar sowie messbar ist, z. B. Temperatur oder Niederschlag.
Geofaktoren: natürliche Gegebenheiten, die das Aussehen einer Landschaft bestimmen (Klima, Wasser, Relief, geologischer Bau, Boden, Bios); im weiteren Sinne auch Gegebenheiten, die vom Menschen geschaffen wurden.
Gesteinshülle: → Lithosphäre

H

Hochdruckgebiet: Luftmasse mit hohem Druck im Vergleich zu benachbarten Gebieten; die Luftströmung in einem Hochdruckgebiet ist nach unten gerichtet, sodass die Luft dort nach außen abfließt; Gegenteil: → Tiefdruckgebiet.
Hochwasser: bei Flüssen der Hochstand der Wasserführung, der zu Überschwemmungen führen kann.
Höhenprofil: Diagramm, das die Höhe in Abhängigkeit von der Distanz anzeigt.
Höhenstufe: Vegetation in einer bestimmten Abfolge mit zunehmender Höhe. Sie passt sich vor allem an die abnehmende Lufttemperatur an.
Hurrikan: → tropischer Wirbelsturm mit Windstärken über 12 und einem Durchmesser von bis zu 1 000 km; er entsteht meist in den westindischen Gewässern und zieht in gebogener Bahn ins Gebiet der Südost-Staaten der USA, wo er große Schäden anrichten kann.

I

indigene Völker: inzwischen gebräuchliche Bezeichnung für Ureinwohner.
Innertropische Konvergenzzone (ITC): Bereich der äquatorialen Tiefdruckrinne, in dem die Passate der Nord- und Südhalbkugel der Erde zusammenkommen (lateinisch: convergere). Die ITC verlagert sich jahreszeitlich mit dem Sonnenstand.
Inuit: indigenes Volk, das im arktischen Kanada sowie auf Grönland lebt.

J

Jahreszeiten: In den höheren Breiten entstehen die Jahreszeiten durch die Schiefe der Ekliptik, den Einstrahlungswinkel und die Tageslänge; sie unterscheiden sich hauptsächlich durch die Temperatur (Sommer und Winter) und werden als klimatische oder thermische Jahreszeiten bezeichnet. In den Tropen unterscheiden sich die Jahreszeiten durch die Niederschlagsmenge (Regenzeit, Trockenzeit).
Als astronomische Jahreszeiten werden die vier Zeitabschnitte zwischen den Sonnenwenden (21. Juni und 21. Dezember) und den Tagundnachtgleichen (21. März und 23. September) bezeichnet.
Jahreszeitenklima: Klima, bei dem der Jahresgang der Temperatur größer ist als der Tagesgang.

K

Kalte Zone: → Landschaftszone, in der das Jahresmittel der Temperatur um oder unter 0 °C liegt und die Winter kalt und lang sind.
Kältegrenze: Anbaugrenze für Kulturpflanzen. Ab dieser sind die Temperaturen zu gering, um Kulturpflanzen ausreifen zu lassen.
Kaltfront: Grenzbereich zwischen kalten und warmen Luftmassen, wobei die Kaltluft gegen die Warmluft vorrückt und diese verdrängt; im Bereich einer Zyklone bildet die Kaltfront die Rückseite des Warmluftsektors; → Warmfront.
Klimawandel: Veränderung wichtiger Klimaelemente, besonders der Lufttemperatur, über einen sehr langen Zeitraum, z. B. die Erwärmung nach der letzten Eiszeit vor etwa 10 000 Jahren.
Darunter versteht man insbesondere den anthropogen bedingten Klimawandel, d. h. den vom Menschen verursachten Anteil am globalen Klimawandel, z. B. durch Freisetzung von Stoffen und Gasen durch die Nutzung → fossiler Energieträger.
Kieswüste (Serir): Wüstenform, die vor allem gerundetes kleineres Gesteinsmaterial aufweist.
kontinentale Kruste: → Erdkruste

kontinentales Klima: Klima, das in größerer Entfernung vom Ozean, im Innern der Kontinente vorherrscht. Weil die ausgleichende Wirkung des Meeres fehlt, kennzeichnen dieses Klima geringe Niederschläge und wärmere Sommer sowie kalte Winter.
Kontinentalverschiebung: Lageveränderung der Kontinente durch horizontale Verschiebungen. Alfred Wegener begründete 1912 die Theorie, nach der die Kontinente noch in der Erdaltzeit einen zusammenhängenden Urkontinent bildeten, der dann zerbrach.
Kronenschicht: oberste Schicht der Baumkronen im Stockwerkbau des Tropischen Regenwaldes.
Kulturlandschaft: die durch menschliche Aktivitäten (agrarische Landnutzung, Rohstoffgewinnung, Siedlungsbau, Industrie und Gewerbe) in ihrem Erscheinungsbild wesentlich geprägte → Landschaft (z. B. Industrielandschaft); Gegensatz: → Naturlandschaft.
Küstenwüste: → Wüste

L

Landschaft: Teil der Erdoberfläche, der nach seinem äußeren Erscheinungsbild oder nach Merkmalen des geologischen Baus, Reliefs oder Bodens abgegrenzt wird.
Landschaftszone: eine größere Landschaftseinheit mit gemeinsamen Merkmalen des Klimas und der Vegetation.
Lava: Tritt → Magma bei Vulkanausbrüchen an die Erdoberfläche, bezeichnet man es als Lava. Lava kühlt an der Luft sehr rasch ab.
Lithosphäre: die feste Gesteinshülle der Erde. Sie umfasst die → Erdkruste und den oberen Erdmantel bis zur Asthenosphäre.

M

Magma: glutflüssige, gashaltige Gesteinsschmelze in den tiefen Teilen der → Erdkruste (Temperatur etwa 1000 °C).
maritimes (ozeanisches) Klima: vom Meer beeinflusstes, ausgeglichenes Klima mit milden Wintern, kühlen Sommern und allmählichen jahreszeitlichen Übergängen. Charakteristisch sind außerdem eine hohe Luftfeuchtigkeit, verstärkte Bewölkung sowie recht hohe, über das Jahr verteilte Niederschläge.
Mischkultur: der gleichzeitige Anbau mehrerer Nutzpflanzenarten entweder in Reihe oder als Stockwerkskultur oder als Unterkultur.
Monokultur: Vorherrschen einer bestimmten Bodennutzung in reinen Beständen und ohne Wechsel der Kulturpflanzen auf überwiegend großflächigen Feldern.

N

nachhaltige Waldnutzung: Waldnutzung nach dem Prinzip der → Nachhaltigkeit.
Nachhaltigkeit (nachhaltige Nutzung): Prinzip der Nutzung und Entwicklung, mit dem die Lebenschancen der heutigen Generation verbessert werden sollen, ohne die Chancen für zukünftige Generationen einzuschränken.
Nährstoffkreislauf: abgestorbene Pflanzenteile zersetzen sich und geben Nährstoffe frei, die im Boden gespeichert und schließlich wieder durch die Wurzeln aufgenommen werden. Im Tropischen Regenwald läuft dieser Kreislauf sehr rasch ab. Die Zersetzung geschieht schnell, da es sehr warm und feucht ist. Die üppige Pflanzenwelt nimmt die Nährstoffe rasch wieder auf.
Naturereignis: konkret messbares tatsächliches Ereignis in der Umwelt, das nicht unmittelbar durch menschliches Handeln verursacht ist.
Naturlandschaft: eine ausschließlich durch natürliche → Geofaktoren bestimmte → Landschaft; Gegensatz: → Kulturlandschaft.
Naturkatastrophe: Kommen bei einem Naturereignis Menschen oder Sachgüter in größerem Ausmaß zu Schaden, spricht man von einer Naturkatastrophe.
natürlicher Treibhauseffekt: die Fähigkeit der Atmosphäre, die Energieverluste der Erdoberfläche durch Ausstrahlung zu kompensieren und so ein Auskühlen der Erde zu verhindern.
Nord-Ost-Passage: Seeweg von Europa nach Asien durch das Nordpolarmeer, der im Zuge des Klimawandels immer häufiger eisfrei und damit gefahrlos befahrbar ist.

O

Oase: Gebiet in Trockenräumen, das sich durch reicheren Pflanzenwuchs gegenüber der wüstenhaften Umgebung auszeichnet. Ursache dafür sind entsprechende Wasservorkommen.
Ökosystem: ein aus Geo- und Biosystem zusammengesetztes Wirkungsgefüge von verschiedenen Umweltfaktoren. Man unterscheidet innerhalb eines Ökosystems drei Faktorengruppen:
1. belebte Natur (Lebewesen),
2. unbelebte Natur (z. B. Klima, Wasser),
3. technische Faktoren (z. B. Gebäude, Verkehrssysteme).

Diese drei Gruppen stehen in einem Wechselwirkungsverhältnis. Innerhalb des Systems herrscht im Rahmen der gegebenen natürlichen Bedingungen eine Art Gleichgewicht zwischen Aufbau (Produktion) und Abbau (Konsum, Zerstörung).
ozeanische Kruste: → Erdkruste

P

Packeis: aufgetürmtes und verdichtetes Meereis, das eine geschlossene Eisbedeckung bildet.
Passat: ganzjährige, richtungsbeständige Luftströmungen zwischen den subtropischen Hochdruckgebieten und der äquatorialen Tiefdruck-

rinne. Die Erdrotation bewirkt auf der Nordhalbkugel eine Ablenkung als Nordostpassat, auf der Südhalbkugel als Südostpassat.

Passatzirkulation: Teil der atmosphärischen Zirkulation in den niederen Breiten zwischen etwa 35 °N und etwa 30 °S. Sie ist als Teil der Hadley-Zirkulation durch großräumige vertikale Luftkreisläufe gekennzeichnet. Dabei verläuft die atmosphärische Strömung zwischen den subtropischen Hochdruckgebieten und dem Äquator als Höhenströmung bzw. in Erdbodennähe als Nordost- und Südostpassat.

Permafrostboden (Dauerfrostboden): Bezeichnung für einen in tieferen Horizonten ganzjährig gefrorenen Boden. Nur die obere, wenige Dezimeter dicke Schicht taut in den kurzen Sommern auf. Weil Niederschläge und Schmelzwasser nicht versickern können, kommt es in diesen Gebieten zu starker Sumpfbildung.

Plantage: Großbetrieb der Pflanzenproduktion in den Tropen und Subtropen mit überwiegendem Anbau von Tee, Bananen, Zuckerrohr, Kaffee oder Ölpalmen. Zur Plantage gehören auch die technischen Anlagen zur Aufbereitung und Verarbeitung der Agrarprodukte.

Plattentektonik: Konzept zur Erklärung der Veränderung der Erde durch endogene (erdinnere) Vorgänge. Grundlage ist die Annahme, dass sich die → Lithosphäre in große und kleine Platten gliedert, die auf der → Fließzone (Asthenosphäre) mit unterschiedlicher Geschwindigkeit treiben. Im Ergebnis dieser Plattenbewegungen verändert sich die Erdoberfläche durch → Erdbeben, Vulkanismus und die Entstehung von Gebirgen.

Polarkreis: Die Polarkreise begrenzen bei 66,5° südlicher und nördlicher Breite die → Polarzonen. Jenseits der Polarkreise herrschen → Polarnacht bzw. Polartag.

Polarnacht, Polartag: Erscheinungen in den Polargebieten, die durch die Schrägstellung der Erdachse gegenüber der Erdbahnebene entstehen. In der Zeit der Polarnacht bleibt die Sonne ständig unter dem Horizont, in der Zeit des Polartages ständig über dem Horizont.

Polarzone: → Beleuchtungszone jenseits der → Polarkreise, in der Polartag und Polarnacht auftreten und die Temperaturen ganzjährig sehr niedrig sind.

Primärwald: naturbelassene, nicht durch den Menschen beeinflusste Wälder.

R

Raumanalyse: geographische Untersuchung eines abgegrenzten Raumes unter einer bestimmten Fragestellung (Leitfrage).

regenerative Energieträger: Energie, die sich nicht wie die → fossilen Energieträger erschöpft, sondern aus erneuerbaren Energiequellen stammt, z. B. Energie aus Wasserkraft, Wind, Sonne und Biomasse.

Regenschattenwüste: → Wüste

Regenzeit: im Unterschied zur → Trockenzeit eine Periode mit regelmäßigen Niederschlägen in den Tropen und Subtropen.

Renaturierung: umfangreiche Maßnahmen zur Wiederherstellung einer zerstörten oder gestörten → Landschaft; während bei der Rekultivierung lediglich Ausgleichmaßnahmen getroffen werden, soll sich durch Renaturierung wieder eine natürliche, dem Standort angepasste Lebensgemeinschaft entwickeln.

S

Sahel: Sahel ist arabisch und bedeutet Ufer. Die Sahelzone erstreckt sich entlang des Südrandes der Sahara. Unregelmäßige Jahresniederschläge von 100 mm bis 500 mm, die immer wieder ganz ausbleiben, machen die Sahelzone zum Risikoraum.

Sandwüste (Erg): Wüstenform, in der vom Wind das leichte Material zusammengetragen und zu Dünen geformt wird. Die Sandwüste gilt als typische Wüstenform, nimmt aber in der Sahara nur etwa ein Fünftel der Gesamtfläche ein.

Savanne: Vegetationszone der wechselfeuchten → Tropen und Subtropen. Je nach Dauer der Regen- und Trockenzeiten verändern sich die Anteile von Gras- und Holzgewächsen. Man unterscheidet:

- Feuchtsavanne, mit einer Dauer der Regenzeit von 7 – 9½ Monaten und hohem Elefantengras sowie größeren Baumgruppen;
- Trockensavanne, mit einer Dauer der Regenzeit von 4½ – 7 Monaten und nur noch etwa ein Meter hohen Gräsern sowie vereinzelten geschlossenen Baumgruppen;
- Dornsavanne, mit einer Dauer der Regenzeit von 2 – 4½ Monaten und überwiegend dornigen Busch- und Baumarten. Eine geschlossene Grasdecke bildet sich hier nicht mehr aus.

Schalenbau: Gliederung des Erdaufbaus in (ozeanische und kontinentale) → Erdkruste, (oberen und unteren) → Erdmantel und (äußeren und inneren) → Erdkern.

Schelfeis: auf den Kontinentalschelf übergreifendes Inlandeis, das im Wasser des Schelfmeeres schwimmt. Das Schelfeis wird auf seiner Oberseite aus dem Niederschlag, auf seiner Unterseite aus dem Wasser genährt.

Schichtvulkan: kegelförmiger Vulkan, der aus wechselnden Lavaschichten und vulkanischen Lockermaterialien aufgebaut ist.

Schildvulkan: flacher, schildförmiger Vulkan, der durch gleichmäßiges Ausfließen dünnflüssiger Lava entstanden ist.

Schwarzerde: typischer Boden der Steppen, der aufgrund seines Humusreichtums und seines gut durchmischten und lockeren Boden-

gefüges zu den fruchtbarsten Böden der Erde zählt.
Sekundärwald: artenarmer und niedriger Wald, der auf ehemals gerodeten Flächen ohne menschliche Einwirkung nachwächst.
Shifting Cultivation: Oberbegriff für mehrere Formen der ackerbaulichen Nutzung in den Tropen, wobei ein Wechsel der Anbauflächen erfolgt. Die Nutzung beruht auf dem Wechsel zwischen mehrjährigem Anbau und lang andauernder Brache. Die Erschließung der Flächen erfolgt durch Brandrodung, die Bearbeitung meist mit der Hacke und dem Pflanzstock. Der Wechsel der Anbauflächen war früher mit einer Verlegung der Siedlung verbunden und wird dann Wanderfeldbau genannt.
Stein- und Felswüste (Hamada): Wüstenform, die hauptsächlich groben, eckigen Felsschutt in Faust- bis Kopfgröße aufweist. „Hamada" ist arabisch und bedeutet „die Unfruchtbare."
Steppe: Gebiet mit einer überwiegend baumlosen, aus Gräsern und Kräutern bestehenden Vegetation. Durch das vorherrschende kontinentale Klima wird die Vegetationszeit im Zuge der Winterkälte und Sommerdürre mehrmals unterbrochen. An diese Bedingungen sind Gräser besonders gut angepasst. In der Gemäßigten Zone bilden Steppen die Übergangszone zwischen den sommergrünen Laub- und Mischwäldern und den Wüsten.
Stockwerkbau: Pflanzen unterschiedlicher Wuchshöhe gedeihen auf engem Raum nebeneinander.
Strauch- und Krautschicht: die unterste Schicht im Stockwerkbau des Tropischen Regenwaldes.
Subduktionszone: Plattengrenze, an der sich zwei Platten aufeinander zubewegen, wobei die schwerere ozeanische Kruste unter die kontinentale Kruste abtaucht. Dabei entstehen Tiefseegräben.

T

Tageszeitenklima: ein Klima, bei dem die Tagesschwankungen der Temperatur größer sind als die innerhalb eines Jahres.
Tiefdruckgebiet: Gebiet mit relativ (im Vergleich zur Umgebung) niedrigem Luftdruck; die Luftbewegung innerhalb eines Tiefdruckgebietes ist nach oben gerichtet, wodurch in den unteren Schichten Luft in das Tiefdruckgebiet einfließt; Gegenteil: → Hochdruckgebiet.
Tornado: kleinräumiger Wirbelsturm, der durch starke Temperaturgegensätze über dem Festland entsteht. Tornados sind Luftschläuche, in deren Zentrum extrem niedriger Luftdruck herrscht, wodurch Häuser auseinandergerissen werden. Auf ihrer Zugbahn richten sie infolge hoher Geschwindigkeit verheerende Zerstörungen an.
Treibeis: Eisschollen, die von der Meeresströmung schwimmend verfrachtet werden.
Treibgas: Gase in der → Atmosphäre, die an der Entstehung des Treibhauseffekts beteiligt sind: H_2O-Dampf, CO_2, NO_2, CH_4, O_3, FCKW.
Trockensavanne: → Savanne
Trockenzeit: im Unterschied zur → Regenzeit eine Periode mit geringem oder keinem Niederschlag in den wechselfeuchten tropischen und subtropischen Gebieten der Erde.
Tropische Zone: Gebiet zwischen dem nördlichen und südlichen Wendekreis. Hier steht die Sonne während eines Jahres zweimal, an den Wendekreisen jeweils einmal, im Zenit. In den Tropen herrscht ein Tageszeitenklima mit geringen jahreszeitlichen Temperaturschwankungen, wobei die monatliche Durchschnittstemperatur (im Tiefland) immer über 18 °C liegt. Je nach den Niederschlagsverhältnissen unterscheidet man verschiedene tropische Klimate, wie die immerfeuchten inneren, die wechselfeuchten Tropen sowie die trockenen Randtropen.
tropischer Wirbelsturm: Wirbelsturm, der nur über tropischen Gewässern (Oberflächentemperatur ab 27 °C) entstehen kann. Er ist durch hohe Niederschläge und große Geschwindigkeiten in der Wirbelbewegung gekennzeichnet. Diese Drehbewegung wird durch die Erdrotation hervorgerufen.
Tsunami: eine extrem hohe Meereswelle, die überwiegend durch Seebeben und Massenverlagerung von Meeresboden (z.B. Hangrutschung) ausgelöst wird und an Küsten hohe Zerstörungskraft entfalten kann.

V

Vegetationszeit: Anzahl der Tage im Jahr, in denen ein Pflanzenwachstum möglich ist. Sie ist überwiegend temperaturabhängig. Als Faustregel gilt, dass die meisten Pflanzen Tagesmitteltemperaturen von mindestens 5 °C bei ausreichender Wasserversorgung benötigen.
Vulkan: schild- oder kegelförmiger Berg, der durch den Austritt von Magma und Asche aus dem Erdinnern entstanden ist. Beim Vulkanausbruch werden flüssige und feste Materialien an die Erdoberfläche befördert.

W

Wachstumszeit: Zeitraum eines Jahres, in dem die Kulturpflanzen wachsen, d.h. austreiben, blühen und reifen. Hierzu benötigen die Pflanzen Licht, Wärme und Feuchtigkeit. Ausreichende Wärme ist im Allgemeinen gegeben, wenn das Tagesmittel z.B. für Weizen über 10 °C liegt.
Wanderfeldbau: → Shifting Cultivation
Warmfront: Grenzbereich zwischen kalten und warmen Luftmassen, wobei die Warmluft großflächig an der Kaltluft aufgleitet, sich abkühlt und es somit zu Wolkenbildung und oft länger andauernden Niederschlägen (Landregen) kommt; im Bereich einer Zyklone bildet die Warmfront

die Vorderseite des Warmluftsektors; → Kaltfront.

Wasserkreislauf: Angetrieben durch die Sonnenenergie und die Wirkung der Schwerkraft, umfasst er den ständigen Transport von Wasser zwischen Meeren, Landflächen und der → Atmosphäre; seine Hauptelemente sind Niederschlag, Verdunstung und Abfluss.

Wendekreiswüste: → Wüste

Wüste: Gebiet, in dem aufgrund großer Trockenheit (Trockenwüste) oder geringer Temperaturen (Kälte- oder Eiswüste) von Natur aus nur spärliches Pflanzenwachstum möglich ist. Auf der Erde sind Trockenwüsten in den → Tropen, z. B. Sahara, und Außertropen, z. B. Gobi, verbreitet, Kältewüsten in den Hochgebirgen und den Polargebieten. In Trockengebieten unterscheidet man nach der Oberflächenbeschaffenheit: Felswüste (Hamada), Kieswüste (Serir) und Sandwüste (Erg). Hinsichtlich ihrer Entstehung werden dagegen die Wüstentypen Wendekreiswüsten, Binnenwüsten und Küstenwüsten unterschieden.

Sachregister

Alle **fett** gedruckten Begriffe sind als „Wichtige Begriffe" hier im Arbeitsanhang erläutert.

Lösungshilfen

2 Auf das Klima kommt es an

Seite 19

1 Beachtet die Position von Erde und Sonne sowie der anderen Himmelskörper in dem jeweiligen Weltbild. Nutzt die Sprachtipps auf der Seite.

2 a) Hier musst du die Drehbewegungen Erdrevolution und Erdrotation unterscheiden.

3 Nutze die Informationen zur Erdrotation für die Korrektur der Aussage. Überlege: Du bewegst dich nicht. Es ist aber auch keine Bewegung der Sonne, die du siehst, sondern …?

4 Bei einer totalen Sonnenfinsternis kann man an bestimmten Orten auf der Erde die Sonne tagsüber nicht mehr sehen. Ein Teil der Erde ist dann im Schatten des Mondes. Zeichne in deiner Skizze Erde, Mond und Sonne ein. Überlege, wie die Himmelskörper positioniert sein müssen, damit auf der Erde eine Sonnenfinsternis entsteht. Nutze hierfür auch Grafik 5.

Seiten 20/21

1 Schau dir zunächst die Situation am 21. Juni und am 21. Dezember an. Wie ist die Beleuchtung von Nordhalbkugel und Südhalbkugel an den beiden Tagen?

5 Nutze die Grafiken 1 und 4. Der senkrechte Stand der Erdachse entspricht der Darstellung am 21.03. und 23.09.

Seite 23

2 A Eine Regel sollte möglichst einprägsam und kurz sein. Nutze Formulierungen wie „Wenn … dann …“; Je … desto …“.

2 B Zeichne eine Skizze und beschrifte diese mit Fachbegriffen. Formuliere den Eintrag möglichst genau und verweise in dem Text zum Beispiel mit Pfeilsymbolen (→) auf die Fachbegriffe.

3 Überlege, in welchem Einfallswinkel die Sonnenstrahlen auf die Oberfläche des Hangs fallen. Welche Folgen hat dies für die Erwärmung der Oberfläche? Erstelle eine Skizze.

Seite 25

1 Beginne mit der Schicht, in der Felix Baumgartner abgesprungen ist und beschreibe die dort herrschenden Verhältnisse. Fahre bis zur Landung auf der Erde fort.

Seite 27

1 Tipp: Überlege, in welchem der beiden Orte ein Jahreszeitenklima und in welchem ein Tageszeitenklima herrscht.

3 Verknüpfe die Aussage des Diagramms mit den Fotos.

4 Nutze hierfür die Wetterelemente (siehe Randspalte, Seite 26).

Seiten 28/29

1 Gehe schrittweise vor: Erkläre zunächst mithilfe des Textes, unter welchen Bedingungen sich das Bodenhoch- und Bodentiefdruckgebiet in den Grafiken 3 und 4 bilden. Folge anschließend den Pfeilen zwischen dem Hoch- und Tiefdruckgebiet in Grafik 5. Erkläre, von wo nach wo jeweils ein Wind als Ausgleichsströmung weht.

3 Beachte die Informationen in Grafik 2.

Seiten 30/31

1 Das hast du bestimmt schon einmal gesehen: deinen Atem im Winter, eine beschlagene Autoscheibe, kochendes Wasser, Tau auf einer Wiese am Morgen. Überlege, welcher Prozess hier jeweils zu beobachten ist und erkläre diesen.

2 Gehe schrittweise vor und orientiere dich am Text. Nutze die folgenden Begriffe im richtigen Zusammenhang: Verdunstung, Taupunkt, Kondensation, Temperatur, Schneefall. Überlege auch, welche Bedingung erfüllt sein muss, damit der Niederschlag nicht als Regen, sondern als Schnee fällt.

4 Beachte die Informationen zum Zusammenhang von Taupunkt, Temperatur und Niederschlag.

5 Beachte die Informationen zum Zusammenhang von Taupunkt, Temperatur und Niederschlag.

Seiten 32/33

2 Arbeite mit den Klimatabellen und dem Haack-Kartenteil im Anhang (oder mit dem Atlas).

3 Stelle fest, in welchen Monaten die Temperaturen am höchsten sind: Ist es im Dezember / Januar oder im Juli / August?

Seite 35

2 Nutze die Sprachtipps. Verwende auch die Fachbegriffe der Seite 30, Grafik 2.

4 Unterscheide zwischen den natürlichen Ursachen der Wasserknappheit und den vom Menschen verursachten. Überlege anschließend, wie diese zusammenhängen.

5 Überlege, in welchen Lebenssituationen Wasser verbraucht wird.

Seite 37

1 Beachtet zunächst die Lage der ITC in Grafik 1 und Karte 2 (Juli) sowie in Grafik 3 und Karte 4 (Dezember). Nutzt hierfür die Breitengrade. Beschreibt nun die Bewegung der Luftmassen (Pfeile) und beschreibt die Entstehung der Passate und Regengebiete.

2 Beachtet die unterschiedliche Lage der ITC und des Passatkreislaufs zwischen Juli und Dezember.

Seiten 38/39

4 A Beschreibt zunächst für beide Zonen Temperaturen und Niederschläge, dann die Vegetation, wie sie auf den Fotos zu sehen ist. Der Zusammenhang lässt sich gut mit „Wenn …, dann …“-Sätzen formulieren.

4 B Eine Möglichkeit: Legt eine Tabelle an mit den Rubriken Breitenkreis, Temperaturen, Niederschlag, Vegetation.

3 Tropischer Regenwald – ein besonderer Lebensraum in Gefahr

Seite 46

4 b)
- Höhe der Bäume
- Wurzeln
- Wo sind die Nährstoffe gespeichert?
- Anzahl der Baumarten pro Hektar, u.a.

Seite 61

3 b) Betrachte Abbildung 2 und lese nochmal den Text „Wieso ist Palmöl so begehrt?". Achte dabei auf die Produkteigenschaften von Palmöl.

Seite 65

2 Die Gefahr eines „Dilemmas" besteht besonders in den Regionen der Erde, wo der Mensch den Raum wirtschaftlich nutzt. Je empfindlicher der Raum ist, umso größer ist die Gefahr der unangepassten Nutzung. In diesen Regionen ist häufig die Grundlage für ein Dilemma gegeben. Hier nun einige Beispiele aus dem Buch:
Seiten 48 – 51: Wanderfeldbau war gestern … Plantage ist heute
Seiten 84/85: Bewässern – aber wie?!
Seiten 118/119: Im Glashaus: natürliche Grenzen überwinden?
Seiten 144/145: Das grüne Gold sichern
Seiten 182/183: Und wer ist schuld daran, dass …
Seiten 210/211: Windkraft – regenerativer Energieträger der Zukunft?!

4 Trockenheit – ein Problem? In der Wüste

Seite 81

3 Folgende Schritte bieten sich bei der Erstellung eines Radiobeitrags an:
1. Schritt: Informationen sammeln
2. Schritt: Ein Drehbuch schreiben
3. Schritt: Sprecher auswählen
4. Schritt: Geräte und Apps kennenlernen
5. Schritt: Radiobeitrag aufnehmen
6. Schritt: Radiobeitrag zusammenschneiden
7. Schritt: Radiobeitrag abspeichern

Seite 83

2 a) Tipp: Um mehrere Höhenprofile vergleichen zu können, ist es sinnvoll, dass sie etwa gleich lang sind.

5 Trockenheit – ein Problem? In den Savannen

Seite 92

3 b) Achte insbesondere auf die Lage im Gradnetz der drei Orte (v. a. geographische Breite). Formuliere eine Regel für die Savannenregion: „Je …, desto …"

Seite 94

1 Nutze Karte 1 und ggf. weitere geeignete Atlaskarten. Berücksichtige bei der Lokalisierung Nigers folgende Aspekte:
- Kontinent
- Lage im Gradnetz (Breiten- und Längengrade: von … bis …)
- Landesgröße (Nord-Süd- und West-Ost-Ausdehnung in km)
- Name und Lage der Hauptstadt
- Nachbarländer
- Klima- und Vegetationszone(n)
- natürliche Begebenheiten wie Flüsse, Seen und Gebirge

Berücksichtige bei der Lokalisierung der Sahelzone folgende Aspekte:
- Kontinent
- Lage im Gradnetz (v.a. Breitengrade: von … bis …)
- Größe (Nord-Süd- und West-Ost-Ausdehnung in km)
- Länder, die Anteil an der Sahelzone haben
- Klima- und Vegetationszone(n)

Seite 96

1 Dem Klimadiagramm 3 kann man die Niederschlagsvariabilität in Niamey innerhalb eines Jahres entnehmen. Vergleiche hierzu die Niederschlagsmengen der einzelnen Monate. In Diagramm 2 sieht man die Niederschlagvariabilität in Niamey in den vergangenen Jahrzehnten. Achte auf die gestrichelte Linie. Diese zeigt die durchschnittliche Niederschlagsmenge (524 mm) pro Jahr für diesen Zeitraum. Vergleiche die Niederschlagsmengen ausgewählter Jahre mit diesem Durchschnittswert.

Seite 97

1 Gehe strukturiert vor: Beschreibe zunächst anhand von Diagramm 1 die allgemeine Tendenz der Entwicklung der Tierbestände. Beschreibe nun die Entwicklung der unterschiedlichen Tierbestände. Vergleiche schließlich die Entwicklung der einzelnen Tierbestände. Nutze die Ergebnisse in Aufgabe 2, um die Ursachen für die Veränderung der Tierbestände darzustellen und die damit einhergehenden Auswirkungen auf die Sahelzone zu erläutern.

Seite 99

1
- Beachte die unterschiedlichen Einheiten in der Tabelle. Zum Beispiel bedeutet „Bevölkerung in 1000", dass man die in der Spalte angeführten Zahlen mit dem Wert 1000 multiplizieren muss (Beispiel: Bevölkerung 1990: 8 027 × 1000 = 8 027 000 = 8,027 Millionen). Im Jahr 1990 lebten

also rund 8 Millionen Menschen in Niger.
- Ha ist die Abkürzung für Hektar (100 m × 100 m = 10 000 m^2 = 1 ha). Dies entspricht etwa der Größe eines Fußballfeldes.
- Beschreibe und erläutere die Tendenzen von 1990 bis 2017: Wie entwickeln sich die Bevölkerungszahl und die Größe des Ackerlandes?
- Welche Auswirkungen hat dies auf das Ackerland, das pro Einwohner zur Verfügung steht?

6 Leben in der Gemäßigten Zone – Leben in einem Gunstraum?

Seite 109

1 Verwende verschiedene Orientierungshilfen, z. B. Himmelsrichtungen, Ausdehnung (Ost-West, Nord-Süd), Koordinaten (Längen- und Breitengrade), Ozeane, Kontinente, Gebirge, Städte.

3 A Nutze die Methode „Klimadiagramme auswerten" (S. 32/33).

3 B Überlege, wie die Dauer der Vegetationsperiode die landwirtschaftliche Nutzung der Gemäßigten Zone beeinflussen könnte.

4 Überlege, wie Kühlakku und Wärmflasche wirken. Übertrage dies auf den Atlantik.

5 Beachte die Lage von Brest und Kiew mithilfe der Karte 1 und des Atlas.

Seiten 110/111

2 Nutze die Informationen zur Entstehung von Wolken auf S. 30/31.

3 Nutze als Orientierungshilfe eine Europakarte. Beachte anschließend die Wolkenbedeckung über Europa und schlussfolgere auf das Wetter in verschiedenen Regionen.

4 Beachte die Drehung des Tiefdruckgebietes gegen den Uhrzeigersinn und die Zugbahn von Westen nach Osten.

Seiten 112/113

2 Gehe strukturiert vor: Nutze zum Beispiel verschiedene Farben für Veränderungen und Folgen oder sortiere diese nach positiven und negativen Auswirkungen. Stelle sinnvolle Verbindungen zwischen den Begriffen her.

4 **b)** Schätze den prozentualen Anteil der Fläche aller Nationalparks an der Gesamtfläche Deutschlands.

4 **c)** Beachte verschiedene Nutzungsperspektiven, z. B. Umweltschutz, Landwirtschaft, Forstwirtschaft, Siedlungen.

4 **d)** Berücksichtige Pro- und Kontra-Argumente zu den gegenwärtigen Bemühungen. Verfasse abschließend ein Fazit.

Seiten 118/119

2 Beachte verschiedene Kriterien, z. B. Effizienz, Flächenverbrauch, Umweltverträglichkeit, Tierwohl, Erträge, Gesundheit.

4 **a)** Versetze dich zunächst in die Lage von Befürwortern und Gegnern und halte jeweils stichpunktartig Argumente fest. Verfasse anschließend ein Streitgespräch, in dem beide Seiten ihre Argumente austauschen.

4 **b)** Berücksichtige Pro- und Kontra-Argumente zu der Streitfrage. Verfasse abschließend ein Fazit.

Seite 121

1 **a)** Verwende verschiedene Orientierungshilfen, z. B. Himmelsrichtungen, Ausdehnung (Ost-West, Nord-Süd), Koordinaten (Längen- und Breitengrade), Meere, Nachbarländer, Flüsse, Gebirge, Städte.

1 **b)** Nutze die S. 114/115.

1 **c)** Beziehe auch die Materialien 1, 3 und 5 ein.

2 **b)** Beachte die Standortansprüche der Tomatenpflanze (Material 4) und vergleiche diese mit den klimatischen Bedingungen in den Niederlanden (Diagramm 2)

Seite 123

1 Auf S. 124/125, Grafik 1 siehst du ein Beispiel für ein Schaubild. Versuche dein Schaubild in ähnlicher Weise zu erstellen.

4 **a)** Schreibe zunächst alle Ortsangaben (z. B. Sachsen, Zinnwitz) aus dem Text 4 heraus. Suche die Orte im Anschluss mithilfe einer Karte. Benenne zum Schluss, welche Bundesländer von der Jahrhundertflut 2002 betroffen waren.

4 **b)** Die Karte 1 zeigt das unterschiedliche Ausmaß der Dürre in Deutschland 2018 zwischen dem Osten und dem Westen. Beachte die unterschiedlichen klimatischen Bedingungen in Europa (S. 108/109) und ziehe Rückschlüsse auf die Dürre in Deutschland 2018.

Seiten 124/125

2 Überlege, an wen sich dein Text richtet (Schüler oder Öffentlichkeit?) und achte darauf, deinen Text passend zu formulieren (z. B. Begriffswahl, Stil, Erklärungen).

3 Hochwassermeldungen dienen der Information der Bevölkerung, ob eine Hochwassergefahr besteht. An verschiedenen Flüssen und Orten können je nach Pegelstand in den Flüssen manchmal verschiedene Meldungen nötig sein.

4 Versetze dich zunächst in die Lage der verschiedenen Akteure. Bedenke dabei, welche Probleme und welcher Nutzen mit der Schaffung von Retentionsräumen für die verschiedenen Akteure verbunden sind. Halte anschließend jeweils stichpunktartig Argumente aus deren Sicht fest.

Seite 127

2 Die Experimente verdeutlichen verschiedene Erkenntnisse, die du in diesem Thema erlangt hast. Überlege, welche Informationen sich mit welchen Beobachtungen in den Experimenten verknüpfen lassen.

7 In der Kalten Zone

Seite 135

2 Pflanzen benötigen neben Licht, Wasser und Nährstoffen auch Wärme, um zu wachsen. Als untere Temperaturgrenze des Pflanzenwachstums wird häufig eine Tagesmitteltemperatur von +5 °C angesetzt. Liegt die Temperatur darunter, stellen die Pflanzen normalerweise ihren Wuchs, d.h. die Zellteilung ein. Ein Tag mit einer Tagesmitteltemperatur über 5 °C wird Vegetationstag genannt. Die Anzahl dieser Tage ist dann die Vegetationszeit. Sie liegt in mittleren Breiten typischerweise um 200. Allerdings handelt es sich bei der Definition des Vegetationstages um eine sehr ungefähre Angabe, da jede Pflanzenart eine eigene Pflanzenwachstumstemperatur besitzt. Während Mais erst bei +6 °C wächst, kann Wintergetreide schon ab +2,5 °C wachsen.

Seite 137

4

- mit Orange wird der Polartag dargestellt, mit Blau wird die Zeit der Polarnacht gekennzeichnet
- die grauen Flächen beschreiben die Zeit im Jahr ohne Polartag und Polarnacht
- südlich des nördlichen Polarkreises geht die Sonne an sämtlichen Tagen des Jahres auf und wieder unter
- am Nordpol gibt es ein halbes Jahr Polartag (vom 21.3. bis zum 23.9.) und ein halbes Jahr Polarnacht (vom 23.9. bis zum 21.3.)
- in dem Bereich zwischen dem Pol und dem Polarkreis gibt es Phasen, in denen die Sonne nicht aufgeht (Polarnacht, blau) und nicht untergeht (Polartag, orange); aber auch Phasen, in der die Sonne täglich auf- und untergeht (grau)
- auf der X-Achse ist die Dauer eines Jahres dargestellt; ein Strich entspricht etwa 10 Tagen

Seite 139

2 Nach diesen Kriterien kannst du die Tabelle zu den Lebensweisen der Inuit früher/heute strukturieren: Arbeiten, Wohnen, Kleidung, Ernährung, Fortbewegung.

8 Landschaftszonen im Überblick

Seite 151

2

- Bestimmte Pflanzen brauchen Boden mit bestimmten Eigenschaften, eine bestimmte Wassermenge und eine bestimmte Temperatur, um optimal wachsen zu können.
- Der Mensch produziert z.B. durch Industrieabgase und -abwässer Schadstoffe, die mit dem Wind und Regen oder durch ungeklärtes Einleiten in Gewässer gelangen.
- Die Temperatur beeinflusst die Menge an Wasser (des Niederschlags und des Oberflächenwassers), die verdunstet. Je wärmer es ist, desto mehr Wasser verdunstet.
- Je mehr Wasser verdunstet, desto weniger Wasser befindet sich in Seen und desto weniger Wasser steht Pflanzen zur Verfügung.
- Erosion bezeichnet die zerstörende bzw. abtragende Einwirkung von Wind, Wasser und Eis auf die Oberfläche.
- Wind führt in Kombination mit kleinen Stein- bzw. Sandkörnern dazu, dass diese durch Reibung anderes Gestein abtragen.

9 Naturkräfte: Risiko oder Potenzial?

Seite 163

2 Seht euch den Abstand zwischen Wasseroberfläche und Meeresuntergrund an.

Seite 165

3 Vergleiche Dicke, Alter, Gesteinsart, Lage des oberen Erdmantels.

Seite 168

7 Im Textabschnitt „Dehnen“ ist ein Hinweis auf den Oberrheingraben. In der Karte 4 (Seite 167) „Die Gliederung der Erdkruste“ sind mehrere Grabenbrüche eingezeichnet.

Seite 175

8 Hilfreich ist ein Blick auf Grafik 5 (Seite 168) „Schnitt durch die Gesteinshülle (Lithosphäre) und die Fließzone“.

Seite 176

2 Der Vergleich lässt sich nur bedingt durchführen, weil Sizilien eine Region in Italien ist. Nicht alle Kategorien sind sowohl für das Gesamtland als auch für die Einzelregionen ausgewiesen.

Seite 189

3 Der Vergleich der Satellitenbilder zeigt, dass weite Gebiete New Orlean‘s nur schwer zu identifizieren sind. Warum die Folgen des Hurrikans so verheerend sind, findet ihr in Text 3. Unterscheidet zwischen permanenten Faktoren (Lage der Stadt) und aktuellen Faktoren (Durchzug des Hurrikans).

10 Herausforderung Klimawandel

Seite 205

5 Denke bei der Antwort an die natürlichen Bedingungen wie Klima, Relief, aber auch an die wirtschaftliche Leistungsfähigkeit und die Kosten für Schutzmaßnahmen.

Seite 207

3 Hier bieten sich Beispiele auf der Gewinnerseite wie Sonnenschutz-Anbieter oder Speiseeis-Hersteller und auf der Verliererseite Fische aus vertrockneten Bächen, Ernteverluste in der Landwirtschaft, Binnenschifffahrt an.

Ausgewählte Methoden im Überblick (Band 1)

Karten lesen
(Band 1, Seite 24/25)

1. Schritt: Sich orientieren
Lies zuerst die Überschrift bzw. das Thema. Suche dann in der Legende nach Informationen, die du in der Karte finden möchtest, z. B. nach dem Zeichen für ein Denkmal.

2. Schritt: Beobachten
Suche in der Karte nach entsprechenden Zeichen bzw. Farben und präge dir die Lage ein. Du wirst auch unbekannte Symbole oder Zeichen in der Karte finden. Deren Bedeutung findest du in der Legende.

3. Schritt: Beschreiben
Beschreibe die Lage bzw. die Verteilung der gesuchten Objekte oder den gesamten Karteninhalt. Unterscheide dabei zwischen Punkten, Linien und Flächen. Prüfe, ob du verschiedene Anordnungsmuster erkennst.

Entfernungen / Luftlinie bestimmen
(Band 1, Seite 24)

1. Schritt: Entfernung messen
Miss mit einem Lineal die gesuchte Entfernung (Luftlinie) ab, z. B. misst du 3 cm.

2. Schritt: Maßstab feststellen
Lies den Maßstab der Karte ab, z. B. 1 : 100 000.

3. Schritt: Entfernung berechnen
Multipliziere die gemessene Entfernung mit der Maßstabszahl, z. B. 3 cm × 100 000 = 300 000 cm. Rechne das Ergebnis in eine sinnvolle Einheit um, z. B. 300 000 cm ≙ 3 000 m ≙ 3 km.

Deinen Schulweg mit Google Earth erkunden und zeichnen
(Band 1, Seite 34/35)

1. Schritt: Punkte markieren
Suche die Orte, die wichtig sind, um deinen Schulweg zu zeichnen (Wohnhaus, Schule). Markiere diese Orte mithilfe des Werkzeugs Ortsmarkierung. Beschrifte die Ortsmarkierungen.

2. Schritt: Strecke zwischen zwei Punkten messen
Nutze dazu das Lineal. Notiere die Länge der Strecke zwischen den Messpunkten. Da mit diesem Werkzeug keine Richtungsänderung möglich ist, kann man nur die direkte Verbindung zwischen den Punkten = Luftlinie messen.

3. Schritt: Weg zur Schule erkunden
Lege einen Pfad entlang der Straße / des Weges, den du von deinem Zuhause (Ausgangspunkt) zur Schule (Zielpunkt) gehen möchtest. Notiere die Länge des Pfades.
Zusätzlich kannst du
- die Länge des Pfades mit der Länge der Luftlinie vergleichen,
- weitere Pfade = Wege zwischen Wohnhaus und Schule anlegen und die Länge der Pfade miteinander vergleichen,
- mögliche Gefahrenpunkte (z. B. Überqueren von großen Straßen) mit der Ortsmarkierung eintragen.

4. Schritt: Schulweg beschreiben
Beschreibe den Pfad = Schulweg, für den du dich entschieden hast, mithilfe der Himmelsrichtungen.

5. Schritt: Ergebnisse speichern
Speichere deine Ergebnisse unter dem Menüpunkt <Datei>, <Speichern>.

Eine Mindmap erstellen:
(Band 1, Seite 68/69)

1. Schritt: Gedanken sammeln
Notiert zunächst wichtige Gedanken oder Begriffe zum Thema, so wie sie euch gerade einfallen. Beschränkt euch dabei möglichst auf ein bis zwei Worte.

2. Schritt: Gedanken ordnen
Sucht Oberbegriffe, denen ihr eure Gedanken und Begriffe als Unterbegriffe zuordnen könnt. Erstellt dazu eine Tabelle.

3. Schritt: Mindmap erstellen
Wenn ihr handschriftlich arbeitet: Nehmt ein unliniertes Papier im Querformat, schreibt das Thema in die Mitte des Blatts und kreist es ein. Zeichnet von der Mitte ausgehend Hauptäste nach außen. Beschriftet diese mit den Leitbegriffen. Zeichnet an die Hauptäste dünnere Nebenäste. Beschriftet diese mit den Unterbegriffen, die zu den Oberbegriffen gehören. Mit Farben und kleinen Zeichnungen könnt ihr die Übersichtlichkeit der Gedankenkarte verbessern.
Wenn ihr digital mit einem Programm oder einer App arbeitet: Meist müsst ihr euch zunächst für die Form, das Aussehen eurer Mindmap entscheiden. Danach könnt ihr die Begriffe eurer Tabelle eingeben, z. B. zunächst das Thema als Hauptknoten, die Oberbegriffe dann als Unterknoten, die dann wiederum Unterknoten enthalten. Eure Mindmap wird automatisch erstellt, ihr seht sofort das Ergebnis und könnt dieses abspeichern oder auch als Bild exportieren und dann so an andere schicken, die vielleicht nicht das entsprechende Programm haben.

Klimadiagramme beschreiben
(Band 1, Seite 86/87)

1. Schritt: Sich orientieren
Lies den Namen und die Höhe der Station ab. Suche die Station auf einer Atlaskarte.

2. Schritt: Temperaturen ablesen
Lies die mittlere Jahrestemperatur ab, ermittle dann den kältesten und den wärmsten Monat und berechne die Jahresschwankung der Temperatur. Die Jahresschwankung ist die Differenz zwischen dem wärmsten und kältesten Monat.

3. Schritt: Niederschläge ablesen
Lies den Jahresniederschlag ab und ermittle die Monate mit dem höchsten und niedrigsten Niederschlag.

4. Schritt: Beschreiben
Beschreibe den Jahresgang von Temperatur und Niederschlag. Beachte: Der Jahresgang ist der Verlauf bzw. die Veränderung von Temperatur und Niederschlag über ein Jahr.

Ein Gruppenpuzzle durchführen
(Band 1, Seite 96/97)

1. Schritt: In Stammgruppen Arbeitsauftrag und Untersuchungsfragen klären
Bildet zuerst Stammgruppen mit mindestens drei Mitgliedern. Um den Arbeitsauftrag bearbeiten zu können, müsst ihr euch nun das notwendige Spezialwissen zu verschiedenen landwirtschaftlichen Betrieben beschaffen. Dazu wählt jeder eines der drei folgenden Themen aus, für das er Experte werden will:
- Fleischproduktion,
- Milchproduktion und
- Salatproduktion.

Achtet darauf, dass jedes Thema mindestens einmal pro Stammgruppe vergeben ist.

2. Schritt: In Expertengruppen Wissen beschaffen und aneignen
Jetzt beginnt das Puzzle. Setzt euch mit den anderen Experten eures Themas zusammen. Bei mehr als fünf Mitgliedern solltet ihr die Gruppe teilen.
Erarbeitet zunächst in eurer Gruppe das Expertenwissen auf den folgenden Schülerbuchseiten (S. 98 – 103), indem ihr die Untersuchungsfragen (Text 4) beantwortet und die Ergebnisse auf dem Arbeitsblatt (Kopiervorlage über Online-Code) eintragt. Falls ihr einen Aspekt einer Aufgabe nicht beantworten könnt, dann lasst ihn erst einmal offen.
Es ist wichtig, dass ihr in der Gruppe ein gemeinsames Ergebnis erstellt, das ihr auch schriftlich in der Tabelle festhaltet. Als Experten müsst ihr nämlich dieses Ergebnis an andere weitergeben.

3. Schritt: In Stammgruppen Untersuchungsfragen beantworten
Nun kehrt ihr in eure ursprüngliche Stammgruppe zurück.
- Stellt euch gegenseitig die wichtigsten Ergebnisse aus den Expertengruppen vor, erläutert diese in eigenen Worten und beantwortet Verständnisfragen eurer Mitschüler. Füllt gemeinsam die Tabelle 5 aus.
- Achtet darauf, dass alle Mitglieder der Stammgruppe alle drei Themen präsentieren können. Stellt das Ergebnis anschaulich vor und vergleicht es mit den Ergebnissen der anderen Stammgruppen.

Einen Radiobeitrag erstellen:
(Band 1, Seite 148/149)

1. Schritt: Informationen sammeln
Ihr solltet Experten für euer Thema sein. Es gilt zunächst: Macht euch schlau! Nutzt hierzu euer Schulbuch, das Internet oder die Stadtbibliothek. Wählt Informationen aus, die euch selbst begeistern, überzeugen oder neu für euch sind. Wenn ihr für das Thema „brennt", könnt ihr die Zuhörer begeistern.

2. Schritt: Ein Drehbuch schreiben
Nichts ist wichtiger als ein gutes Drehbuch. Dabei solltet ihr den Inhalt des Radiobeitrags so genau wie möglich aufschreiben. Einige Tipps:
- Wenn ihr ein Interview führt, hilft es, vorher mögliche Fragen aufzuschreiben. So stockt das Gespräch nicht so leicht.
- Wer einen Radiobeitrag hört, kann nicht einfach vor- und zurückblättern. Daher sollte die Sprache einfach und verständlich sein: kurze Sätze, klare Aussagen.

3. Schritt: Sprecher auswählen
Jede Stimme klingt und wirkt anders. Nehmt daher einmal zum Test eure Stimmen auf und hört sie euch an. Welche klingt am angenehmsten? Übt eure Beiträge. Stimme, Tonlage und Betonung sind dabei wichtig.

4. Schritt: Geräte und Apps kennenlernen
Welchen Knopf muss man drücken, damit die Aufnahme läuft? Woran erkennt ihr, dass ihr aufnehmt? Lässt sich die Aufnahmelautstärke regeln? Wie kann man die Aufnahme hinterher anhören? Wie kann man die Aufnahme bearbeiten und schneiden?
Für die Aufnahme gibt es viel Apps – hier zwei Tipps:
Garageband für Mac-Nutzer, Audacity für Windows oder Mac – beide sind kostenlos und einfach zu bedienen. Wenn ihr dabei noch Hilfe benötigt – kein Problem: Im Internet gibt es Tutorials dazu.

5. Schritt: Radiobeitrag aufnehmen
Nehmt nun euren Radiobeitrag auf. Hier noch zwei Tipps dazu:
- Wählt einen möglichst ruhigen Ort, um störende Hintergrundgeräusche zu minimieren. Das gilt auch für Aufnahmen draußen. Bei Umfragen und Reportagen sind Hintergrundgeräusche wie Straßenlärm zwar durchaus erwünscht, sie dürfen aber nicht zu laut sein. Macht vor der eigentlichen Aufnahme ein paar Probeaufnahmen.
- Wenn die Aufnahme läuft, darf immer nur einer sprechen.

6. Schritt: Schneidet den Radiobeitrag zusammen
Die aufgenommene Audio-Datei ist noch lange nicht der fertige Radiobeitrag. Alles, was man nicht braucht, muss noch weggeschnitten werden, z. B. unnötige Worte, Versprecher, Stille am Anfang und Ende sowie Störgeräusche wie Räuspern, Ähs oder Husten. Ein Schnitt sollte nicht zu hören sein. Es dürfen also keine Buchstaben am Ende eines Wortes abgeschnitten werden. Atmer werden nicht herausgeschnitten.
Ihr könnt so beim Schnitt auch die Reihenfolge der Beiträge ändern und neu zusammenschneiden.
Zudem könnt ihr eure Wortbeiträge noch mit Hintergrundgeräuschen unterlegen oder mithilfe von Musik kleine Pausen zwischen einzelne Beiträge setzen.

7. Schritt: Radiobeitrag abspeichern
Am besten wählt ihr das MP3-Format. Die Datei sollte außerdem eine Bitrate zwischen 128 kBit/s und 192 kBit/s haben. Die Einstellung könnt ihr in jedem Bearbeitungsprogramm vornehmen. Diese Qualität ermöglicht angenehmes Hören und die Datei ist klein genug, um nicht unnötig Speicherplatz oder Datenvolumen zu fressen.

Tabellen lesen und auswerten
(Band 1, Seite 182/183)

1. Schritt: Überblick verschaffen
Stelle das Thema der Tabelle fest, der Titel hilft dir dabei.

2. Schritt: Inhalte klären
Bestimme die Bestandteile der Tabelle.
Jede Tabelle hat eine Vorspalte und einen Tabellenkopf: Den Inhalten, die in der Vorspalte aufgelistet sind, werden andere Punkte des Tabellenkopfes gegenübergestellt.
Finde die Bedeutung der Zahlen heraus. Die Maßeinheiten können dir helfen.
Gibt es Maßzahlen, werden diese meist abgekürzt oder durch Zeichen dargestellt, z. B. Ew. (Einwohner) und km^2 (Quadratkilometer).

3. Schritt: Zahlen untereinander vergleichen
Beschreibe durch den Zahlenvergleich Entwicklungen und Anteile.

4. Schritt: Aussagen formulieren
Betrachte zunächst die Zahlen einer Zeile oder einer Spalte und werte diese aus. Schreibe deine Ergebnisse in ganzen Sätzen auf. Darauf musst du achten:
a) besonders große und kleine Werte, also extreme Werte;
b) Entwicklungen wie Wachstum, Rückgang, Stillstand, Schwankungen oder Trendwende. Vorsicht: Viele Tabellen enthalten unterschiedliche Zeitsprünge.

Diagramme zeichnen
(Band 1, Seite 190/191)

1. Schritt: Diagrammtyp wählen
Überlege, welche Art von Diagramm am besten geeignet ist, die gegebenen Daten darzustellen. Lege einen Titel für das Diagramm fest.

2. Schritt: Achsenlänge und Schrittgrößen festlegen
Schau dir die Zahlenwerte genau an und lege die Höhe und Breite für dein Diagramm fest. Orientiere dich dabei an der jeweils größten Zahl und wähle eine sinnvolle Einteilung der Achsen. Beschrifte die Achsen.

3. Schritt: Zahlenwerte eintragen
Trage die Zahlenwerte in das vorbereitete Diagramm ein. Bei mehreren Kurven oder Balken musst du unterschiedliche Farben benutzen. Erstelle eine Legende, die die Bedeutung der Farben erklärt.

Diagramme auswerten
(Band 1, Seite 190/191)

1. Schritt: Sich orientieren
Nenne das Thema (Überschrift) und beschreibe, was auf welche Weise dargestellt wird (Ort, Zeitraum, Zahlenwerte).

2. Schritt: Beschreiben
Formuliere wichtige Aussagen des Diagramms: vor allem höchste und niedrigste Werte oder eine bestimmte Entwicklung, die abzulesen ist. Achte auf die verwendeten Maßeinheiten und die Zeiteinteilung. Manchmal enthält das Diagramm Zeitsprünge. Durch einen Zahlenvergleich lassen sich Veränderungen (Entwicklungen) oder Anteile anschaulich beschreiben.

3. Schritt: Erklären
Erkläre Zusammenhänge, die aus dem Diagramm ersichtlich sind. Nutze dazu andere Informationsquellen. Es kann sein, dass du manches nicht erklären, sondern nur Vermutungen formulieren kannst.

Eine Befragung durchführen
(Band 1, Seite 194/195)

1. Schritt: Zielsetzung klären
- Überlegt, was ihr herausfinden wollt.
- Formuliert eure wichtigsten Ziele.
- Schreibt die Ziele auf ein Plakat und hängt dieses in der Klasse auf.
- Klärt, wen ihr befragen wollt.

2. Schritt: Fragebogen erstellen
- Formuliert die Fragen. Achtet dabei immer darauf, dass ihr eure Ziele berücksichtigt.
- Welcher Fragetyp ist der geeignete?
- In welcher Reihenfolge sollen die Fragen gestellt werden?
- Erstellt den Fragebogen mithilfe eines Computerprogramms, z. B. GrafStat. Ihr müsst dann nur die Fragen eingeben, bei der Gestaltung hilft der Computer.
- Testet den Fragebogen z. B. bei Freunden. Wenn nötig, müsst ihr ihn überarbeiten.

3. Schritt: Befragung durchführen
- Stellt einen Zeitplan für die Befragung auf und sprecht alle Termine rechtzeitig ab.
- Achtet darauf, dass genug Zeit für die Befragung zur Verfügung steht.

4. Schritt: Befragung auswerten
- Nummeriert zuerst die ausgefüllten Fragebögen.
- Gebt die Daten in den Computer ein. Arbeitet dabei am besten zu zweit.
- Stellt eure Ergebnisse in Diagrammen dar.
- Erklärt jedes Diagramm mit einem Text.
- Arbeitet Zusammenhänge zwischen den Einzelergebnissen heraus.

5. Schritt: Ergebnisse präsentieren
- Präsentiert eure Ergebnisse: Fertigt z. B. eine Wandzeitung an oder schreibt einen Bericht für eine Tageszeitung, die Schülerzeitung oder auch für die Homepage eurer Schule.

6. Schritt: Weiteres Vorgehen überlegen
- Überlegt euch, ob sich neue Fragen aus den Ergebnissen eurer Befragung ergeben.
- Macht Vorschläge, wie ihr weiter vorgehen könnt.
- Überlegt: Was ist bei der Befragung gut oder schlecht gelaufen? Was sollte beim nächsten Mal anders laufen?

Quellenverzeichnis

Cover.o. Getty Images (wiratgasem/ Moment), München; **Cover.u.** Getty Images (RooM), München; **6.1** Grunewald, Olivier, www.oliviergrunewald.com, France; **8.1** akg-images, Berlin; **8.2** Eckenfelder, Bettina, Hörselberg-Hainich; **9.3** Klett-Archiv, Stuttgart; **10.1** Klett-Archiv, Stuttgart; **10.2** akg-images, Berlin; **11.3** akg-images (Science Photo Library/ Library of Congress, Rare Book and Special Collections Division), Berlin; **12.1** Picture-Alliance (dpa/ DLR), Frankfurt; **12.2** DLR, Köln; **13.3** Brodengeier, Dr. Egbert, Lichtenberg; **14.1** Getty Images (Corbis Historical), München; **14.2** SZ Photo/DIZ München GmbH (imageBROKER/ Gerken & Ernst), München; **14.4** Ullstein Bild GmbH (Schöning), Berlin; **14.5** Thinkstock (Sablin), München; **15.6** creanovo, Kempf, Axel, Hannover; **16** Alamy stock photo (Universal Images Group North America LLC), Abingdon, Oxon; **18.1** Schaar, Wolfgang, Grafing; **18.2** BPK, Berlin; **18.3** BPK, Berlin; **19.4** Schaar, Wolfgang, Grafing; **19.5** creanovo, Kempf, Axel, Hannover; **20.1** Schaar, Wolfgang, Grafing; **20.2** Schaar, Wolfgang, Grafing; **20.3** Schaar, Wolfgang, Grafing; **21.4** Schaar, Wolfgang, Grafing; **21.5** Klett-Archiv, Stuttgart; **22.1** stock.adobe.com (Petr Bonek), Dublin; **22.2** Jäckel, Diana, Erfurt; **22.3** Jäckel, Diana, Erfurt; **23.4** Schaar, Wolfgang, Grafing; **23.5** Klett-Archiv, Stuttgart; **24.1** Getty Images (Stocktrek Images), München; **24.3** Picture-Alliance (Red Bull Stratos), Frankfurt; **24.4** Jäckel, Diana, Erfurt; **25.5** Schaar, Wolfgang, Grafing; **26.1** Obermann, Helmut, Ettlingen; **26.2** Schaar, Wolfgang, Grafing; **26.3** Obermann, Helmut, Ettlingen; **27.4** Alamy stock photo (Jan Csernoch), Abingdon, Oxon; **27.5** Jäckel, Diana, Erfurt; **27.6** Alamy stock photo (Rolf Richardson), Abingdon, Oxon; **28.1 o.** Fotolia.com (Per Tillmann), New York; **28.1 u.** Schaar, Wolfgang, Grafing; **28.2** Schaar, Wolfgang, Grafing; **28.3** Schaar, Wolfgang, Grafing; **28.4** Schaar, Wolfgang, Grafing; **29.5** Schaar, Wolfgang, Grafing; **29.6** Jähde, Steffen, Sundhagen; **29.7** iStockphoto (Arturo Limon), Calgary, Alberta; **29.8** ShutterStock.com RF (Mircea C), New York, NY; **30.1** Schaar, Wolfgang, Grafing; **30.2** Schaar, Wolfgang, Grafing; **31.3** Schaar, Wolfgang, Grafing; **31.3** Schaar, Wolfgang, Grafing; **31.3** Schaar, Wolfgang, Grafing; **31.5** Jähde, Steffen, Sundhagen; **32.1** Butz, Steffen, Karlsruhe; **33.2** Jäckel, Diana, Erfurt; **34.1** creanovo, Kempf, Axel, Hannover; **35.2** Michael Odenwald. Dauer-Dürre trocknet Deutschland aus: Wird jetzt das Trinkwasser knapp?, auf, FOCUS Online vom 24.4.2019, unter: www.focus.de/wissen/klima/trinkwassermangel-geht-deutschland-im-sommer-das-wasser-aus_id_10610181.html (Zugriff 12.11.2019); **35.3** laif (Amin Akhtar), Köln; **36.1** Schaar, Wolfgang, Grafing; **36.2** Klett-Archiv, Stuttgart; **37.3** Schaar, Wolfgang, Grafing; **37.4** Klett-Archiv, Stuttgart; **38.1** iStockphoto (Ramdan_Nain), Calgary, Alberta; **38.2** ShutterStock.com RF (Volodymyr Goinyk), New York, NY; **38.3** ShutterStock.com RF (Gregory A. Pozhvanov), New York, NY; **38.4** Fotolia.com (Franck Monnot), New York; **38.5** Alamy stock photo (shapencolour), Abingdon, Oxon; **38.6** ShutterStock.com RF (Matteo Festi), New York, NY; **39.7** Jäckel, Diana, Erfurt; **39.8** Jäckel, Diana, Erfurt; **39.9** Jäckel, Diana, Erfurt; **39.10** Jäckel, Diana, Erfurt; **39.11** Jäckel, Diana, Erfurt; **39.12** Jäckel, Diana, Erfurt; **40.1** Rausch, Christoph; Rausch, Marion, Linsenhofen; Linsenhofen; **40.2** Rausch, Christoph; Rausch, Marion, Linsenhofen; Linsenhofen; **40.3** Obermann, Helmut, Ettlingen; **41.4** Jähde, Steffen, Sundhagen; **41.5** Schaar, Wolfgang, Grafing; **41.6** Schaar, Wolfgang, Grafing; **41.7** Schaar, Wolfgang, Grafing; **41.8** Jäckel, Diana, Erfurt; **41.m.li.** Jähde, Steffen, Sundhagen; **42.1** Alamy stock photo (Wolfgang Diederich), Abingdon, Oxon; **44.1** Thinkstock (ABDESIGN), München; **44.3** Thinkstock (mariusz_prusaczyk), München; **44.4** Thinkstock (pressdigital), München; **44.5** Getty Images (Westend61), München; **44.6** www.panthermedia.net (Peter Ammel), München; **45.7** Schaar, Wolfgang, Grafing; **45.8** Thinkstock (mr_coffee), München; **45.9** Jäckel, Diana, Erfurt; **45.10** Thinkstock (nikpal), München; **46.11** Schaar, Wolfgang, Grafing; **47.12** stock.adobe.com (Omika), Dublin; **47.13** Alamy stock photo (Danita Delimont), Abingdon, Oxon; **48.1** Alamy stock photo (Ashley Cooper pics), Abingdon, Oxon; **48.2** Picture-Alliance (Photoshot), Frankfurt; **49.3** Jäckel, Diana, Erfurt; **49.4** Getty Images (golero), München; **49.5** Jäckel, Diana, Erfurt; **50.1 A** Alamy stock photo (Ragnar Th Sigurdsson), Abingdon, Oxon; **50.1 B** Alamy stock photo (S. Bruce Nace), Abingdon, Oxon; **50.1 C** Alamy stock photo (Central America), Abingdon, Oxon; **51.1 D** Picture-Alliance (Jan Sochor), Frankfurt; **51.1 E** Alamy stock photo (Ken Hawkins), Abingdon, Oxon; **51.2** http://www.factfish.com/de/statistik/bananen%2C%20produktionsmenge (Zugriff: 13.11.2019); **51.3** Hungreder, Rudolf, Leinfelden-Echterdingen; **52.1** Getty Images (Nelson Almeida/AFP), München; **52.2 A** Peter Hirschberger, Susanne Winter, Die schwindenden Wälder der Welt, Zustand, Trends und Lösungswege, WWF-Waldbericht März 2018, S. 57, unter: https://mobil.wwf.de/fileadmin/fm-wwf/Publikationen-PDF/WWF-Waldbericht-2018.pdf (Zugriff: 13.11.2019); **52.2 B** Brasilien: Der Regenwald ist für Bolsonaro eher Rohstoff als Lebensraum, In: Die Presse vom 24.04.2019, unter: www.diepresse.com/5617215/brasilien-der-regenwald-ist-fur-bolsonaro-eher-rohstoff-als-lebensraum (Zugriff: 13.11.2019) (APA/Reuters/Red.); **52.3** ShutterStock.com RF (guentermanaus), New York, NY; **53.4** Thinkstock (iStock/alffoto), München; **53.5** Die schwindenden Wälder der Welt, Zustand, Trends und Lösungswege, WWF-Waldbericht 2018, S. 22 ff., unter: https://mobil.wwf.de/fileadmin/fm-wwf/Publikationen-PDF/WWF-Waldbericht-2018.pdf (Zugriff: 13.11.2019); **53.6** Getty Images (Ricardo Beliel/Brazil Photos/LightRocket), München; **54.1** Mauritius Images (Photoshot Creative/Martin Harvey), Mittenwald; **54.2** Jäckel, Diana, Erfurt; **55.3** Schaar, Wolfgang, Grafing; **57.1** Klett-Archiv, Stuttgart; **58.1** Okapia (John Cancalosi), Frankfurt; **58.2** Image Professionals GmbH/Science Photo Library (Dr. Morley Read), München; **58.3** VISUM Foto GmbH (Erik Sampers/ ASK), München; **59.4** Schaar, Wolfgang, Grafing; **59.5** Jäckel, Diana, Erfurt, Quelle: www.faszination-regenwald.de; **59.6** Jäckel, Diana, Erfurt, Quelle: www.faszination-regenwald.de; **60.1** Klett-Archiv, Stuttgart; **60.2** Eckenfelder, Bettina, Hörselberg-Hainich; Quellen: WWF, USDA; **60.3** https://www.forumpalmoel.org/was-ist-palmoel (Zugriff: 14.11.2019); **61.4** Getty Images (E +/Vaara), München; **61.5** iStockphoto (Herianus), Calgary, Alberta; **62.1** Getty Images (Juan Baretto/AFP), München; **63.2** Infozentrum Schokolade www.schokoinfo.de, Leverkusen; **63.3** Katz, Thorsten, Freiburg; **63.4** ShutterStock.com RF (Kaca Skokanova), New York, NY; **65.1** Jäckel, Diana, Erfurt, Quellen: Teoh 2010: 7; USDA 2014: 6; **65.2** Jäckel, Diana, Erfurt, Quellen: CIFOR 2009: 11; USDA 2009; **65.3** Jäckel, Diana, Erfurt, Quellen: CIFOR 2009: 11; USDA 2009; **66.1** Schaar, Wolfgang, Grafing; **67.2** Klett-Archiv, Stuttgart; **68** ShutterStock.com RF (hermitis), New York, NY; **69.m.re.** stock.adobe.com (Mieszko9), Dublin; **69.u.re.** Getty Images RF (Photo Disc), München; **70.1A** Alamy stock photo (RKive), Abingdon, Oxon; **70.1B** Getty Images (Martin Harvey), München; **70.1C** Alamy stock photo (Tuul and Bruno Morandi), Abingdon, Oxon; **70.1D** ShutterStock.com RF (Vladimir Wrangel), New York, NY; **70.1E** imago images (imageBROKER/Michael Runkel), Berlin; **70.1F** iStockphoto (Kenneth Canning), Calgary, Alberta; **71.3** Klett-Archiv, Stuttgart; **71.5** Schaar, Wolfgang, Grafing; **72.1** ddp images GmbH (Andrew Michael), Hamburg; **73.2** Eckenfelder, Bettina, Hörselberg-Hainich; **73.3** stock.adobe.com (PhotoSG), Dublin; **74.1** ShutterStock.com RF (Dmitry Pichugin), New York, NY; **74.2** Jäckel, Diana, Erfurt; **75.1** Jäckel, Diana, Erfurt; **75.2** Klett-Archiv, Stuttgart; **76.1** ShutterStock.com RF (Nina B), New York, NY; **76.2** Jäckel, Diana, Erfurt, nach Google Earth Höhenprofil; **76.3** Jäckel, Diana, Erfurt; **77.1** Jäckel, Diana, Erfurt; **77.2** Getty Images Plus (DanielPrudek), München; **78.1** Schaar, Wolfgang, Grafing; **78.2** Alamy stock photo (Abdelkarime Achtaou), Abingdon, Oxon; **78.3** dreamstime.com (David Burke), Brentwood, TN; **79.4** Schaar, Wolfgang, Grafing; **79.5** Schaar, Wolfgang, Grafing; **79.6** Getty Images (Patrick T. Fallon/Bloomberg), München; **81.1** Klett-Archiv, Stuttgart; **81.2** Jäckel, Diana, Erfurt; **81.3** CC-BY-SA-4.0/https://creativecommons.org/licenses/by-sa/4.0/deed.de (AchMdrd), siehe *3; **82.1** Alamy stock photo (Image Source), Abingdon, Oxon; **82.2** Google Earth, Image Landsat/Copernicus; **83.3** (c) 2019 Google, Image (c) 2020 CNES/Airbus; (c) 2019 ORION-ME, Image (c) 2020 Maxar Technologies; **84.1** Schaar, Wolfgang, Grafing; **84.3** Alamy stock photo (Raga Jose Fuste), Abingdon, Oxon;

84.4 Alamy stock photo (Eduardo Pucheta), Abingdon, Oxon; **84.5** Jäckel, Diana, Erfurt; **85.6** Schaar, Wolfgang, Grafing; **85.7** stock.adobe.com (norrie39), Dublin; **85.8** Schaar, Wolfgang, Grafing; **86.1** Klett-Archiv, Stuttgart, © 2019 Google - US Dept. of State Geographer, Image Landsat/Copernicus, used with permission. Google and the Google logo are registered trademarks of Google LLC.; **86.2** Jäckel, Diana, Erfurt; **87.3** Alamy stock photo (Roberto Fumagalli), Abingdon, Oxon; **87.4** Getty Images Plus (E+/AzmanJaka), München; **87.5** Getty Images Plus (E+/Juanmonino), München; **87.6** Getty Images Plus (DigitalVision/Malandrino), München; **88.1** Alamy stock photo (Charles Stirling (Travel)), Abingdon, Oxon; **89.3** ShutterStock.com RF (Naletova Elena), New York, NY; **90.1** Alamy stock photo (Dietmar Rauscher), Abingdon, Oxon; **91.2** Alamy stock photo (Cavan Images), Abingdon, Oxon; **92.1** ShutterStock.com RF (vladsilver), New York, NY; **93.2** Okapia (Biosphoto), Frankfurt; **93.3** Schaar, Wolfgang, Grafing; **93.4** Jäckel, Diana, Erfurt; **93.5** Getty Images Plus (brytta), München; **93.6** Schaar, Wolfgang, Grafing; **93.7** Jäckel, Diana, Erfurt; **93.8** ShutterStock.com RF (tommaso79), New York, NY; **93.9** Schaar, Wolfgang, Grafing; **93.10** Jäckel, Diana, Erfurt; **94.1** Klett-Archiv, Stuttgart; **95.2** Schaar, Wolfgang, Grafing; **95.3** Schaar, Wolfgang, Grafing; **95.4** imago images (Ute Grabowsky/photothek), Berlin; **96.1A** Getty Images (Moment Open), München; **96.1B** VISUM Foto GmbH (David Rose/Panos Pictures), München; **96.2** Jäckel, Diana, Erfurt, Quelle: Institut National de la Statistique - Niger. Annuaire Stattistique 2010. Environment, unter: http://www.stat-niger.org/statistique/file/Annuaires_Statistiques/Annuaire_ins_2010/34.pdf, aktualisiert nach: http://www.weatheronline.de; **96.3** Jäckel, Diana, Erfurt; **97.1** Jäckel, Diana, Erfurt, nach www.fao.org/faostat/en/#compare; **97.2** Mauritius Images (Robert Estall photo agency/Alamy), Mittenwald; **98.1** ddp images GmbH (BO/UIG/Edwards), Hamburg; **98.2** Getty Images Plus (Gallo Images), München; **99.1** Mauritius Images (Louise Bretten), Mittenwald; **99.2** Quelle: United Nations: World Population Prospects 2019, Online Edition. Rev. 1.; unter: https://population.un.org/wpp/Download/Standard/Population/ und Food and Agriculture Organization of the United Nations (FAO): Land Use 2019; unter: www.fao.org/faostat/en/#data/RL; **100.1** Butz, Steffen, Karlsruhe; **101.3** Jäckel, Diana, Erfurt; **102.1 li.** Getty Images (Universal Images Group), München; **102.1 re.** laif (Michael Riehle), Köln; **103.2** Picture-Alliance (imageBROKER/Florian Kopp), Frankfurt; **103.3** Mauritius Images (Mike Goldwater), Mittenwald; **103.4** imago images (Ute Grabowsky/photothek), Berlin; **104.1** Alamy stock photo (David South), Abingdon, Oxon; **104.2** Hungreder, Rudolf, Leinfelden-Echterdingen; **104.3** Jäckel, Diana, Erfurt; **105.5** Klett-Archiv, Stuttgart; **105.6** Alamy stock photo (Rachel Carbonell), Abingdon, Oxon; **105.7** stock.adobe.com (Sandra), Dublin; **105.8** Picture-Alliance (dpa/EF/Afrimages/Maxppp), Frankfurt; **106.1** Getty Images (Stockbyte/David Toase), München; **107.2** DigitalVision, Maintal-Dörnigheim; **108.1** Klett-Archiv, Stuttgart; **109.2** Jäckel, Diana, Erfurt; **109.3** Jäckel, Diana, Erfurt; **109.4 o.** ShutterStock.com RF (Christian Mueller), New York, NY; **109.4 o.li.** stock.adobe.com (Sandra Gligorijevic), Dublin; **109.4 u.** ShutterStock.com RF (Roman Mikhailiuk), New York, NY; **109.4 u.li.** iStockphoto (RF/Valentin Casarsa), Calgary, Alberta; **110.1** Alamy stock photo (Maxim Weise), Abingdon, Oxon; **111.2** Picture-Alliance (NASA Earth/ZUMA Press), Frankfurt; **111.3** Schaar, Wolfgang, Grafing; **111.4** Schaar, Wolfgang, Grafing; **112.1** Schaar, Wolfgang, Grafing; **112.2** Klett-Archiv, Stuttgart; **113.3** Schaar, Wolfgang, Grafing; **113.4** Klett-Archiv, Stuttgart; **114.1** Klett-Archiv, Stuttgart; **115.2** Klett-Archiv, Stuttgart; **116.1** Eckenfelder, Bettina, Hörselberg-Hainich; **117.4** Getty Images Plus (iStock/Wavebreakmedia), München; **118** Eckenfelder, Bettina, Hörselberg-Hainich; **120.1** iStockphoto (Opla), Calgary, Alberta; **121.2** Jäckel, Diana, Erfurt; **121.3** Schaar, Wolfgang, Grafing; **121.4** Fotolia.com (Saidin Jusoh), New York; **121.5** Getty Images Plus (Supersmario), München; **122.1** Klett-Archiv, Stuttgart nach Helmholtz-Zentrum für Umweltforschung, Archiv Dürresituation (UFZ); https://www.ufz.de/index.php?de=40990; **123.2** Fotolia.com (Martina Topf), New York; **123.3** Alamy stock photo (Alexander Ludwig), Abingdon, Oxon; **123.4** Christina Lüdeke, Hochwasser an der Elbe. planet wissen v. 18.6.2019, unter: www.planet-wissen.de/natur/fluesse_und_seen/die_elbe/pwiehochwasseranderelbe100.html (19.9.2019); **123.5** Sommer-Wetter 2018: Extrem heiß, extrem trocken, auf: Bayerischer Rundfunk v. 30.8.2018, unter: www.br.de/nachrichten/wissen/sommer-wetter-2018-extrem-heiss-extrem-trocken,R2CdNOl (19.9.2019); **124.1** Schaar, Wolfgang, Grafing; **125.2** Schaar, Wolfgang, Grafing; **126.1** Butz, Steffen, Karlsruhe; **126.2** Bette, Julian, Münster; **126.3** Jähde, Steffen, Sundhagen; **127.4** Eckenfelder, Bettina, Hörselberg-Hainich; **127.5** Eckenfelder, Bettina, Hörselberg-Hainich; **128.1** Image Landsat/Copernicus; Data SIO, NOAA, U.S. Navy, NGA, GEBCO; Image IBCAO, Image U.S. Geological Survey; **130** Jäckel, Diana, Erfurt; **132.1** Alamy stock photo (Oliver Förstner), Abingdon, Oxon; **134.1** Schaar, Wolfgang, Grafing; **134.2** Klett-Archiv, Stuttgart; **134.3** Jäckel, Diana, Erfurt; **135.4** Schaar, Wolfgang, Grafing; **135.5** Jäckel, Diana, Erfurt; **135.6** Klett-Archiv, Stuttgart; **136.1A** Alamy stock photo (Crister Haug), Abingdon, Oxon; **136.1B** Alamy stock photo (Crister Haug), Abingdon, Oxon; **136.2** Schaar, Wolfgang, Grafing; **137.3** Jäckel, Diana, Erfurt; **137.4** Mauritius Images (age fotostock), Mittenwald; **137.5** Kai Zimmermann, Xanten; **138.1** Schaar, Wolfgang, Grafing; **138.2A** Image Professionals GmbH/Science Photo Library (LOUISE MURRAY), München; **138.2B** Picture-Alliance (Chris Wattie/Reuters), Frankfurt; **138.2C** laif (Christophe Boisvieux), Köln; **138.3** Jäckel, Diana, Erfurt; **139.4** Klett-Archiv, Stuttgart; **139.6** Schaar, Wolfgang, Grafing; **139.7** iStockphoto (JamesPearsell), Calgary, Alberta; **140.1** Klett-Archiv, Stuttgart; **141.2 li.** Schaar, Wolfgang, Grafing; **141.2 m.** stock.adobe.com (Yuliia), Dublin; **141.2 o.** Schaar, Wolfgang, Grafing; **141.2 re.** Mair, Jörg, München; **141.2 u.** Klett-Archiv, Stuttgart; **142.1** Schaar, Wolfgang, Grafing; **142.2** Alamy stock photo (Cindy Hopkins), Abingdon, Oxon; **143.3** Klett-Archiv, Stuttgart; **144.1** Schaar, Wolfgang, Grafing; **144.3** laif (SUTTON/GAMMA), Köln; **145.5** Klett-Archiv, Stuttgart; **146.1** Klett-Archiv, Stuttgart; **146.u.** Jähde, Steffen, Sundhagen; **147.2** Picture-Alliance (ZUMA Press), Frankfurt; **147.3** Hungreder, Rudolf, Leinfelden-Echterdingen; **148.1** Schaar, Wolfgang, Grafing, und Google Inc. (Google Earth; Data SIO, NOAA, U.S. Navy, NGA, GEBCO; Image Landsat/Copernicus; Image IBCAO), Mountain View, CA; **150.1** stock.adobe.com (Dan Breckwoldt), Dublin; **150.2** ShutterStock.com RF (Split Second Stock), New York, NY; **150.3** Alamy stock photo (imageBROKER), Abingdon, Oxon; **150.4** akg-images (euroluftbild.de/Hans Blossey), Berlin; **151.5** Schaar, Wolfgang, Grafing; **152.1** Klett-Archiv, Stuttgart; **154.1** Picture-Alliance (blickwinkel/S. Meyers), Frankfurt; **154.2** Schaar, Wolfgang, Grafing; **154.3** ShutterStock.com RF (Werner Goetz), New York, NY; **154.4** iStockphoto (PatricioHidalgoP), Calgary, Alberta; **155.5** Schaar, Wolfgang, Grafing; **156.1** Klett-Archiv, Stuttgart; **157.2** imago images (Jan Huebner), Berlin; **157.3** laif (Michael Runkel/robertharding), Köln; **158.1** Getty Images (Moment/Ingólfur Bjargmundsson), München; **159.2** Getty Images Plus (robas), München; **160.1** Getty Images (Corbis Historical/Gary Braasch), München; **160.2** Schaar, Wolfgang, Grafing; **160.3** Klett-Archiv, Stuttgart; **161.4** Getty Images Plus (35007), München; **161.5** Klett-Archiv, Stuttgart; **161.6** Schaar, Wolfgang, Grafing; **162.1** Picture-Alliance (dpa/Asahi Shimbun), Frankfurt; **163.3** Klett-Archiv, Stuttgart; **163.4** Jäckel, Diana, Erfurt; **164.1** Getty Images (Woohae Cho), München; **164.2** Hungreder, Rudolf, Leinfelden-Echterdingen; **164.3** Schaar, Wolfgang, Grafing; **165.4** Schaar, Wolfgang, Grafing; **165.5** Hungreder, Rudolf, Leinfelden-Echterdingen; **166.1** Klett-Archiv, Stuttgart; **166.2** Klett-Archiv, Stuttgart; **166.3 o.** BPK, Berlin; **166.3 u.** Wegener, Else: Alfred Wegener. Tagebücher, Briefe, Erinerungen. Brockhaus, Wiesbaden 1960, S.75.; **167.4** Klett-Archiv, Stuttgart; **168.5** Schaar, Wolfgang, Grafing; **168.6** Schaar, Wolfgang, Grafing; **169.7** Butz, Steffen, Karlsruhe; **170.1 o.** Butz, Steffen, Karlsruhe; **170.1 u.** Klett-Archiv, Stuttgart; **170.4** Picture-Alliance (dpa), Frankfurt; **172.1** Schaar, Wolfgang, Grafing; **173.2** ShutterStock.com RF (Puripat Lertpunyaroj), New York, NY; **173.3** Klett-Archiv, Stuttgart; **173.4** Jäckel, Diana, Erfurt; **173.5** ShutterStock.com RF (Gimas), New York, NY; **173.6** Klett-Archiv, Stuttgart; **173.7** Getty Images Plus (mantaphoto), München;

174.9 Mauritius Images (ARCTIC IMAGES/ Alamy), Mittenwald; **174.10** Klett-Archiv, Stuttgart; **174.11** Jäkel, Diana, Erfurt, Quelle: CORINE Land Cover 2006 in Iceland. Final Report, November 2008. National Land Survey of Iceland; **174.12** Mauritius Images (Arctic Images/Alamy), Mittenwald; **174.13** Jäckel, Diana, Erfurt, Quelle: Hagstofa Íslands, Reykjavík; **175.16** Klett-Archiv, Stuttgart; **175.17** Schaar, Wolfgang, Grafing; **176.1** Schaar, Wolfgang, Grafing; **176.2** Klett-Archiv, Stuttgart; **176.3** Klett-Archiv, Stuttgart; **176.4** Klett-Archiv, Stuttgart; **177.6** Jäckel, Diana, Erfurt; **177.7** Klett-Archiv, Stuttgart; **178.1** Schaar, Wolfgang, Grafing; **178.3** Jäckel, Diana, Erfurt; **179.5** Schaar, Wolfgang, Grafing; **179.6** Schaar, Wolfgang, Grafing; **180.1** Schaar, Wolfgang, Grafing; **181.3** Mauritius Images (Pacific Press Service/Alamy), Mittenwald; **181.4** Picture-Alliance (abaca/ Logan Abassi), Frankfurt; **181.6** Schaar, Wolfgang, Grafing; **182.1** Schaar, Wolfgang, Grafing; **182.2** Picture-Alliance (dpa/Aflo/ Mainichi Newspaper), Frankfurt; **183.4 A, B** Picture-Alliance (Kyodo/MAXPPP), Frankfurt; **183.4 C,D** Picture-Alliance (Kyodo/MAXPPP), Frankfurt; **184.1** Getty Images, München; **184.2** ler/tok/dpa/dapd, Auge des Wirbelsturms prallt auf US-Ostküste, SPIEGEL ONLINE v. 30.10.2012, unter: https://www.spiegel.de/panorama/hurrikan-sandy-prallt-auf-die-ostkueste-der-usa-a-864147.html; **185.3** Schaar, Wolfgang, Grafing; **185.4** Schaar, Wolfgang, Grafing; **185.5** Jäckel, Diana, Erfurt; **186.6** Picture-Alliance (dpa/Travis Heying/The Wichita Eagle), Frankfurt; **186.7** n-tv Kurznachrichten, Unwetter fordern zwei Todesopfer Tornados rasen durch Oklahoma v. 10.05.2016, unter: www.n-tv.de/ticker/Tornados-rasen-durch-Oklahoma-article17655611.html; **186.8** azik./ dpa, FAZ vom 23.05.2016, unter: www.faz.net/aktuell/unwetter-in-ostwestfalen-tornado-verwuestet-minden-luebeck-14248122.html; **187.11** Schaar, Wolfgang, Grafing; **188.1** Schaar, Wolfgang, Grafing; **188.2** Google Earth, Image (c) 2019 Maxar Technologies, Image U.S. Geological Survey; **189.4** Google Earth, Image (c) 2019 Maxar Technologies, Image NOAA; **189.5** Schaar, Wolfgang, Grafing; **190.1** Daten nach: 2019 Münchener Rückversicherungs-Gesellschaft, GeoRisikoForschung, NatCatSERVICE – Stand September 2019; **190.2** iStockphoto (Niko Guido), Calgary, Alberta; **190.3** Von Stig Nygaard - http://www.flickr.com/photos/stignygaard/4143658508/, CC BY 2.0, https://commons.wikimedia.org/w/index.php?curid=27452302, siehe *1; **191.4** Klett-Archiv, Stuttgart; **192.1** Alamy stock photo (Kip Evans), Abingdon, Oxon; **192.2** Alamy stock photo (Nigel Spiers), Abingdon, Oxon; **192.m.** Jähde, Steffen, Sundhagen; **193.3** Schaar, Wolfgang, Grafing; **193.4** Klett-Archiv, Stuttgart; **193.5** Picture-Alliance (Google GeoEye), Frankfurt; **194.1 li.** NASA (Joshua Stevens, using Landsat data from the USGS), Washington , D.C.; **195.1 re.** NASA (Joshua Stevens, using Landsat data from the USGS), Washington , D.C.; **196.1** Jäkel, Diana, Erfurt, nach NASA Goddard Institute for Space Studies; **196.2** Nach Statista: Die weltweit wärmsten Jahre seit Beginn der Messung im Jahr 1880, 2019, unter: https://de.statista.com/statistik/daten/studie/157755/umfrage/klimawandel---die-weltweit-waermsten-jahre-seit-1880/; **196.3** Schaar, Wolfgang, Grafing; **198.1** Alamy stock photo (ARCTIC IMAGES), Abingdon, Oxon; **198.2** Image Professionals GmbH/ Science Photo Library (Science Photo Library), München; **199.3** Jäckel, Diana, Erfurt; **200.1** creanovo, Kempf, Axel, Hannover; **201.3** Jäckel, Diana, Erfurt; **201.4** Jäckel, Diana, Erfurt; **202.1** Jäckel, Diana, Erfurt, nach Statista, International Energy Agency, Global Carbon Projekt; **202.2** ShutterStock.com RF (Danicek), New York, NY; **203.3** Jäckel, Diana, Erfurt, nach creanovo; **203.4** Jäckel, Diana, Erfurt; **203.5** Aktualisiert nach Umweltbundesamt: Atmosphärische Treibhausgas-Konzentrationen, 2019, unter: https://www.umweltbundesamt.de/daten/klima/atmosphaerische-treibhausgas-konzentrationen#textpart-1; **204.1 li.** © Sammlung Gesellschaft für ökologische Forschung/Gerhard Rohrmoser; **204.1 m.** © Sammlung Gesellschaft für ökologische Forschung/Francoise Funk-Salami; **204.1 re.** Sammlung Gesellschaft für ökologische Forschung (Francoise Funk-Salami), München; **204.2** Jäckel, Diana, Erfurt, nach https://wiki.bildungsserver.de/klimawandel/index.php/Antarktischer_Eisschild; **204.3** Jäckel, Diana, Erfurt; **205.5** Jähde, Steffen, Sundhagen; **205.6** Klett-Archiv, Stuttgart; **205.7** Picture-Alliance (AP Photo/Pavel Rahman), Frankfurt; **206.1** Jäckel, Diana, Erfurt, nach www.lanuv.nrw.de; **206.2** Land Nordrhein-Westfalen, Das Landesportal: Der Klimawandel ist in Nordrhein-Westfalen sichtbar und spürbar, 31.10.2018, unter: https://www.land.nrw/de/pressemitteilung/der-klimawandel-ist-nordrhein-westfalen-sichtbar-und-spuerbar (06.01.2020); **206.3** Nach Ministerium für Umwelt, Landwirtschaft, Natur- und Verbraucherschutz des Landes Nordrhein-Westfalen (MULNV NRW): Klimawandel und -anpassung, 2019, unter: https://www.umwelt.nrw.de/umwelt/klimawandel-und-anpassung/ (06.01.2020); **206.4** Picture-Alliance (imageBROKER), Frankfurt; **206.5** Nach Landesamt für Natur, Umwelt und Verbraucherschutz Nordrhein-Westfalen (LANUV): Daten und Fakten zum Klimawandel, 2019; **207.6 o.** Jäckel, Diana, Erfurt, nach www.lanuv.nrw.de/fileadmin/lanuvpubl/3_fachberichte/fabe74.pdf; Datenquelle: DWD; **207.6 u.** Nach Landesamt für Natur, Umwelt und Verbraucherschutz Nordrhein-Westfalen (LANUV): Klimawandel und Klimafolgen in Nordrhein-Westfalen, 2016, S. 68, unter: https://www.lanuv.nrw.de/fileadmin/lanuvpubl/3_fachberichte/fabe74.pdf; **207.7** Nach Landesamt für Natur, Umwelt und Verbraucherschutz Nordrhein-Westfalen (LANUV): Daten und Fakten zum Klimawandel, 2019, unter:https://www.klimaatlas.nrw.de/Media/Default/Dokumente/LANUV_Klima_Datenblatt_01_NRW_WEB.pdf; **207.8** Nach Landesamt für Natur, Umwelt und Verbraucherschutz Nordrhein-Westfalen (LANUV): Klimawandel und Klimafolgen in Nordrhein-Westfalen, 2016, unter: https://www.lanuv.nrw.de/fileadmin/lanuvpubl/3_fachberichte/fabe74.pdf; **208.1** Jäckel, Diana, Erfurt; **208.2** nach Umweltbundesamt: Nationale Trendtabellen für die deutsche Berichterstattung atmosphärischer Emissionen 1990-2015; **208.3** Greser & Lenz, Aschaffenburg; **208.4** © Phil Dera/co2online; **209.5** Schaar, Wolfgang, Grafing; **210.1** Eckenfelder, Bettina, Hörselberg-Hainich, nach https://group.vattenfall.com/de/energie/wind/onshore/repowering; **210.2** imago images (blickwinkel/McPHOTO/C. Ohde), Berlin; **211.4** Nach Umweltbundesamt, 2019, unter: https://www.umweltbundesamt.de/daten/energie/stromerzeugung-erneuerbar-konventionell#textpart-1 (15.11.2019), Umweltbundesamt auf Basis AG Energiebilanzen, Sondertabelle Bruttostromerzeugung in Deutschland von 1990 bis 2018, nach Energieträgern, Stand 12/2018; **211.5** Eckenfelder, Bettina, Hörselberg-Hainich. Quelle: (c) Umweltbundesamt 2017.; **212.1** DKRZ (MPI-M), Hamburg; **212.2** Jäckel, Diana, Erfurt; **212.3** Jäckel, Diana, Erfurt; **213.4** Butz, Steffen, Karlsruhe; **213.5** nach Walther, Gian-Reto; Beißner, Sascha; Burga, Conradin A. (2005): Trends in the upward shift of alpine plants, Journal of Vegetation Science 16, 541-548; **213.6** Mauritius Images (Andi Duff), Mittenwald; **214** Getty Images Plus (Stockbyte/Image Source), München; **220** Oser, Liliane, Hamburg; **221** Oser, Liliane, Hamburg; **240** Getty Images Plus (iStock/ demaerre), München; **241.m.** Klett-Archiv, Stuttgart; **241.u.** Klett-Archiv, Stuttgart; **242** Klett-Archiv, Stuttgart; **243** Klett-Archiv, Stuttgart; **244** Klett-Archiv, Stuttgart; **246** Klett-Archiv, Stuttgart; **248** Klett-Archiv, Stuttgart; **250** Klett-Archiv, Stuttgart; **252** Klett-Archiv, Stuttgart; **253.o.** Klett-Archiv, Stuttgart; **253.u.** Klett-Archiv, Stuttgart; **254** Klett-Archiv, Stuttgart; **255** Klett-Archiv, Stuttgart

Sollte es in einem Einzelfall nicht gelungen sein, den korrekten Rechteinhaber ausfindig zu machen, so werden berechtigte Ansprüche selbstverständlich im Rahmen der üblichen Regelungen abgegolten.

12

Haack-Kartenteil

Die folgenden Karten bieten dir eine schnelle Orientierung. Sie zeigen einen Überblick über die Räume, die im Unterricht behandelt werden. Mit dem Register kannst du geographische Objekte suchen, ganz so, wie du es von der Arbeit mit dem Atlas gewohnt bist.
Für alle physischen Karten gilt die Kartenlegende auf dieser Seite. Interessierst du dich für Einzelheiten oder Karten mit bestimmten thematischen Inhalten, so schlage in deinem Haack Weltatlas nach.

Kontinent- und Weltkarten

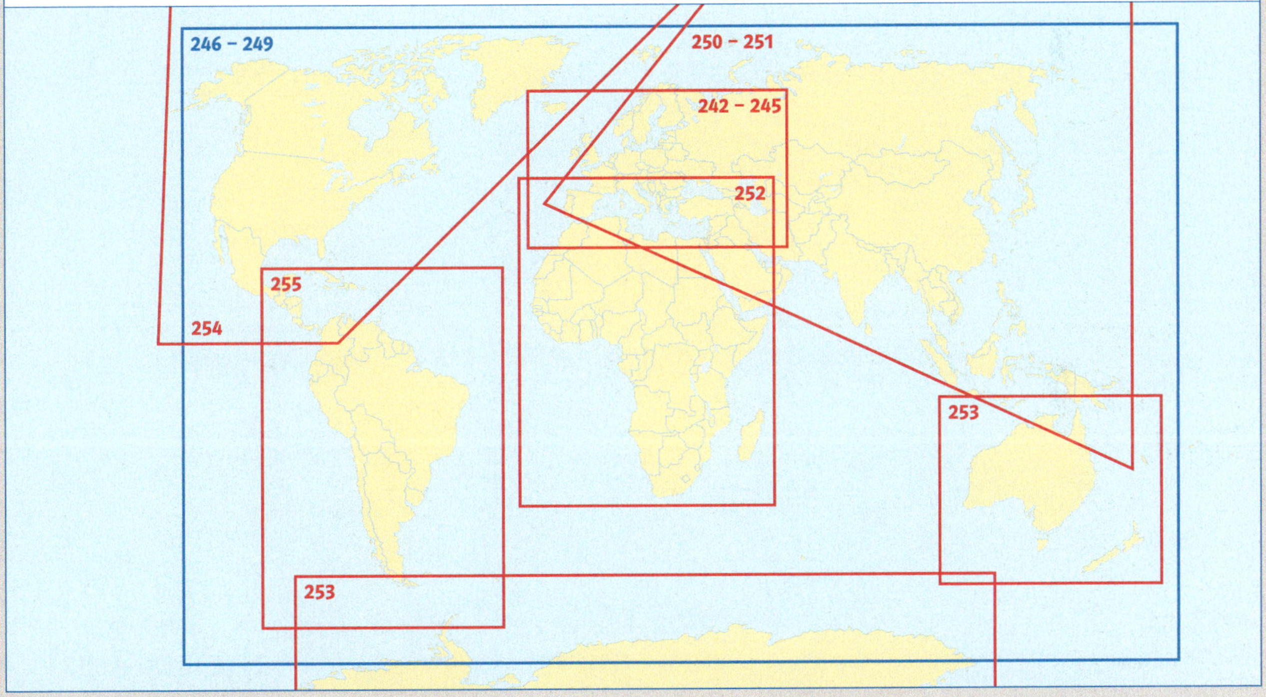

Kartenlegende

Orte

- über 5 000 000 Einwohner
- 1 000 000 – 5 000 000
- 500 000 – 1 000 000
- 100 000 – 500 000
- unter 100 000

Grenzen

	Staatsgrenze
	Grenze eines Bundeslandes oder Verwaltungsgebietes
	umstrittene Grenze, Waffenstillstandslinie
TOGO	Staat
Lomé	Hauptstadt eines Staates
Färöer	abhängiges Gebiet mit Selbstverwaltung
Bayern	Bundesland oder Verwaltungsgebiet
München	Hauptstadt eines Bundeslandes oder Verwaltungsgebietes

Flüsse, Seen

- Fluss
- zeitweise Wasser führender Fluss
- zeitweise gefüllter See
- See
- Schifffahrtskanal
- Stausee mit Staudamm

Landhöhen
über 700 m
500 – 700 m
300 – 500 m
200 – 300 m
100 – 200 m
50 – 100 m
25 – 50 m
0 – 25 m
unter 0 m
841 Höhe über dem Meeresspiegel (in m)
1:1400000
0 5 10 20 km
© Klett
NIEDERLANDE
Niedersachsen
BELGIEN
LUX.
Rheinland-Pfalz
Hessen
Bayern
Gelderland
Westfälische Bucht
Niederrheinisches Tiefland
Kölner Bucht
Bergisches Land
Sauerland
Haar
Rothaargebirge
Westerwald
Eifel
Hohe Eifel
Ahrgebirge
Hohes Venn
Ardennen
Ösling
Schneifel
Taunus
Teutoburger Wald
Wiehengebirge
Wesergebirge
Weserbergland
Eggegebirge
Ebbegebirge
Hümmling
Emsland
Baumberge
Beckumer Berge
Arnsberger Wald
Hessisches Bergland
Kellerwald
Schwalm
Knüll
Vogelsberg
Ville
Emden
Enschede
Apeldoorn
Arnheim (Arnhem)
Nimwegen (Nijmegen)
Almelo
Venlo
Aachen
Münster
Osnabrück
Bielefeld
Paderborn
Hamm
Dortmund
Bochum
Essen
Gelsenkchn.
Recklinghsn.
Bottrop
Oberhsn.
Moers
Duisburg
Mülheim
Krefeld
Düsseldorf
Wuppertal
Hagen
Witten
Solingen
Remscheid
Neuss
Mönchengladbach
Leverkusen
Bergisch-Gladbach
Köln
Bonn
Koblenz
Siegen
Kassel
Frankfurt
Wiesbaden
Mainz
Offenbach
Rhein
Ems
Lippe
Ruhr
Sieg
Lahn
Mosel
Weser
Maas
Main
Dümmer
Steinhuder Meer
Mittellandkanal
Dortmund-Ems-Kanal
Wesel-Datteln-K.
Rhein-Herne-Kan.
Möhnetalsperre
Sorpetalsperre
Biggetalsperre
Edersee
Kahler Asten 841
Langenberg 843
Weißer Stein 692
Botrange 694
Fuchskaute 656
Großer Feldberg 879
Taufstein 773

© Klett
1 : 4 000 000
0 50 100 km
A
B
C
D
E
F
6°
8°
10°
12°
14°
54°
52°
50°
48°
1
2
3
4
5
Nordsee
Ostsee
DÄNEMARK
Alsen
Fünen
Møn
143
Nakskov
Lolland
Falster
Flensburg
Schleswig-
Holstein
Kieler Bucht
Fehmarn
Rødby-havn
Gedser
F.-Puttgarden
Kap Arkona
161
Sassnitz
Rügen
Stralsund
Pommersche Bucht
Nordfriesische Inseln
Nord-Ostsee-Kanal
Kiel
168
Lübecker Bucht
Rostock
Helgoland
Helgoländer Bucht
Elbe
Cuxhaven
Lübeck
Mecklenburg-Vorpommern
Ostfriesische Inseln
Wilhelmshaven
Bremer-haven
Bremen
Hamburg
Neubrandenburg
Schwerin
Müritz
62
179
Stettin
POLEN
Westfriesische Inseln
Leeuwarden
Groningen
Emden
Oldenburg
169
Lüneburg
8
Schwedt
Oder
Landsberg
Niedersachsen
Norddeutsches Tiefland
IJsselmeer
NIEDER-
LANDE
Ems
Weser
Aller
Sachsen-
Anhalt
Havel
Brandenburg
Berlin
Warthe
Haarlem
Amsterdam
Utrecht
107
Arnheim
Enschede
Mittellandkanal
Hannover
Wolfsburg
Braun-schweig
Potsdam
Osnabrück
405
Salzgitter
Magdeburg
200
32
50
Münster
66
Bielefeld
Brocken
1142
Harz
Cottbus
Elbe
Mulde
468
96
Göttingen
Leine
Neiße
Nordrhein-Westfalen
Eindhoven
Essen
Dortmund
Halle
Leipzig
Spree
Rhein
Maas
Ruhr
Duisburg
Mönchen-Gladbach
Düsseldorf
Kassel
Rothaargebirge
841
754
105
Görlitz
Dresden
BELGIEN
Köln
Siegen
Mittelgebirge
Erfurt
Jena
Gera
Sachsen
Chemnitz
Reichen-berg
Aachen
656
Eisenach
Thüringen
Zwickau
Aussig
Bonn
Hessen
Fulda
Thüringer Wald
983
Lüttich
694
747
773
950
Rhön
Erzgebirge
1244
Eger
155
Böhmen
Ardennen
Eifel
Koblenz
Hof
Prag
Taunus
Wiesbaden
Frankfurt
Spessart
Schweinfurt
Main
Saale
Moldau
LUXEM-BURG
Rheinland-Pfalz
Trier
Mosel
Mainz
Bayreuth
1051
TSCHECHISCHE REPUBLIK
147
Luxemburg
Hunsrück
816
84
605
Würzburg
231
Pilsen
Kaisers-lautern
Ludwigshafen
626
Thionville
Saarland
Saar
Mannheim
Nürnberg
Saarbrücken
Oberrheinisches Tiefland
Argonnen
Lothringen
Hagondange
Forbach
Baden-Württemberg
Süddeutsches Stufenland
Regensburg
Böhmerwald
1456
Großer Arber
Bayerischer Wald
347
Budweis
Metz
Karlsruhe
688
Ingolstadt
338
Nancy
269
Stuttgart
Elsass
Straßburg
Tübingen
Neckar
Schwäbische Alb
Bayern
Isar
Passau
Donau
Inn
Ulm
457
Augsburg
Linz
FRANKREICH
504
Vogesen
Schwarzwald
Frei-burg
1015
München
Alpenvorland
Lech
1424
1493
Feldberg
Salzburg
Mülhausen
Bodensee
Konstanz
395
268
Bayerische Alpen
Zugspitze
2962
2995
Dachstein
Basel
Zürich
2645
Innsbruck
Alpen
ÖSTERREICH
Aare
2501
Vaduz
LIECHTENSTEIN
Großglockner
3797
2863
Schweizer Mittelland
Luzern
Brenner
1374
Hohe Tauern
Bern
SCHWEIZ
Chur
Wildspitze
3774
Drau
Klagenfurt
Villach
Landhöhen
über 2000 m
1000 – 2000 m
500 – 1000 m
200 – 500 m
100 – 200 m
0 – 100 m
unter 0 m
Gletscher
4807 Höhe über dem Meeresspiegel (in m)

Landhöhen
über 5000 m
2000 – 5000 m
1000 – 2000 m
500 – 1000 m
200 – 500 m
100 – 200 m
0 – 100 m
unter 0 m
Gletscher
4807 Höhe über dem Meeresspiegel (in m)
ABKÜRZUNGEN:
BOS. U. BOSNIEN UND
HERZ. HERZEGOWINA
KOS. KOSOVO
LIE. LIECHTENSTEIN
LUX. LUXEMBURG
NORDM. NORDMAZEDONIEN
SLOW. SLOWENIEN
SLOWAK. SLOWAKISCHE
REP. REPUBLIK
S.M. SAN MARINO
1:20000000
0 100 200 500 km
ATLANTISCHER
OZEAN
Europäisches Nordme
nördlicher Polarkreis
Reykjavík
ISLAND
Hvannadalshnúkur 2119
Färöer (dän.)
NORWEG
Shetlandinseln
Galdhøpiggen 2469
Orkney-Inseln
Hebriden
1343
Glasgow
Belfast
IRLAND
Dublin
Nordsee
GROß-BRITANNIEN
Manchester
Birmingham
Bristol
London
DÄNEMA
Kopenha
NIEDER-LANDE
Amsterdam
Rotterdam
Hamb
Elbe
Kanal-inseln (brit.)
Der Kanal
Brüssel
BELGIEN
Köln
DEUTSCH
Paris
LUX.
Luxemburg
Frankfurt
Loire
Seine
Rhein
Donau
Münch
FRANKREICH
Golf von Biscaya
Bordeaux
Zentral-massiv
Lyon
Bern
SCHWEIZ
LIE.
4810 Mont Blanc
Alpen
Mailand
Turin
Genua
MONACO
Marseille
Rhône
Kap Finisterre
Azoren (port.)
Bilbao
Pyrenäen
3404
ANDORRA
Porto
Duero
Ebro
PORTUGAL
Lissabon
Tejo
Madrid
SPANIEN
Barcelona
Valencia
Korsika
VATIKAN-STADT
Rom
Neap
Sevilla
Alicante
Balearen
Mallorca
Sardinien
ITAL
Straße von Gibraltar
3478
Gibraltar (brit.)
Ceuta (span.)
Madeira (port.)
Melilla (span.)
Oran
Algier
Mittelmeer
Rabat
Casablanca
Fès
Pal
Sizilien
Marrakech
MAROKKO
Maghreb
Atlasgebirge
Tunis
Agadir
4165
2328
TUNESIEN
Valletta
MA
Kanarische Inseln (span.)
3718
Kleine Syrte
Tripol
El Aaiún
nördlicher Wendekreis
ALGERIEN
SAHARA (marokkanische Verwaltung)
Sahara
MAURETANIEN
Apenn
Po
Lju
Göte
Os
A B C D E
2 3 4 5 6
40° 60° 30° 20° 10° 0°

© Klett
Nordkap
Barentssee
Murmansk
Halbinsel Kola
Lappland
2123
Weißes Meer
Archangelsk
Nördliche Dwina
Petschora
Narodnaja 1894
Uralgebirge
Surgut
Ob
Sibirien
Irtysch
Tobolsk
Omsk
Serow
Tjumen
Jekaterinburg
Tscheljabinsk
Perm
Nur-Sultan
Rudny
Ufa
1640
Magnitogorsk
FINNLAND
Bottnischer Meerbusen
SCHWEDEN
Onegasee
Ladogasee
Helsinki
Åland (finn.)
St. Petersburg
RUSSLAND
Kasan
Kama
Tallinn
ESTLAND
Peipussee
Stockholm
Jaroslawl
Nischni Nowgorod
Wolga
LETTLAND
Riga
323
Moskau
Samara
Gotland
Ostsee
LITAUEN
Düna
Tula
Königsberg (russisch)
Wilna
Minsk
Saratow
Ural
KASACHSTAN
Aral
Syr-Darja
WEISSRUSSLAND
Gomel
Woronesch
Warschau
Weichsel
POLEN
Kaspische Senke
Aralsee
Wolgograd
Don
Charkiw
Kiew
-28
USBEKISTAN
Moynoq
Amu-Darja
Krakau
Dnipropetrowsk
Astrachan
2655
UKRAINE
Donezk
Rostow
Daşoguz
SLOWAK. REP.
Pressburg
Karpaten
Chişinău
Kaspisches Meer
Budapest
MOLDAU
Dnipro
Krasnodar
UNGARN
Odessa
TURKMENISTAN
RUMÄNIEN
2543
1545
Kaukasus
Halbinsel Krim
Elbrus 5642
Aschgabat
Belgrad
Sotschi
GEORGIEN
Tiflis
Baku
BOS. U. HERZ.
Bukarest
Donau
ASERBAIDSCHAN
Sarajewo
SERBIEN
Schwarzes Meer
ARMENIEN
MONTENEGRO
Priština
BULGARIEN
Eriwan
Balkan
Ararat 5165
4821
KOS.
Sofia
Bosporus
Pontisches Gebirge
Tabris
Elburs
Podgorica
Skopje
Istanbul
Urumiehsee
5604
Tirana
NORDM.
Vansee
Teheran
ALBANIEN
2911
Bursa
Ankara
Anatolien
TÜRKEI
Diyarbakır
Qom
GRIECHENLAND
Izmir
3585
Adana
Kirkuk
IRAN
Athen
Taurus
Tigris
Isfahan
Peloponnes
Antalya
Aleppo
Mesopotamien
Bagdad
4548
Zagrosgebirge
SYRIEN
Euphrat
Kreta
ZYPERN
Nikosia
Hims
LIBANON
Beirut
Damaskus
IRAK
Shiraz
Mittelmeer
ISRAEL
Al Basrah
Tel Aviv-Jaffa
Amman
Kuwait
Jerusalem
KUWAIT
-422
Persischer Golf
Große Syrte
Alexandria
JORDANIEN
Manama
Nil
BAHRAIN
Kairo
Halbinsel Sinai
Doha
KATAR
SAUDI-ARABIEN
LIBYEN
-133
ÄGYPTEN
2637
V.A.E.

Nordpolarmeer
Beaufortsee
Brookskette
2749
Alaskakette
6168
Denali
Anchorage
Kodiak
Alexander-archipel
Golf v. Alaska
Yukon
Mackenzie
nördl. Polarkreis
Kanadischer Archipel
Victoria-Insel
Ellesmereland
2926
Baffin Bay
Baffininsel
Grönland
3231
3700
3360
Davisstraße
Nuuk (Godthåb)
Dänemarkstraße
Island
2119
Reykjavik
Europäisches Nordmeer
Jan Mayen
Färöer
Shetland-inseln
Spitzbe
Hudson Bay
Hudson-Str.
Ungava-Halbinsel
Labradorsee
Küstengebirge
Rocky Mountains
Great Plains
4042
Edmonton
Vancouver-I.
Vancouver
Seattle
4392
NORDAMERIKA
Winnipeg
Große Seen
Missouri
Neufundland
St. John's
Montreal
Toronto
Detroit
Chicago
Halifax
Boston
New York
Philadelphia
Washington
Appalachen
Ohio
Cincinnati
St. Louis
Mississippi
2037
Atlanta
Großes Becken
Denver
4399
San Francisco
4418
Sierra Nevada
Küstenkette
-85
Los Angeles
3658
Dallas
3078
Houston
New Orleans
Hochland v. Mexiko
Monterrey
Golf von Mexiko
Miami
Havanna
Bermuda-Inseln
Sargassosee
nördl. Wendekreis
Guadalajara
Mexiko
4265
5700
4217
Guatemala
Managua
Große Antillen
Hispaniola
Jamaika
Karibisches Meer
Kleine Antillen
ATLANTISCHER
OZEAN
Azoren
Madeira
Kanarische Inseln
Kapverdische Inseln
Panama
3820
Caracas
5007
5493
Medellín
Bogotá
5750
Orinoco
2810
Georgetown
Bergland von Guayana
3014
Äquator
Quito
6272
Galápagos-inseln
Iquitos
Rio Negro
Manaus
Amazonas
Belém
Fortaleza
Amazonastiefland
Tocantins
SÜDAMERIKA
Recife
Anden (Kordilleren)
6768
Lima
Madeira
Brasilianisches Bergland
893
Brasilia
São Francisco
Salvador
6613
6421
La Paz
Arequipa
6520
Santa Cruz
Gran Chaco
Paraná
2890
São Paulo
Belo Horizonte
Rio de Janeiro
Atacama
südl. Wendekreis
Asunción
Curitiba
6880
Uruguay
Porto Alegre
Oster-I.
Aconcagua
6959
Córdoba
Santiago de Chile
Buenos Aires
Montevideo
Pampa
4708
3776
Patagonien
4058
PAZIFISCHER
OZEAN
Ascension
St. Helena
Tristan da Cunha
Falklandinseln
Punta Arenas
Feuerland
Kap Hoorn
Südgeorgien
Südsandwich-inseln
Drakestraße
Südshetland-inseln
Südorkney-Inseln
Palmer-archipel
Antarktische Halbinsel
Alexander-insel
4190
Weddellmeer
südl. Polarkreis
AN
4300
Britische Inseln
Glasgow
Nordsee
Oslo
2469
Kopenhagen
Hamburg
Amster-dam
London
Brüssel
Rhein
Paris
Prag
Mont Blanc
4810
Alpen
Mailand
3404
Madrid
Rom
Lissabon
3478
Algier
3340
Oran
Tunis
Casablanca
2328
Trip
4165
Atlasgebirge
Sahara
Ahaggar
2918
Dakar
Niger
Niamey
AFR
1781
N'Dja
Conakry
Monrovia
Oberguinea
Abidjan
Accra
Lagos
4070
Hochland Adamao
Jaunde
Niederguinea
Luanda
Kapsta
Landhöhen
über 5000 m
2000 – 5000 m
1000 – 2000 m
500 – 1000 m
200 – 500 m
0 – 200 m
unter 0 m
Gletscher
8846 Höhe über dem Meeresspiegel (in m)
A B C D E F G
1 2 3 4 5 6
150° 120° 90° 60° 30° 0°

Maßstab 1 : 75 000 000
Nordpolarmeer
Arktisches Kap
Sewernaja Semlja
Kap Tscheljuskin
Neusibirische Inseln
Ostsibirische See
Franz-Josef-Land
Karasee
Laptewsee
Nowaja Semlja
1590
rentssee
Wrangel-insel
Anadyrgebirge
Bering-Str.
St.-Lorenz-I.
nördl. Polarkreis
Murmansk
Halbinsel Kola
Norilsk
1701
Werchojansker Gebirge
3147
Magadan
Jakutsk
Lena
Jenissei
Ob
Kolyma
Beringmeer
Kamtschatka
Aleuten
4750
1894
Uralgebirge
Sibirien
Westsibirisches Tiefland
St. Petersburg
Perm
Omsk
Nowosibirsk
Ochotskisches Meer
Sachalin
2412
Stanowoi-Geb.
N. Nowgorod
Tscheljabinsk
Irkutsk
Baikal-see
Sajan
Jablonowy-Geb.
Amur
Chabarowsk
Kurilen
Moskau
Samara
Orsk
Wolga
Ural
Irtysch
4506
Altai
Ulan-Bator
Großer Hinggan
Mandschurei
Sichote-Alin
OPA
Charkiw
Kasachensteppe
Kaspische Senke
-28
Balchaschsee
Aralsee
ASIEN
3905
Gobi
Harbin
Hokkaido
Dnipro
Odessa
Japan. Meer (Ostmeer)
Sapporo
Wladiwostok
Almaty
Tian Shan
154
Ürümqi
Shenyang
Peking
Honshu
Schwarzes Meer
Kaukasus
5642 Elbrus
Tiflis
Taschkent
7439
Tiefland v. Turan
Pjöngjang
Fudschijama
3776
Tokyo
Seoul
Gelbes Meer
Tsingtau
Istanbul
Ankara
5165 Ararat
Baku
Kasp. Meer
7495
Pamir
Tarimbecken
7723
Nan Shan
6346
Lanzhou
Hunghe
3585
4821 Elburs
5604
7690
8611
Karakorum
Kunlun Shan
Xi'an
Qin Ling
Große Ebene
Jinan
Korea
Osaka
Zypern
Euphrat
Tigris
Teheran
Hindukusch
Kabul
Tibet
Nanjing
Shanghai
Bagdad
4548
Zagrosgebirge
Damaskus
-422
2637
Himalaya
Punjab
Transhimalaya
7756
Mt. Everest
8846
Jangtsekiang
Wuhan
Ostchines. Meer
Bonin-inseln
Delhi
Indus
Kuwait
Persischer Golf
Riad
Hindustan
Ganges
Südchinesisches Bergland
Yunnan-plateau
Taipeh
Vulkaninseln
nördl. Wendekreis
Nil
Rotes Meer
Arabien
Karachi
G. v. Oman
3019
Dhaka
Kanton
3952
Taiwan
PAZIFISCHER
Kalkutta
Hanoi
Hongkong
Mekka
Bombay
Dekkan
Hainan
Marianen
Arabisches Meer
Westghats
Ostghats
1680
Golf v. Bengalen
Rangun
Südchines. Meer
2928
Luzon
Manila
Philippinen
toum
3760
Aden
4620
Golf von Aden
Madras
Andamanen
Bangkok
3280
Mindoro
Mekong
Ho Chi Minh
Cebu
Palawan
Hochland von Äthiopien
Addis Abeba
Lakshadweep-In.
2698
Ceylon
2524
Colombo
Nikobaren
Halbinsel Malakka
Mindanao
Sulu-Inseln
Karolinen
Chuuk-In.
Pohnpei
Somali-halbinsel
4307
4101
OZEAN
Malediven
Kuala Lumpur
2988
Mogadischu
Singapur
Pontianak
Äquator
Sumatra
Borneo
Sulawesi
Molukken
3000
Victoria-see
5199
Nairobi
5895
Kilimandscharo
Seychellen
3805
3455
Neuguinea
Bismarck-Archipel
4884
Makassar
Tanganjika-see
Daressalam
Diego Garcia
Jakarta
Surabaya
Java
4072
Port Moresby
Salomon-inseln
Komoren
Malawi-see
Arafurasee
Carpentariagolf
INDISCHER
3000
Straße v. Mosambik
2876
Timorsee
Arnhem-land
Kap-York-H.-I.
Korallensee
Antananarivo
Kimberley-plateau
Sambesi
Réunion
Große Sandwüste
Madagaskar
Macdonnellkette
1510
Great Dividing Range
Neukaledonien
Maputo
südl. Wendekreis
AUSTRALIEN
3482
Durban
Große Victoriawüste
-12
Brisbane
Perth
Nullarborebene
Elizabeth
OZEAN
Amsterdam-insel
St.-Paul-Insel
Große Australische Bucht
Adelaide
Darling
Murray
2230
Sydney
Nordinsel
Melbourne
Auckland
Tasmansee
Crozetinseln
Tasmanien
Hobart
Neuseeland
Prinz-Eduard-Inseln
Kerguelen
Wellington
3764
Christchurch
Südinsel
Kap Batterbee
2300
ARKTIS
3355
Mt. Menzies
3061
3176
Balleny-Inseln
südl. Polarkreis
H
I
J
K
L
M
60°
90°
120°
150°
180°
30°
0°
1
2
3
4
5
6
© Klett

Nordpolarmeer
Alaska (USA)
nördl. Polarkreis
Kalaallit Nunaat (dän.)
ISLAND
Reykjavík
Färöer (dän.)
K A N A D A
Ottawa
St-Pierre u. Miquelon (franz.)
VEREINIGTE STAATEN (USA)
Washington
Bermuda (brit.)
MEXIKO
Mexiko
nördl. Wendekreis
Nassau
BAHAMAS
Havanna
KUBA
DOMINIK. REP.
Puerto Rico (USA)
HAITI
Kingston
JAMAIKA
Port-au-Prince
Sto. Domingo
BELIZE
Belmopan
GUATEMALA
Guatemala
HONDURAS
Tegucigalpa
San Salvador
EL SALVADOR
NICARAGUA
Managua
COSTA RICA
San José
Panama
PANAMA
ANTIGUA U. BARBUDA
ST. K.
Guadeloupe (franz.)
DOMINICA
ST. LUCIA
Martinique (franz.)
BARBADOS
GRENADA
ST. VINCENT U. D. GRENADINEN
TRINIDAD U. TOBAGO
Port-of-Spain
Caracas
VENEZUELA
Georgetown
GUYANA
Paramaribo
SURINAME
Franz.-Guayana
Bogotá
KOLUMBIEN
Quito
ECUADOR
Äquator
Galápagos-inseln (ecuad.)
B R A S I L I E N
Brasília
PERU
Lima
BOLIVIEN
Sucre
PARAGUAY
Asunción
südl. Wendekreis
Pitcairn (brit.)
CHILE
Santiago de Chile
ARGENTINIEN
URUGUAY
Montevideo
Buenos Aires
PAZIFISCHER
OZEAN
ATLANTISCHER
OZEAN
südl. Polarkreis
Azoren (port.)
Madeira (port.)
Kanarische Inseln (span.)
St. Helena (brit.)
IRLAND
Dublin
GROß-BRITANNIEN
London
Kopenhagen
DÄN.
Oslo
NORWEGEN
NL.
Amst.
Berlin
DEUTSCH-LAND
B.
Br.
Lux.
Paris
FRANKREICH
Ljub.
SM.
AND.
MON.
VAT.
Rom
ITALIEN
Madrid
PORTUGAL
SPANIEN
Lissabon
Algier
Tunis
TUNESIEN
Tripoli
Rabat
MAROKKO
ALGERIEN
El Aaiún
SAHARA (marokkan. Verwaltung)
MAURETANIEN
Nouakchott
MALI
NIGER
Niamey
KAP VERDE
Praia
Dakar
SENEGAL
GAMBIA
Banjul
GUINEA-BISSAU
Bissau
Bamako
BURKINA FASO
Ouagadougou
GUINEA
Conakry
Freetown
SIERRA LEONE
Monrovia
LIBERIA
CÔTE D'IVOIRE (ELFENBEIN-KÜSTE)
Yamoussoukro
GHANA
TOGO
BENIN
Accra
Lomé
Porto Novo
NIGERIA
Abuja
KAMERUN
Malabo
ÄQUAT. GUINEA
SÃO TOMÉ U. PRÍNCIPE
São Tomé
Libreville
GABUN
Brazzaville
Luanda
AL. ALBANIEN
AND. ANDORRA
AR. ARMENIEN
E. Eriwan
AS. ASERBAIDSCHAN
B. BELGIEN
Br. Brüssel
BO. BOSNIEN UND HERZEGOWINA
Sa. Sarajewo
BUL. BULGARIEN
DÄN. DÄNEMARK
GR. GRIECH
ISR. ISRAEL
JORD. JORDAN
KR. KROATI
Z. Zagreb
L. LUXEMB
Lux. Luxembu
LET. LETTLA
LI. LIECHT

Maßstab 1 : 75 000 000
Nordpolarmeer
nördl. Polarkreis
RUSSLAND
Moskau
Nur-Sultan
KASACHSTAN
Ulan-Bator
MONGOLEI
USBEKISTAN
Taschkent
Bischkek
KIRGISISTAN
Duschanbe
TADSCHIKISTAN
TURKMENISTAN
Aschgabat
GEO.
Tiflis
AR.
AS.
E.
Baku
Ankara
TÜRKEI
Nik.
SYRIEN
Bei.
Dam.
LIB.
Je.
Amman
ISR.
JORD.
Bagdad
IRAK
Teheran
IRAN
Kabul
AFGHANISTAN
Islamabad
PAKISTAN
KUWAIT
Kuwait
BAHRAIN
Manama
KATAR
Doha
Riad
SAUDI-ARABIEN
V.A.E.
Abu Dhabi
Maskat
OMAN
ERITREA
Asmara
Sanaa
JEMEN
DSCHIBUTI
Dschibuti
Addis Abeba
ÄTHIOPIEN
SUDAN
Juba
SOMALIA
Mogadischu
UGANDA
Kampala
KENIA
Nairobi
Kigali
Bujumbura
BURUNDI
Dodoma
TANSANIA
MALAWI
Lilongwe
MOSAMBIK
Maputo
ESWATINI
Maseru
KOMOREN
Moroni
Antananarivo
MADAGASKAR
Victoria
SEYCHELLEN
MAURITIUS
Port Louis
CHINA
Peking
NORDKOREA
Pjöngjang
Seoul
SÜDKOREA
Tokyo
JAPAN
New Delhi
NEPAL
Kathmandu
Thimphu
BHUTAN
Dhaka
BANGLADESCH
MYANMAR (BIRMA)
Naypyidaw
INDIEN
Andamanen (ind.)
Colombo
SRI LANKA
MALEDIVEN
Male
Hanoi
LAOS
Vientiane
THAILAND
Bangkok
VIETNAM
KAMBODSCHA
Phnom Penh
Taipeh
Taiwan
PHILIPPINEN
Manila
BRUNEI
Bandar Seri Begawan
Kuala Lumpur
MALAYSIA
SINGAPUR
INDONESIEN
Jakarta
Dili
TIMOR-LESTE
PAPUA-NEUGUINEA
Port Moresby
SALOMONEN
Honiara
VANUATU
Neukaledonien (franz.)
Nördliche Marianen (USA)
Guam (USA)
MARSHALL-INSELN
Melekeok
PALAU
Palikir
MIKRONESIEN
PAZIFISCHER OZEAN
nördl. Wendekreis
Äquator
INDISCHER OZEAN
AUSTRALIEN
Canberra
NEUSEELAND
Wellington
südl. Wendekreis
südl. Polarkreis
LIBANON
Beirut
LITAUEN
MONTENEGRO
MOLDAU
MONACO
NIEDERLANDE
NORDMAZEDONIEN
Amsterdam
ÖSTERREICH
Wien
RUMÄNIEN
S. SCHWEIZ
Be. Bern
SER. SERBIEN
Bel. Belgrad
SK. R. SLOWAKISCHE REPUBLIK
Pb. Pressburg
SL. SLOWENIEN
Ljub. Ljubljana
SM. SAN MARINO
ST. K. ST. KITTS UND NEVIS
TS. R. TSCHECHISCHE REPUBLIK
Pg. Prag
U. UNGARN
Bud. Budapest
V.A.E. VEREINIGTE ARABISCHE EMIRATE
VAT. VATIKAN
Dam. Damaskus
Je. Jerusalem
Nik. Nikosia
© Klett

Nordpolarmeer
Barentssee
Karasee
Laptewsee
Sewernaja Semlja
Neusibirische Inseln
Kap Tscheljuskin
Halbinsel Taimyr
Nowaja Semlja
Nordkap
Murmansk
Archangelsk
Workuta
Norilsk
Mittel-
sibirisches
Bergland
RUSSLAND
Sibirien
Westsibirisches Tiefland
Osteuropäisches Flachland
Uralgebirge
Untere Tunguska
Jenissei
Angara
Irtysch
Ob
Nördl. Dwina
Perm
Jekaterinburg
Tscheljabinsk
Omsk
Nowosibirsk
Irkutsk
Sajan
Altai
Ulan-Bator
MONGOLEI
Moskau
Nischni Nowgorod
Kasan
Ufa
Samara
Orsk
Wolga
Ural
Don
Dnjepr
Wolgograd
Rostow
Donezk
Charkiw
Dnipropetrowsk
Odessa
Kiew
UKRAINE
WEIß-RUSSL.
Minsk
St. Petersburg
EST.
LET.
LIT.
FINNLAND
Helsinki
SCHWEDEN
Stockholm
NORWEGEN
Oslo
DÄN.
Kopenhagen
Ostsee
Nordsee
GR.-BRITANNIEN
Manchester
Birmingham
London
Amsterdam
NL.
B.
Brüssel
L.
Paris
FRANKREICH
Lyon
Marseille
Mont Blanc
SPANIEN
Madrid
Barcelona
AND.
P.
DEUTSCH-LAND
Hamburg
Berlin
Prag
München
POLEN
Warschau
Wien
ÖST.
S.
Turin
Mailand
TS. R.
SL.
SK. R.
Budapest
UNG.
KR.
BO.
SER.
Belgrad
RUM.
Bukarest
MOL.
MO.
KO.
AL.
NM.
Sofia
BUL.
ITALIEN
Rom
Neapel
Korsika
Sardinien
Sizilien
Mittelmeer
GRIECHEN-LAND
Athen
Kreta
Istanbul
Bursa
Izmir
Ankara
TÜRKEI
Schwarzes Meer
Kaukasus
GEORGIEN
Tiflis
ARM.
Eriwan
AS.
Baku
Täbris
Kaspische Senke
Astrachan
Kasp. Meer
Kasachensteppe
Nur-Sultan
KASACHSTAN
Aralsee
Syr-Darja
Balchaschsee
Kysylkum
Karakum
Amu-Darja
USBEKISTAN
TURKMENISTAN
Aschgabat
Taschkent
Bischkek
Almaty
KIRGISISTAN
Duschanbe
TADSCHIKISTAN
Pamir
Dsungarei
Tian Shan
Ürümqi
Wüste Taklamakan
Tarimbecken
Altun Shan
Nan Shan
Lanzhou
Kunlun Shan
Tibet
CHINA
Karakorum
Transhimalaya
Himalaya
Mt. Everest
Chengdu
Hindukusch
Kabul
AFGHANISTAN
Islamabad
Lahore
Indus
Punjab
Multan
PAKISTAN
Karachi
Delhi
New Delhi
NEPAL
Kathmandu
BHUTAN
Thimphu
Lucknow
Jaipur
Wüste Tharr
Hindustan
Ganges
Indore
Bhopal
Ahmadabad
Surat
Bombay
Pune
Nagpur
INDIEN
Dekkan
Hyder-abad
Westghats
Ostghats
Madras
Bangalore
Kap Comorin
Ceylon
Colombo
SRI LANKA
Haora
Kalkutta
BANGLA-DESCH
Dhaka
MYANMAR (BIRMA)
Naypyidaw
Rangun
Bangkok
Golf von Bengalen
Andamanen (ind.)
Nikobaren (ind.)
Halbinsel Malakka
Medan
Lakshadweep-Inseln
MALEDIVEN
Male
Arabisches Meer
INDISCHER OZEAN
Tschagosinseln
SYRIEN
Aleppo
LIBANON
Beirut
Damaskus
ZYPERN
Tel Aviv-Jaffa
ISRAEL
Jerusalem
Amman
JORDANIEN
IRAK
Bagdad
Tigris
Euphrat
Elburs
Teheran
Zagrosgebirge
Isfahan
Meschhed
IRAN
Shiraz
Wüste Lut
KUWAIT
Kuwait
Persischer Golf
BAHRAIN
KATAR
Abu Dhabi
V.A.E.
Golf von Oman
Maskat
Ras al Hadd
OMAN
SAUDI-ARABIEN
Riad
Jiddah
Mekka
Arabien
Große Arabische Wüste
Rotes Meer
JEMEN
Sanaa
Aden
Golf von Aden
Sokotra
Kap Guardafui
Somali-Halbinsel
LIBYEN
ÄGYPTEN
Alexandria
Gise
Kairo
Nil
Assuan
SUDAN
ERITREA
Asmara
DSCHIBUTI
Addis Abeba
ÄTHIOPIEN
KENIA
SOMALIA
Mogadischu
Äquator
Mombasa
Kap Delgado
KOMOREN
Moroni
Aldabra-Inseln
Amiranten-inseln
SEYCHELLEN
Victoria
östl. Länge v. Greenwich

© Klett
Landhöhen
über 5000 m
2000 – 5000 m
1000 – 2000 m
500 – 1000 m
200 – 500 m
0 – 200 m
unter 0 m
Gletscher
8846 Höhe über dem Meeresspiegel (in m)
ABKÜRZUNGEN:
AL. ALBANIEN
AND. ANDORRA
ARM. ARMENIEN
AS. ASERBAIDSCHAN
B. BELGIEN
BO. BOSNIEN UND HERZEGOWINA
BUL. BULGARIEN
DÄN. DÄNEMARK
EST. ESTLAND
KO. KOSOVO
KR. KROATIEN
L. LUXEMBURG
LET. LETTLAND
LIT. LITAUEN
MO. MONTENEGRO
MOL. MOLDAU
NL. NIEDERLANDE
NM. NORDMAZEDONIEN
ÖST. ÖSTERREICH
P. PORTUGAL
RUM. RUMÄNIEN
S. SCHWEIZ
SER. SERBIEN
SK.R. SLOWAKISCHE REPUBLIK
SL. SLOWENIEN
TS.R. TSCHECHISCHE REPUBLIK
UNG. UNGARN
V.A.E. VEREINIGTE ARABISCHE EMIRATE
PAZIFISCHER OZEAN
Beringmeer
Anadyrgebirge
Korjakengebirge
Kolymagebirge
Aléuten (USA)
Kommandeur-Inseln
Kamtschatka
4750 Kljutschewskaja Sopka
2562
Pobeda 3147
Magadan
Jakutsk
Ochotskisches Meer
Kurilen
Sachalin
Stanowoigebirge
2412
Chabarowsk
Amur
Sichote-Alin
Großer Hinggan
Mandschurei
Qiqihar
Harbin
Wladiwostok
Changchun
Fushun
2744
Shenyang
Anshan
Dalian
Peking
Tianjin
Tsingtau
Jinan
Gelbes Meer
NORDKOREA
Pjöngjang
SÜDKOREA
Seoul
Pusan
Japanisches Meer (Ostmeer)
Sapporo
2290
Hokkaido
2230
Honshu
Tokyo
3776
Yokohama
Kyoto
Osaka
JAPAN
Fukuoka
Zhengzhou
Nanjing
Shanghai
Wuhan
Hangzhou
Ostchines. Meer
Nanchang
Changsha
Südchinesisches Bergland
Taipeh
3952
Taiwan
Kaohsiung
Ryukyu-Inseln
Kanton
Hongkong
Hainan
Luzon
2928
Quezon City
Manila
PHILIPPINEN
Südchines. Meer
Mindoro
Palawan
Cebu
2954
Mindanao
Davao
Sulu-Inseln
Bandar Seri Begawan
BRUNEI
4101
2988
Borneo
Pontianak
Sulawesi
3455
Makassar
Halmahera
Molukken
Seram
INDONESIEN
Sunda-Inseln
Kleine Sunda-Inseln
Java
Surabaya
3428
Dili
TIMOR-LESTE
Timorsee
Aru-Inseln
Arafurasee
AUSTRALIEN
Kap-York-Halbinsel
1611
Gr. Barriereriff
Neuguinea
4884
4072
PAPUA-NEUGUINEA
Port Moresby
Korallensee
Bismarck-Archipel
Neuirland
Neubritannien
Bougainville
SALOMONEN
Honiara
VANUATU
Port Vila
Neue Hebriden
Nouméa
Neukaledonien (franz.)
Midway-Inseln (USA)
Wake-Insel (USA)
Marcusinsel (jap.)
Bonininseln (jap.)
Vulkaninseln (jap.)
Nördliche Marianen (USA)
Guam (USA)
Hagåtña
Karolinen
Chuukinseln
Palikir
Pohnpei
MIKRONESIEN
Yapinseln
Melekeok
PALAU
MARSHALL-INSELN
Majuro
Gilbert-In.
South Tarawa
KIRIBATI
Yaren
NAURU
Hawaii-Inseln (USA)
nördlicher Wendekreis
nördlicher Polarkreis
Äquator
Kolyma
1:40 000 000
0 500 1000 km

ATLANTISCHER OZEAN
INDISCHER OZEAN
Mittelmeer
Schwarzes Meer
Kaspisches Meer
Rotes Meer
Persischer Golf
Golf von Aden
Golf von Guinea
Sahara
Libysche Wüste
Arabien
Atlasgebirge
Ahaggar 2918
Tamanrasset
Aïr 2310
Tibesti 3265 3415
Hochland von Adamaoua
Hochland von Äthiopien
Somali-Halbinsel
Kongobecken
Niederguinea
Oberguinea
Kalahari
Namib
Drakensberge
Sudd
Kaukasus
Elburs
Zagrosgebirge
Straße von Mosambik
nördlicher Wendekreis
südlicher Wendekreis
Äquator
30° östl. Länge v. Greenwich
FRANKREICH
Paris
Lyon
Marseille
Mont Blanc 4810
SCHWEIZ
DEU.
München
ÖST.
Wien
SK. R.
UNG.
Budapest
KR.
Belgrad
Mailand
BO.
SER.
MO.
KO.
AL.
NM.
Sofia
BUL.
RUMÄNIEN
Bukarest
MOL.
UKRAINE
Donezk
Odessa
RUSSLAND
Rostow
Astrachan
Aralsee
KASACHSTAN
USBEKISTAN
TURKMENISTAN
GEORGIEN
Tiflis
ARM.
AS.
Baku
5642
5165
Täbris
Teheran
5604
IRAN
Isfahan
4548
TÜRKEI
Istanbul
Ankara
Bursa
Izmir
3585
Euphrat
Tigris
Aleppo
SYRIEN
LIB.
Beirut
Damaskus
Tel Aviv-Jaffa
Jerusalem
ISRAEL
Amman
JORDANIEN
Bagdad
IRAK
Kuwait
KUWAIT
BAHRAIN
KATAR
Riad
V.A.E.
SAUDI-ARABIEN
Mekka
Jiddah
JEMEN
Sanaa
Aden
3760
SPANIEN
Madrid
Barcelona
Lissabon
PORTUGAL
3478
Gibraltar (brit.)
Ceuta (span.)
Melilla (span.)
Balearen
Korsika
Sardinien
ITALIEN
Rom
Neapel
Sizilien
3340
MALTA
GRIECHENLAND
Athen
Kreta
ZYPERN
Madeira (port.)
Kanarische In. (span.)
Casablanca
Rabat
Oran
Marrakech
4165
MAROKKO
Algier
2328
Tunis
TUNESIEN
ALGERIEN
Tripolis
Banghazi
LIBYEN
Alexandria
Gise
Kairo
-133
2637
ÄGYPTEN
Assuan
Nil
1934
El Aaiún
SAHARA (marokkanische Verwaltung)
MAURETANIEN
Nouakchott
MALI
Senegal
Dakar
SENEGAL
GAMBIA
Banjul
GUINEA-BISSAU
Conakry
GUINEA
Freetown
SIERRA LEONE
Monrovia
LIBERIA
Bamako
BURKINA FASO
Ouagadougou
Niamey
NIGER
Agadez
Niger
CÔTE D'IVOIRE
Yamoussoukro
Abidjan
GHANA
Accra
TOGO
Lomé
BENIN
Cotonou
Porto Novo
1752
NIGERIA
Kano
Abuja
1781
Ibadan
Lagos
Tschad
TSCHAD
N'Djamena
Chari
SUDAN
3024
Khartoum
Blauer Nil
Weißer Nil
ERITREA
Asmara
4620
DSCHIBUTI
Dschibuti
Addis Abeba
ÄTHIOPIEN
4307
2406
SOMALIA
Mogadischu
SÜDSUDAN
Juba
ZENTRALAFRIKA
Bangui
4070
Duala
Jaunde
KAMERUN
Bioko
ÄQUAT.-GUINEA
SÃO TOMÉ U. PRÍNCIPE
São Tomé
Annobón
Libreville
GABUN
KONGO
Brazzaville
Ubangi
Kongo
Kisangani
D.R. KONGO (ZAIRE)
Kinshasa
Kasai
Mbuji-Mayi
5109
UGANDA
Kampala
Turkanasee
KENIA
5199
Mt. Kenia
Nairobi
Victoriasee
RUANDA
Kigali
BURUNDI
Bujumbura
Tanganjikasee
5895
Kilimandscharo
Mombasa
Dodoma
TANSANIA
Daressalam
2895
Ascension (brit.)
Luanda
2610
ANGOLA
Kolwezi
Lubumbashi
MALAWI
Lilongwe
Malawisee
Lusaka
SAMBIA
Sambesi
3000
MOSAMBIK
Harare
SIMBABWE
Okavango
Kap Frio
St. Helena (brit.)
NAMIBIA
Windhuk
BOTSUANA
Gaborone
Pretoria
Maputo
Mbabane
ESWATINI
Johannesburg
Maseru
3482
LESOTHO
SÜDAFRIKA
Durban
Oranje
Kapstadt
Kap der Guten Hoffnung
Port Elizabeth
SEYCHELLEN
Moroni
KOMOREN
2876
Antananarivo
MADAGASKAR
Landhöhen
über 5000 m
2000 – 5000 m
1000 – 2000 m
500 – 1000 m
200 – 500 m
0 – 200 m
unter 0 m
5895 Höhe über dem Meeresspiegel (in m)
ABKÜRZUNGEN:
AL. ALBANIEN
ARM. ARMENIEN
AS. ASERBAIDSCHAN
BO. BOSNIEN UND HERZEGOWINA
BUL. BULGARIEN
DEU. DEUTSCHLAND
KO. KOSOVO
KR. KROATIEN
LIB. LIBANON
MO. MONTENEGRO
MOL. MOLDAU
NM. NORDMAZEDONIEN
ÖST. ÖSTERREICH
SER. SERBIEN
SK.R. SLOWAKISCHE REPUBLIK
UNG. UNGARN
V.A.E. VEREINIGTE ARABISCHE EMIRATE
1:40 000 000
0 500 1000 km
© Klett

© Klett
Kleine Sunda-In.
Dili
TIMOR-LESTE
INDONESIEN
Sumba
Timor
Arafurasee
Port Moresby
4072
PAPUA-NEUGUINEA
Honiara
SALOMONEN
TUVALU
Ellice-Inseln
Santa-Cruz-Inseln
Neue Hebriden
Kap York
Timorsee
Darwin
Arnhemland
Carpentariagolf
Kap-York-Halbinsel
Korallensee
VANUATU
Rotuma
Großes Barriereriff
1611
Great Dividing Range
Townsville
Port Vila
Vanua Levu
Viti Levu
Suva
FIDSCHI
Kimberleyplateau
Port Hedland
Große Sandwüste
Macdonnellkette
1510
Alice Springs
1226
Hamersleykette
AUSTRALIEN
Neukaledonien (franz.)
Nouméa
südlicher Wendekreis
1515
Große Victoriawüste
Großes Artesisches Becken
-12
Brisbane
PAZIFISCHER OZEAN
Norfolkinsel (austr.)
Lord-Howe-Insel (austr.)
Nullarborebene
Darling
Gr. Dividing Range
Sydney
Canberra
Perth
Große Australische Bucht
Adelaide
Murray
2230
Mt. Kosciuszko
Melbourne
Kermadecinseln (neuseeld.)
Tasmansee
Bassstraße
Nordinsel
Auckland
2797
NEUSEELAND
Tasmanien
1617
Hobart
INDISCHER OZEAN
Wellington
Südinsel
Christchurch
3764
Dunedin
Stewart-insel
Chathaminseln (neuseeld.)
Australien
Landhöhen
über 2000 m
1000 – 2000 m
500 – 1000 m
200 – 500 m
0 – 200 m
unter 0 m
1515 Höhe über dem Meeresspiegel (in m)
1:40 000 000
0 500 1000 km
150° östl. Länge v. Gr.
120° 135° 150° 165° 180°
15° 30° 45°

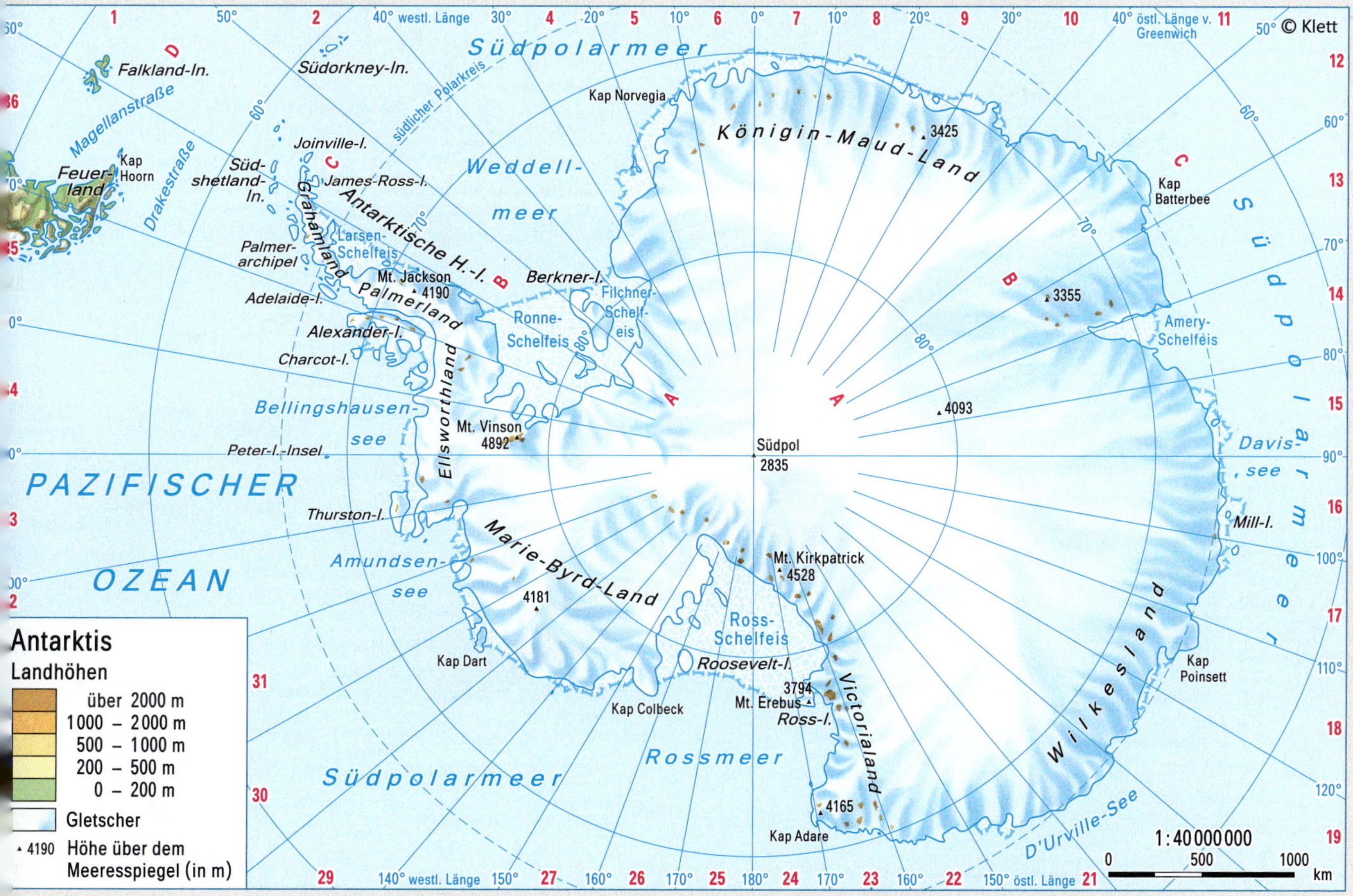
© Klett
Südpolarmeer
Falkland-In.
Südorkney-In.
südlicher Polarkreis
Magellanstraße
Kap Norvegia
Königin-Maud-Land
3425
Joinville-I.
Kap Hoorn
Feuerland
Drakestraße
Süd-shetland-In.
James-Ross-I.
Weddellmeer
Kap Batterbee
Antarktische H.-I.
Grahamland
Larsen-Schelfeis
Palmer-archipel
Mt. Jackson
4190
Berkner-I.
Filchner-Schelfeis
3355
Adelaide-I.
Palmerland
Ronne-Schelfeis
Amery-Schelfeis
Alexander-I.
Charcot-I.
Bellingshausensee
Ellsworthland
4093
Mt. Vinson
4892
Südpol
2835
Davissee
Peter-I.-Insel
PAZIFISCHER OZEAN
Thurston-I.
Marie-Byrd-Land
Mill-I.
Amundsensee
Mt. Kirkpatrick
4528
4181
Ross-Schelfeis
Kap Dart
Roosevelt-I.
3794
Mt. Erebus
Ross-I.
Victorialand
Wilkesland
Kap Poinsett
Kap Colbeck
Rossmeer
4165
Kap Adare
D'Urville-See
Antarktis
Landhöhen
über 2000 m
1000 – 2000 m
500 – 1000 m
200 – 500 m
0 – 200 m
Gletscher
4190 Höhe über dem Meeresspiegel (in m)
1:40 000 000
0 500 1000 km
40° westl. Länge
40° östl. Länge v. Greenwich
140° westl. Länge
150° östl. Länge

© Klett
RUSSLAND
Anadyrgebirge
Ostsibirische See
Wrangelinsel
Nordpolarmeer
Beringstraße
Beringmeer
Kap Pr. of Wales
Kap Barrow
Nome
Yukon
Brookskette
2749
Alaska (USA)
Alaskakette
5959 Denali
Halbinsel Alaska
Anchorage
Kodiak
Golf von Alaska
5959
Juneau
Alexanderarchipel
Haida Gwaii
Beaufortsee
M'Clure-Straße
Amundsengolf
Banksinsel
Parry-Inseln
Sverdrupinseln
Königin-Elisabeth-Inseln
2926
Ellesmereland
Victoria-Insel
Kanadischer Archipel
Mackenziegebirge
Mackenzie
Großer Bärensee
Barren Grounds
Yellowknife
Großer Sklavensee
Peace River
Küstengebirge
Rocky Mountains
Prärie (Great Plains)
Melville-Halbinsel
Baffininsel
2147
Baffin Bay
Davisstraße
Kalaallit Nunaat (dän.)
2164
3231
Grönland
3700
2850
Nuuk (Godthåb)
Uummannarsuaq
nördlicher Polarkreis
Dänemarkstraße
Jan Mayen (norw.)
Europäisches Nordmeer
Färöer (dän.)
ISLAND
2119
Reykjavík
Hudsonstraße
Labradorsee
Ungava-Halbinsel
Hudson Bay
Churchill
Labrador
KANADA
Edmonton
Calgary
Vancouverinsel
Vancouver
4042
Seattle
4392
Portland
Kaskadenkette
Winnipeg
Oberer See
Missouri
Neufundland
St. John's
Kap Race
St.-Lorenz-Golf
St-Pierre u. Miquelon (franz.)
Halifax
Montreal
Ottawa
Toronto
Boston
Kap Cod
New York
Minneapolis
Milwaukee
Chicago
Detroit
Cleveland
Pittsburgh
Philadelphia
Baltimore
Washington
Appalachen
Kap Mendocino
Küstenkette
Sierra Nevada
Großes Becken
Salt Lake City
4202
San Francisco
Oakland
San José
4418
-85
Colorado
4399
Denver
VEREINIGTE STAATEN (USA)
Kansas City
St. Louis
Cincinnati
Ohio
Nashville
Los Angeles
San Diego
Tijuana
3078
Phoenix
3658
Juárez
Arkansas
Mississippi
Memphis
2037
Atlanta
Charleston
Bermuda (brit.)
ATLANTISCHER OZEAN
Dallas
Houston
San Antonio
New Orleans
Halbinsel Florida
Kap Canaveral
Nassau
BAHAMAS
Miami
Turks- u. Caicos-In. (brit.)
Jungfern-I.
Puerto Rico (USA)
Guadalupe (mex.)
nördlicher Wendekreis
Niederkalifornien
Halbinsel
Westl. Sierra Madre
Östl. Sierra Madre
Hochland von Mexiko
Rio Grande
Monterrey
Golf von Mexiko
Havanna
KUBA
HAITI
Port-au-Prince
Santo Domingo
DOMINIKAN. REP.
Große Antillen
Cayman-In. (brit.)
JAMAIKA
Straße von Yucatán
Mérida
Halbinsel Yucatán
PAZIFISCHER OZEAN
Revilla-Gigedo-Inseln (mex.)
León
Guadalajara
4265
Mexiko
5700
5452
Puebla
MEXIKO
BELIZE
HONDURAS
Guatemala
Tegucigalpa
GUATEMALA
San Salvador
EL SALVADOR
NICARAGUA
Managua
San José
3820
COSTA RICA
Panama
PANAMA
Karibisches Meer
Kap Gallinas
Caracas
Valencia
Maracaibo
VENEZUELA
Barranquilla
5780
5007
Llanos de Orinoco
Orinoco
Medellín
5493
Bogotá
KOLUMBIEN
Cali
Clipperton-insel (franz.)
Kokosinsel (cost.)
Malpelo-Insel (kol.)
Landhöhen
über 5000 m
2000 – 5000 m
1000 – 2000 m
500 – 1000 m
200 – 500 m
0 – 200 m
unter 0 m
Gletscher
4418 Höhe über dem Meeresspiegel (in m)
1 : 40 000 000
0 500 1000 km
90° westl. Länge v. Greenwich

© Klett
60° westl. Länge v. Greenwich
MEXIKO
Mérida
Halbinsel Yucatán
BELIZE
GUATEMALA
HONDURAS
EL SALVADOR
NICARAGUA
Managua
COSTA RICA
PANAMA
Panama
KUBA
Cayman-In. (brit.)
JAMAIKA
Große Antillen
HAITI
Port-au-Prince
Santo Domingo
DOMINIK. REP.
Puerto Rico (USA)
Jungfern-In. (USA) (brit.)
Anguilla (brit.)
Saint-Martin (franz.)
Sint Maarten (ndl.)
ST. K.
Monts. (brit.)
ANTIGUA U. BARBUDA
Guadeloupe (franz.)
DOMINICA
Martinique (franz.)
SAINT LUCIA
BARBADOS
SAINT VINCENT U. DIE GRENADINEN
GREN.
TRINIDAD U. TOBAGO
Kleine Antillen
Aruba (ndl.)
Curaçao (ndl.)
Bonaire (ndl.)
Karibisches Meer
Barranquilla
Maracaibo
Caracas
Valencia
Ciudad Guayana
Llanos de Orinoco
Orinoco
VENEZUELA
GUYANA
Georgetown
SURINAME
Paramaribo
Cayenne
Franz.-Guayana
Bergland von Guayana
Medellín
Bogotá
Cali
KOLUMBIEN
Kokosinsel (cost.)
Malpelo-Insel (kol.)
Galápagosinseln (ecuad.)
Quito
ECUADOR
Guayaquil
Äquator
Iquitos
Rio Negro
Manaus
Amazonas
Amazonastiefland
Belém
Xingu
Madeira
Marañón
Ucayali
Östl. Andenvorland
Fortaleza
Natal
Recife
Salvador
BRASILIEN
Porto Velho
Tocantins
Campos Caatinga
Brasilianisches Bergland
São Francisco
Brasília
Goiânia
Belo Horizonte
Campo Grande
Pantanal
Mamoré
Huascarán 6768
PERU
Lima
Anden (Kordilleren)
Titicacasee
La Paz
Arequipa
Santa Cruz
BOLIVIEN
Sucre
Altiplano
Chaco
Paraguay
Paraná
São Paulo
Rio de Janeiro
Curitiba
PARAGUAY
Asunción
Pilcomayo
Gran Chaco
Antofagasta
Atacama
San Miguel de Tucumán
CHILE
ARGENTINIEN
La-Plata-Tiefland
Uruguay
Porto Alegre
URUGUAY
Montevideo
Río de la Plata
Aconcagua 6959
Córdoba
Rosario
Mendoza
Santiago de Chile
Buenos Aires
Pampa
Bahía Blanca
Río Negro
Valdivia
Patagonien
Trinidade (bras.)
südlicher Wendekreis
PAZIFISCHER OZEAN
ATLANTISCHER OZEAN
Desventuradas-Inseln (chil.)
Juan-Fernández-Inseln (chil.)
Falkland-In. (brit.)
Magellan-Str.
Punta Arenas
Feuerland
Kap Hoorn
Drakestraße
Südgeorgien (brit.)
Südsandwichinseln (brit.)
Südshetland-inseln
Südorkney-Inseln
Palmer-archipel
Grahamland
Antarktische Halbinsel
3820
4217
5780
5007
5493
5750
2810
3014
6272
26
893
1801
2787
2890
6613
6421
6520
6880
4708
3776
4058
ABKÜRZUNGEN:
GREN. GRENADA
Monts. Montserrat
ST. K. SAINT KITTS U. NEVIS
Landhöhen
über 5000 m
2000 – 5000 m
1000 – 2000 m
500 – 1000 m
200 – 500 m
0 – 200 m
unter 0 m
Gletscher
6959 Höhe über dem Meeresspiegel (in m)
1:40 000 000
0 500 1000 km

Kartenregister